건축이 우리에게 가르쳐주는 것들

| 김광현 교수의 건축 수업 |

뜨인돌

머리말

우리는 무수한 건축물에 둘러싸여 살고 있다. 그리고 건축과 함께 산다. 그런데도 건축에 그다지 관심이 없다. 우리는 건축물 안에서 일하며 생각한다. 그런데도 건축을 통해 생각할 줄 모른다. 우리는 건축물을 바라보며 여행하곤 한다. 그런데도 그 건축과 함께 문화를 향유하는 데 서툴다. 우리는 건축 안에서 태어나고 죽는다. 그런데도 건축을 우리 생활에서 저 멀리 두고 산다. 우리는 건축으로부터 도망갈 수 없다. 그래서 우리 모두는 건축에 대해 배워야 한다.

우리나라는 초등학교에서 고등학교에 이르기까지 12년 동안 마치 규칙이라도 세운 듯이 집도 건축도 안 가르친다. 이때 배우는 교과서 전체를 살펴보니 몇 군데 건축과 관련된 곳이 있기는 하나 '왜', '어떻게'라는 물음이 없는 무미건조한 설명뿐이다. 미술책에서 조금 언급하지만 그조차 잘 모르고 쓴 것이어서 건축을 크게 오인하게 만들고 있다. 이 나라에서 살다 보면 건축의 근본은 알 길이 없고, 따로 흥미를 가지고 공부하지 않는 이상 평생 이런 수준으로 건축을 이해하고 산다. 건축을 지망하여 대학에 들어온 학생도 출발은 다른 사람들과 하나도 다를 게 없다.

건축은 현대미술이나 음악이 잃어버린 인간 공동의 마지막 공간언
어다. 건축이 과연 어디에서 시작하는 것인지를 말하고 싶다. '시작'이
라고 해서 그 옛날 건축이 어디에서 기원했는지를 말하려는 건 아니
다. 건축에는 사람이 살아가는 동안 변하지 않고 지속되는 가치가 있
다. 건축은 사람이 생각하고 살아가야 할 근본에 관한 것이며, 사는
이들이 우리가 누구인가를 묻게 되는 통로다. 건축은 그저 지어지는
것이 아니다.

건축은 집을 짓는 일이지만 사람이 만드는 다른 구조물과는 다른
바가 많다. 건축은 기술을 사용하되 사람이 무엇을 바라는지를 가장
직접적으로 묻는다. 집에는 집을 짓겠다는 이, 집을 사용하는 이, 기
회가 되어 그 집을 찾아오거나 옆을 지나가는 이들이 있다. 집들이
모여 있는 마을과 도시에서 사람은 사람들과 만나며 산다. 사람은 집
을 통해 자기가 바라는 바를 생각할 줄 알아야 하고, 집을 통해 자신
의 가치를 바라볼 줄 알아야 한다. 건축은 예술적으로 잘 지은 집을
감상하기 위해 존재하는 게 아니다.

변하지 않고 지속하는 가치라고 해서 예전의 것에 고정되어 있다
는 뜻이 아니다. 건축은 시대와 생활방식과 생각의 변화에도 불구하
고 변하지 않는 바를 그 안에 늘 간직하고 있다. 오늘 건축에서 사용
되는 기술은 5년 전과 다르고 10년 전과는 전혀 달리 새롭게 나타난
다. 그럼에도 건축은 인간이 이 땅에 나타난 이후 지금까지 오랫동안
지속되어온 가치를 그 안에 늘 가지고 있다. 이것이 건축을 통해 배
우는 가장 큰 가치다.

건축은 다른 어떤 사물과도 비교가 안 될 정도로 지금의 나의 생
활 속에 직접적이고 현실적으로 응답한다. 건축은 번역물이고 건축

6

가는 번역자다. 건축가 혼자만이 아니라 사용자와 함께 번역하는 것이니 집이란 일종의 공동번역물이다. 그러나 지속하는 가치를 올바로 번역하는 것은 쉬운 일이 아니다. 원전(原典)을 잘 파악하지 못하고 오역하면 독자들을 두고두고 다른 길로 가게 하듯이, 건축도 오역을 하면 가장 가까운 곳에서 사람들의 삶을 괴롭힌다.

건축은 본래 단순하고 소박한 것이다. 그것은 간단했고, 그럭저럭 사람의 일상을 담으면 되었다. 애초에 인간은 어려운 생각이나 별난 사유를 담기 위해 집을 만들지 않았다. 단순하고 소박하다는 것은 아무것도 안 해도 저절로 알 수 있다는 뜻이 아니다. 건축은 단순하고 소박하기 때문에 그만큼 근본적이다.

그런데 언제부터인가 건축이 순수예술이 하는 말을 부러워하기 시작했다. 건축은 근본적이고 일상적인 것이어서 누구나 쉽게 알아들을 수 있는 언어가 있는데도, '전문가'들은 어떻게 해서든 건축을 어렵게 만들고 싶어 했다.

하지만 누구나 알아들을 수 있는 언어로 건축의 근본을 말하고 실천하는 것이 좋은 건축이고, 그것을 잘 만드는 사람이 좋은 건축가다. 어렵게 말하는 전문가들뿐 아니라 비전문가들도 단지 익숙하지 못해서 그렇지 얼마든지 건축에 대하여 생각하고 말할 수 있다. 그러려면 건축가도 건축을 하지 않는 사람도 자기 생각을 가질 수 있게 계속 배워야 한다.

우리 사회는 뭔가 조금만 다르게 이야기하면 '철학적' 혹은 '미학적'이라는 말을 갖다 붙이곤 한다. "건축은 근본적"이라고 얘기하면 철학적으로 건축을 설명한다고 여긴다. 건물을 철근과 콘크리트로 기둥과 보와 슬래브로 지으면 되지, 굳이 건축의 근본이나 시작을 생각해서 뭐하냐고 되묻는 사람이 건축 전문가 중에도 의외로 많다. "건축은 일상적인 것"이라고 말하면 그나마 수긍하는 듯하지만 사실 일상이라는 게 그리 간단한 것이 아니다.

요즘에는 '인문적'이라는 말이 유행하면서 건축에 인문학의 부드러운 입김을 불어넣으면 '인문학적 건축'이 된다고들 하는데, 이것은 건축이 무엇인지 전혀 모르고 하는 말이다. 건축은 건축이다.

건축을 잘 배우려면 먼저 몸을 그 안에 둘 줄 알아야 한다. 눈에 이끌리고 몸이 당겨지는데 건축이 좋지 않을 리 없다. 건축은 나와 우리의 생활 속에서 일상적으로 체험되는 것이기 때문이다. 바로 이것이 건축을 배울 때 갖추어야 할 첫 번째 요건이다. 그렇다고 아무런 생각이나 지식도 없이 거저 습득되는 건 아니다. 건축은 직감만으로 지어질 만큼 간단하지 않다.

건축은 건축가나 전문가가 알아서 하는 것이라고 여기기 쉽지만 전혀 그렇지 않다. 건축이란 인간의 본질에 맞는 삶의 방식이고, 우리 삶의 전체적인 모습이다. 모든 사람들이 '왜'와 '어떻게'를 물으며 변하지 않은 그 무엇을 건축을 통해 배울 수 있다. 하이데거Martin Heidegger는 어떻게 거주해야 하는지를 '지음'으로써 배워야 한다고 말했다. 짓기는 곧 거주하기이며, 사람은 지음으로써 생각한다고 했다. 그렇다면 건축의 근본을 묻는 것이 바로 철학하는 것이다.

건축을 배우는 것은 건축이 어떤 것인지, 어떻게 지어지는지, 무엇을 건축으로 바꾸는지를 배우는 것이다. 또한 인간이 어떻게 사는지, 사물과 함께 사물 곁에서 어떻게 살아야 하는지를 건축을 통해 생각하는 것이고, 그로써 거주하기를 배우는 것이다.

이 책은 건축가가 되고자 하는 사람이나 지금 건축을 배우고 있는 학생뿐만이 아니라 모든 사람들에게 건축의 중요함과 소중함과 근본을 말하는 책이고, 모두를 위해 이 시대가 지어야 할 건축을 말하는 책이다. 오늘의 상황에서 우리가 건축을 어떻게 바라보아야 하는지를 폭넓게 그리고 깊게 공부하여 우리가 사는 건축물과 마을과 도시를 바라보는 눈을 갖게 하려는 목적으로 쓰였다.

이 책은 건축을 사랑하는 사람들을 위한 두 권의 국민건축교과서 중 첫 번째 책이다.

차례

집을 왜 짓는가?
가장 근본적인 이유는
매일매일의 생활이 반복되는 곳에서
인간에게 쉼과 행복을 주는 데 있다.

1 / 집을 왜 짓는가?

헤드마르크 박물관에 있는 농가의 와인병

1
건축은 창가의 빈 병

건축은 혼자 있지 않다

건축이 무엇인지, 사람에게 어떤 것인지는 그리 어려운 질문이 아니다. 노르웨이 건축가 스베레 펜Sverre Fehn이 설계한 헤드마르크 박물관(Hedmark Museum. 1979)은 고대 로마의 유적을 담고 있으며 노르웨이 농가의 도구 등을 전시하는 곳이다. 새로 지은 것이 아니고 예전부터 써오던 집을 고쳐 지은 것이다. 벽돌로 창문 안쪽을 깊이 있는 볼트(vault)¹로 만들었다. 창대(window sill)² 아래에는 투박한 돌이 쌓여 있고, 위가 둥그스름한 창으로 빛이 들어온다. 창틀도 오래전부터 사용해오던 것이다. 이 벽돌과 돌과 유리는 단순히 조합된 것이 아니라 서로가 서로를 말해주고 있다.

※ 1. 반원형 천장이나 지붕
　2. 창호 밑틀을 받치는 수평재

이런 박물관의 창가에 농가에서 담아 마시던 와인병이 놓여 있는 한 컷의 장면은 건축에 관한 많은 것들을 한꺼번에 말해준다. 어디에 버려도 아깝지 않은 병 하나가 운 좋게 뽑혀 창가에 전시되어 있다. 같은 병이라고 해도 땅에 굴러다닐 수도 있고 방바닥에 놓일 수도 있지만 이 병은 이 '자리'에, 두툼한 벽으로 만들어진 창가에 특별히 놓였다. 창을 통해 들어온 빛은 창가의 벽면과 바닥을 비춘다. 빛은 빈 병을 투과하며 유리가 지닌 본래의 성질을 드러내고 있다.

이 병은 혼자 있지 않다. 창가의 돌, 벽돌, 와인병, 창문, 빛, 마당, 돌담, 이 집과 이어진 다른 건물, 하늘, 나무와 함께 있다. 이 모든 것들은 물질세계와 관계하며 풍경 안에 놓여 있다. 병은 자기 자신을 드러내고, 창가에 노출되며, 바깥 풍경을 향해서도 열려 있게 된다. 창가에 그냥 놓여 있지 않고 접어놓은 철판 위에 얹혀 있으며, 주둥이에 철봉을 꽂아 가볍게 잡아주었다. 그러나 이것도 잘 보면 빈 병의 일부이며 병이 확장된 것이다.

하이데거는 《예술작품의 근원 Der Ursprung des Kunstwerks》(1952)에서 이렇게 썼다.

> "신전은 그곳에 그렇게 서 있음으로써 비로소 처음으로 사물들에게는 그 자신들의 모습을 건네주고, 인간들에게는 자신의 참모습을 돌이켜보게 한다."[3]

그의 말을 이렇게 바꾸면 어떨까?

* 3. 마르틴 하이데거, 《예술작품의 근원》, 오병남 민형원 공역, 예전사, 1996, p.50

"창가의 빈 병은 창가에 그렇게 서 있음으로써 비로소 처음으로 창가와 유리창과 바깥의 여러 유적들에게는 그 자신들의 모습을 건네주고, 인간들에게는 빈 병의 참모습을 돌이켜보게 한다."

이런 장면, 즉 창가의 빈 병은 박물관의 다른 곳에서도 마찬가지다. 농기구가 있는 다른 방에는 곡식을 빻는 기계 같은 것이 전시되어 있다. 지붕의 한 부분을 유리창으로 만들어 여과된 빛이 이 농기구를 비추고 있다. 아주 오래전부터 그 자리에 놓여 있었던 것처럼. 곡식 낟알을 조금씩 떨어뜨리는 철판 역시 오래전부터 이 농기구에 붙어 있던 것처럼 보인다. 그러나 창가의 빈 병을 받치던 받침대처럼, 이 철판은 새로 만들어진 것이다. 병은 농기구로 바뀌었고, 밖을 내다보던 창은 지붕의 천창으로 바뀌었으며, 창가에 있던 물체는 이제 방 위에 놓였다. 그러나 변한 것은 별로 없다. 창가에 놓인 빈 병이나 전시장에 놓인 농기구나 공간 안에서는 똑같은 의미를 가지고 있다.

빈 병 주위의 창대와 두툼한 벽과 둥그스름한 곡면은 농기구가 놓인 전시장의 바닥, 벽, 지붕과 같다. 창가를 확대하면 방이다. 운 좋게 뽑혀 자리 잡은 위치는 고유한 장소다. 창에 비친 빛은 곧 방에 비친 빛이다. 빛을 받아 자기만의 고유한 빛깔을 내는 것은 공간의 고유성이고, 창과 그 밖의 나무며 하늘이 만들어준 것은 풍경이다. 흔하고 이름도 없는 병은 익명적이다. 그러나 아무것도 아닌 것 같은 이 병은 오랫동안 농민들이 만들고 사용하던 것이며, 익명의 농민을 대변하고 있다. 건축은 사물의 의미를 전달한다. 그리고 이 창가의 병은 이름 없는 농민의 삶을 대신 말해주고 있다.

이 병이 나라면, 그리고 우리 가족이라면 어떻게 될까? 나는 두툼한 벽으로 둘러싸인 '방'에 있고, 바닥과 벽과 천장으로 덮인 어떤 공간 안에 있다. 이 안에서 특별한 무언가를 하지는 않지만, 매일매일 내가 살아가고 머물고 다른 이들과 함께 생활하는 곳이기에 특별하다. 이처럼 빈 병을 나로 바꿔놓아도 근본적으로 변한 것은 없다.

건축가 르 코르뷔지에Le Corbusier는 "내 집은 생활의 보물 상자여야 한다"고 했다. 두툼한 창가는 와인병에게 보물 상자와 같고, 내 집도 내게 보물 상자와 같다. 창가가 확대되어 방이 되듯 이 '방'이 점점 더 커져서 집이 되고 커다란 홀이 된다. 평범하고 흔한 빈 병이 빛을 받아 자신을 주변에 드러내듯 나의 생활이 방에도, 집에도, 마당에도, 동네에도 그리고 더 큰 도시의 한 부분에도 드러나야 한다. 그런데 이 생활의 보물 상자는 모두 물질로 이루어진다. 물질과의 대면과 타협 없이 이 병이 자기를 드러낼 수 있는 방법은 없다. 병은 크고 작은 사물들의 관계와 풍경 안에 존재한다.

인간이 함께 살면서 풍경과 대면하며 갖게 되는 깊은 의식을 창가에 놓인 병 하나가 다 보여준다. 그 의식은 시공을 가로질러 한국에 살고 있는 나에게도 똑같이 전해지고 있다.

집, 사물과 함께 있는 세계

건축물은 정해진 기능을 갖게 되어 있다. 그리고 특정한 구조로 지어진다. 기계도 기능을 갖고 구조를 갖는다는 점에서는 건축과 같다. 그렇지만 건축에는 기계와 다른 점이 있다. 건축은 환경 안에 놓이고, 환경을 형성하며, 환경과 대화한다. 빛과도 만나고 벽돌과도 만나며, 창가와 창밖의 다른 구조물이나 자연과도 늘 만나는 관계 속에 있다. 더구나 그 안에 사람이 들어가 있다. 들어가 있을 뿐 아니라 그곳에서 살아간다. 건축은 우리를 에워싸고 받아들이고 품고 있는 존재다.

건축물은 공간 안에 홀로 서 있기만 하는 것이 아니다. 건축공간은 크건 작건 그것이 서 있는 주변과 거리를 두고 대립하고 있다. 겉으로는 우뚝 서 있는 듯이 보여도 물질들의 무게를 견디려 애쓰고 있고, 비나 바람과 열심히 싸우고 있는 중이다. 이것만으로도 건축물은 혼자 아무 일 없이 그곳에 서 있는 게 아니다. 사람의 몸이 밖에서 오는 여러 자극들을 피부와 근육을 통해 안으로 전달하고 안에서 일어나는 반응을 밖으로 표현하듯이, 건축도 빛과 바람과 시선이 창과 문을 통해 드나들며 이어지게끔 만들어지는 것이다.

어느 레스토랑에 앉아 음식을 주문하고 뒤를 돌아보니 헤드마르크 박물관의 창가에 있던 빈 병과 다름없이 다 마셔버린 와인병이 빛을 투과하고 있었다. 빛을 받아 스스로를 현상하며 유리병이 본래 가지고 있던 고유한 빛을 발하고 있었다. 푸른색, 녹색, 노르스름한 색……. 이 병들을 아름답게 만드는 건 모양이나 재질이 아니라, 그것들이 현상하고 있는 고유한 빛깔이었다.

빛을 이용해 독창적인 작품을 만들기로 유명한 설치미술가 제임스 터렐James Turrell의 작품도 이 빈 병에서 현상하는 빛보다 아름답지는 못할 것이다. 터렐이 만든 빛의 공간은 환상적이다. 거기에 들어서면 바로 옆인데도 거리를 가늠할 수가 없다. 그러나 그 빛은 인공의 빛이다. 그 공간이 아무리 아름다워도 내가 레스토랑에서 체험했던 소박하고 생동감 있는 빛은 보여주지 못한다. 레스토랑 와인병의 빛은 다른 사물들과 함께 있음으로 해서 생겨난 빛이다.

물질은 사물을 이루고 우리는 사물에 둘러싸여 살아간다. 내 작은 방에는 벽과 바닥과 천장 그리고 많은 책과 가구와 도구들이 있다. 이 방 안에서 나는 혼자 사는 것이 아니다. 나는 많은 사물들과 함께 살고 있으며, 나아가 창밖으로 보이는 수많은 사물과도 함께 살고 있다. 건축을 공부하는 데 가장 중요한 것은 바로 이러한 감각이다. 이런 감각 없이 "건축은 공간이다" "건축은 땅이다" "콘텍스트다" "무슨 양식이다"라고 백날 배워봐야 소용이 없다.

건축은 이것으로 끝나지 않는다. 건축 안에 있는 우리와 나는 이 세상에 하나밖에 없는 우리요 나다. 현대문명은 지리적인 한계나 경계 없이 계속 밖으로 밖으로 펼쳐져 나간다. 기계는 대량생산되어 보편적인 가치를 중시한다. 하지만 건축은 비싼 집이든 싼 집이든 유명한 사람의 집이든 평범한 사람의 집이든 모두 일단은 그곳에 사는 사람에게 귀속되는 개별적인 존재다.

이런 상태를 두고 하이데거는 사물이 "그 현전(現前. presence)에 이르는 것"이라고, 그러니까 이 사물은 '지금' 그리고 '여기'에서 앞에 드러나 있다고 말한다. 거주한다는 것은 나 홀로 살아가는 것이 아니다. 그것은 수많은 "물(物) 옆에서(bei Dingen)" 이루어진다. 이런 상태를 후설Edmund Husserl은 '생활세계(Lebenswelt)'라고 부른다. 생활세계란 실제로 체험함으로써 지각할 수 있는 세계다. 개인은 외부와 관계없이 생활할 수 없으므로 개인과 관계가 있는 사람, 사물, 사회가 모두 이어져 있다고 본다. 그렇게 보면 이런 사소한 건축적 풍경 안에 하이데거가 있고 후설이 있다.

건축은 창가에 놓여 있는 빈 병과 같은 것이라고 했다. 건축물이 그 장소에 서 있고, 그렇게 서 있음으로써 다른 사물들에 자신을 드러내고, 사는 사람들에게도 참모습을 드러내는 것이다. 사물 중 건축이 없다면 인간은 어디에서 자신의 기억을 담고 남기고 나눌 수 있을까? 건축이 없다면 사람들은 어디에서 태어나 어디에서 죽을까?

내가 이 세상에 하나밖에 없는 고유한 존재라는 것 이상으로 소중한 것이 있을까? 자기만의 개별성을 인정받기 위해 다들 얼마나 애를 쓰는가? 이 고유성과 개별성이 우리 삶에서 얼마나 소중한지를 가장 가까이 알게 해주는 것이 바로 건축이다. 건축을 전공하는 이들은 무엇보다도 이러한 사실에 터 잡아야 하고, 건축을 배우고자 하는 사람들 또한 이에 대해 관심을 기울이지 않으면 안 된다.

이것이 건축의 본질을 보여주는 가장 근본적인 사실이라면 건축은 현대문명에 대하여 참 이질적인 것이다. 그러나 달리 생각해보면, 대상을 바깥쪽에서 바라보며 바깥쪽에서 조작해온 근대문명과 기계문명에 대한 반성을 건축에 대한 사고에서 시작할 수 있다. 대상의 외부에서가 아니라 내부에서 고유성과 개별성을 가지고 사는 사람의 신체를 통하여 세상을 바라보는 것, 또 고유성과 개별성을 위해 환경을 꾸리고 그것과 대화하는 방법을 배우는 것은 다름 아닌 건축에서다.

창가의 빈 병 이야기는 이것으로 끝나지 않는다. 인간이 어떻게 살아야 하는지, 무엇이 진정한 삶의 모습인지를 살펴보는 중요한 통로로서의 '건축' 이야기로 계속 이어진다.

집을 왜 짓는가?

만일 동물이 말을 할 수 있어서 그 동물에게 "둥지란 너에게 무엇인가?"라고 물었다고 하자. 이 물음은 그에게 아무런 의미가 없다. 질문을 약간 바꿔서 "둥지는 왜 짓는가?"라고 물었다고 하자. 그러면 그 동물은 "조금이라도 편안한 곳에서 마음 놓고 새끼들과 함께 살려고"라고 답할 것이다. 질문과 답은 간단하지만 그것은 결국 자기가 왜 사는지 그 이유를 말한 것이다.

그런데도 건축을 전문으로 하는 사람이든 그렇지 않은 사람이든 "건축이란 무엇인가?"라는 질문을 자주 한다. 거의 습관적으로 그렇게 묻지만, 아무리 물어봐도 건축이 무엇인지에 대해 제대로 된 답을 들어본 적이 없다. 건축의 근본적 의미나 가치가 궁금하다면 차라리 "집을 왜 짓는가?"라고 묻는 게 훨씬 더 낫다.

정지용의 시 〈향수〉에 나오는 고향 집은 "넓은 벌 동쪽 끝, 실개천과 질화로가 있고, 아버지가 짚 베개를 돋아 고이시는 곳"이다. 서양노래 〈Home, Sweet Home〉에도 "Be it ever so humble, there's no place like home(아무리 허름해도 내 집만 한 곳은 없다)"이라는 구절이 몇 번이나 되풀이된다. 우리는 '즐거운 나의 집'을 그리워하지 '비 안 새고 햇빛 잘 드는 집'을 그리워하지는 않는다. 세계 각국의 민요나 애창곡에 나오는 집이 단순히 튼튼하고 채광 좋은 집이 아닌 것을 보면 '좋은 집'이라는 게 비가 새지만 않으면 되는 곳, 햇빛이 잘 들기만 하면 되는 곳은 아닌 게 확실하다. 그 노래들은 우리에게 집이 "왜 지어졌는가?"에 대한 답을 제시하며, 궁극적인 행복과 희망이 무엇인지 알려주고 있다.

심지어 히틀러에게도 고향은 '즐거운 나의 집'이었다. 패전의 암운이 드리우기 시작하자 히틀러는 벙커 속에 들어앉아 자기 고향 린츠Linz에 지을 건축 모형을 연구하며 시간을 보냈다. 그는 거의 광적으로 건축을 좋아해서 베를린 같은 도시에 세울 나치의 주요 건물들, 대집회장, 공공장소를 위한 장대한 계획을 직접 도면으로 그릴 정도였다. 그런 히틀러에게도 고향과 자기 집은 언젠가 다시 돌아가야 할 곳이었다.

집을 왜 짓는가? 이 질문에 대한 답은 아주 먼 옛날에 살았던 사람들의 감정 속에 있다. 밖에 사냥하러 나갔다가, 또는 들과 산으로 과일을 따러 나갔다가 식량을 어깨에 메고 흐뭇한 마음으로 돌아오는 길, 저 멀리 언덕에서 내려다보던 그들의 집을 상상해보라. 바로 그런 삶을 살기 위해서 인간은 집을 짓는다. 무리의 남정네들이 며칠 동안 돌아다니며 사냥한 먹잇감을 메고 와서 가족들에게 나누어줄 때의 감정은, 월급날 뿌듯한 마음으로 귀가하여 "월급이야" 하며 봉투를 툭 내밀 때의 기분과 같다.

집을 왜 짓는가? 가장 근본적인 이유는 매일매일의 생활이 반복되는 곳에서 인간에게 휴식과 기쁨을 주는 데 있다. "건축물을 왜 짓는가?"라는 질문에 아리스토텔레스는 이렇게 답한다.

"건축은 인간에게 쉼과 행복을 주기 위한 것이다."

집과 함께 존재하는 사물들은 우리의 삶 속에 깊이 들어와 '지금' '여기'에서 삶의 일부가 되고, 때로는 우리의 삶을 각성시켜주기도 한다. 수전, 싱크대, 유리컵, 창, 창밖의 나무들 그리고 창에 비치는 반대

편의 가구들. 이 모든 것들이 내 삶의 행복과 희망 안에 있다.

가구와 도구는 모두 사람이 살아가는 생활방식을 표현한다. 단, 그것들이 집과 함께 있을 때만 그렇다. 이때 집과 가구의 가격이나 품질 따위는 전혀 중요하지 않다. 피터 멘첼Peter Menzel 등이 20여 년 전에 낸《물질세계: 세계 가족사진 Material World: A Global Family Portrait》(1994)이라는 사진 에세이가 있다. 세계 30개 나라의 가족을 찾아가 그들이 사용하는 모든 물건들을 집 앞에 빼놓고 가족, 가구, 집을 함께 찍은 사진을 담은 책이다. 이 책의 목적은 집과 가구와 도구가 나라마다 어떻게 다른지, 서로 다른 문화 속에서 각국의 가족들이 어떤 모습으로 살고 있는지 기록하는 것이다.

책을 보면서 이런 생각을 했다. 이 사진에서 일단 도구를 지운다면, 그리고 다시 가구를 지운다면 가족 앞에는 집만 남게 될 것이다. 그런데 반대로 사진에서 집을 지우고 가구와 도구와 가족만 남기면 어떻게 될까? 또 집과 가구는 있는데 가족이 없으면 어떤 모습으로 보일까?

이 책에서 특히 인상적인 것은 부탄Bhutan과 말리Mali의 가족사진이다. 이 사진에는 가재도구랄 것이 별로 없다. 부탄의 가족사진에는 부처님께 바치는 공양을 얹는 탁자와 두 개의 촛대가 제일 앞에 놓였고 그 뒤로 다섯 명의 가족이, 다시 그 뒤로는 초라한 흙담집이 있다. 그런가 하면 말리의 집에는 8명의 가족 모두가 흙집 옥상에 올라가 앉아 있다. 그 앞에 가구를 모두 꺼냈는데 곡식을 빻는 도구와 그릇, 옷가지 몇 벌이 전부다.

초라하고 허름한 집. 그러나 이 두 사진에서 가재도구만 남기고 집을 지워버리는 순간, 가구와 도구는 의미도 없고 가치도 별로 없어 보

부탄과 그의 가족들 (아래는 집을 지워버린 모습)

인다. 설령 훨씬 더 많은 가구들을 옆에 쌓아놓는다 해도, 집을 지워
버린 사진 속의 가족은 밖에 내던져진 존재가 되고 만다. 이렇게 생
각할 때 사람에게 없어서는 안 되는 것은 집이다. 가재도구가 없더라
도 집이 있는 사람이 집 없이 가구만 갖고 있는 사람보다 훨씬 행복
하다.

말리와 그의 가족들

미국의 남서부 지역에 아메리카 인디언 나바호Navajo 족이 있다. 그들은 호간(hogan)이라는 집을 지었다. 그들의 전통에 따르면, 어른이 되려면 반드시 호간이 있어야 했다. 호간은 그냥 집이 아니고 생활에 질서를 부여하기 위해 꼭 필요한 것이었다. 그들은 단지 비바람을 피하기 위해 호간을 지으라고 말하지 않았다. 호간이라는 공간은 곧 오래 지속되는 그들의 행복이었기 때문이다. 그래서 그들에게는 이런 말이 있다.

> "호간이 없으면 너는 계획을 짤 수 없다. 밖에 나갈 수도 없고 미래를 위해 다른 것을 계획할 수 없다. 먼저 호간을 지어야 한다. 호간 안에서 앉게 되고 계획이 시작된다."[4]

집을 이렇게 표현하는 것은 호간이 단지 비바람 피하는 곳이 아니라 그 자체가 행복이요 희망이라는 뜻이다.

사람은 수많은 것을 만들어낸다. 그중에는 세상을 바꿔놓는 대단한 힘을 가진 것이 많다. 원자 에너지는 막대한 힘으로 사람의 세상을 근본적으로 바꾸고 있고, 미세한 전류의 흐름으로 상상할 수 없는 방대한 양의 정보를 저장하고 가공하고 있다. 그러나 이것이 사람이

---

* 4. Norman Crowe, 《Nature and Idea of a Man-Made World》, MIT Press, 1995, p.34에서 재인용

나바호 족의 '호간'

살아가는 목적은 아니다. 그것은 살아가기 위한 수단의 한 가지일 따름이다. 이에 비해 건축물은 어떤가? 건축은 사람이 살아가는 목적 그 자체다. 건축은 삶 그 자체이며, 집을 짓는 것은 사람이 살아가는 방식을 짓는 것이다. 그래서 건축은 인간의 생활, 문화, 생산과 전면적으로 관계를 맺고 있다. 사람이 만들어낸 것 중에서 가장 훌륭한 것은 건축과 도시다.

그런데도 혹자는 이렇게 말한다.

> "…건축을 어떻게 설계하고 잘 지을 것인가라는 공학적 관심이 아니다. 건축 속에서 살아가는 우리는 누구이고 어떻게 살아가야 하는가라는 인문학적 관점으로 바라보아야 한다."

그러나 이것은 잘못된 말이다. "건축을 어떻게 설계하고 잘 지을 것인가"와 "어떻게 살아가야 하는가"는 다른 관점일 수가 없다. 그런데도 '짓는 것'과 '사는 것'을 공학적 관점과 인문학적 관점으로 따로 떼어놓고 있다. 짓는 일, 즉 공학적인 관심에는 어떻게 살아야 하는가가 결여되어 있으니 그 부족함을 인문학의 향기가 채워주면 된다는 안이한 생각이다. 아니다. 집을 짓는 것 속에 왜 사는가에 대한 답이 이미 담겨 있다.

2
건축은 오래 남는 '시작'

건축은 인간 공동의 생활의 질서

이푸 투안Yi-Fu Tuan은 "위대한 도시는 돌로 만든 구축이자 말로 만든 구축으로 볼 수 있다(A great city may be seen as the construction of words as well as stone)"라고 말한 바 있다. 건축도 똑같이 돌로 만든 구축이자 말로 만든 구축이다. 우리가 누구이고 어떻게 살아가야 하는가를 묻기 위해 돌로 만든 공학적 구축이다. "돌로 만든 구축"과 "말로 만든 구축"은 다른 말이 아니다. "돌로 만든 구축"은 물질을 모아 구축하고 짓는 행위이고, "말로 만든 구축"은 "왜?"에 대한 대답이다.

이집트 신전의 거대한 벽면에는 그들의 종교와 역사가 기록되어 있다. 탑문의 부조는 파라오가 신들 앞에서 적을 무찌르는 장면이고, 신전 안 벽면에는 신들이 파라오에게 성수를 뿌리는 장면도 그렸다. 우리는 이것을 하나의 장식으로만 여기지만, 사실 이것이 바로 그들

이집트 신전 벽면의 부조 ⓒ김광현

이 건축물을 지은 이유이고 "왜 짓는가?"에 대한 그들의 대답이었다. 그들에게 건축은 말이었고 글이었다.

고딕(Gothic) 대성당을 두고 '돌로 만든 성서'라고 한다. 대성당이 하느님의 말씀이라는 표현은 곧 건축이 말이라는 뜻이다. 빅토르 위고Victor Hugo가 "인쇄된 책이 대성당이라는 건물을 죽일 것"이라고 했는데, 이것도 바꾸어보면 건축은 말을 지었다는 이야기다.

고딕 대성당은 너무 크고 울림이 심해서 제대에서 하는 말이 분명하게 전달되지 않았다. 제대와 회중석 사이에 성가대석이 끼어 있어서 회중석의 신자들은 사제의 강론을 거의 알아들을 수 없었다. 미사 때는 일반 신자들이 읽을 줄도 들을 줄도 모르는 라틴어로 말했으니 더더욱 그랬을 것이다. 그런데도 그들은 뜨거운 신앙심을 가졌고, 성당에 들어와 드리는 미사에 감격했다. 어떻게 그럴 수 있었을까? 그것은 돌로 지어진 건축 때문이다. 위대한 대성당의 구조물이 그들에게 "이 성당은 왜 지어졌는가?"를 말하고 있었다. 말이란 한번 내보내면 그것으로 사라지지만 건축은 언제나 그곳에 있다. 땅에 지어진 건축은 중력에 대항하여 굳건한 돌로 존재하며 "왜 사는가?"에 대해 답한다.

멕시코 타쿠바야Tacubaya에 있는 건축가 루이스 바라간Luis Barragán의 자택 옥상에는 제법 높은 벽을 두르고 작은 의자에 앉아 하늘을 바라보게 만든 자그마한 테라스가 있다. 그 한가운데에는 초등학교 학생이나 앉을 법한 조그마한 의자가 놓여 있다. 키도 크고 체구도 큰 바라간이 이 테라스 위를 서성거리다가 이 작은 의자에 앉아 벽을 둘러보고 하늘을 바라본다. 짓다 보니 이렇게 된 것이 아니다. 위로는 높은 하늘을 보고 자신은 아주 낮은 의자를 두고 살고 싶어서, 벽을

건축의 시작을 보여주는 루이스 바라간의 자택 옥상 테라스

높이 세우고 주변의 주택가를 보이지 않게 끊어낸 것이다.

하늘과 교감하면서 닫혀 있는 장소! 이렇게 하여 이 테라스는 한 인간이 겸손하게 숙고하는 정적의 장소가 된다. 나는 이 작은 테라스를 실제로 가보았으며 아마도 사진으로 수백 번은 보았다. 그리고 이 장면을 강의를 통해 수없이 보여주며 의미를 설명하고 동감을 구했다. 그럴 때마다 이상하게도 늘 새로운 의미가 나타나고 또 나타나는 느낌을 받았다. 바라간 자택의 옥상에 있는 이 작은 테라스에는 변치 않고 간직되어야 할 삶의 한 형태가 있다. 그 안에는 건축의 원점이 '시작'하는 바가 있다.

이 건축의 '시작'은 아주 오래전부터 있어온 것이 분명하다. 그리고 오래 남을 '시작'임에 분명하다. 오래전이라 하여 수천 년 전, 수백 년

전이 아니라, 사람이 가지고 태어나는 삶의 원형질이라는 의미에서의 '시작'이다. 그렇지 않고서야 실제로 가보지도 않은 채 사진으로만 본 이들이 어떻게 이 작은 테라스의 삶의 형태에 다들 동의할 수 있을까?

이와는 다른 모습을 한 건축의 '시작'도 있다. 마을을 이루고 함께 살아가는 이들이 기대어 살고 있는 건축물이 그 공동체의 원점이 되기도 한다. 중국 구이저우 성(貴州省)에는 쩽총(增冲)이라는 아주 작은 마을이 있다. 이곳에서는 북을 높이 매단 고루(鼓樓) 건물 여러 개가 마을의 중심이 된다. 그중에는 13층에 높이가 25미터가 되는 것도 있다. 특이한 것은, 주택을 먼저 짓고 그 안쪽에 고루를 세운 것이 아니라 600년 전부터 고루를 세운 다음에 주택이 그것을 둘러싸며 지어졌다는 점이다.

쩽총 마을의 고루를 둘러싼 주택들

주민들은 씨족사회를 강화하기 위해 몇 번이고 고루를 고쳐 지었다. 옛날에는 긴급한 일이 벌어졌을 때 마을 사람들을 모으기 위해 쓰였으나 이제는 주민이 모이는 장소, 마을공동체의 다목적 집회 장소, 광장, 무대 등으로 쓰인다. 고루 주변에서 세탁도 하고 머리도 감을 만큼 활기에 찬 커뮤니티 센터이고, 때로는 토론하거나 권력을 행사하는 장으로 쓰인다. 이런 모습은 세계 어디에서나 토속적인 마을에서 쉽게 찾아볼 수 있다. 바라간 주택 옥상의 작은 테라스가 마음의 '시작'이었다면, 이 마을의 고루는 역사적으로나 생활의 기반으로나 마을의 '시작'과 같은 건물이다.

숭례문은 쩽총 마을의 고루와는 비교할 수 없는 한국인의 징표요 자존심이다. 그런 숭례문이 2008년에 불타버렸다. 그러자 수많은 사람들이 울고 비탄에 빠졌다. 어떤 사람은 마치 조상이 돌아가신 듯이 소리 내어 슬피 울었고, 며칠이고 그 앞에서 무릎을 꿇고 제사를 드린 이들도 있었다. 당시 이어령 선생은 불타버린 숭례문 앞에서 "그전까지는 돌과 나무로 된 건축물로 여겨졌던 것이 불타고 없어져버리니 저 숭례문이 우리의 몸이요 피인 것을 알게 되었다"라고 말한 바 있다. 숭례문이 사라져버린 것은 불행한 일이었지만, 역설적이게도 나는 이 사건을 통해 건축은 모든 이에게 속한 것이며, 건축에는 다른 것으로 대체할 수 없는 지속적 가치가 있음을 절감하였다.

전혀 건축에 관심이 없다가 처음으로 본 사진을 두고, 그것도 아주 오래전의 어떤 건축물들을 보면서 감동을 느끼는 이유는 뭘까? 불타버린 건축물을 보며 왜 그리도 안타까워하고, 그것이 단지 돌과 나무로 된 것이 아니라 우리의 몸이요 피였다고 깊이 느낄 수 있는 것일까? 어떻게 내가 사는 집도 아닌 남의 집, 그것도 저 먼 나라에 지어진 작은 주택의 한 부분을 보며 인간 생활의 진정한 자세를 느낄 수 있는가? 이 모든 예는 과거에서 현재를 거쳐 미래에도 이어질 진정한 가치, 근본적인 지속이 건축에 스며들어 있다는 사실을 간명하게 보여준다. 이것이야말로 건축의 진정한 바탕이며, 오래전부터 있어온 건축의 '시작'이 사람의 마음속에 내재해 있었음을 말해주는 것이 아니겠는가?

건축가 노먼 포스터Norman Foster는 이렇게 말했다.

> "당신은 한 사람의 건축가로서 현재를 위해 설계한다. 그러나 근본적으로 알 수 없는 어떤 미래를 위해, 과거를 인식하며."

이것은 무슨 말인가? 오늘날의 건축은 '현대'라는 한정된 시대적 조건에서 지어지는 것이지 1,000년 전, 500년 전에 사용되었던 원리를 그대로 지키며 지어지는 것이 아니다. 그래서 "과거를 인식하며"가 된다. 또한 건축은 언제나 오늘, 지금 짓는 것이지 100년 200년 후에 지어질 건물을 상상하며 설계하고 짓는 것이 아니다. 그래서 "알 수 없는 어떤 미래를 위해서"다.

건축가 프랭크 로이드 라이트Frank Lloyd Wright 또한 이렇게 말했다.

> "건축이란 세대에서 세대로, 시대에서 시대로, 인간의 본성을 따라, 또 인간의 환경의 변화에 따라 진행하고 지속하며 창조하는 위대한 창조력이 풍부한 살아 있는 정신이다. [⋯] 이 정신, 모든 건물에 공통적인 이 위대한 정신을

건축이라 부른다."[5]

　이 말은 건축물을 오래 사용할 수 있도록 튼튼하게 지어야 한다는 뜻이 아니다. 시간이 지나 세대가 바뀌고 변해도 오래전부터 존재해 온 '시작'이 있고, 그것을 이어받는 것이 건축이라는 말이다.
　건축이 존재하는 이유는 인간 공동의 생활을 지탱하기 위한 것이다. 지탱하는 것은 질서를 세우는 것이며, 그것을 뒷받침해주는 가장 중요한 것은 언어다. 공간은 인간 공동의 생활에 규칙으로 작용하며, 건축은 일상의 생활을 지탱하는 공통의 언어다. 물론 다른 예술들도 일상의 언어로 작용해왔지만, 지금은 그와 같은 예술의 언어적 역할은 거의 사라져버렸다. 회화는 개념미술로 바뀌어 미술관에 전시되었으며 더 이상 인간 공동의 일상 언어가 아니게 되었다. 민속무용 같은 공동체의 춤에는 반드시 음악이 있었다. 춤과 음악은 그들 공동체의 언어였다. 그러나 이런 무용과 음악은 우리의 일상 언어에서 사라졌다.
　원점, 근본, 지속적 가치, 본질 등과 같은 말로 설명되어온 '시작'이라는 관념은 사실 현대회화나 조각, 무용이나 음악에서 더 이상 논의되지 않으며 논의될 수도 없다. 이렇게 거의 다 사라져버린 인간의 일상 언어 중 단 하나만이 인간 공통의 언어를 여전히 간직하고 있다. 그것은 다름 아닌 건축이다. 주변에 대해 그다지 관심을 두지 않는 현대인에게도 건축은 여전히 원초적인 공동의 사회적 행위를 지탱하는 마지막 공간 언어다. 건축을 단지 시각예술의 하나로 여기고 현대의 회화나 조각, 음악이나 영화와 같은 관점에서 이해하려고 해서는 안 되는 이유가 여기에 있다.

늘 있었던 '시작'

건축가 루이스 칸Louis Kahn은 "What was has always been. What is has always been. What will be has always been"이라는 명언을 남겼다. 번역하면 "있었던 것은 늘 있어왔고, 있는 것도 늘 있어왔으며, 앞으로 있을 것도 늘 있어왔다"는 말이다. 그런데 이 말 앞에는 이런 문장이 있다. "무엇보다도 나는 시작(beginnings)을 소중하게 여긴다." 그러니까 "있었던 것은 늘 있어왔고, 있는 것도 늘 있어왔으며, 앞으로 있을 것도 늘 있어왔다"는 말은 '시작'에 관한 다른 설명이다.

나의 앨범을 염두에 두고 이 말을 생각하면 정말 그렇다. 앨범 속 사진을 보면 조금씩 나이를 먹어온 나에게 "있었던 것은 늘 있어왔고, 있는 것도 늘 있어왔으며, 앞으로 있을 것도 늘 있어왔다." 나는 변하고 있지만 그래도 '나'는 변하지 않고 있다. 거슬러 올라가도 '나'이고 앞으로 있을 가까운 미래에도 '나'다. 이런 의미에서 건축은 사람을 닮았다.

《오래된 미래 Ancient Futures》[6]라는 책을 대한 순간, 나는 그 제목 자체가 매력적이었다. 미래란 새로 만들어지는 것이 아니라 이미 있었던 무언가의 근원을 좇아 만들어진다는 건축의 가장 기본적인 모습을 이 제목은 아주 뚜렷하게 나타내고 있었다. 우리가 건축을 하면서 가장 소중하게 여겨야 할 것이 바로 오래된 것과 앞으로의 것을 어떻게 잘 담아내는가 하는 점이다. 건축은 미래를 위해 지어지는 것이고 과거와 역사를 미래에 이어주는 아주 훌륭한 존재라는 점

---

* 5. Frank Lloyd Wright, 《An American Architecture》, Bramhall House, 1955
  6. 헬레나 노르베리 호지, 《오래된 미래》, 양희승 역, 중앙북스, 2007

에서, 건축은 '오래된 미래'를 짓는 일이다. "What will be has always been"이라는 루이스 칸의 말을 번역해보면 우연하게도 '오래된 미래'가 된다.

현대라는 시대는 늘 새로움만 찾고 있는 듯이 보인다. 그런데 자세히 들여다보면 현대의 새로움이란 단지 미래에 다가올 새로움만이 아니라 늘 있어왔던 것에 근거한 새로움, 늘 있었으면서 지속적으로 오늘에 자극과 깨달음을 주는 것에 근거한 새로움을 뜻한다. 다른 사람은 몰라도 건축하는 사람은 어제보다 오늘, 오늘보다 내일 새로운 새로움을 추구해서는 안 된다. 언제나 그것 그대로 새로운 것이 있다.

건축가인 루이스 칸이 그런 말을 한 것은 건축물이 그렇기 때문이다. 비행기나 기선을 두고, 또는 스마트폰을 두고 "과거에 있었던 것도 늘 있어왔고, 지금 있는 것도 늘 있어왔으며, 앞으로 있을 것도 늘 있어왔다"고 하면 말 자체가 성립하지 않는다. 그러나 건축은 그렇지 않다. 만일 새로 지은 건물이 이미 지어져 있던 건물보다 무조건 더 낫다면, 사람들은 그 건물이 언제 누구에 의해 세워졌는지가 가장 중요하다고 여길 것이다.

그러나 건축을 하는 사람은 언제 세워졌는가, 누가 지었는가보다는 그 건물을 왜 만들었는가, 어떻게 만들어졌는가에 늘 관심이 더 가 있다. 건축에서는 이전부터 알고 있었던 지식, 이전 시대가 지녔던 문제의식이 오늘날에도 얼마든지 유효할 수 있다고 보기 때문이다. 우리가 여행을 하며 오래된 유적을 경험하고 건축을 통해 문화를 폭넓게 습득하는 것은 달리 말하면 "있었던 것은 늘 있어왔고, 있는 것도 늘 있어왔으며, 앞으로 있을 것도 늘 있어왔다"는 사실을 몸으로 체험하는 것이다.

이는 단순히 어떤 건물이 예전에도 있었고 지금도 있으며 앞으로도 있게 될 것이라는 사실만을 말하는 게 아니다. 사람이 이 땅에서 살면서 건축을 통하여 얻는 바, 건축을 통해 표현하고 싶은 바가 시대의 변화에 따라 대단히 크게 바뀐 것처럼 보일지라도, 그 안을 잘 들여다보면 건축을 이루는 근본은 예전에도 있었고 지금도 있으며 앞으로도 있을 것이라는 점을 강조하는 것이다.

건축은 무엇을 하는 것인가? 이 물음 앞에서 가장 먼저 생각할 것은 건축이 다른 사물들과 달리 가장 오래되었고 가장 오래 남는다는 사실이다. 이 질문은 우리가 건축을 생각하고 짓고 그 안에서 사는 것을 실천하고자 할 때만 질문으로서 의미가 있다.

'시작'은 언제나 새로운 것

'시작'은 '언제나 그것 그대로 새로운 것'의 다른 표현이다. 주택 설계에 앞서 일상생활에서 '시작'을 발견하는 것, 철도역 설계에 앞서 사람의 흐름에서 '시작'을 발견하는 것, 병원 설계에 앞서 건강에서 '시작'을 발견하는 것이 중요하며, 그것이 건축가가 설계를 하는 이유다.

도서관은 어떤가? 대학교의 중앙도서관, 시립·구립도서관 등 우리 주변에 도서관이 제법 많아졌다. 도서관은 무엇을 하기 위한 시설인가? 아마도 이렇게 길게 설명할 수 있을 것이다. 도서관은 정보나 자료를 조직적으로 수집하여 학교나 주민 등 일정한 공동체가 참고할 수 있게 비치하고 빌려주는 시설이라고. 그러나 이것은 책과 인간을 실용적·효율적 측면에서만 생각한 것이다. 이런 생각에서는 도서관

필립스 엑서터 아카데미 도서관 (루이스 칸, 1972) ⓒ김광현

의 '시작'을 발견할 수 없다.

루이스 칸이 설계한 필립스 엑서터 아카데미 도서관(Phillips Exeter Academy Library, 1972)은 흔히 보는 도서관과 다르다. 이곳은 내가 아는 한 '책의 정신'을 공간으로 나타낸 가장 훌륭한 도서관 건축이다. 사람은 빛이 있는 곳으로 가 책을 읽는다. 이것 이상으로 책과 인간의 관계를 적확하게 설명하는 말은 없다. 도서관이라고 하면 서고에 책을 쌓아두고 목록에서 찾은 책을 빌리는 곳이라고만 여기기 쉽다. 그러나 칸은 도서관의 서고가 단지 책을 수장하는 창고가 아니라 책을 읽는 사람과 책을 지은 사람이 만나는 장소이며, 인간에게 책의 정신을 일깨워주고, 선배가 전해주는 지식에 동참하는 곳임을 깨닫게 해주는 장소로 만들었다. 중앙 홀의 커다란 원형 개구부는 결코 모양을 내려고 만든 것이 아니다. 중앙 홀은 학생이 원형 개구부를 통해 책이 자신에게 얼마나 가치가 있으며 지식은 어떻게 전수되는 것인지, 내가 원하는 책을 찾으려면 어디로 가야 하는지를 이해하게 되는 곳이다. 이 공간 한가운데 서는 순간 학생들은 지식이란 무엇인지를 확연히 깨달을 수 있다.

알바 알토Alvar Aalto가 설계한 로바니에미 도서관(Rovaniemi Library, 1965)도 뛰어나다. 알토는 "도서관 건축의 문제는 눈의 문제다"라고 말하였다. 이 또한 책을 보는 시선에 중점을 두어 책과의 대화를 회복하려는 건축가의 의지를 나타낸 것이다. 이 도서관은 책을 읽으려면 계단을 타고 아래로 조금 내려가게 되어 있다. 벽면은 물론 책으로 꽉 차 있고, 계단을 따라 내려가면 다시 서가가 독서용 책상을 둘러싼다. 이 책상에 앉으면 가까운 쪽으로 한 겹, 또 그 뒤의 벽 쪽으로 한 겹의 서가가 겹쳐 보인다. 책으로 푹 둘러싸인 느낌이 강하게 전해져온다. 마치 내 집의 책장처럼, 손만 뻗으면 언제든 닿을 수 있는 서가는 책을 읽는 사람과 대화한다. 핀란드 국민연금협회 도서관도 이와 마찬가지로 나지막한 천장에 사방의 벽이 모두 책으로 둘러싸였다. 그리고 그 내부를 ㅁ자 모양의 서가가 다시 둘러싸고 있다. 똑같이 책으로 둘러싸인 나를 발견하게 해준다.

건축설계에는 몇 가지 특징이 있다. 그중 하나는, 건축설계는 매번 용도도 다르고 장소도 다르며 그것을 이용하는 사회도 다르다는 것이다. 어떤 건물이든 특정한 사회를 위해, 특정한 장소에, 특정한 용도를 위해 지어지게 되어 있다. 이렇게 말하면 건축물은 그때그때 달라지는 주문생산품처럼 여겨질 것이다. 하지만 '용도'를 단지 편리함의 측면에서만 바라보는 관점을 잠깐 멈추고, 짓고자 하는 시설의 본래 목적을 되짚어보라. 모든 건축에는 이러저러하게 만들고자 하는 본래의 목적이 있고 그 목적에는 늘 '시작'이라는 본질이 있다. 건축설계의 가장 큰 매력은 이런 '시작', 바꾸어 말하면 '오래된 미래'를 발견하는 것이다.

건축설계는 새로운 것, 남이 이제까지 말하거나 만들지 않은 것, 뭔가 전위적인 것을 '발명'하듯이 만들어내는 작업이 아니다. 그것은 무언가를 '발견'하는 작업이다. 훌륭한 건축가는 자기만의 것을 표현하기보다는 그 시대를 사는 사람들의 의식 속에 잠재하고 있는 것, 표현하고 싶지만 밖으로 드러내지 못하고 있는 그 무엇을 과감하게 드러내 보이는 사람이다.

그래서였을까? 가우디Antoni Gaudi는 "독창성(originality)이란 기원(origin)에 접근하고 기원으로 돌아가는 것이다"라고 말했다. 다른 분야에서는 독창성이 나만 가지고 있는 것, 나만의 아이디어라고 가르치지만 건축에서는 나만 가지고 있는 것을 가장 좋은 것으로 여기지 않는다. 가우디의 말처럼 '기원'에 어떻게 다가가고자 하는지가 가장 중요하다. 건축적 사고란 아무런 근원도 없이 무작정 생각하는 것이 아니라 원시적이고 단순한 해결로 돌아가는 것이다.

예를 들어 유치원이라고 하자. 무엇이 유치원 설계의 시작일까? 조기 교육이나 영재 교육 같은 것일까? 아니면 인간으로서 배워야 할 남에 대한 배려, 자유로이 마음껏 뛰노는 곳, 커다란 나무 그늘 밑에서 자연을 배우는 것 등일까? 이런 질문을 계속하다 보면 무엇이 '시작'인지 쉽게 발견할 수 있다. 아무리 생각해봐도 이것 이상이 없다고 생각되는 소중한 것, 바로 그게 유치원에서 공부할 아이들을 위한 시설의 '시작'이다. 기원에 접근하고 기원으로 돌아가는 독창적 건축설계는 이런 사유의 과정을 거칠 때 비로소 가능해진다.

지속하는 기억장치

사람은 "언제든지 변함이 없다"와 "언제나 변함없이 변화한다"라는 두 개의 명제 사이에 존재한다. 우리의 몸은 계속 변화하고 있으므로 한순간도 똑같지 않다. 우리는 집에서 아침마다 일어나고 밤마다 잠자리에 든다. 그렇다고 매일 똑같은 행동을 하며 사는 경우는 단 한 번도 없다. 침실이라고 매일 똑같은 침실이 아니고 식탁이라고 매일 똑같은 감정을 느끼는 식탁이 아니다. 도시도 마찬가지다. 언제나 변화하고 있다.

반면 주변에 있는 방과 집, 길과 나무는 어제와 별로 바뀐 게 없다.

고대 이집트 도시 헬리오폴리스 ©김광흔

집을 나와 학교나 직장으로 장소를 옮겨도 어제와 오늘은 그다지 변화가 없다. 어제와 다른 옷을 입고 나와도 주변의 풍경은 달라진 것이 없다. 주변 풍경이 옷을 갈아입듯이 바뀐다면 그것은 정말 큰일이다. 변하지 않고 그 자리에 그대로 있어야 우리가 환경을 믿고 생활할 수 있다.

그런 건축이 내 주변에 생활공간의 일부로 존재하고 있다. '생활공간'이란 그곳에 살고, 아침에 일어나 일하러 가고, 잘 알고 있는 사람들과 만나며, 다시 집으로 돌아오는 길에서 전개되는 전체 공간이다. '지금'이라는 시간은 '일상' 안에 있으며, 그 일상이 지속되는 곳이 바로 생활공간이다.

사람은 일상이 바뀔까 두려워하는 존재이기도 하다. 늘 있던 것이 갑자기 사라지고 어제 있던 것이 오늘 없어져버린다면 그것은 생활공간이 아니다. 생활공간에는 변화하는 것과 오래 지속하는 것이 함께 있어야 한다. 이를 위해 사람은 땅 위에 집을 짓고 살아간다. 예전부터 사람은 이 집에서 살다가 이 집에서 죽을 것이라는 마음으로 집을 지었다. 하루 이틀 살다가 버릴 마음으로 집을 짓거나 비워둔 채 전시하려고 짓는 사람은 이 세상에 한 명도 없었다.

건축의 시간은 다른 사물의 그것과 다르다. 건축이 사람이 사용하는 물건 중에서 가장 크고 안전하고 견고한 것은 중력과 비바람에 저항하며 지속적으로 사람의 일상을 받쳐주기 위해서다. 건축물은 움직이지 않는 큰 구조물로서 예로부터 변하지 않는 영원성을 나타냈다. 나일강 삼각주에 있는 고대 이집트 도시 헬리오폴리스Heliopolis는 태양신 라Ra 신앙의 중심지였다. 기원전 1,200년에 만들어진 이곳의 오벨리스크가 로마인들에 의해 옮겨지고 훗날 성 베드로 대성당 전면에 다시 세워진 것도 변하지 않는 지속성에 대한 갈망을 건축으로 표현한 것이다.

건축물이 오래 지속된다고 해서 끝없이 영원한 것은 물론 아니다. 건축물 역시 하나의 물체인 이상, 시간의 흐름 속에서 자연적 또는 인위적인 이유로 조금씩 노후하고 부서진다. 하지만 오랜 시간 동안 많은 사람들이 그곳을 드나들며 많은 일들이 세대에서 세대를 넘어 이어진다. 누군가 "이 집은 할아버지께서 지으신 그대로예요"라고 말한다면, 물론 그사이에 여러 번 고치고 보수를 했겠지만, 그래도 집의 변화보다는 할아버지가 지은 그 집의 동일성(identity)을 말하려는 것이다.

집은 기억을 통해 과거의 나와 지금의 나를 이어주는 소중한 연결 고리다. 존속하는 집을 통해 우리는 변화하는 시간 속에서도 무언가가 지속되고 있음을 확인하려고 한다. 요컨대, 나의 동일성을 확인하는 것이다. 물론 작은 물건에도, 내가 쓰던 도구에도, 주고받은 편지에도 나라는 존재의 흔적은 깃들 수 있다. 그러나 그것은 땅과 하늘과 바람과 나무처럼 남지도 않고 나타나지도 않는다. 이와 달리 집은 풍경과 함께 남고 언제나 변함없이 나타난다.

건축을 기억과 관련하여 말하면 대부분 수긍을 한다. 그러나 그것이 얼마나 중요한 것인지는 깊이 깨닫지 못하는 경우가 많다. 이것은 단순히 개인의 회상과 같은 것이 아니다. 사람들이 역사 안에서 만들어낸 수많은 사회적·역사적 소산이 쌓여 있는 곳이 도시라고 했을 때, 건축물이나 광장이나 도로는 물리적인 집적을 넘어 인간과 인간 사이의 무수한 기억으로 이루어진 장대한 '이야기'이며 변하지 않는 '시작'이 변화해가는 기록이라 할 수 있다. 그래서 건축은 오래 남는 시작이다.

공장에서 생산된 냉장고나 텔레비전은 오늘 만들어지고 지금 사용하는 것이다. 과거를 인식하며 만들어진 냉장고나 텔레비전은 하나도 없다. 제품은 또한 미래를 향해 만들어지지도 않는다. 소비자에게 불이익이 생기지 않도록 그 기간 동안만 효력이 있는 '유효기간', 그때까지만 상품으로 판매할 수 있는 '유통기한', 또는 내구연한이라는 시간이 주어진다. 그러므로 집을 다른 도구나 제품 대하듯이 하면 안 된다.

19세기의 유명한 평론가 존 러스킨John Ruskin은 《건축의 일곱 등불The seven lamps of architecture》(1849)의 제6장 '기억의 등불'에 이렇게 적었다.

"사람은 건축이 없어도 생활하거나 예배할 수 있었다. 그러나 건축 없이 과거의 기억을 되살릴 수는 없다."

그리고 이렇게도 말했다.

"인간이 잊기 쉬운 바를 강력하게 극복할 수 있는 것은 두 개밖에 없다. 곧 시와 건축이다."

둘 중에서도 건축이 훨씬 강력하다. 건축은 인간이 생각한 것, 느낀 것, 손으로 만지고 근육으로 일하고 눈으로 파악한 구조물이다.

도시는 건물이나 도로, 나무 등의 단순한 종합이 아니다. 도시는 그곳에 거주하는 사람들과 찾아오는 사람들의 다양한 사회활동의 장이며, 오랜 세월을 두고 그곳을 매력 있는 곳으로 만들고자 하는 의지의 산물이다. 그 결과물들은 그 거리에 사는 사람에게 강렬한 인상을 전해주고, 그들의 원풍경이 되고, 아름다운 추억으로 스며든다. 그런 의미에서 도시는 그곳에 사는 사람들의 기억을 축적하는 장소다.

건축의 기억은 건물 그 자체에만 있지 않다. 건물, 건물군, 건물의 일부, 그리고 사람에 대한 기억으로 확장된다. 그리고 기억이라는 가치는 보존, 리노베이션, 지역성, 동일성의 발견이라는 과제로 미래에 이어져간다. 건축이야말로 가장 큰 기억장치다. 건축을 보면 그 시대의 배경을 알 수 있고, 우리가 살아온 시간이 어디에서 왔는지 알 수 있다.

20세기의 건축은 만드는 건축, 공간의 건축이었지만 21세기의 건축은 이어주는 건축, 기억으로 이어지는 시간의 건축을 지향한다. 건물 전체에도, 건물 안에 남아 있던 물건에도, 심지어는 부서진 건물의 일부에도 과거의 시간이 기억으로 축적되어 있다. 단지 건물만이 아니라 그 건물을 드나들던 사람들에 대한 추억도 함께 담겨 있다.

3

건축은 모두의 기쁨

건축, 기쁨을 느끼는 것

유학 가서 제일 처음 산 책은 존경해 마지않는 건축가 루이스 칸에 대해 존 로벨John Lobell이 쓴 《침묵과 빛 Between Silence and Light: Spirit in the Architecture of Louis I. Kahn》(1979)이었다. 그런데 이 책을 열면 제일 먼저 '기쁨(joy)'이라는 제목을 붙이고 그 밑에 루이스 칸의 말을 적어놓았다. 책을 샀을 때도 그랬고 한참 지나서도 왜 '기쁨'이라는 말로 그의 생각을 정리했을까 이해가 안 되었다. '기쁨' 다음에는 '만지는 것, 보는 것', 그리고 그 다음에는 '놀라움(wonder)'이라는 제목으로 루이스 칸의 말을 정리해나갔다.

그리고 40년 정도가 지났다. 그러는 사이에 그 책의 저자가 왜 '기쁨'이라는 말로 루이스 칸의 건축을 설명해나갔는지 조금씩 알게 되었다.

그것은 가장 소중한 건축의 본질을 두고 한 말이었다. 세상에는 '중요한 것'이 참 많다. 그러나 인간에게 '소중한 것'은 얼마 안 된다. 중요한 것이 많은 이유는 그것들이 쉽게 변할 수 있기 때문이고, 소중한 것이 적은 이유는 변하지 않는 것이 몇 개 안 되기 때문일 것이다. 사람은 중요한 것을 두고 '기쁨'이라고 말하지 않는다. 소중한 것을 두고 '기쁨'을 말한다.

　건축에 대해 널리 알려져 있는 설명 중에 '건축의 3요소'라는 것이 있다. 쓸모 있고 튼튼하고 아름다운 것. 이 세 가지가 건축의 기본이라는 것이다. 맞는 말이다. 건축은 이 세 가지 요소로 이루어진다. 이것은 고대 로마의 건축가 비트루비우스Vitruvius가 《건축십서 De Architectura》에서 이 세 가지를 라틴어로 'utilitas' 'firmitas' 'venustas'라고 말한 것에서 비롯된 것이다. 후대 사람들이 'utilitas'는 유용성, 'firmitas'는 내구성, 'venustas'는 예술성으로 번역했고, 순서는 다르지만 흔히 이를 '미·용·강(美用強)'이라고 줄여서 말한다.

　건축의 본성은 아주 쉽게 말하면 이질적인 것의 타협에 있다. 아름다운 것과 실제적인 것, 이상적인 것과 현실적인 것, 구체적인 것과 간명한 것을 타협시키는 예술이 건축이다. 비트루비우스가 '건축의 3요소'를 말했다고 하니 마치 이 요소와 저 요소를 합치면 잘 만들어지는 것으로 여기기 쉽지만 그렇지 않다. 그가 건축을 3요소로 말한 것은 서로 다른 세 가지가 잘 타협해야 한다는 뜻이다. 회화나 조각은 이런 타협을 본성으로 삼지 않는다. 그러니 회화나 조각의 본질을 설명할 때 '회화의 3요소', '조각의 3요소'라는 것이 있을 리 없다.

　그런데 1624년 영국인 헨리 우튼 경Sir Henry Wotton이라는 사람이 이 세 가지를 'commodity(유용한 것)' 'firmness(견고한 것)' 'delight(기쁨)'

라고 번역하였다. 이 사람은 외교관이었고 베니스에서 20년 동안 지낸 사람이지 건축가가 아니었다. 그런데 호사가였던 그가 무슨 마음을 먹었는지 1624년에 《건축의 요소 The Elements of Architecture》라는 책을 썼다. 이때 'venustas'를 'beauty(아름다움)'라고 번역하지 않고 'delight(기쁨)'라고 번역한 것이다. 아름다움은 개인의 주관에 따라 다르지만 기쁨은 인간 모두에게 보편적으로 해당된다는 점에서 이 두 번역에는 큰 차이가 있다. 그러나 그 이후 우튼 경이 번역한 'delight'가 어떤 의미인가에 대해서는 크게 주목하지 않았다.

'delight'란 사람을 몹시 기쁘게 하고 큰 즐거움을 가져다주는 것들을 가리킨다. 이를테면 "the delights of living in the country(시골 생활이 주는 큰 즐거움)"라는 표현이 그렇다. 기쁨에는 어떤 욕구가 충족되었을 때 일시적으로 느끼는 기쁨도 있고, 물리적인 이유가 없이도 내면으로 느낄 수 있는 기쁨이 있는가 하면, 감정이 충만하여 더없이 행복하다는 느낌을 주는 기쁨도 있다. 기쁨은 즐거움이고 풍부함이며 상쾌함이다. 그렇다면 'delight'는 눈으로 보아서 아름다운 것이 아니다. 이것은 내 몸과 바깥과의 관계로부터 생겨난 것이어서, 단지 예술적인 아름다움만을 나타내는 'beauty'와는 다르다.

이런 기쁨이야말로 건축물을 사용하거나 보는 사람들과 건축가를 이어주는 접점이다. 아름다움은 시대나 지역의 문화에 따라 다르고 개인마다 다르다. 그러나 '기쁨'은 문화적 현상이 아니다. 이 문화에서는 이런 것을 보고 기뻐하는데 저 문화에서는 기뻐하지 않는 식의 상대적인 감정이 아니다. 인간에게 '기쁨'이란 보편적인 가치여서, 모든 사람은 기쁨 앞에서 똑같은 감정과 똑같은 가치를 발견한다. 건축이 주는 깊이와 매력은 바로 이 기쁨에 있다. 건축은 변할 수도 있는 '중요한 것'에만 매달리지 않고, 인간에게 몇 개 안 되는 소중한 것을 바라보게 한다. 이렇게 보면 비트루비우스의 'venustas'에는 아름다움과 기쁨이 둘 다 포함되어 있다.

아름다움은 전문화된 건축가가 주로 사용하는 개념이다. 그렇지만 토속건축에서는 유용한 것과 견고한 것은 중시되어도 아름다움이 가장 우선시되지는 않는다. 토속건축에서 아름다움보다 중요한 것은 기쁨이다. 풍부하고 깊이 있는 공간은 시각적이거나 개념적인 것이 되기는 어렵고 오직 체험으로만 설명할 수 있다. 도시의 느긋한 길, 나무 그늘이 짙은 외부공간, 아주 오래된 방 등은 아름다움이기 이전에 기쁨이다.

한편, 건축의 아름다움은 건축물에만 국한되는 게 아니다. 건축이란 땅 위에 서고 하늘 아래에 놓이면서 계절과 시간에 따라 변하는 빛을 받는 것이어서 건축은 다른 건물들, 길, 풍경과 함께한다. 흙과 바람, 물과 비와 열 앞에서도 건물과 사람은 함께한다. 결국 사람은 건물을 통하여 많은 것을 타협하고 인정하며 그다음의 타협을 기다리게 되어 있다.

기쁨은 반복되는 것과 관계가 있다. 한 번 하고 마는 것이 아니라 매일 되풀이되는 것 속에 기쁨이 있음을 우리는 건축을 통해 알게 된다. 회화나 조각은 매일 보는 것이 아니다. 그것이 내 방에 걸려 있더라도 매일 보고 살지는 않는다. 회화나 조각이 주는 기쁨은 반복되지 않는다. 그러나 건축은 다르다. 지겨울 정도로 움직이지 않고, 무한하다고 할 만큼 반복적이다. 물리적인 모습만 그런 게 아니다. 건물 안팎에서 일어나는 행위에도 무수한 반복이 있다.

그러므로 건축에서 기쁨은 시민의 반복되는 일상생활 속에 있다.

도시에 살건 시골에 살건 매일매일의 생활이 기쁨의 원천이 된다. 늘 가게 되는 장소, 늘 만나는 사람들, 오늘도 그럴 것이라고 예상되는 반복 행위를 큰 차질 없이 시작하고 마치는 것이 일상의 기쁨이다. 이는 잠깐 어딘가에 들르는 여행자의 비일상적 체험과는 궤를 달리 하는 것이다. 건축의 가장 소중한 본질은 건축을 통해 서로 다른 것들끼리 만나서 이루는 기쁨, 그 안에 들어가 살면서 얻는 기쁨, 일상 생활에서 만나는 기쁨 등을 제공해주는 것이다. 즉, 사람에게 지속적으로 기쁨을 주는 것이다.

건축은 공동의 기쁨

일상생활의 반복은 지혜를 낳고, 많은 사람들의 관계 속에서 공동의 가치를 낳는다. 아주 대단한 가치뿐 아니라 그다지 중요해 보이지 않는 소소한 가치조차도 건축물과 관계를 갖게 된다. 건축의 본질은 기쁨이라고 했지만 그것은 나 한 사람만의 기쁨이 아니다. 여러 사람의 기쁨이다. 그러니 건축이 주는 기쁨은 '큰 기쁨'이다. 이 '큰 기쁨'은 사람에게 생활과 사회의 진정성을 가져다준다.

나는 몇 년 전 '농심 어린이집'을 설계하였다. 농심 어린이집이니 당연히 농심 직원의 아이들이 다니는데, 설계자로서 특히 보람 있었던 건 이 집에 대한 직원들의 자부심이 아주 높다는 사실이었다. 원장 선생님 말로는, 아이를 맡긴 직원들이 아이의 할아버지 할머니를 모셔다가 집을 소개하며 "우리나라에서 제일 좋은 어린이집"이라고 자랑을 한단다. 이 말이 중요하다. 다른 전문가가 이 집을 어떻게 보건,

농심 어린이집 ⓒ김광현

직원들의 자랑이 맞건 틀리건, 실제로 이용하는 사람들이 "우리나라에서 제일 좋은 어린이집"이라고 생각해준다면 이 집은 일단 성공한 것이다. 게다가 이 집을 담당한 임원께서는 페이스북에 이렇게 써주셨다.

> "매일 아침 출근할 때 보이는 그쪽 풍경에 아주 행복해하고 있습니다. 감추고 싶었던 구석진 공간에 가보고 싶은 깊고도 아늑한 공간을 만들었어요."

건축가로서 가장 듣고 싶고 들어야 할 말은 바로 자기가 설계한 집을 통해 그곳에 사는 사람들이 아주 행복해하고 있다는 말이다. 건축가는 어떤 특정한 사람을 위해 좋은 환경을 마련해주는 전문가다. 그러나 동시에, 누군지도 모르는 그야말로 불특정한 사람들을 위해서도 좋은 환경을 구축하고자 하는 사람이다.

고대 이집트에 하트셉수트Hatshepsut 여왕의 애인이자 최측근인 센무트Senmut라는 건축가가 있었다. 그는 여왕을 위해 데이르 엘 바하리(Deir el-Bahri)라는 장제전을 지었다. 그것은 오직 절대권력자 한 사람만을 위한 것이었다. 그는 단 한 사람의 기쁨을 위해 집을 지은 건축가였던 것이다. 그러나 이것만이 건축의 참모습은 아니다. 농심 어린이집은 그 거대한 장제전과 비교도 안 되는 것이지만, 모두에게 기쁨이 되는 건축으로는 장제전보다 농심 어린이집이 훨씬 낫다고 생각한다.

《바바파파 Barbapapa》라는 프랑스 그림책이 있다. 이 책에 나오는 바바파파라는 아버지는 몸을 자유자재로 변신하며 다양한 벽과 지붕이 된다. 바바파파는 가족들의 희망에 따라 그들이 원하는 방을 만들어주는 건축가이며, 방들은 제각기 모두에게 기쁨이 된다는 이야기다. 우리는 누군가를 만나고 싶은 사람을 위해 만남의 장소를, 공부하고 싶은 사람을 위해 공부하는 장소를, 음악을 듣고 싶은 사람을 위해 음악이 연주되는 장소를 짓는다. 우리는 이것을 카페, 학교, 콘서트홀이라고 부른다. 건축가의 역할은 사회가 원하는 바를 집으로 바꾸어주는 것이다. 바바파파 그림책은 모두가 바라는 바를 채워줌으로써 공동의 기쁨을 담는 그릇이 건축의 본질이라고 아이들에게 말해주고 있다.

《사과가 쿵! りんごがドスーン》이라는 일본 그림책도 있다. 이 책에서는 커다란 사과 하나가 '쿵'하고 땅에 떨어진다. 그러자 땅속에서 두더지 한 마리가 싱싱한 사과를 파먹고 그다음엔 개미떼가 와서, 벌과 나비가 와서, 다람쥐 토끼 돼지가 와서 사과를 아삭아삭 파먹는다. 그리고 여우와 너구리, 악어, 사자, 곰, 코끼리, 기린이 와서 사과를 파먹는다. 모두들 배부르게 잘 먹었다. 그런데 이게 웬일인가? 갑자기 비가 내리기 시작한다. 하지만 걱정이 없었다. 파먹고 남은 사과 윗부분이 넓은 지붕이 되어 이 동물들이 모두 비를 피하게 해주었다는 것이다. 이것이 이야기의 전부다.

이 그림책이 말하는 것은 결국 건축의 기쁨이다. 사과는 집이고, 동물들은 다양한 개성을 가진 사람들을 빗댄 것이다. 다들 사과를 맛있게 먹었다는 것은 똑같은 집에 들어갔는데도 각자 자기가 원하는 바를 얻어 갔다는 뜻이다. 책에 등장하는 사과를 미술관이라고 한다면, 여럿이 미술관에 들어가 같은 그림을 보더라도 각자 서로 다른 기쁨을 얻는다는 뜻이다. 비가 오자 모두 한 지붕 밑에서 비를 피했다. 이것은 집이 주는 공동의 기쁨을 의미한다.

아이들에게는 이런 책을 읽히면서 정작 어른들은 이 책이 주는 바를 깊이 이해하지 못한다면, 이런 이야기를 만듦으로써 아이들에게 과연 무엇을 말하고 싶은 것인지 자문해볼 필요가 있다. 아무튼 이 두 그림책은 건축 이론서에서 다루는 건축의 본질을 아주 쉽게 말하고 있는 최고의 '건축서'라 할 만하다. 왜 그럴까?

건축을 공부하는 이유는 결국 행복하게 살기 위해서다. 건축을 배우면 무심코 드나들지 않고 더욱 행복하게 건축물 안팎에 있을 수 있고, 나와 우리가 어떻게 살아야 하는지를 조용히 알아낼 수 있다. 좋은 건축물 안팎의 공간이나 풍경에 둘러싸인 채 가족이나 친구들과 함께 살거나 일할 때 '아, 참 즐겁다'라는 느낌을 받은 적이 있을 것이다. 즐겁고 행복한 감정은 굉장한 것에서 생기지 않는다. 건축을 배우는 것은 어쩌면 사소한 것, 작은 것, 스쳐 지나가는 것, 늘 일어나는 일, 꽃이 핀 창가의 화분, 오래된 담장, 마당 등에서 행복을 발견하는 일일 수도 있다.

기쁨은 나누면 배가 되고 슬픔은 나누면 반이 된다는 말이 있다. 그렇더라도 슬픔의 절반은 여전히 내게 남는다. 사실 슬픔은 한 사람 한 사람에게만 머물고 다른 사람에게는 그렇게 잘 전해지지 않는다. 노여움 또한 타인과는 공유하기 어렵다. 그런데 기쁨은 다른 사람과 함께하는 데에서 나오고, 다른 사람과의 사이에서 생기는 것이다. 기쁨은 더불어 사는 것에서 나오고 타인과 공유된다. 건축을 만드는 사람, 길을 만드는 사람, 건축을 사용하는 사람, 길을 사용하는 사람은 그 안에서 기쁨을 공유하는 장을 발견할 수 있다.

건축에 관심이 있다는 사람을 만나면 이 건물이 어떤 형태로 어떤 아름다움을 표현하는지, 건축가는 어떤 콘셉트로 이 건물을 설계했는지 궁금해하는 경우를 많이 본다. 그런 사고방식이 대학에까지 스며들어 나는 어떤 형태로 아름다운 건물을 만들 수 있을지, 나만의 독특한 건축적 사고를 어떻게 정립해서 남에게 설명할지를 먼저 고민하는 학생들도 많다. 아예 대학교수가 학생들을 그렇게 생각하도록 유도하는 경우도 드물지 않다. 그러나 건축에는 그보다 더 근본적인 것이 있다. 그건 바로 건축은 누구를 위해 만들어지는가, 건축은 누구와 함께 어떻게 만들어지는가라는 물음에 늘 대답하는 것이다.

건축의 기쁨이란 달리 말하면 건축이 주는 즐거움이다. 건축의 기쁨은 내가 설계한 디자인의 좋고 나쁨을 따지는 어려운 비평문 안에 있지 않다. 한 사람 한 사람이 지니고 있는 가치를 건축에서 발견하고 그 가치를 다른 사람들과 함께 나누는 즐거움을 발견할 때, 그 건축은 좋은 건축이다.

미국의 철학자 존 듀이John Dewey는 이런 말을 했다.

"건축은 다른 어떤 예술보다도 훨씬 우리 공동의 인간생활을 찬미하는 예술이다."

나는 이 말에 크게 감동하면서도 한편으로는 의문이 많이 생겼다. 건축이 인간의 생활을 담는 것을 넘어서 어떻게 "인간생활을 찬미"하기까지 할 수 있다는 것인지, 인간생활의 무엇이 찬미의 대상이 되는지 궁금했다. 게다가 다른 어떤 예술보다도 훨씬 인간생활을 찬미한다고 하니, 존 듀이의 말은 건축에 대한 가장 높고도 근본적인 무언가를 말하는 듯하다.

건축물은 혼자 사용하고 감상하는 것이 아니어서 건축의 기쁨은 많은 사람들이 나누게 되어 있다. 어떤 건물에 사는 사람이나 그곳에 찾아오는 사람에게 그 건물이 조용한 기쁨을 준다면, 그 건물은 모두의 건물이 된다. "건축은 예술"이라고 말할 때 그것은 개인적 심미안의 차원이 아니라 모든 사람이 공유하는 사회적 예술일 따름이다. 그러니까, 모든 사람이 서로 함께 사용하고 나누는 것 자체가 건축의 기쁨이다. 그래서 존 듀이가 "우리 인간의 생활"이라 하지 않고 "우리 공동의 인간생활"이라고 말한 것이다. 나 혼자 보고 느끼는 기쁨이 아니라 우리 안에 공동으로 잠재해 있는 기쁨을 드러내는 것이 바로 건축이라는 뜻이다.

모든 것이 건축, 모두가 건축가

시골 두메산골에 지어진 집들이 많을 터인데 그 집들은 누가 지었을까? 전문 건축가가 설계해준 것일까? 천만에! 그곳에 사는 사람들이 지은 것이다. 그들은 건축학과를 졸업하지도 않았고 유명 건축잡지를 참조해가며 짓지도 않았다. 예부터 집을 짓는다는 것은 사람에게 가장 중요한 일이었고, 오늘날에도 땅을 사서 자기 집을 새로 짓는 사람이 많다. 그러나 집은 한 사람의 힘과 기술만으로는 지을 수 없어서 언제나 여러 사람이 공동의 작업으로 집을 만들어왔다. 건축가라는 직업을 가진 사람이 없던 시대에는 여럿이 함께 집을 지으며 기쁨과 어려움을 나누었다.

회화나 조각, 영화나 음악은 다른 사람들의 동의를 필요로 하지 않는다. 작가가 자기 의지대로 만들면 된다. 그러나 건축은 많은 사람들이 원하고 동의하며 협력하지 않고서는 무엇 하나도 제대로 이루어지지 않는다. 그래서 건축을 배울 때 순수예술의 언어를 따라 건축을 바라보면 전혀 얻을 것이 없다. 건축을 통해 원하는 바가 무엇이고 무엇에 동의했으며 어떻게 협력할지를 생각해야 건축을 즐겁게 배울 수 있다.

초등학교 학생들에게 집짓는 것에 대하여 가르쳐본 적이 많이 있다. 한번은 '내가 책을 읽고 싶은 자리'라는 주제를 주고, 자신들이 책을 읽고 싶은 공간을 상상하여 스케치한 다음 그 공간을 직접 제작해보게 하였다. 개중에는 의견이 안 맞아 집을 못 지은 팀도 있었지만 대부분은 서로 협력하여 주어진 과제를 잘 만들었다. 아이들 중 몇몇은 처음에는 약간 주저했지만 서로 합의한 다음에는 시원시원하게 잘 만들어갔다. 과제가 요구한 대로 자기들이 만든 종이집 창가에 앉아 각자 가져온 책을 읽었다. 아이들은 모두 '건축가'라는 원형질을 마음에 안고 있었다.

하나의 건물을 세울 때 정말 많은 사람들이 관계한다. 그리고 그 인원만큼이나 다양한 생각들이 있다. 건축설계란 그 속에 잠재하는 공통의 가치를 발견하고 이것을 퍼 올려 거기에 건축이라는 형태를 주는 것이다. 이렇게 만든 집은 인간 공동의 존재를 보장해주는 것이었고, 나와 외부 세상의 관계를 맺어주는 것이었다. 그런 까닭에 세계적인 종교학자 미르체아 엘리아데Mircea Eliade는 "집은 세계의 모형이다"라고 말하였다. 건축은 인간이 거처하는 장소와 그 장소를 에워싸고 있는 공동체와 세상을 축소해놓은 것이라는 뜻이다. 그런데 "집은 세계의 모형이다"라는 엘리아데의 말에 해당하던 그 시대에는 집을 짓는 모든 이가 건축가였다.

오스트리아의 건축가 한스 홀라인Hans Hollein은 1968년에 당시로서는 아주 충격적인 발언을 했다.

"누구나 건축가다. 모든 것이 건축이다(All are architects, Everything is architecture)."

내가 이 말을 처음 본 것은 그의 발언으로부터 4년 뒤인 1972년, 대학 2학년 때 허름한 국내 건축잡지에서였다. 그런데 "모든 것이 건축이다"라는 그의 말은 "집은 세계의 모형이다"라는 엘리아데의 주장과는 완전히 반대가 되는 것이었다. "모든 것이 건축"이라니 어떻게 모든 것이 건축이 되며, "누구나 건축가"라니 어떻게 누구나 건축가가 된다는 말인가 의아했다.

홀라인이 이렇게 생각할 수 있었던 것은 1960년대에 텔레비전이나 신문 등의 정보매체가 크게 확장되었기 때문이다. 이제 아크로폴리스나 피라미드 같은 인류 건축의 정수들을 직접 가보지 않고도 얼마든지 다른 매체로 경험할 수 있게 되었다. 더구나 환경이라는 관점에서보면 예전에는 건축과 도시가 환경을 만드는 주역이었는데 이제는 텔레비전, 인공기후, 교통기관, 옷, 통신시설 같은 매체가 환경을 만들게되었고, 우주 캡슐이나 우주복도 신체의 기능을 완전하게 제어하고음식을 공급하며 폐기물까지 처분하는 '집'이 되어 있었다. 그렇다 보니 건축은 곧 정보 그 자체이며, 환경 속에서 정보를 전달하는 매체이며, 환경을 만드는 여러 수단 중의 하나라고 여기게 되었다. 따라서이제까지 그럴 것이라고 믿어왔던 건축의 고정관념은 해체되고 전혀새롭게 확장되어야 한다는 뜻이다. 그래서 그는 "모든 것이 건축"이라

서바이벌 웨어 'Final Home'

고 말했던 것이다.

그로부터 50년이 지난 지금, 우리는 그가 겪었던 것과는 아예 비교가 안 되는 정보사회에 살고 있다. 인터넷이 매장의 공간을 형성하고 공간은 정보체계를 갖는다. "모든 것이 건축"이라던 한스 홀라인의 주장은 더욱 심화되어 있다.

옷이 건축이 되고 건축이 옷이 된다. "궁극적인 집은 옷"이고 도시에서 입는 서바이벌 웨어인 'Final Home'은 옷이면서 건축이다. 옷의 바깥과 안은 거의 포켓으로 사용하고, 비상시에는 다양한 방재 용품을 넣는 재난 대비용 의복으로 사용할 수 있다. 옷이면서 집 안에 있는 것과 같은 안심감을 줄 수는 없을까 하는 생각이 옷을 건축으로 만든 것이다. 반대로 옷에서 건축을 생각하는 예도 많아졌다. 골판지로 집 모양을 만들어 자유로이 형태를 바꾸어가며 패션과 함께하는 입체를 건축가가 구성하기도 한다. 'Final Home'의 디자이너는 디자이너이면서 건축가고, 골판지 인스톨레이션(installation)의 건축가는 건축가이면서 의상 디자이너다.

이번에는 "누구나 건축가"라는 말을 짚어보자. 가령 어린이 놀이터를 만든다고 하면, 어떻게 만드는 것이 모두가 건축가가 되게 하는 길일까? 어른이 '이렇게 만들면 좋겠지'라고 생각해서 만들면 아이들이 개입할 여지가 없다. 그들이 직접 놀이터를 만들게 해야 한다. 아이들이 이전에 있던 공원을 개량하고, 그다음에 또 다른 아이들이 직전의 공원을 고치고 자기의 놀이터로 바꾸어가게 한다. 이렇게 하면 많은 아이들이 공원을 직접 설계하는 건축가가 될 수 있다.

그런데 이것은 전혀 새로운 방법이 아니다. 인간이 집을 짓고 살 때부터 이렇게 했다. 노동의 역할을 분담하고 소유 개념 없이 모든 것을 나눠 쓰면서 생활하던 이들은 집을 지을 때 공동체의 모든 구성원들이 함께했다. 아마존의 야노마모Yanomamo 족은 샤보노(shabono)라고 하는 원형의 공동주택을 함께 만드는데, 남편들은 뼈대가 되는 막대기 등 구조체를 만들고 지붕을 얹고 아내들은 집 짓는 데 쓸 나뭇잎과 덩굴을 모아 일을 돕는다. 그들이 특별한 지식이 있어 집을 지은 것이 아니다. 옷도 없이 벌거벗고 생활해도 집만은 반드시 지었다.

식량이 떨어질 때마다 야영지를 옮겨야 했던 원시 유목민들은 자신이 건축가인 줄도 모르고 집을 지었던 사람들이다. 이들은 특별한 기술도 없이 주변에서 손쉽게 모을 수 있는 재료만 가지고 짧은 시간에 단순한 은신처를 만들었다.[7] 부시맨Bushman의 작은 초막은 여자들

야노마모 족의 원형 공동주택 '샤보노'

이 짓는데 기껏해야 한두 시간이면 완성될 정도다. 현대인들은 이런 이야기를 들으면 아주 먼 옛날의 원시적인 분위기만을 떠올리지만, 지금도 이 세상에는 이렇게 집을 지으며 사는 사람들이 여전히 많다.

아마존의 에리그바차 인디언들도 함께 집을 짓고 다 같이 땅을 갈며 공동으로 생활한다.[8] 유일한 사유재산은 각자 가지고 다니는 무기 뿐이다. 이들에게 가장 중요한 기술은 집을 짓는 것이다. 이들은 길이 30미터, 폭 19미터, 높이가 9미터나 되는 넓고 어두운 단일공간인 말로카(Maloca)라는 집을 지어 여러 가족이 함께 산다. 공동의 모닥불이 있고 가족마다 작은 모닥불을 가까이 둔다. 방 한가운데에서는 공동회의도 하고 춤도 춘다. 쿠베오 인디언의 말로카에서는 장례식도 치른다. 이처럼 집은 본래 은신처이자 사회 공동시설이었다. 이런 집을 공동체의 모두가 함께 지었다.

이렇듯 인간은 모두 건축가이며 날 때부터 집을 지을 줄 알았는데 사회가 분화하면서 어떤 이는 농부, 어떤 이는 교사, 또 어떤 이는 정치가로 나뉘게 되었다. 집을 설계하는 건축가나 건설자 같은 전문가도 생겨났다. 날 때부터 의사이거나 변호사인 사람은 없다. 정해진 시스템에 따라 정해진 내용을 공부해야 의사가 되고 변호사가 된다. 그러나 건축은 따로 배우지 않더라도 인간의 DNA에 새겨져 있다. 건축가라는 직업이 따로 생기기 이전부터, 인간은 이미 그 존재의 본질에서 건축가였다.

건축은 많은 것을 만들어낸다. 그런 만큼 건축과 관계하는 사람이 많다. 건축물을 지으려고 마음먹은 사람, 건축물을 지을 수 있게 미

---

* 7. 노버트 쉐나우어, 《집: 6,000년 인류 주거의 역사》, 김연홍 역, 다우, 2004, pp.19-22
  8. 같은 책, pp.44-46

리 그 틀을 생각해주는 사람, 건축물을 지어주는 사람, 건축물을 자기 것으로 소유하는 사람, 건축물을 사용하는 사람, 건축물을 보는 사람, 건축물을 고치는 사람, 심지어는 건축물을 부수는 사람까지 참으로 많은 사람이 건축에 관계한다. 당연한 말이지만 이 사실이 아주 중요하다. 이들을 우리는 건축주, 건축가, 시공자, 소유자, 이용자라고 부른다.

동일한 건축물이라도 그것에 대한 생각은 단일하지 않다. 건축주가 생각하는 건축이 있고, 건축가와 시공자와 소유자와 이용자에게도 각자 생각하는 저마다의 건축이 있다. 만약 건축가만이 건축에 대해 생각하는 유일한 사람이라고 여긴다면, 그것은 대단히 잘못된 생각이다.

4

우리는 그릇 안의 물이 아니다

건축은 삶을 담는 그릇이 아니다

건축에 대해 약속이나 한 듯이 누구나 하는 말이 있다. 너무나 많은 건축가들이 "건축은 삶을 담는 그릇이다"라는 말을 자기의 건축철학으로 내세운다. 간혹 "건축은 사람을 담는 그릇이다" 혹은 "건축은 인간을 담는 그릇이다"처럼 '삶'이 사람이나 인간으로 바뀌기는 하지만 결국은 같은 말이다. 건축은 사람의 생활 속에서 정신적, 정서적, 감각적인 부분을 점점 더 만족하게 하는 형태로 발전되어 왔고, 그래서 삶을 담는 그릇이라는 것이다. 그러나 이것은 "음악은 소리를 담는 시간예술이다"라고 하는 것과 다를 바 없다. 따라서 특별히 철학이랄 것도 아니다.

그릇은 벽과 지붕과 바닥이 만들어내는 공간인데, 비어 있는 그 공간을 채우는 것이 사람이고 사람의 삶이라는 것이다. 과연 그런가?

창고는 물건으로 채워지고 교실은 학생들로 채워지며 사무실은 일하는 사람으로 채워진다. 그러나 물건, 학생, 일하는 사람 등이 보여주는 건 공간의 필요와 용도이지 그들의 삶이 아니다. 이런 초보적인 비유도 든다. 그릇이 둥글면 담기는 물도 동그래지고 그릇이 사각형이면 물도 사각형으로 담긴다는 것이다. 또 "똑같이 생긴 그릇이라도 밥을 담으면 밥그릇이 되고 국을 담으면 국그릇이 된다."[9]

"건축은 삶을 담는 그릇"이라는 흔한 주장의 문제는 여기에 있다. 그릇이 둥글면 물도 둥글게 담기고 그릇이 사각형이면 물도 사각형으로 담긴다는 '모양론'은 물의 의지에 관심이 없다. 이는 건축이 사람의 삶을 규정하고 강제한다는 말이다. 그 안에 사는 사람의 의지, 희망, 살아가는 방식과는 무관하게 오로지 건축 우선이다. 밥을 담으면 밥그릇이 되고 국을 담으면 국그릇이 된다는 '밥그릇 국그릇론'은 그와는 정반대다. 담기는 것은 나름의 정체성이 있는 반면 그릇이 변한 건 없고 한 일도 없다는 말이 된다. 일종의 건축 무용론이다. 그러니까 "건축은 삶을 담는 그릇이다"라는 말을 아무런 의문 없이 쉽게 받아들이면 안 된다.

나는 그 말을 의심한다. 인간의 삶이 건축에 담겨 변화할 정도로 그렇게 단순한가? 건축가가 자기 집을 손수 지었다고 해서 과연 자신의 삶을 담았다고 자신 있게 말할 수 있을까? 자신의 삶을 자신도 잘 모르고 잘 담기도 어려울 터인데, 남의 집을 지어줄 뿐인 건축가가 남의 삶을 어떻게 안다고 "건축은 삶을 담는 그릇이다"라는 오만한 말을 한단 말인가? 그런데도 이 말은 "매우 흔한, 하지만 인문학적

---

* 9. http://www.cnews.co.kr/uhtml/read.jsp?idxno=20120313181533520613

이며 모든 건축적 교양이 응축된 유명한 정의"[10]라고까지 평가되기도
한다.

근대건축가 아돌프 로스Adolf Loos가 앙리 반 데 벨데Henry van de Velde
라는 건축가를 크게 비판한 적이 있다. 앙리 반 데 벨데는 주택과 디
자인이 사회를 바꾼다고 믿고 있었다. 방 안의 벽지는 물론이고 수저
와 포크까지도 새롭게 디자인된 것을 사용해야 삶이 바뀌고 사회가
바뀐다고 믿었다. 이런 앙리 반 데 벨데를 빗대어 아돌프 로스가 〈불
쌍한 부자 이야기〉라는 글을 지어냈다.

> 어떤 부자가 생일을 맞이하여 즐겁게 가족들과 파티를 즐기고 있
> 는데 건축가가 갑자기 찾아왔다. 자기가 설계한 주택에 물품들이
> 제대로 놓였는지 점검하기 위해서였다. 부자는 건축가를 환대했지
> 만 건축가는 얼굴이 안 좋았다. 그는 이렇게 물었다.
> "지금 무슨 슬리퍼를 신고 계신 겁니까?"
> 부자는 건축가가 디자인해준 대로 수놓은 슬리퍼를 신고 있었다.
> "잊으셨어요? 이거, 선생께서 디자인해준 거 아닙니까?"
> 그러자 건축가가 호통을 쳤다.
> "물론 그렇지요. 그러나 그 슬리퍼는 침실용이오. 그 슬리퍼가 분
> 위기를 완전히 다 깨고 있는데, 당신은 그게 안 보입니까?"

물론 아돌프 로스가 지어낸 이야기지만 한번쯤 음미해볼 구석이
있다. 자기가 건물을 동그랗게 만들어주었는데 '감히' 그 안의 물이

* 10. 차현호 최준석, 《서울 건축 만담: 두 남자, 일상의 건축을 이야기하다》, 아트북스, 2014

사각형으로 산다며 건축가가 부자를 꾸짖는다. 건축가가 그곳에 사는 사람의 삶을 옥죄는 것이다. 그래서 아돌프 로스가 이런 명언을 남겼다. "앙리 반 데 벨데의 집에 사느니 차라리 감옥에 있는 내가 형량을 늘려달라고 판사에게 부탁하는 편이 낫다." 그러니까, 건축으로 삶을 만들겠다는 것은 현대판 앙리 반 데 벨데의 태도에 불과하다.

사람의 삶은 건축보다 훨씬 중요하고 또 어려워서, 아무리 보잘것없어 보이는 삶이라 할지라도 건축이 그 사람의 삶을 결정하거나 디자인할 수는 없다. 건축가에게는 사는 이의 생활을 강요할 권리가 없다. 수를 놓은 슬리퍼를 신고 이 방 저 방 다니면 어떤가? 그렇게 다니는 것이 사람의 생활이고 삶의 자유다. 이런 자유가 건축이라는 그릇을 바꿀 수 있음을 앙리 반 데 벨데의 후예들은 모르고 있다. 사는 이의 삶과 생활이 충실하게 전개되도록 하려면 오히려 건축이 사람에게 고정된 그릇이 되지 않도록 애써야 한다. 그것이 건축가의 도리다.

건축이 삶을 만든다는 주장의 최고봉은 르 코르뷔지에가 설계한 '300만을 위한 현대도시(Contemporary City for Three Million Inhabitants, 1922)'다. 이 계획안의 투시도에는 저 멀리 고층 아파트가 전개되고 있다. 그 사이에는 나무가 있고, 공중에는 20세기 초 기계시대의 희망인 이엽비행기가 날아다닌다. 이 위대한 도시는 건축이 삶을 만든다고 믿던 20세기라는 시대의 산물이었다. 그러나 이것은 실패한 건축이라고 이미 오래전에 판명이 났다.

"건축이 삶을 만든다"의 현대판은 안도 다다오Ando Tadao다. 그는 '스미요시 주택(Row House in Sumiyoshi, 1974)'에서 집이란 "안이한 편리함으로 기울지 않은 집, 그곳이 아니면 불가능한 생활을 요구하는 집"이

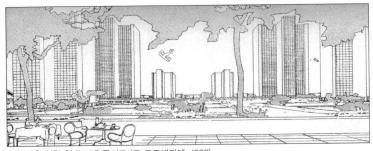
'300만을 위한 현대도시' 투시도 (르 코르뷔지에, 1922)

어야 한다고 강조한다. 우리나라에도 "좋은 집은 불편한 집이다"라고
주장하는 이들이 있는데, 안도 다다오의 주장을 가져다 쓴 것이다.

사정이 이러한데도 한술 더 떠서 어떤 건축가들은 건축이 사람의
살아가는 방식을 '디자인'한다고까지 주장한다. 교양 있게 잘 지어진
집에 오래 살다 보면 그 사람들도 교양 있는 사람이 된다는 식으로
건축이 사람의 삶을 결정한다는 주장은 더 이상 하지 말기를 바란다.
건축가가 집을 다 지은 다음 그곳에 살 사람들에게 텔레비전이나 냉
장고 살 때처럼 사용설명서를 만들어주는 것도 아니지 않는가?

건축을 통해 인간을 읽고 그들의 생활과 삶을 듣는다고 하면서도
정작 그들이 내놓는 건축 사진에는 건축 요소와 마당 같은 것만 있
고 사람이 안 보인다. 참 이상한 현상이다. 인간의 생활을 잘 읽고 들
으며 삶을 정해준다고 하면서 정작 사진 속에서는 사람을 없애버린
다. 건축가들은 집이 준공되면 재빨리 사진을 찍어두고자 한다. 후에
사람이 사용하게 됨으로써 그 집이 변형되리라는 것을 잘 알고 있기
때문이다.

건축이 삶을 만든다는 주장은 근대건축이 그러했던 것처럼 건축을
계몽의 수단으로 보는 것이다. 누군가 그 주장에 동의를 표현한다면 나

는 "당신의 삶이 무엇이고 살아가는 방식이 무엇이기에 건축가가 당신의 삶을 결정하는 것에 감동하고 동의할 수 있는가?"라고 묻고 싶다.

건축은 누군가가 다 빚어서 건네주는 고정된 그릇이 아니다. 건축이라는 그릇에 들어가는 사람에게 중요한 것은 그곳에서의 자신의 삶을 어떻게 바라보고 관찰할 것인가, 자신의 생활을 어떻게 공간으로, 장소로, 환경으로, 풍경으로 바꾸어갈 것인가 하는 점이다. 건축가만 공간을 만들 줄 아는 것이 아니다. 사람들이 오래전부터 자기 힘과 기술로 집을 지어온 역사가 증명하듯, 사는 이도 스스로 공간을 만들 줄 안다.

흔히 자신의 생활을 자기 집에 표현한다고 말한다. 그런데 잘 생각해보라. 나의 생활을 표현한다고 하는데 과연 나의 생활이 무엇일까? 잡지에 실린 멋진 집이 나의 생활이 아니듯이, 건축가의 작품인 노출 콘크리트 주택에 산다고 해서 그 집이 나의 생활을 표현해주는 건 아니다. 어쩌면 그것은 건축가가 내 생활을 대신 추측해준 것일 가능성이 크다. 내가 주도하여 내 삶 자체가 되는 집이 아니라면, '생활을 표현한 건축'이라는 말을 쉽게 받아들이면 안 된다.

사람이 만든 건축이 다시 사람을 만들까?

"우리가 건축을 만들지만, 그 건축이 다시 우리를 만든다."

윈스턴 처칠Winston Churchill의 말이다. 이 말은 오늘날 한국 건축계에서 크게 유행하고 있다. 건축가 전시장 앞에도 쓰이고, 국회의원도 이 말을 잘 알고 있으며, 건축에 관심이 있는 지식인들은 대개 이 말에 감동하고 있는 듯하다.

원문은 "We shape our buildings; thereafter they shape us"인데, 직역하면 "우리가 우리 건물을 만들지만, 그 건물은 다시 우리를 만든다"이다. 이것과 "우리가 건축을 만들지만, 그 건축이 다시 우리를 만든다" 사이엔 큰 차이가 있다. 우선 'building'은 '건물'인데도 굳이 '건축'으로 번역하고 있다. 아시다시피 '건축'은 'architecture'다. 우리나라 건축가들은 'building'이 건축물의 물적인 성질을 말하는 반면 'architecture'는 정신적 성격이 강하다고 믿는다. 즉 '건물'은 '건축'보다 못한 것으로 받아들인다. 처칠의 말이 너무 멋있어서 인용하고는 싶은데 '건물'이라고 표현하자니 뭔가 좀 마음에 안 들어서 '건축'이라고 슬쩍 바꾸어 말하고 있는 것이다.

게다가 원문의 "우리 건물을"을 "건축을"로 바꾸었다. 처칠이 말한 "우리 건물"은 '우리가 설계한 건물'을 뜻하는데 그걸 "건축을"로 일반화해버렸다. 한 발 더 나아가서, 대한건축사협회 서울지회에 전화를 걸면 이런 말이 흘러나온다. "사람은 건축을 만들지만, 건축은 사람을 만듭니다." 원문의 '우리가'를 아예 '사람이'로 바꿔놓았다.

'우리'를 '사람'으로 바꾸고 '우리 건물'을 '건축'이라고 바꾸는 순간, 처칠의 말은 건축이 우리의 삶을 결정하고 지배하는 아주 대단한 것이라는 주장이 되어버린다('shape'라는 단어에는 특별한 형태를 갖추게 한다는 뜻이 있다).

우리나라의 많은 건축가와 교수들은 처칠의 이 말을 건축은 사람의 삶을 '결정'하는 것이니 그만큼 잘 지어야 한다는 의미로 받아들인다. 건축가 입장에서 자기에게 최대한 유리하게 해석하려 하기 때문이다. 별것도 아닌 일을 지적하는 것처럼 보일 수도 있지만, 우리가 이렇게 안이하게 생각하는 사이에 너무나 많은 것들이 잘못되고 있다.

1943년에 윈스턴 처칠은 폭격으로 무너진 영국 하원 건물을 반원형이 아니라 서로 마주보며 앉아 의사를 진행하던 본래의 모습으로 재건축해야 한다고 주장하였다. 앞의 인용문은 의원들이 회의장에 앉는 방식이 그들의 의사결정에 영향을 미친다는 것을 강조하며 그가 했던 말이다. 하원 회의장의 평면을 전통적으로 서로 마주보며 앉는 긴 사각형으로 할 것인가, 아니면 새롭게 반원형으로 할 것인가에 대한 토론에서 자신의 견해를 그렇게 밝혔던 것이다.

처칠은 좌우로 마주보는 긴 직사각형의 회의장 형태가 의원들에게 어느 한쪽을 분명하게 선택하기를 요구한다고 말했다. 그러나 새로 도입하자는 반원형 평면에서는 정치적인 입장이 흐릿해질 수 있다고 우려했다. 그러고는 그 이유를 위트 있게 이렇게 설명했다.

> "반원형 평면 회의장에서는 어떤 한 사람이 왼쪽에서 오른쪽으로 남이 눈치를 못 채도록 슬금슬금 움직이기가 쉽다. 그렇지만 서로 마주보는 상황에서 이쪽에서 저쪽으로 바닥을 가로지르는 것은 심각한 고려를 요구한다. 나는 한 번도 아니고 두 번씩이나 그 어려운 일을 해본 적이 있어서 그걸 잘 알고 있다."

"사람은 건축을 만들지만, 건축은 사람을 만듭니다"가 바람직한 건물을 만드는 데 도움이 되면 좋으련만 이 사회의 건축은 그렇지 못한 것이 많다. 그러니 건축가는 이런 말에 자부심을 느낄 것이 아니라 이런 신념으로 잘못된 건축을 만들지는 않는지 반성해야 하고, 다른 사람들 역시 그 말이 멋있다고 흐뭇해할 것이 아니라 행여 "잘못된 사람은 잘못된 건축을 만들지만, 잘못된 건축은 잘못된 사람을 만듭니다"가 되지 않는지 조심할 일이다.

아이들이 다니는 학교에 직선으로 된 복도를 두고 그 옆에 똑같이 생긴 교실을 쭉 늘어뜨리면, 학생들을 성적순으로 줄 세워 쭉 늘어뜨리는 사고를 낳는다. 교실의 책상을 선생님만 바라보게 배치하면 선생님만 바라보는 학생을 만든다. 학생들이 서로 의견을 나누고 문제를 찾아 나서게 하려면 공간의 배열, 자리의 배열을 통해 그들이 서로 의견을 나누도록 해주어야 마땅하다.

분당의 어떤 초등학교 출입문에는 이렇게 쓰여 있다. "생각을 바꾸면 행동이 바뀌고, 행동을 바꾸면 습관이 바뀌고, 습관을 바꾸면 인격이 바뀌고, 인격을 바꾸면 운명이 바뀐다." 이것은 미국의 철학자인 윌리엄 제임스William James의 말이다. 그러나 처칠이 우리나라 학교를 찾아 그 문구를 본다면 아마도 이렇게 고쳐 말해줄 것이다. "건물을 바꾸면 생각이 바뀌고, 생각을 바꾸면 행동이 바뀌고, 행동을 바꾸면 습관이 바뀌고, 습관을 바꾸면 인격이 바뀌고, 인격을 바꾸면 운명이 바뀐다"라고.

이 대목에서 잠깐, '우리'라는 말에 힘을 주며 "우리는 우리가 사용할 건물을 만들지만, 그러고 나면 그 건물이 다시 우리를 만든다"로 처칠의 원문을 약간 바꾸어 천천히 다시 읽어보라. 조금 전과는 전혀 다른 느낌을 받게 될 것이다. 여기에서 '우리'는 다름 아닌 그 건물을 사용하는 하원의원이며, '우리 건물'은 의원들이 회의하는 건물이다. 따라서 '우리'는 그 안에서 회의하는 모든 하원의원들을 가리킨 말이었다. 일반 건물로 말하자면 건축주요, 이용자요, 참여자다.

처칠의 말 중에서 가장 주목해야 할 것은 '우리'라는 말이다. '우리'는 건물을 설계하는 건축가도 아니고 일반적인 의미의 인간도 아니다. 그리고 나와 상관없는 남의 건물이 아니라 '우리가' 사용하는 건물이다. 그 건물이 만든다는 '우리'는 둥근 그릇에 들어가 동그라미가 되고 네모난 그릇에 들어가 네모가 되는 수동적인 우리가 아니다. 그러면 '우리'는 어떤 사람들이고, 무엇을 하는 사람들이며, 어떻게 건물을 받아들이고 다시 만들어갈까?

무대의 주역은 사는 사람

사람은 자신의 생활을 집으로 구현한다. 그리고 사람에게는 집을 꾸려가는 놀라운 힘이 있다. 베네수엘라의 수도 카라카스Caracas에는 골조만 세워진 채 방치된 '라 토레 데 다비드(La Torre de David)'라는 45층짜리 마천루가 있었다. 이 건물은 금융위기로 인해 공사가 중단된 데다 개발업자까지 사망하여 20년 동안 방치된 상태였다. 이 마천루에 빈민들이 무단으로 들어와 살게 되었다.

빈민들은 그들만의 공동체를 만들었다. 인원이 점차 늘어 현재 750가족이 살고 있다. 돈을 모아 전기와 수도를 가설하고 미용실, 세탁소, 식료품점도 갖추었으며 교회와 체육관도 만들었다. 물론 구조물에는 창문도 없으며 난간도 없고 엘리베이터도 없었다. 그런데도 그들은 이런 방치된 구조물에서 살아가며 그곳을 주거지로 바꾸어나갔다. 이 건물은 2012년 베네치아 건축비엔날레에 출품되어 황금사자상을 받기도 했다.

참 엄청나고 상상하기도 어려운 예다. 건축가는 골조만 세운 채 손을 떼버렸고, 무단으로 들어와 살고 있는 이들은 불법 입주민이 되었다. 이 건물이 빈민들의 삶의 무대라면, 건축가는 콘크리트 골조로 된 무대만을 만들고 라 토레 데 다비드라는 극장에서 사라져버렸다. 그들의 삶과 생활은 그들 스스로 정한 것이고 건축가는 아무런 영향을 준 것이 없다. 건축가는 그들의 삶을 바라보거나 경청할 수 없었으며 그들의 생활을 '디자인'한 것은 하나도 없다.

건물이 정상적으로 완공되고 무단 점거자가 아닌 정식 입주자가 들어와 살게 되었다고 가정해보자. 그렇다고 해도 건축가가 그들의

카라카스의 빈민공동체 '라 토레 데 다비드'

생활을 '디자인'할 수 있는 여지는 더 이상 없다. 건물은 완성되었지만 그 이후는 그곳에 살게 된 이들의 몫이다. 지금의 콘크리트 골조에 창문과 외장이 더 붙고 엘리베이터가 설치되고 각종 설비와 내장이 덧붙여졌겠지만, 건축가가 무대만을 만들고 극장에서 사라져버린다는 사실은 바뀌지 않는다.

이 예를 앞에 두고도 "건축은 삶을 담고 사람을 담고 인간을 담는 그릇"이라고 말할 수 있을까? 또 "우리가 건축을 만들지만 그 건축이 다시 우리를 만든다"라고 주장할 수 있을까? 그리고 건축가는 그들의 생활을 '디자인'한다고 자신 있게 말할 수 있을까? 그 집에서 생활하는 사람은 건축가가 지어준 집에 들어가 살기만 하면 그것으로 다 되는 것일까? 이 점을 다시 생각하자.

집은 건축주의 것이지만 설계는 건축가의 일이라고 많은 건축가들은 말한다. 준공까지는 설계자와 시공자가 책임을 지며 계약서상에도 그렇게 명시하고 있다. 풀과 나무가 날마다 계절마다 모습을 바꾸며 해마다 자라는 것처럼, 건축도 아침이 되면 커튼을 젖히고 여름이 되면 선풍기를 돌리고 해가 지나며 유지관리를 한다. 그렇다면 집은 완성된 다음에 바꾸는 것으로 보아야 하는지, 아니면 아직 완성된 것이 아닌지 계약서로는 구분할 수 없는 연속성이 있다. 그렇기 때문에 건축가의 일이 끝나면 그다음은 건축주의 일로 이어진다.

건축가는 주택의 경우 특정 개인을 위해 집을 설계하고 아파트일 경우엔 불특정한 사람들을 위해 환경을 구축하는 사람이다. 건축가는 전문적 직업을 가진 사람이며 직업으로 이 일을 다룬다. 건물이 완성되면 건축가에게는 그 건물이 이후에 어떤 가치를 갖게 될 것인가에 대해 관여할 기회가 거의 주어지지 않는다. 설계하는 과정에서는 건축가의 의지가 앞서기 쉽고 한편으론 기술이나 시장 같은 사회적 조건도 무시할 수 없어서, 사는 이들의 존재방식을 설계 과정에서 직접 다루기가 쉽지 않다. 이런 위치에 놓인 건축가가 인류애를 바탕으로 보편적인 인간을 위해 집을 설계하는 사람으로 스스로를 과장해서는 안 된다.

집을 짓는다는 것은 무대를 만드는 것이다. 건축이 삶을 만들고 삶을 바꾼다고 생각하는 것은 무대의 연출자가 건축가라고 보기 때문이다. 그러나 진짜 연출자는 그 집에서 생활하는 사람, 그 집을 이용하는 사람이다. 건축가는 사는 사람의 생활을 결정해준 게 아니고 단지 생활이 이루어지는 무대를 만들어준 것일 따름이다.

건축가는 새로 만든 무대에 이러저러한 벽을 세울 수도 있고 칸막이를 둘 수도 있으며 건축주와 의논해서 예술적인 가구를 들여놓을 수도 있다. 그러나 이 방에서는 이렇게 살고 저 방에서는 저렇게 살라고 할 수는 없다. 건축가가 그리는 도면에는 거실, 식당, 침실 등의 이름을 써 넣지만 그렇게 사용할지 말지는 주인 마음이다. 방을 쓰는 사람의 생활방식이 그 방의 용도를 결정한다. 집을 지어주고 나면 건축가의 임무는 끝난 것이며, 더 이상 이 집의 삶에 관여할 수 없다.

새집으로 들어오는 사람이 아무런 가재도구 없이 이사를 오지는 않는다. 이전에 쓰던 가구며 물건을 가져오고, 옛집의 나무를 새집 마당에 옮겨 심을 수도 있다. 그것들은 이 집 식구의 기억이 담겨 있는 과거의 단편들이다. 즉, 건축가가 지어준 새집에 과거의 생활이 개입한다는 뜻이다. 집주인은 혼자 이사 오는 게 아니라 나머지 가족들과 함께 오고, 키우던 개를 데려오기도 한다. 그들은 절대 건축가가 정해준 대로 살지 못한다. 새집의 벽들은 이리 열리고 저리 닫히면서 그들 삶의 배경이 된다. 집을 새로 지었다고 해서 그 집이 사람의 생활을 바꾼다고 말하는 것은 유토피아를 꿈꾸던 근대건축가들의 사고에서 나온 낡은 유물일 따름이다.

크고 작은 건축물은 사회의 재산이다. 이때 재산이라 함은 부동산의 가치를 뜻하는 게 아니다. 개인적으로 소유하는 부동산의 가치만을 생각한다면 굳이 '사회의' 재산이라고 할 필요가 없다. 건축물은 집을 짓는 사람, 이용하는 사람, 찾아오는 사람, 그곳을 지나가는 사람 등에 의해 그 가치가 폭넓게 형성된다. 마을이나 도시의 환경 속에서 지속적으로 존재하며 집단의 기억의 대상이 될 때, 건축은 진정한 가치를 갖게 된다. 바로 이게 건축이 사회의 재산이 되고 사회적 가치를 얻게 되는 배경이다.

도서관이라고 하면 사람들은 책을 빌려주는 곳, 책을 많이 모아둔 곳, 필요한 책을 읽을 수 있는 장소를 제공해주는 곳이라고 생각한다. 도서관의 가치는 완공된 집의 형태나 장서량에 있지 않다. 사람들이 자기 집처럼 다니고 책과 공간을 체험하며 책을 통해 이웃을 사귈수도 있는 장소가 될 때 도서관의 사회적 가치가 생겨난다.

'구산동 도서관마을'은 지역에서 살아가는 사람들이 가치를 발견하고 생산해가는 아주 좋은 도서관이다. 도서관마을 안내문엔 이렇게 쓰여 있다.

> "아이들에게 소리 내어 책을 읽어주어도 눈치 보지 않는 도서관, 엄마들이 도서관에 모여 책 이야기를 나눌 수 있는 도서관, 깔깔거리며 만화책도 보는 도서관, 악기도 연주하고 영화도 보는 신나는 도서관이 우리 곁에 있습니다. 코

흘리개 아이들로부터 어르신까지 마을 사람들이 모두 도
서관마을에서 만나고 함께하며 행복하기를 바랍니다."

교통방송 리포터가 "구산동 도서관마을이란?" 하고 물었을 때 주
민들은 이렇게 대답했다. "나만의 쉼터." "소통의 장." "신나는 즐거움."
"열려 있는 공간." "놀이터." "편안함과 아늑함이 있는 곳." "느티나무."
"우리 마을의 오케스트라."[11] 이곳의 초대 관장인 이종창 선생은 이렇
게 썼다.

> "공공도서관은 자기 삶의 현장에서 일어나는 크고 작은
> 고민과 과제들을 서로가 모여서 정보와 지식으로 풀어보
> 기 위해 찾는 곳이기 때문입니다. [⋯] 그래서 기록된 정보
> 와 지식을 수집, 이용, 보존하는 공공도서관은 지역공동체
> 의 사람의 터전이자 주민 생활의 일부분이어야 합니다."

안내문이나 관장의 생각 모두 도서관의 원점을 말하고 있고, 주민
들의 의견도 모두 이것에 이어져 있다. 구산동 도서관마을의 가치는
누가 만들었는가? 우선 이 도서관을 이렇게 만들자고 한 기획자가 그
렇게 만들었다. 그 뜻을 잘 파악한 건축가가 더 좋은 방향으로 이끌
어주었다. 이것으로 도서관은 끝났는가? 아니다. 이 건물의 진정한
주인들이 더 큰 가치를 만들어내고 있다.
구(區)에서 만들어서 저기에 서 있는 도서관, 한두 번 가다가 그만

---

* 11. https://www.youtube.com/watch?v=edjVj8JClvY

구산동 도서관마을

두는 도서관이 아니라 내가 즐겨 앉을 장소를 찾아내고 창을 통해 좋아하는 풍경을 즐기며 이웃이나 친구를 반가이 만난다고 느끼게 되면, 도서관이라는 건물은 '우리'의 감각과 함께 내 몸처럼 느껴지게 될 것이다.

이를 두고 "사는 사람들이 건축과 장소를 자신의 일부로 신체화해 간다"라고 표현한다. 이렇게 건축과 장소를 자기 신체로 바꾸어가는 사람이 많아질 때 도서관이면 도서관, 학교면 학교, 건축을 통한 사회적 표현의 의지가 생겨난다. 이러한 표현 의지가 있어야만 집단의 기억도 생기게 된다. 이 같은 표현과 기억은 건축물의 이용자에만 한정되지 않고, 시간이 지남에 따라 그 배후에 있는 더 큰 사회의 의지도 참가하게 된다. 그러나 이런 과정에서 그 건물은 지은 건축가는 거의 등장하지 않는다.

건물의 사회적 가치는 사는 이가 자신의 생활 속에서 발견하고 실천하는 것이다. 아이가 부모를 떠나서도 얼마든지 자라듯 건물 또한 건축가 없이도 그곳에 사는 이의 생활방식으로 얼마든지 자란다. 그만큼 사는 이의 생활이 중요하다는 뜻이다.

5
'사이'에서 답을 찾는 건축

나무와 환경은 '사이'에서 자란다

　동대문 이화마을에 작은 집을 고쳐 만든 '최가철물 박물관'이 있다. 그중에서 제일 큰 방의 창문에 못 쓰는 조리기구를 일렬로 달아맸다. 바로 앞집의 지붕에 기와가 떨어져 나간 곳이 천막 같은 것으로 덮여 있어 보기가 좀 어수선했기 때문이다. 창에 매단 조리기구는 단순한 장식품이 아니라 일종의 스크린이 되어 내가 있는 이 방과 저 집의 지붕을 절묘하게 완화해주고 있다. 완화하는 정도가 아니고, 이 조리기구가 만든 '사이'가 둘 사이에 끼어서 이 방도 살리고 저 지붕도 살려주고 있다. 흔히 건축에서 추상적으로 말하는 '사이'라는 말과는 격이 다른 '사이'의 진수가 허름한 풍경 안에서 생생하게 살아 있었다.
　오르내리는 계단 중간에 낸 창도 일품이다. 창틀에는 물론 큰 유리를 끼웠다. 그 창에 두툼한 유리 선반을 두고 그 위에 고만고만한 도

동대문 이화마을 '최가철물 박물관' ⓒ김광현

자기를 얹어놓았다. 창만 크게 두었으면 밑으로 내려다보이는 작은 집들에 서울대병원 등 멀리 크게 보이는 건물이 겹쳐서 아주 복잡한 풍경이 작은 계단 쪽으로 쏟아져 들어오는 듯했을 것이다. 선반에 올려놓은 도자기들은 풍경을 가리기도 하고 보여주기도 하고, 유리 선반도 반사나 투과로 풍경을 여과하며 조리기구 스크린과 똑같은 '사이'가 되어주고 있다.

나무는 자기 몸과 외부 환경 사이에 있는 제일 바깥쪽 껍질이 자란다. 한 번 자란 나이테는 그것으로 고정된다. 생장 과정에서 제일 먼저 생긴 심(芯)은 중심에 위치하지만 한 번 형성되고 난 다음에는 늘 그 속에 가만히 안주한다. 훗날 썩기 시작하는 것은 그 심부터다. 테두리는 안팎의 경계에서 '사이'가 되어 나무를 자라게 한다. 아스팔트가 덮인 곳에서는 풀이 자라지 못한다. 그렇지만 아스팔트에 균열이 난 곳에서는 아주 작은 풀이 돋아날 수 있다. 이것과 저것'에서'가 아니라 이것과 저것 사이에서 새로운 의미가 발생할 가능성이 있다는 뜻이다.

이야기를 '대지예술(Earth Art, Land Art)'로 바꾸어보자. 땅을 상대로 하는 조형 행위인 건축과 대지를 상대로 하는 예술은 깊은 관계가 있다. 대지예술은 1960년대 후반 미국에서 유행했던 미술의 한 동향이다. 이러한 예술의 선구자였던 로버트 스미드슨Robert Smithson은 미국 유타 주의 소금호수에 6,650톤의 돌을 쏟아부어 전체 길이 457.3미터의 나선형 방파제를 만들고 'Spiral Jetty'(1970)라고 불렀다. 대지예술 최초의 기념비적 작품이다.

그가 이 작품으로 보여주고 싶었던 것은 감겨 들어가는 기하학적인 형태가 아니었다. 완성 이후 수면이 상승해 한동안 물속에 잠겼다

소금호수의 나선형 방파제 'Spiral Jetty' (로버트 스미드슨, 1970)

가 다시 소금이 묻은 돌들과 함께 떠오르는 모습, 그리고 시간이 지
나감에 따라 방파제의 돌에 응결되는 소금과 번식하는 미생물을 보
여주고자 한 것이었다. 조각과 대지 '사이', 형태와 자연 '사이', 시간과
물질 '사이'……. 그래서 스미드슨의 대지예술은 근대예술과 달랐다.
그런데 이런 우연함의 '사이'를 대지예술보다 더 먼저, 더 많이 받아들
인 예술은 오히려 건축이었다.

　종묘 정전 앞 월대(月臺). 더없이 훌륭한 대지예술이다. 월대란 궁궐
의 정전 등 중요한 건물 앞에 놓이는 넓은 기단으로 된 대를 말하는
데, 그 위에는 화강암을 얇게 다듬은 돌이 깔려 있다. 이런 돌을 박
석(薄石)이라고 한다. 정전 앞 월대의 박석은 크기가 일정치 않으며 표
면도 울퉁불퉁하고 모양은 모두 다르다. 정전과 그것이 둘러싸는 공
간의 장대함에 이렇게 숙연해지는 건물이 또 있을까?

종묘 정전 앞 월대

　사람들은 정전만 보지만 사실 그 공간의 주역은 정전과 월대, 둘이다. 한번 이 월대에 올라갈 기회가 있거든 모든 박석을 주의 깊게 하나하나 살펴보라. 어떻게 이리 마구 잘라온 돌을 엄숙한 정전 앞에 놓을 수 있었을까 의아해질 정도다. 모나고 깨지고 거칠고, 높낮이와 모양과 재질이 죄다 다르고, 그것이 만들어내는 밝기와 어두움도 똑같은 것이 하나도 없다. 이 돌들은 모두 각각의 처지에서 이웃하는 돌에게 간섭한다. 이것은 무수한 돌이 어쩌다 만들어낸 우연성이 아니다. 오히려 우연성을 축조한 것이다. 정전이 규칙과 정제와 단순함의 주역이라면, 월대는 무수한 개성을 가진 거친 입자에서 얻어진 우연성의 주역이다.
　사물의 가치는 사물 그 자체에 있지 않다. 사물과 사물의 사이, 사물과 나 사이에서 어떤 의미가 교환되고 있는가에 따라 가치가 생겨난다. 시장에서 어떤 상인이 물건을 들고 만 원을 받겠다고 아무리 소리치며 팔고자 해도 누군가 사주지 않으면 그 물건의 가치는 생기지 않는다. 또 10,000원이라고 했다가 8,000원에 팔았다면 그 물건의 가치는 8,000원이다. 마르크스Karl Marx의 가치론으로 보면 사는 사람과 파는 사람 사이에서 교환을 통해 가치가 정해진다. 따라서 가치는 무엇과 무엇 '사이'에서 나오는 것이지 그 물건 고유의 어떤 추상적 본질에서 나오는 것이 아니다.

음과 음 사이가 툭툭 끊어지면 음악이 안 된다. 음표와 음표 그리고 그 사이의 경과가 음악을 만드는 것이다. 음악은 그 자체가 '사이'의 예술이다. 작곡을 한다는 것은 음을 만드는 것이 아니라 음과 음 사이의 관계를 만드는 것이다. 이것이 비단 음악에서만일까? 공간(空間)이라든지 시간(時間) 그리고 인간(人間)이라는 단어에는 모두 사이 '간(間)' 자가 들어간다. 세상의 모든 것들이 '사이'로 성립해 있다는 뜻이다.

건축도 마찬가지다. 건축물이 혼자서 우두커니 서 있는 것은 외부와 단절된 나무의 심과 같고, 음표만 있을 뿐 음들의 사이가 없는 것과 똑같다. 음표는 도시에 존재하는 낱개의 건물과 같다. 음표와 음표 '사이'가 음악을 만들어내듯 건물과 건물 사이가 공간과 환경을 만들어낸다. 건축가는 건물과 건물 사이, 건물과 사람 사이가 연속되는 환경을 만드는 사람이다. 건축을 전공하거나 건축을 교양으로 배우는 것은 이쪽과 저쪽의 무수한 '사이'를 발견하는 지혜를 배우는 것이다. 좋은 건축은 무엇을 지향하지 않고, 무엇과 무엇의 '사이'에 늘 있어왔다.

"자네는 사람이건 개이건 다른 어떤 것이건 간에, 아주 큰 것이나 아주 작은 것을 발견하는 것보다 더 드물게 일어나는 일이 있다고 생각하나? 혹은 빠른 것이건 느린 것이건, 추한 것이건 아름다운 것이건, 하얀 것이건 검은 것이건 말일세. 자네는 이 모든 것들 중에서 양 끝의 극단에 있는 것은 드물고 소수인 반면, 중간에 있는 것들은 흔하고 다수임을 알지 못하나?"

《파이돈 Phaidon》에 나오는 소크라테스Socrates의 말이다. 양 극단 사이에 흔하게 존재하는 것들이라며 가치를 두지 않고 있지만, 사실은 그 사이에 또 다른 가능성이 많이 있다는 뜻이다.

이 나라에서 출국 수속을 밟고 저 나라에서 입국 수속을 밟을 때는 두 나라 국경의 게이트를 지나게 되어 있다. 심지어는 국경에도 그 사이에 간격을 두는 공간이 있다는 말이다.

순수함에는 '사이'가 없다

근대주의 건축은 순수함의 건축이었다. 청결한 것, 깨끗한 것, 표백된 것, 불필요한 요소가 제거된 것을 가장 우선으로 삼았다. 당시로서는 불결한 것, 더러운 것, 때가 많이 묻은 것, 불필요한 것이 생활환경을 상당히 오염시키고 있었기 때문에 생긴 결과일 것이다. 건축가들은 순수한 형태를 선호했고, 과거의 역사적 건물들에서 많이 사용하던 장식은 마땅히 제거되어야 할 것으로 여겼다.

색깔도 하얀색을 최고로 쳤다. 이런 작업은 미학적인 범주에 속하는 것이지만 당시엔 도덕적인 가치와도 결합되었다. 시각적으로 불결한 것은 도덕적으로도 불결한 것이며, 장식을 좋아하는 것은 진보에 역행하는 것이었다. 이것은 옳은 생각이었을까? 벽을 하얗게 칠하는 것이 과거의 관습을 지워버리고 사회에 질서를 가져다주는 수단이 될 수 있을까? 그것은 결국 건축을 통해 이상을 실현하고자 한 것이었다. 근대건축의 '순수함'의 가장 큰 약점은 엘리트주의에 근거하여 건축과 도시를 질서라는 관점에서만 바라본 데 있다.

순수함과 완벽함과 단순함은 우연함을 제쳐놓아야 성립한다. 수많은 '사이'와 예상할 수 없는 우연을 순수함과 완벽함이 가로막고 있었던 대표적인 예를 근대건축의 대표자인 르 코르뷔지에가 1924년에 설계하고 1926년에 완공한 '페삭의 주거단지(Cité Frugès, Pessac)'에서 본다. 건축주는 르 코르뷔지에의 책 《건축을 향하여 Vers une Architecture》(1922)에 크게 공감하며 공장노동자를 위한 주택의 설계를 부탁했다. 그는 초기에 구상했던 기하학적인 단순한 상자 형태로 집합주택을 설계했는데, 본래는 135채를 지을 예정이었으나 실제로는 46채만 지었다. 세상 사람들은 무슨 주택이 이러냐고, 아마도 건축주가 정신이 나간 모양이라고 비아냥거렸다. 건축주가 낸 광고에 이런 구절이 실릴 정도였다.

"아마도 이 주택의 새로운 외관에 의문을 가질 것입니다."

게다가 지역 건축가들의 반대, 파리 시공업자에게 일을 맡긴 것 등의 이유로 페삭 시가 도로나 수도를 정비해주지 않아서 1929년까지

페삭의 주거단지 (르 코르뷔지에. 1926)

입주할 수가 없었다. 그 결과 건설비가 크게 상승하여 애당초 노동
자 주택이었던 것이 부자들의 세컨드 하우스로 팔렸고, 이 건물의 의
의를 전혀 이해하지 못하는 사람들이 많이 살아 변경과 훼손이 심했
다. 그는 자신이 확립한 '근대건축의 5가지 요점'에 따라 수평창이 채
광을 좋게 해준다며 입면 전체에 걸쳐 만들었지만, 깊이가 얕은 방에
서는 지나치게 밝다는 이유로 대부분의 입주자들이 창을 막았다. 또
물끊기와 방수가 잘 안 되어서 보르도 일대의 특유한 지붕 등으로
바꾼 집이 많았다. 불필요한 테라스는 여러 모습으로 증축되었으며
아예 부수어버린 집도 적지 않았다. 당대의 건축가 르 코르뷔지에의
설계는 그들에게 하나도 중요하지 않았다.

　이 사례가 보여주는 바는 명확하다. 건축가는 사용자의 행위와 욕망을 건축으로 조정할 수 없으며, 사회를 개혁하겠다는 엘리트주의 건축가일수록 건축으로부터 '우연함'을 배제시키고 만다. 이런 일이야 건축하다 보면 늘 있는 일이라며 거장의 작품을 옹호해주는 사람이 아직도 많을 것이다. 문제는 거장 르 코르뷔지에의 실패를 지금 오늘의 건축가들도 되풀이하고 있다는 것이고, 건축이 좋아서 따로 공부하는 일반인들 또한 이 실패를 실패로 보지 못하는 데 익숙해져 있다는 것이다.

건축은 기계설계와 전혀 다르다. 건축은 건축주에게서 건축가로, 건축가에게서 시공자로, 시공자에게서 사용자로 넘어가는 과정에 예상치 못했던 수많은 우연성이 필연적으로 나타나게 되어 있다. 대지만 놓고 보더라도 땅의 크기도 있고 그와 관련된 도시계획적 조건, 경제적 가치, 날씨와 기후, 지질 문제, 공법과 예산, 이웃 주민간의 갈등 여부, 조형이 주변에 미치는 영향, 조망, 대지 안에 있을지 모르는 역사적 유산 등 정말로 많은 조건들이 '사이'에서 서로 관련된다. 이것만으로도 건축물이 지어질 대지는 많은 유동적 힘에 노출되어 있다.

기계설계에서는 최고의 성능과 효율만 생각하면 된다. 설계가 끝난 기계는 대량생산되며, 누가 사용해도 똑같게 만들어야 한다. 그러나 건축설계는 성능과 효율만 생각해서는 안 된다. 건축물은 대부분 그 땅의 그 건축주와 몇몇 한정된 사람이 살고 이용하도록 만들어지며, 건물 하나하나가 다 달리 만들어지는 주문생산품이다. 사용자만 보아도 간단하지 않다. 이전에 사용한 사람이 있고 새로 사용하게 되는 사람이 있으며, 그들이 건축물에 대하여 갖는 기대와 가치관과 욕망 등이 모두 다르고 이것들은 서로 충돌하게 되어 있다. 더구나 현대사회는 한층 복잡해졌고 건축을 결정하는 변수는 이전보다 훨씬 많아졌다. 집단이 아니라 개인, 대규모가 아니라 소규모, 일방적인 자연이 아니라 신체에 밀접한 미시기후에 대한 관심 등등.

사정이 이러한데도 건축에서 여전히 순수함과 완벽함과 단순함을 추구하면 곤란하다. 이 많은 충돌, 갈등, 우연이 빚어내는 '사이'를 배제하는 건축에 대한 비판적 안목이 있어야 한다. 그리고 많은 영역에서 '사이'를 발견하고 그것의 답을 찾는 건축을 배우고 실천해야 한다.

'다리'와 같은 건축

세상에는 두 종류의 건축이 있다. 하나는 '탑'의 건축이고 다른 하나는 '다리'의 건축이다. 탑의 건축이 "건축은 무엇인가?"에 답하는 건축이라면, 다리의 건축은 "건축은 사이를 이어 무엇이 되는가?"에 답하는 건축이다. 즉, 다리의 건축은 '사이'에서 답을 찾고 주변에 존재하는 장소로부터 커다란 풍경을 끌어내는 건축이다.

하이데거는 1951년에 건축가들 앞에서 〈짓기·거주하기·생각하기 Bauen·Wohnen·Denken〉라는 유명한 강연회를 열었다. 그러나 막상 그의 글을 읽어보면 건축에 관한 이야기는 거의 없다. 있다고 해봐야 주택에 대한 언급뿐이다. 대신 다리를 예로 들며 장소가 어떤 것인지를 길게 강조하고 있다. 대학원생 때 이 글을 처음으로 읽었을 때는 알아듣기도 어려웠고, 건축에 대해 아무런 언급이 없는 것에 실망을 느끼기도 했다. 그리고 그런 생각은 꽤 오래갔다. 그러나 그가 말하는 '짓기'는 건물 짓기가 아니었다. 인간이 짓는 행위 전체를 말한 것이었다.

하이데거가 건축물을 예로 들어 짓기를 말하지 않고 다리를 등장시킨 건 아마도 이런 뜻에서였을 것이다. 일반적으로 건축은 탑처럼 독립되어 있었다. 그리스 건축이 그러했다. 멀리서 보기 위해 지어지는 건축. 그것은 뚜렷하게 주변을 제압하는 건축이지만, 무엇과 무엇 사이를 잇는 건축이 아니라 오히려 그 사이를 지워버리는 건축이었다. 빛에 의해 밝기와 어둡기가 뚜렷하게 구분되는 건축, 이쪽과 저쪽을 나누는 건축, 객관적인 사실과 효율을 위해서라면 오직 그것만을 생각하는 건축. 이런 것이 탑으로 대표되는 건축이다.

그런 까닭에서인가, 하이데거는 〈짓기·거주하기·생각하기〉에서 다리를 이렇게 강조한다.

> "다리는 가볍고 힘 있게 물의 흐름을 넘어 걸쳐진다. 다리는 우리의 손 앞에 있는 강가를 단지 잇기만 하는 것이 아니다. 다리를 건넘으로써 비로소 강가가 강가로 드러난다. […] 다리는 물의 흐름과 강가와 육지를 각각 가까이 끌어당긴다. 다리는 유역의 풍경으로 땅을 모아들인다."

그가 다리를 호출한 것은 '물의 흐름' '강가' '넘어 걸쳐짐' '잇다' '건넘' '강가로 드러남' '끌어당긴다' '모아들인다'를 말하기 위함이었다. '물의 흐름'과 '강가'는 끊어진 것을, '넘어 걸쳐짐'과 '잇다'와 '건넘'은 끊어진 것을 연결하는 '사이'를 의미한다.

다리의 건축은 이렇듯 비유적인 표현이지만 실제로 다리가 건축물이 된 예도 있다. 피렌체의 아르노 강(Arno River)에 놓인 베키오 다리(Ponte Vecchio)나 베네치아 카날 그란데(Canal Grande. 대운하)에 있는

베네치아 대운하의 리알토 다리

리알토 다리(Ponte di Rialto)는 다리 위에 가게로 쓰이는 건물이 만들어져 있어서, 끊어진 것을 연결하는 '사이'의 건축이 어떤 개념인지를 한눈에 알 수 있다.

다리와 같은 건축은 우리 옛 건축에서도 많이 찾아볼 수 있다. 그중에서도 병산서원 만대루(晩對樓)는 아주 훌륭한 사례이다. 이 건물에 대해서는 여러 건축가들이 지나칠 정도로 많은 관심을 보여왔다. 온갖 철학적 언사와 심오한 해석이 난무하는 대표적 장소이기도 하다. 그들은 이곳을 세상만사가 다 해소되는 무위(無爲)의 공간으로 표현함으로써 자신의 식견을 치장했다. 만대루에 대해 쓴 그들의 글을 잘 읽어보라. 현학적인 문장을 하나둘씩 빼고 나면 참 신기할 정도로 건축가가 건축 이야기를 하지 못하고 있다.

이는 만대루가 병산서원에서 제일 마지막에 세워졌다는 사실을 다들 잊고 있기 때문이다.[12] 만대루가 세워지기 전에 이 서원은 병산을 향해 트여 있었으며 병산에 가까이 있는 듯이 보였다. 그러나 너무 컸다. 깎아내린 듯한 거대한 병산은 서원을 앞에서 가로막고 있는 '벽'이었다. 만대루가 세워지고 나서 병산은 작아졌고 이전보다 멀리 떨어지게 되었다.

본래 산에는 산의 존재 이유가 있고 건물에는 건물의 존재 이유가 있다. 만대루의 프레임은 병산을 저쪽으로 밀어내고 앞마당을 이중으로 가로막았다. 만대루 덕분에 마당이 정리되어 사람들의 관심을 이쪽으로 끌어당기게 되었다. 즉, 만대루는 건물을 비워 병산을 담기 위해서가 아니라 병산을 밀어내고 그것을 작게 만들기 위해 지어진

---

* 12. 유인호, 〈조선시대 서원건축의 공간 구성에 관한 연구〉, 금오공대 박사학위 논문, 2004

두 개의 장소를 다리처럼 잇는 병산서원의 만대루 ⓒ김광현

것이었다.

모든 연결은 사물이 끊어져 있음을 전제로 한다. 연결되어 있지 않은 것은 절단할 수 없고, 절단되어 있지 않은 것은 연결할 수 없다. 연결이라는 행위는 절단에서 나온 결과다. 그리고 절단은 연속성에서 나온다. 다리는 '오고 감' '연속과 절단'이라는 이중적인 의미를 나타내고 있다. 하이데거의 말을 빌리자면 다리는 강의 양쪽 기슭에 걸쳐짐으로써 두 개의 풍경을 서로 가까이 당기고 동시에 끊어내는 것이다. 그런가 하면 다리는 강의 흐름과 교차하고 있다. 다리는 물의 흐름으로 끊어진 양쪽 기슭을 다시 결합한다.

만대루는 두 개의 떨어진 장소를 다리처럼 이어 하나의 장소로 만들어주고 있다. 만대루는 건축물과 자연 풍경을 단순히 연결한 것이 아니다. 그것은 마치 물의 흐름으로 끊어진 양쪽 기슭의 사이를 다시 결합하는 '다리'와 같은 것이다. 다리를 두고 하이데거가 주장한 바는 건축에 그대로 적용된다. 그는 '사이'를 중요하게 여기는 건축, 나뉜 것을 이어주려고 애쓰는 건축, 사이를 드러냄으로써 주변 환경을 새로이 묶어낼 줄 아는 건축이 필요하다고 말하고 있는 것이다.

다리와 같은 건축은 현대건축에서 아주 중요한 과제다. 어떤 건물이 주변에 있는 다른 건물들을 이어주는 여러 개의 동선을 내부에 품고 있으면 그 건물은 도시의 일부가 된다. 미국 IIT 대학의 캠퍼스는 근대건축의 거장 미스 반 데어 로에Mies van der Rohe가 자신만의 방법으로 캠퍼스 대지 전체를 직사각형으로 반듯반듯하게 잘라내고 다시 그 안에 있는 모든 건물을 직사각형 상자 모양으로 설계한 것이다. 이 캠퍼스 중간에 '맥코믹 트리뷴 캠퍼스 센터(The McCormick Tribune Campus Center, 2003)'가 들어서면서, 내부에 여러 개의 대각선 통로를 만들어 이 건물을 통해 반대쪽 다른 건물로 쉽게 건너갈 수 있도록 해주었다. 즉, 이 건물의 어떤 곳이 아니라 건너편의 다른 건물로 가기 위해 이 건물을 지나가게 하였다.

피렌체의 베키오 다리나 베네치아의 리알토 다리가 끊어진 것을 연결하는 '사이'의 건축 개념을 보여준다고 했는데, 이 캠퍼스 센터 또한 개념적으로 다리와 닮아 있다. 사실 이 건물로 봐서는 전혀 손해될 것이 없다. 더 많은 사람이 머물고 지나가게 될 것이므로 훨씬 활기를 띠게 된다. 그리하여 이 건물은 마치 철도역처럼, 목적지가 아니라 통과하는 건물이 된다. 사이와 연결의 건축이 무엇인지를 보여주는 좋은 사례라고 하겠다.

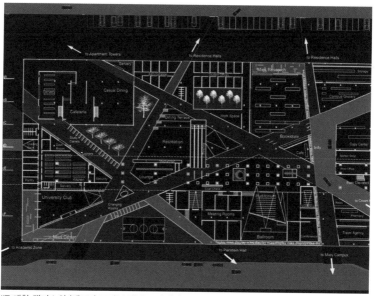

IIT 대학 캠퍼스와 '맥코믹 트리뷴 캠퍼스 센터' (미스 반 데어 로에, 2003)

교회와 세 종류의 사람

루이스 칸이 교회를 예로 들며 이런 말을 한 적이 있다. 교회의 공간에는 세 종류의 사람이 있다는 것이다.

> "전혀 교회에 들어가지 않는 이들을 위한 공간, 교회 건물
> 가까이에 있지만 그 안에는 들어가지 않는 이들을 위한
> 공간, 그리고 교회 안으로 들어가는 이들을 위한 공간."

하도 간단하여 이게 무슨 말인가 싶지만, 잘 생각해보면 정말 맞는 말이다.

많은 사람들은 그저 교회를 지나 어딘가로 바쁘게 가고 있다. 건물에 아무 관심이 없이 그저 지나가는 사람이다. 그렇지만 이 '전혀 교회에 들어가지 않는 이들'도 뭔가를 체험하며 교회 건물을 지나가고 있는 것이다. '교회 건물 가까이에 있지만 그 안에는 들어가지 않는 이들'은 교회 계단에 앉아서 앞에 있는 광장을 바라보며 누구를 기다리거나 아니면 그 교회 건물이 유명하여 구경하러 온 사람이다. 그리고 '교회 안으로 들어가는 이들'은 당연히 예배를 드리거나 기도를 하러 온 사람이다.

바로 여기에 루이스 칸의 혜안이 있다. 기능주의에 입각한 근대건축가들은 '교회 안으로 들어가는 이들'만 염두에 두고 그들을 위해 설계했다. 그러나 건축물은 그들만을 위해 존재하는 게 아니다. '전혀 교회에 들어가지 않는 이들'을 위해서도 존재하며, '가까이에 있지만 그 안에는 들어가지 않는 이들'을 위해서도 존재한다. 그런 사람이 교

회 안으로 들어가는 사람보다 훨씬 많다. '가까이에 있지만 그 안에는 들어가지 않는 이들'은 '교회 안으로 들어가는 이들'과 '전혀 교회에 들어가지 않는 이들' 사이에 있다.

《바바파파》이야기에 빗대어 말하자면, 루이스 칸이 말한 세 종류의 사람들은 방 안에서 음악을 연주하고 싶은 바바마마이거나 자기가 있는 곳에서 별을 보고 싶어 하는 아기바바들이다. 바바마마가 '자기 방 안에 들어가는 이'라면 아기바바는 '엄마 방 가까이에는 있지만 그 안에는 들어가지 않고 자기가 원하는 일을 하고 싶어 하는 이'다.《사과가 쿵!》에서 동물들은 사과의 같은 부분을 파먹지 않는다. 두더지는 사과 한가운데를 지나가고 개미는 사과 껍질을 핥고 있다. 한가운데를 지나가는 두더지는 '안에 들어가는 이들'이고, 사과 껍질을 핥고 있는 개미는 '가까이에 있지만 그 안에는 들어가지 않는 이들'이다.

칸이 말하는 세 가지 사람과 공간엔 제각기 다른 의미가 있다. '전혀 교회에 들어가지 않는 이들'을 위한 공간도 나름대로 의미가 있고, '가까이에 있지만 그 안에는 들어가지 않는 이들'을 위한 공간도 나름대로 의미가 있다. 바바마마와 아기바바, 그리고 두더지와 개미와 기린이 서로 동등하듯이 칸이 말한 세 종류의 사람들은 모두 같은 가치를 가지고 있다. 교회 안에 있는 사람과 그저 스쳐 지나가는 사람은 동등하다. 왜냐하면 각각 자기 처지에서 교회 건물에 대하여 기쁨을 가지고 있기 때문이다. 건축은 이런 세 종류의 사람들의 '사이'에 있다.

포털 사이트의 뉴스를 보면 제목의 크기가 모두 똑같다. 광화문광장에서 큰 집회가 있다거나, 서해대교가 전면 재개통된다거나, 연말을 맞아 노래방 댄스 수업이 인기라는 뉴스는 모두 같은 서체에 같은 크기의 제목으로 배치되어 있다. 그러나 이런 뉴스들이 누구에게나 똑같은 것일 리 없다. 정치적인 측면에서 광화문광장의 집회가, 사회생활의 측면에서 서해대교 전면 재개통이, 취미생활의 측면에서 노래방 댄스 수업이 더 중요하다고 여기는 사람들이 세상에 제각기 존재하고 있다. 루이스 칸이 말한 세 종류의 사람처럼 그들은 모두 동등하다.

노래방에 초점을 맞춘 뉴스가 뭐 그리 중요하냐고 배제해버리면 청소년들이 그것을 좋아하는 근본적 원인, 즉 치열해지는 경쟁과 우리나라의 교육현실과 독립성의 상실 등에서 비롯된 사회현상을 배제하는 결과가 된다. '사이'의 건축이 필요한 것은, 모든 요소들이 동등하다는 전제 아래 비록 사소하게 보이는 것일지라도 거기에 내포된 또 다른 원인과 가치를 발견하여 서로 잇기 위함이다.

서울역에 가면 긴 의자 중간에 낮은 칸막이를 두 개 설치해두었다. 의자 위에 누워서 자지 못하도록 하기 위해서다. 이 칸막이는 노숙자를 대합실에서 쫓아내겠다는 의지를 담고 있다. 우리 사회는 공공성을 말할 때도 언제나 '정상적'인 사람, 안전, 보안만을 생각한다. 서울역에 그런 의자가 존재하는 건 공공시설을 '노숙자들이 마음대로 출입할 만큼 관리가 안 되는 곳'으로 여기기 때문이다.

과연 그럴까? 철도역은 기차 승객뿐 아니라 기차를 타지 않고 대합실에서 딱히 할 일이 없는 이들에게도 동등하게 제공되는 장소다. 그것이 철도역의 본질이다. 그렇다면 지금의 서울역이나 부산역은 덜 공공적이다. 공공시설인 철도역이 보안용 감시카메라로 무장된 쇼핑몰과 다를 바가 대체 무엇인지를 묻게 된다. 이 사례는 공공성의 영역에서도 우리가 '사이'를 많이 잃어버리고 있음을 깨닫게 해준다. 이는 단지 노숙자만의 문제가 아니다. 더 넓은 의미에서, 도시에 사는 사람들에게 공공장소란 과연 무엇인가에 대한 근본적 질문이기도 하다.

자동차와 도보 사이

스마트폰 지도에서 길찾기를 하면 지하철이나 버스 등 대중교통, 자가용, 자전거, 도보 등 네 가지 방법이 나온다. 같은 목적지라도 지나가는 경로가 다르고 시간과 거리가 다르다. 이를 통해 도시 안에서 목적지로 갈 수 있는 모든 방법을 알려준다.

그러나 내비게이션의 지도는 자동차를 위한 정보만을 제공한다. 자동차 전용으로 개발된 것이므로 정보가 배타적인 것은 당연한 일이다. 문제는 오늘날의 도시계획이 오직 자동차만을 중심으로 이루어지고 있다는 점이다. 지도에 담긴 네 가지 방법들 중 자동차용 경로만을 기준으로 삼는 것이다.

일상생활 안에서 오가던 범위에만 머물러 있던 도시가 공간적으로나 사회적으로 확장되어가는 것은 분명히 철도나 자동차 같은 기계적 교통 때문이다. 다들 바쁘고 빠르게 움직이니 도시를 경험하는 방식도 자동차의 속도로 정해진다. 그러나 엄밀히 말하면 지하철, 버스, 자동차, 자전거 등 이동의 매개체에 따라 도시의 경계나 거리의 감각이 달라지고 도시와 신체의 관계도 달라진다. 전통적으로는 땅이라고 하는 단 하나의 매개물로 수많은 신체가 사회적 장을 형성하였는데, 이제는 같은 도시 안에서도 지하철이나 자동차로 이동하며 도시를 거대하고 균질적인 장으로 경험한다.

　그러나 도시는 이것으로 다일까? 많은 사람들이 살아가는 공간과 사회의 경험이 이것으로 다 묘사되는 것일까? 도시에 산다고 해서 모든 길을 자동차로 오가는 것이 아니라면, 걸어 다니거나 자전거를 타고 다닐 때도 도시는 마냥 확대되기만 한다고 말할 수 있을까? 걷는 것도 교통수단의 하나이니 도시를 도보로 파악하면 어떻게 될까? 도시를 걸으면 거리의 풍경이 나타난다. 편의점도 보이고 우체국, 유치원, 노점상, 지하철역, 노는 아이들이 보인다. 우리가 길이며 거리라고 할 때 떠오르는 이미지는 바로 이런 것들이다.

　차를 타고 다닐 때와 걸어 다닐 때를 비교하면, 신체가 어떤 매체를 통하여 세계를 바라보는가에 따라 질적인 차이가 크다. 지하철이나 자동차를 이용할 때는 특정 장소가 가까이 있는지 멀리 있는지에 따라 거리로 위치를 파악하고 노선도나 내비게이션에 의존하지만, 자기 신체만으로 파악하는 범위와 경험은 그것과는 전혀 다르며, 이질적인 장(場) 또는 국지적인 장을 경험한다.

　여기에 자동차와 도보 '사이'에 있는 자전거라는 매체를 개입시키면 어떻게 될까? 자전거는 내 몸으로 움직이는 것이니 절반은 신체이고, 기계를 움직여 가는 것이니 절반은 자동차다. 자전거로 도시를 경험할 때는 자동차로 갈 수 없는 곳도 갈 수 있고, 걸을 때 얻지 못하는 정보를 경험할 수도 있다. 자동차나 도보로는 알 수 없는 굴곡, 경사도, 질감, 스케일 등 도로의 다른 사정들도 알 수 있겠고, 걸을 때 바라보던 것과는 다른 각도에서 동네를 약간 줌 아웃(zoom out)하여 바라보게 되며, 걸을 때 한 채 한 채 따로따로 바라보던 것과는 달리 자전거의 속도에 맞춰 여러 채의 집들과 주변의 정황을 함께 바라볼 수도 있지 않겠는가? 또한 A 지점에서 B 지점으로 갈 때도 자전거를 타고 가면 도보나 자동차로는 경험할 수 없는 중간의 정보들을 얻게 해준다.

도시도 마찬가지다. 자동차와 보행이라는 양 극단의 경험과 정보 사이에 자전거라는 매체가 주는 또 다른 경험과 정보가 얼마든지 있다. 이런 관점에서 도시계획을 바라보면 과거와는 다른 도시를 계획할 수 있다. 건축의 영역에서도 개체 혹은 덩어리로만 바라보지 않고 마이크로(micro)와 마크로(macro) 사이에 있는 정보나 가치를 발견할 수 있다. 그리고 이 '사이'의 가치를 건축물로 바꾸어가는 식으로 관점의 변화를 얼마든지 만들 수 있다. 이것은 건축을 도보보다는 조금 더 멀리서 넓게 생각하고 자동차보다는 조금 가까이에서 바라보는 것, 도보보다는 조금 빠른 속도에서 바라보되 자동차보다는 훨씬 느리게 생각하는 것이다.

건축이 자연과 도시를 잇는 행위임을 상기하면, 이처럼 걷기와 자동차 사이에 있는 자전거를 타고서 환경과 풍경과 지형과 사람 사는 것의 사이를 바라보는 관점을 갖게 된다. 이것은 미디어라는 관점에서도 우리 주변에서 발견해야 할 '사이'가 참 많이 있다는 뜻이다.

6

공동체와 건축

공동체가 곧 화합은 아니다

건축은 인간의 공동체에 공간을 준다. 건축설계는 사람을 나누고 합하는 일이다. 건축가가 연필을 들고 선을 긋는 것은 아름다운 조형을 얻기 위한 것만이 아니다. 그것은 사람을 이렇게 나누었다가 다시 저렇게 접촉할 수 있도록 거리를 조절해가면서 여러 가능성을 엿보는 작업이다. 학교라면 학생들을 학급으로 나누었다가 강당이나 운동장에서 다시 만나게 한다. 저학년과 고학년을 어떻게 스치게 할지, 복도를 어떻게 만들어야 쉬는 시간에 복도에서 다른 반 학생들을 만나게 할 수 있는지 궁리하는 것 등은 모두 학교공동체를 공간적으로 조절하는 것이다.

우리가 건축을 통하여 배워야 할 것도 사람이 공동체를 이루며 사는 방식이다. 이것을 이해하는 데 가장 인상적인 사례는 중국 푸젠 성에 있는 '토루(福建土楼, Fujian tulou)'다. 흙으로 쌓아 올린 외벽에 원형이나 사각형 지붕을 얹은 거대한 집합주택이다. 토루 하나가 800명까지 수용할 수 있다고 하니, '한 지붕 세 가족'이 아니라 한 지붕 200가족이 사는 셈이다. 보통 4~5개 층의 주거공간이 한가운데의 마당을 빙 둘러가며 원을 이루는데, 외부에서 보면 견고한 성채처럼 보인다.

이곳의 마당은 모든 거주자들이 음식을 말릴 수 있고 빨래도 널 수 있는 가장 공적인 장소다. 모든 집들은 중앙의 큰 마당 쪽으로 나 있는 작은 안마당을 갖고 있으며 그곳을 통해 빛과 공기가 흘러든다. 거실과 식사하는 방은 큰 마당을 향하고 있다. 즉, 공동체의 공적 장소인 큰 마당에 사적인 주택의 한 부분이 맞닿아 있다. 마당에 있는 동네 사람은 주택의 거실에 있는 사람들과 이야기를 할 수 있다. 공간적으로 보면 마치 둥근 식탁에 둘러앉아 식사하는 중국인들의 식사 방식과 같다. 토루는 그야말로 주택으로 이루어진 작은 도시라 할 만한데, 이 건물에 사는 사람들은 다들 커다란 한 가족이며 이웃사촌이다. 말 그대로 '우리 동네'다.

이것을 우리의 아파트와 비교하면 어떨까? 단지 안에서 주민들의 시선은 마당을 향하고 있지만 마당에 있는 사람들이 내게 말을 걸 리 없고, 나도 그들의 시선을 피하고 있다. 아파트 마당에 옷가지를 내놓고 말릴 수도 없다. 토루처럼 모든 사람이 자기 집 거실에서 마당을 향해 빙 둘러앉도록 배치하면 그 아파트는 분양에 확실히 실패한다.

모여 사는 것은 비슷하지만 토루와 우리의 아파트가 크게 다른 이유는 공동체를 형성하는 방식이 다르기 때문이다. 토루의 주민들은 모여서 함께하는 생존의 공동체이고, 우리 아파트는 폐쇄적으로 살고 싶은 사람들이 모여 사는 낱개의 주택들이 모인 집합주택이다. 둘의 가장 큰 차이는 개개의 주택과 그것이 모여 전체를 이루는 방식, 곧 개체와 집합에 관한 것이다.

모여 사는 삶의 방식을 얘기할 때 가장 먼저 사용하는 말은 '공동체'다. 그런데 우리는 공동체라고 하면 거의 자동적으로 오래된 마을에 모여 살던 옛사람들의 삶을 떠올린다. 또 지역성과 공통적인 사회적 관념을 거론할 때도 이 단어가 종종 사용된다. 그래서 공동체라고 하면 늘 아름답고, 작은 희생 정도는 기꺼이 감수하며, 어떤 어려움이 있더라도 늘 화합하는 집단을 머리에 떠올린다. 이것은 농업을 기반으로 하는 지역공동체에서 비롯된 관념이다. 그러나 그렇게 화합만을 전제로 하는 공동체가 우리가 생각하는 공동체의 원형일 수는 없다.

공동체란 일단 닫힌 결속관계로 성립하며 여기에 속한 이들은 공동의 규칙을 따르고 습관, 전통, 상호 귀속이라는 공동의식을 중시한다. 공동체는 개인과 개인을 연결하는 고정된 표상공간이어서, 이것을 유지하려면 내부에 절대자를 불러들이거나 아니면 내부에 있는 무언가를 희생하여야 한다. 예전에 농업 공동사회에서 풍년을 기원하는 제사를 올리고 그 제단에 상징적인 동물, 심지어 사람까지 바쳤던 것은 모두 공동체를 유지하기 위한 나름의 의식이었다.

그러나 그 공동체는 오늘날 우리의 공동체가 아니다. 그러므로 중국의 토루는 서로 의좋게 공동체를 이루며 사는 데 반해 우리나라 아파트에서는 다들 이기적으로 산다고 쉽게 판단해서는 안 된다. 물론 우리의 아파트 단지라는 주거방식과 문화에는 분명히 문제가 있다. 그렇더라도 단순히 모여 사는 것만으로 공동체가 되는 것은 아니다. 모여 사는 데에는 공통의 규범이 있고 지역과 시대에 따라 사는

중국 푸젠 성의 집합주택 '토루' ⓒ김광현

방식도 다르니, 공동체에 대한 인식도 달라져야 한다는 것을 먼저 배워야 한다. 공동체에 대한 생각이 건축과 도시를 갱신하는 근거가 된다면, 공동체에 대한 의문은 건축가의 기본적인 물음이다.

아파트는 주택들이 모인 집합주택이다. 집합의 방식에 따라, 집합하는 공동체의 성질에 따라 설계가 달라진다. 대학교 기숙사도 집합주택이고 수도원도 집합주택이며 심지어는 교도소도 일종의 집합주택이므로, 집합주택의 '집합'은 곧 공동체에 대한 물음이기도 하다. 교도소는 삶이 구속되어 있는 사람들이 모여 사는 곳이고, 수도원은 하느님을 섬기는 수도자들이 자급자족할 수 있는 제한된 영역에서 규범을 가지고 자발적으로 신앙생활을 하는 집합주택이다. 침대 열차도 여러 사람들이 함께 지내는 곳이지만 아주 일시적이고, 여객선은 비교적 긴 시간을 일정한 공간에서 함께 보낸다는 점에서 침대 열차보다는 조금 더 공동체에 가깝다. 이처럼 주택이 만들어지는 방법을 보면 그 사회가 공동체를 어떻게 이루고 사는지를 알 수 있다.

가령 대학교 기숙사의 경우, 학생들이 그 안에서 어떻게 모이고 나뉘는가를 면밀히 살피면 새로운 기숙사를 만들어낼 수 있다. 만약 기숙사를 설계할 때 "한 1,000명쯤 수용하면 된다"고만 여기면 중복도 양편으로 방만 잔뜩 만들게 된다. 그렇지만 어두운 복도에서 걷고 말하는 소리가 방 안까지 그대로 들리는 환경에서 몇 년을 보내야 한다는 것을 생각하면, 그것은 대학생을 위한 기숙사를 만드는 태도가 아니다. 기숙사를 그 모양으로 짓는 건 공동체를 그저 함께 사는 것이라고만 여기고, 기숙사를 지어 학생들이 모이면 자연스럽게 공동체가 형성된다고 여기는 안이한 생각 때문이다.

그렇게 안 되려면 1,000명이 어떤 집단을 이루고 무엇을 요구하는

지를 잘 읽고, 그들이 모이는 거실과 그들이 모이는 식당과 그들이 모이는 현관을 마치 다들 같은 주택에 사는 것처럼 만들어 은연중에 자기들이 가족 같다는 감각을 줄 수 있어야 한다. 건축이 공동체를 안이하게 바라보지 않고 늘 새롭게 만들어나가야 하는 이유는 바로 여기에 있다.

핵가족, 근대의 허구공동체

근대에 이르러 도시로 산업이 모여들었다. 그 대신 환경이 좋은 교외에 주택을 개발했다. 방사형으로 뻗어가는 철도망이 두 지역을 연결해주었다. 여러 세대가 함께 살던 대가족은 독립성이 강한 핵가족으로 바뀌었다. 핵가족은 지연이나 혈연을 벗어나 새로운 환경 속에서 제각기 자신의 의지에 따라 살아가는 사회조직의 기본 단위가 되었다.

'커뮤니티(community)'의 어원이 지방자치단체를 뜻하는 '코뮌(commune)'이었다는 사실이 말해주듯, 공동체란 같은 장소를 공유하는 관계였다. 공동체와 장소의 관계를 가장 잘 보여주는 것은 다름 아닌 가족과 주택이다. 가족은 도시라는 커다란 공동체에 속하는 작은 공동체다. 근대 이후 가장 큰 공동체는 국가였고, 가장 작은 공동체는 핵가족이었다. 가족을 두고 국가를 이루는 기초단위라고 말하는 것은 이 때문이다.

사회의 최소단위가 핵가족이 되면서 지어야 할 건물의 양이 그만큼 늘어나게 되었다. 개발업자들은 핵가족에 기반을 둔 주택 공급에 집중적으로 투자했고 도시에서는 회사, 교외 주택에서는 핵가족이 공동체의 단위가 되었다. 통근하며 회사에서 일하는 남편과 집에서 가사노동을 하는 아내. 건축이 기능으로 분할되고 도시가 용도지역으로 분할되듯이 가족도 역할 분담에 따라 분할되었다. 요컨대, 핵가족이 근대도시를 만든 것이 아니라 근대도시가 핵가족이라는 개념을 만들어냈다.

그런데 핵가족은 근대국가가 만든 가상의 가족 개념이었다. 인구가 지나치게 증가하지 않으려면 부부가 두 아이만 가져야 한다는 전제 아래 핵가족이라는 개념을 만들고, 그것을 가장 작은 공동체로 규정하였다. 국가라는 공적 영역이 가족이라는 사적 영역 속으로 들어와 버린 것이다. 이러한 근대의 핵가족은 일종의 허구적 개념이다. 핵가족은 국가나 사회라는 더 큰 공동체의 구성요소로 계속 인식돼왔고, 너무나도 자명한 것으로 여겨졌다. 그러나 문제는 계속된다.

마을이나 지역공동체가 해체된 오늘날 우리 사회의 공동체는 두 가지다. 가족공동체와 회사공동체. 가족이라는 공동체가 사회의 기본이 되는 단위인 것은 사실이지만 그 모습은 독신자, 딩크족(DINK), 한부모가정 등 다양한 형태를 갖고 있으며 확고하지 않다. 회사가 나를 종신토록 고용해 줄 가능성은 희박해졌고 가족공동체도 크게 흔들리고 있다.

그러나 이상하게도 우리나라는 이제까지 아파트 단지의 계획과 설계에서 한번도 '가족'이라는 공동체의 정체를 제대로 물은 적이 없었다. 혼자 사는지, 왜 혼자 사는지, 독신주의자라서 혼자 사는지 아니면 직장 때문에 1~2년만 독신처럼 살아야 하는지, 생활이 어려워서 혼자 사는지 묻지 않는다. 두 식구라도 부부만 있는 경우도 있고, 한

부모 또는 조손가정인 경우도 있을 터이다. 그런데도 아파트와 다세대주택 등 대한민국의 모든 주택은 언제나 4인의 핵가족만을 염두에 두고 지었다. 그렇게 수많은 아파트를 지었으면서도 우리나라가 앞으로 어떤 공동체의 모습을 가질 것인가를 진지하게, 실효성 있게 물어본 예를 보지 못하였다.

전국의 아파트가 왜 그렇게 똑같은가? 이유가 있다. 첫째, 아파트를 매매용 상품으로 간주했기 때문이다. 둘째, 핵가족을 사회의 기본 공동체로 여기고 하나의 주택에는 하나의 핵가족이 있다는 생각을 아무런 의심 없이 받아들였다. 4인 가족이라는 오랜 전제를 계속 지키면서도, 다른 사람들과는 어떻게 살아야 하는가를 구체적으로 묻지 않았다.

여기엔 늘 하나의 가족에 하나의 주택을 배당한다는 생각이 깔려 있었다. 어디에서나 적용되는 일정한 가족 형태가 있었기 때문에 언제나 4명의 핵가족을 대상으로 20평, 30평, 50평, 크기만 달리해서 분양하고 판매했다. 집이 크건 작건 방 몇 개(n)에 거실(L)과 식당(D)과 부엌(K)으로 이루어진 'nLDK'라는 기본 골격은 언제나 같았다.

사는 사람 쪽에서는 이런 논점이 그다지 흥미가 없을지도 모른다. 그곳에 들어가 살고 있건 아니면 살기를 원하건, 이미 지어진 그 무수한 아파트 단지의 한 토막에 지나지 않는 주택 하나를 어떻게 하면 잘 얻을 수 있을지에 대해서는 민감하지만 그게 핵가족인지, 핵가족이 왜 생겼는지, 그것 때문에 평면이나 공동체의 모습이 단조롭다든지 하는 논의의 중심에 있지는 않기 때문이다. 하지만 다들 그렇게만 생각하면 우리는 미래를 정확하게 예측할 수 있는 주택정책을 가질 수 없고, 새로운 주거공동체를 시도할 수도 없게 된다.

'프라이버시'란 무언가 빼앗긴 상태

　아래 도면은 사암(砂巖)을 파고 지은 튀니지 마트마타(Matmata) 마을의 주택이다. 가운데는 거실 같은 큰 방이 있고, 그 주위로 독립된 작은 방들이 손바닥에 손가락이 붙듯이 붙어 있다. 작은 방을 만들려면 그 안에 있는 바위를 깨서 부서진 돌을 밖으로 끄집어내야 하는데도, 큰 방과 작은 방 사이에는 드나드는 입구 폭만 섬세하게 남기고 얇은 벽을 잘 세워두었다. 이 좁은 입구로 작은 방에서 나온 돌덩

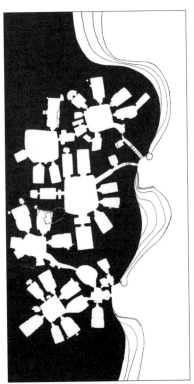

튀니지 마트마타 마을의 주택

어리를 모두 *끄*집어냈을 터, 방의 프라이버시(privacy)가 그만큼 중요했다는 뜻이다. 주택이란 이렇게 사적인 공간의 집합이다.

요즘엔 '프라이버시'라고 하면 남에게 간섭받지 않을 개인의 사적 권리를 뜻한다. 프라이버시를 '사생활(私生活)'로 번역하기도 하지만 프라이버시에는 권리가 포함되어 있으므로 사생활보다 의미가 더 넓다. 그런데 철학자 한나 아렌트Hannah Arendt는 명저 《인간의 조건 The Human Condition》(1958)에서 전혀 다른 의견을 보여주었다.

> "프라이버시란 무언가를 빼앗거버린(deprived) 상태를 의미한다."

아렌트는 고대 그리스의 여자들이 공적인 영역에서 보이지 않는 장소, 감추어진 장소, 사적인 장소에 격리되어 있었다는 점을 근거로 들고 있다. 이때 프라이버시는 남에게 간섭받지 않을 권리가 아니다. 반대로 공적인 영역과 격리되어 있는 상태를 말한다. 만일 아렌트의 이 말이 이상하게 들린다면 그만큼 우리가 공적 영역과 무관해졌다는 것이고, 프라이버시를 오직 사적인 권리로만 여기고 있다는 의미가 된다.

고대 그리스의 상업 중심지였던 델로스Delos에 남아 있는 주택 유적지를 보면 고대 그리스 주택은 남자들만이 모이는 공적 영역인 안드로니티스(andronitis)와 여자들의 사적 영역인 기나에코니티스(gynaeconitis)로 되어 있다. 주택 입구에는 도시의 길이 직접 면해 있었고 한가운데에는 중정(中庭)이 있었다. 이 중정에 면하면서 길과 가까운 곳에 안드론(andron)이라는 연회실이 있었다. 남자들은 이 방에서 음식과 술을 나누며 정치를 논하곤 했는데, 플라톤의 《향연 The Symposium》으로 유명한 '심포지온(마시는 이들의 모임)'은 바로 이 안드론에서 열렸다.

그러나 주택의 안쪽은 여자들만 사용하며 이들은 노예들과 함께 있었다.[13] 이런 곳을 기나이케이아(gynaikeia)라 한다. 이곳은 남에게 간섭받지 않는 장소가 아니라 격리된 장소이고, 억압의 공간이며, "무언가를 **빼앗겨버린**" 영역이다. 주택 전체가 프라이버시인 게 아니라 오직 격리된 여자와 노예의 영역만이 프라이버시였다.

이러던 프라이버시가 오늘에 와서 '남에게 간섭받지 않을 권리'가 되어버렸다. 말하자면 오늘날에는 고대 그리스 주택의 두 영역 중 안드로니티스와 같은 공적 영역이 없어진 것이다.

거실은 고대 그리스 주택의 안드로니티스와 같은 것이다. 대학에서 주택을 배울 때 거실을 두고 이렇게 말한다.

> "거실은 가족이 모여 일상생활을 하는 공간이다. 개인 공간인 침실과는 달리 공동생활 공간으로 서로 상대적인 개념을 갖고, 한 가족공동체만의 공간 이외에 손님 접대 장소로도 이용된다."

그러나 오늘날의 거실은 이렇게 사용되고 있지 않다. 길에 면해 있지도 않고, 내 집을 찾아오겠다는 손님이 있으면 대개 집 근처의 카페에서 만난다. 거실은 이미 공적인 성격을 잃은 지 오래다. 그리하여

---

* 13. 로베르 플라실리에르, 《고대 그리스의 일상생활》, 심현정 역, 우물이있는집, 2004, p.122

오늘날 우리의 주택은 '기나에코니티스=프라이버시'가 되었다.

이렇게 된 데에는 또 다른 이유가 있다. 근대사회에서는 교통이 발달하고 정보화되면서 도시에서 일하고 교외에서 사는 방식을 택했다. 근대화되기 이전에는 같은 지역에 살면서 좋은 일과 나쁜 일을 함께 헤쳐가는 공동체를 이루었다. 이른바 마을공동체다. 공동체의 일원이 되려면 자격이 필요했고 특유의 규범을 따라야 했다. 그러나 사회가 근대화, 산업화되면서 지역을 기반으로 하는 전근대적인 공동체는 대부분 해체되었다.

그 대신 새로운 공동체가 생겨났다. '국가'가 국민의식을 관리하고 통제하는 거대한 공동체로 등장한 것이다. 국가가 '國家'인 것은 나라

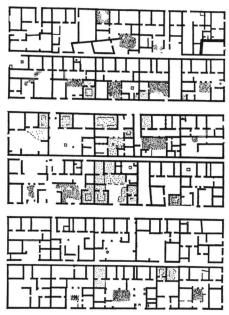

고대 그리스 델로스의 주택 유적지 평면도

(國)가 곧 집(家)이라는 뜻이다.

> "역사적으로 보아 도시국가와 공적 영역은 가족의 사적
> 영역을 희생하여 나타났다."

한나 아렌트의 말이다. 국가가 가족의 사적인 영역에까지 개입하여
그 존립의 근거를 찾으려 했다는 것이다.

오늘날은 그야말로 남에게 간섭받지 않을 권리로서의 프라이버시
의 시대다. 심지어는 집 안에서도 다시 프라이버시를 얻으려 한다. 주
택은 개인의 방으로 나뉘고, 각자 그 안에 들어가 잘 나오지 않는다.
심지어는 거실에 앉아서 노트북을 보는데도 '프라이버시 보호용 대형
양말'이라는 것을 뒤집어쓰고 일한다. 옷을 입듯 머리에 털양말을 끼
워 화면을 내려다보고, 아래쪽으로 작게 뚫린 구멍 두 곳에 손을 집
어넣어 타이핑을 할 수 있게 만든 제품의 이름이다. 주택의 거실만이
아니라 인파가 많은 버스, 식당 등에서도 남들의 시선을 의식하지 않
고 모니터를 볼 수 있다는 것인데, 이 정도로 프라이버시의 공간은 자
기 몸까지 축소시켜버렸다.

대학은 우리에게 '거실'이 무엇인지 묻지 않는다. 거실이 안드로니티
스가 되어야 하지 않겠는가, 라고 말하며 지금의 거실을 의심하도록
가르치지 않는다. 건축을 가르치는 학과에서도 단순히 가족이 따로
쓰는 사적인 방에 비해 거실은 공적인 방이라고만 가르친다.

동물에게는 손님이 있을 리 없다. 그러나 원시 주거부터 사람은 중
요한 손님일수록 자기 집의 가장 안쪽까지 맞아들였다. 어떤 사람은
문간에서 이야기하는 정도로 끝내고 어떤 사람은 문간방에서 응대하

기도 하지만, 친구나 친척이라면 응당 가장 안쪽에 있는 방까지 들어오게 했다. '사적인 것'과 '공적인 것'이 어느 선에서 딱 끊어지는 것이 아니라, 주택의 방 안에서까지 서로 상대적인 개념이었다. 상대적이기 때문에 프라이버시와 커뮤니티의 관계는 한 번에 규정되지 않는다.

사적인 것과 공적인 것. 이것은 단지 추상적인 개념이 아니다. 사람의 관계가 어떻게 이어지고 끊기는가 하는 공간적 질문과 관련된 것이다. 도시의 빈자리에는 광장이 있고, 서로 함께 사용하는 공용공간(common space)도 있으며, 도시 곳곳에 공공공간(public space)이 있다. 사적인 공간에는 출입이 금지되고, 어떤 장소는 공동체를 이루는 특정 커뮤니티가 함께 사용한다. 이 모든 것은 개인과 집단에 관한 문제이며, 공간과 공간의 관계로 치환되는 문제다.

'프라이버시'가 무언가 빼앗긴 상태라고 한 것은 현대인의 약점을 지적하기 위한 것만은 아니다. 그것은 사람들이 어떻게 하면 지금의 사회적인 조건 안에서 공적인 영역을 다시 회복할 수 있을지 모색하기 위한 토대다. 공동체라고 하면 대뜸 가족을 떠올리던 선입견을 버리고 공동체의 관계를 '사적인 것'과 '공적인 것'으로 다시 바라보아야 한다는 것도, 공적인 영역이 지금보다 조금이라도 넓어진 새로운 공동체를 상상하기 위함이다. 좋은 건축은 공동체를 공간으로 조절하며 새로운 공동체에 새로운 공간을 주는 건축이다. 건축 공부의 첫 번째 목적은 멋진 형태나 우아한 디자인을 배우는 데 있지 않다. 이런 관계를 잘 보고 이해하고 판단하는 방법을 배우는 것이 건축을 제대로 공부하는 것이다.

프라이버시와 커뮤니티의 관계가 문화에 따라 다르다는 점도 알아야겠다. 북유럽의 주택은 개인의 방이 독립적이며 개인은 그 방 안에 닫혀 있다. 거실이며 식당 등 공적인 방이 있지만 개인의 방이 더 중요하다. 반면 이탈리아 등 남유럽에서는 개인의 방보다 공통의 중정이나 마당이 더 중요하며, 가족들은 그곳에서 하루의 대부분을 보낸다. 이에 비해 한국의 주택에서 가족은 집단을 이루는 경우가 많다. 방도 개인 단위로 나뉘지 않으며 가족 전체를 중심으로 나뉜다. 프라이버시와 커뮤니티의 다양한 관계들은 가족 안의 인간관계가 공간적으로 어떻게 형성되어 있는가를 판단하는 중요한 기준이 된다.

정원, 코트, 광장의 공동체

사람들이 자유로이 만나기 위해 만든 '빈터'에는 정원(garden), 코트(court), 광장(piazza) 등이 있다. 주택에 정원이 있고 주택이 모이면 코트가 생기며 더 많은 건물이 모인 곳에는 광장이 생긴다. 공통점이 있다면, 크기와는 관계없이 사람들이 모이는 빈터라는 점이다.

이 세 공간은 쓰임새가 각기 다르다. 정원은 채소, 과일, 꽃, 때로는 장식용 식물을 키우는 데 주로 쓰이는 땅이다. '안마당'으로 번역되는 코트는 벽이나 건물로 일부 또는 전체가 둘러싸여 있고, 지붕으로 덮여 있지 않으며, 바닥이 흙으로 된 곳이다. 광장은(특히 이탈리아 소도시에서) 건물로 둘러싸이고 지붕이 없는 공공공간을 말한다.

루이스 칸은 이 세 개의 차이를 이렇게 구별했다.

"정원은 사람을 초대하는 장소가 아니다. 그것은 생활의 표현에 속하는 장소다. 코트는 그것과 다르다. 코트는 아이의 장소다. 그것은 이미 사람을 초대하는 장소다. 나는 코트를 '외부-내부공간(outside-inside space)'이라 부르고 싶다. 거기에서 사람이 어디로 갈지 선택할 수 있다고 느끼는 장소다. 한편, 광장을 코트처럼 정의하자면 그것은 어른들이 누구나 머물 수 있는 장소라고 할 수 있다."[14]

정원은 가족만이 사용하며 자기들의 생활을 드러내는 사적인 장소다. 반면 코트는 여러 주택들이 함께하고 나누어 쓰는 곳이다. 어떻게 보면 사적이고 또 어떻게 보면 공적인 성격을 띤다. 따라서 정원과는 구별된다. 코트는 아이들이 나가 놀기에 좋은 크기를 가진 곳으로, 마치 사람들에게 여기 와서 머물라고 부르는 듯이 친근한 공간이다. 한편, 광장은 어떤 사람이라도 나와서 머물 수 있는 곳이다.

본래 주택은 닫히려고 하는 곳이고 도시는 가장 크게 열려 있는 곳이다. 그다지 크고 복잡하지 않은 도시에 지어진 옛날 주택들은 비교적 닫힌 마을을 앞에 둔 채 적당히 열리고 적당히 닫혀 있었다. 사람들은 흔히 옛 주택과 도시의 관계를 이상적이라 여기고, 오늘의 주택은 과거와 달리 이웃에 대하여 지나치게 닫혀 있다고 한탄한다. 그러나 지금의 도시는 넓다 못해 그 경계를 알 수 없을 정도로 팽창해 있다. 그래서 오늘날의 주택이 더욱 닫혀버린 공간이 된 것이다.

자기 집 안에 외부와 차단된 사적인 장소가 있고, 다른 사람의 집에 둘러싸인 사적이면서도 공적인 조금 더 큰 장소가 있으며, 누구나 찾아갈 수 있는 더 큰 공적인 장소가 있다. 어떤 때는 함께 있고 싶

* 14. 존 로벨, 《침묵과 빛》, 김경준 역, 시공문화사, 2005

어 하다가도 어떤 때는 잠시 따로 떨어지고 싶고, 때로는 조금 더 넓은 곳에 있다 오고 싶어 하는 것이 사람이다. 정원과 코트와 광장이 다르다는 것은 사람이 모여 사는 방식에 따라 사적-공적인 관계가 변한다는 것을 의미한다. 따라서 공동체를 하나의 개념으로 정의할 수 없다. 그렇다면 '정원의 공동체' '코트의 공동체' '광장의 공동체'라는 말로 따로 생각해볼 필요가 있을 것이다.

교두보와 접란

모여 사는 건물이 집합주택이라고 그 안에서 화합의 공동체를 지나치게 강조하는 것은 어색하다. 아무리 공동체 성격이 강한 마을이나 지역이라도 처음부터 서로 잘 알고 지낸 건 아닐 것이다. 오랜 시간을 두고 사람들끼리 서로 접촉하며 지내는 사이에 서서히 공동체의 특성을 갖게 되었을 것이다.

근대주택은 핵가족이라는 획일적 틀로 생활을 바라보았고 학교라든지 병원, 사무소, 상업시설, 공원, 가로에서 이루어지는 생활과 무관한 단위평면에만 한정되어 있었다. 그런데도 기존의 공동체 개념을 일종의 미덕처럼 유지한 채, 개인으로 분화하고 이동이 잦으며 지역에 근거하지 않는 현대적 생활방식을 무턱대고 비판만 해서는 안 된다. 오늘 우리가 짓는 집합주택에 대해서도 분양이 끝나자마자 곧바로 공동체가 되어야 한다고 급한 마음을 가질 필요는 없다. 오히려 오늘날의 조건 안에서 제2, 제3의 다른 모습의 공동체가 생겨날 것을 예상하고 조성하고 기다리는 것이 중요하다.

오늘날의 주택은 주거 이외의 요소들과 밀접한 관련을 맺고 있다. 어디에서 살 것인지 결정할 때는 가족의 직장과 얼마나 떨어져 있는지, 아이들 학교는 가까운 데 있는지 등을 꼼꼼하게 살피고 따져본다. 근대사회에서는 두 공간을 분명히 나누었지만 지금은 주거공간과 주거 이외의 공간이 서로 보완적 관계에 있으며, 이 둘의 합으로 생활이 이루어지고 있다.

그러므로 이제부터 집합주택은 주거공간의 평면만 잘 만들면 되는 것이 아니다. 오늘날의 주택은 이웃하는 주택뿐 아니라 주택 밖의 다른 시설들에도 깊이 의존하고 있다. 따라서 주택 외에도 어린아이를 위한 유치원 시설, 고령자를 위한 케어 시스템 또는 다양한 상점 등이 혼합된 생활공간을 언제나 염두에 두어야 한다. 이렇게 하면 '지역성'도 주거공간과 그 밖의 다른 건축공간과의 관계 속에서 다시 생각하게 되고, 주거를 논할 때는 그들이 기대고 있는 생업과 문화를 함께 고려해야 한다는 새로운 과제가 생길 것이다.

지금 내가 살고 있는 아파트는 2년 후 다시 이사할 목적으로 들어온 집이다. 이처럼 한 주택에서 한평생을 보내는 사람이 거의 없기 때문에, 학교로 말하자면 도시에는 편입생들만 있는 셈이다. 이동이 잦으니 서로 얼굴을 익힐 수 있는 기회도 별로 없다. 같은 엘리베이터를 이용하지만 얼굴도 이름도 모른다. 일종의 임시 주거다. 사업상, 교육상, 혹은 그 밖의 이유로 우리는 한곳에 정착하여 살기가 어렵고 언젠가는 이동하게 되어 있다. 현대인에게 자기가 사는 동네, 일하는 동네, 여가 활용을 위해 모이는 동네 등 세 개의 동네가 있다는 말이 나오는 것도 이 때문이다. 지역공동체는 이제 언어로만 존재하는 개념이 되어버렸다. 사회적 공간이 물리적 공간과 일치하지 않는다는 뜻이다.

원래 사회적 공간에서의 커뮤니케이션은 서로 얼굴을 맞대고 무언가를 해결하고자 할 때 이루어진다. 그런데 도심 공간은 자신을 드러내지도 않고, 구속되지도 않으며, 일정한 틀이 없는 곳이다. 도시는 지연이나 혈연 같은 모종의 인연으로 성립하는 공간이 아니다. 자기를 철저하게 감추는 익명의 공간이다. 이런 곳에서 "우리가 남이가?" 하는 식의 오래된 공동체 개념이 성립할 리 없다.

오늘날의 새로운 공동체를 생각하는 데 중요한 단서를 보여준다고 느끼며 읽었던 글이 있다. 좀 생뚱맞지만, 조현병(정신분열증) 환자들이 퇴원한 후에 어떻게 사회에 복귀하는가를 다룬 〈세상에 깃들이는 환자〉라는 글[15]이었다.

저자는 소수자인 이들이 다수자와 동화하지 않고 살아가는 모습을 보여준다. 퇴원한 환자들이 생각지도 못한 행동을 하며 독특한 인간관계를 만들어간다는 것이다. 어떤 사람은 맥주집의 단골손님이 되고, 정해진 영화관을 가거나 정해진 바다를 보려고 늘 똑같은 열차를 타는 사람도 있다고 한다. 이처럼 이들은 다른 사람에게 알려지지 않은 장(場)을 가지고 있다. 중요한 건, 이름도 모르고 직업도 모르지만 이들을 받아들이는 장소가 있다는 것이며, 이것을 교두보로 점차 다른 장소를 만들어낸다는 것이다.

직장을 중심으로 생활하는 사람은 동심원적 삶을 사는 사람이다. 매일 회사에 가고, 그 일터를 중심으로 자신의 행동영역을 확대해간다. 그게 정상적이라고 생각한다. 우리는 모든 공동체를 동심원적인

---

* 15. 中井久夫, 《世に棲む患者: 中井久夫 コレクション 1巻》, 筑摩書房, 2011, pp.8-38

구조로 생각해왔다. 그리고 이것이 바람직한 것이라고 건축과 도시를 가르쳐왔다. 그러나 회사를 그만두고 나면 그 동심원적 구조는 모두 사라져버린다. 은퇴 후 할 일을 찾지 못하는 많은 이들이 이미 경험하고 있는 현실이다. 또한 이것은 프라이버시를 애써 지키려고 하는 오늘날의 우리가 어떻게 조금씩 밖을 향해 새로운 공동체를 만드는가를 역설적으로 말해주고 있다.

'교두보'라는 표현을 쓴 것은 퇴원한 환자들이 찾아가는 장소가 단골 카페에서 출발하여 기원, 파친코, 콘서트홀 등으로 점차 확장되어간다는 의미에서다. 저자는 이것을 '접란형'이라고 불렀다. 어미 포기에서 새끼 모종을 잘라 물이나 흙에 심으면 뿌리가 내리면서 빨리 증식하는 성질에 빗댄 것이다. 흥미로운 것은 이 '교두보'가 모두 장소이고 건물이며 시설이라는 점이다. 그렇다면 이것은 건축과 도시에 새로운 공동체의 형식을 제공해준다고 해야 하지 않겠는가?

이는 프랑스의 사상가 들뢰즈Gilles Deleuze와 가타리Félix Guattari가 말하는 '리좀(Rhizome)', 곧 땅밑줄기와 비슷하다. 리좀은 끊어지거나 멈추지 않고 계속 접속하면서 한 점에 머물지 않고 넓어지는 것인데, 확장 방식이 매우 전투적이어서 조직이라는 것을 아예 멀리하는 느낌이 짙다. 그러나 위에서 말한 '교두보'는 마냥 확장되는 것도 아니고 계속 다른 곳으로 이동하는 것도 아니며, 빠르게 달리기보다는 자신의 기반을 부수지 않고 간직해간다는 점이 중요하다. 사람의 관계는 리좀처럼 복잡하게 얽혀 있다고 볼 수도 있지만 막상 실제 생활에서 그렇게 복잡하게 사는 것은 아니다.

오늘 우리가 말하는 공동체는 과거처럼 지역에 귀속되는, 지금으로서는 다소 불가능한 인간관계를 계속 전제하고 있다. 그렇다고 들뢰

즈의 리좀처럼 계속 번식하고 뻗어가는 것도 아니다. 견고한 학연, 지연, 혈연 등으로 촘촘히 얽혀 있는 예전의 공동체는 환상이다. 이런 의미에서도 공동체의 의미와 형식은 계속 의심되어야 한다.

오히려 앞서 말한 '교두보'가 새로운 공동체의 출발이 되거나 또는 그 자체가 이전과는 다른 의미의 공동체가 될 가능성이 잠재되어 있다. 더구나 이 교두보는 가게든 역전이든 모두 건축으로 이루어진 작은 장소, 잘 알려져 있지 않은 장소, 소수에게만 의미를 갖는 장소들이다. 단지형 아파트가 아닌, 함께 사는 새로운 유형의 공동주택을 구상할 수 있는 단서가 여기에 있다.

'사회연'의 공동체

건축은 정보보다 느리다. 덩치가 크고 투자비용이 많이 들며, 법적으로 복잡하게 얽혀 있는 데다가 사람들의 관습 및 문화와 쌍을 이루고 있어서 변화에 둔감한 것이 사실이다. 이미 지어진 구조물이 사회 변화에 쉽게 대응할 수 있으리라고는 생각하기 어렵다.

정보의 혁신적인 발전은 인간관계를 다양하게 바꾸고 있다. 사람들의 움직임도 유동적이고, 전 연령대에 걸쳐 독신자가 늘어나면서 그야말로 개체, 개인, 개별의 시대가 되어 과거와 같은 핵가족 생활은 점차 줄어들고 있다. 핵가족이나 학연, 지연이 아닌 '사회연(社會緣)'으로 살아가는 사람도 많이 늘었다.

내가 언제쯤 가족을 꾸릴 수 있을지, 어디에서 사는 것이 가장 이상적일지 생각하기가 점점 어려워지고 있다. 안정적인 삶을 가능케

해줄 '평생 고용'이 옛이야기가 되면서 라이프스타일을 고정시킬 수가 없게 되었다. 직장인만 그런 게 아니다. 대학생이 되면 혼자 사는 경우가 많고, 재학 중에도 몇 번씩 이사를 해야 한다. 이런 식으로 다들 자기가 사는 곳, 일하는 곳을 계속 바꾸게 된다. 어딘가에 거주한다는 것이 깃털처럼 가벼운 일이 되고 만 것이다. 한 장소에 계속 머물러 살 수 없다는 현실이 "소유하지 않고 공유한다"는 새로운 생각을 낳게 되었다.

건축이란 한 번 지어지면 변함이 없이 오래 지속되는 것이어서 이런 변화에 적응하는 것이 거의 불가능하다. 한때 아키그램(Archigram)[16] 같은 건축가들은 건물이 움직인다는 공상에 빠진 적이 있었다. 그러나 집을 소유하고 있다는 점에서는 예전과 다를 바가 없었다. 소유한 집이 움직일 뿐이다. 건물을 가볍게 하여 몽골의 게르(ger)처럼 짓고 살자는 제안도 있었지만, 이 또한 집을 소유한다는 전제에서 출발한 것이다.

사정이 이렇게 되자 집의 소유와 이용을 분리하는 사고방식이 등장했다. 집이 움직이지 못한다면 사람이 움직이면 되지 않느냐는 것이다. 이렇게 해서 사람들은 집을 소유하지 않고 이용 또는 점유하는 방식을 선택하기 시작했다. 라이프스타일에 맞추어 집을 짓는 대신 자기에게 맞는 집을 찾아 나서게 된 것이다. 강변에 혼자 살면서 자기랑 비교적 잘 맞는 사람들과 취미를 함께하며 사는 것도 괜찮을 뿐 아니라, 그것이 자신의 조건에 맞는 주거 방식이라고 여기게 되었다.

핵가족 공동체의 범주에 속하지 않는 의사(疑似) 공동체는 다양하

---

* 16. 1960년대 초 런던에 모인 6인의 건축가 집단

게 나타나고 있다. 가령 '컬렉티브 하우징(collective housing)'은 가족이 아닌 다양한 거주자가 공통의 가치관을 가지고 그룹을 형성한 집단 주거공동체다. 북유럽에서는 각각의 단위 주거가 존재하는 상태에서 식당, 주방, 거실 등 일상생활의 일부를 공용으로 사용하고 있다. 방은 따로 쓰지만 부엌과 거실 등 공용공간은 함께 쓰는 '셰어하우스(share house)'도 있다. 가족이 아닌 사람들이 모여 자유로이 이어지면서도 제각기는 바깥과 따로 이어져 사는 방식이다. '식구(食口)'의 의미가 그러하듯 가족이 '함께 식사를 하는 공동체'라면, 이런 공동체도 다른 의미의 가족이다. 혈연으로부터 분리된 노인들이 함께 사는 실버하우스도 일종의 셰어하우스다.

이들은 다른 이들과 나누는 방식을 택한다. '셰어'는 공유는 하지만 소유는 하지 않는다는 뜻이다. 이 단어의 사전적 의미는 두 사람 이상이 뭔가를 나눠 갖는다는 것인데, 자동차를 함께 사용하는 카 셰어링(car sharing)도 있고 소프트웨어에도 프로그램을 판매하기 전에 일정기간 무료로 사용해보게 하는 셰어웨어(shareware)가 있다. 마켓 셰어(market share)를 '시장 점유율'이라고 번역하는 데서 드러나듯 셰어에는 점유(占有)라는 의미도 있다. 공유하기도 하고 점유하기도 한다는 뜻을 가진 묘한 단어다.

사람은 사적인 것을 나눌(share) 때도 있고 공적인 것을 나눌(share) 때도 있다. 둘은 서로 반대되는 개념이지만, 어떤 경우든 '셰어'는 각기 다른 주체들이 취미와 관심사를 공유하며 가치관이나 생활방식이 다른 사람까지도 받아들이는 현대적인 관계 맺기의 방식이다.

오늘의 도시에서는 사적이면서도 공적인 공간, 공적이면서도 사적인 공간이 사라지고 있다. 그렇지만 최근의 '셰어'는 사적인 것과 공적인 것 사이에 존재하는 새로운 공동체의 가능성을 보여준다. '셰어'의 또 다른 가능성은 많은 사람들의 참여를 통한 효율적인 공간 활용이며 이는 '지속가능한 사회(sustainable society)'에 적합한 새로운 공동체 개념으로 떠오르고 있다. 그런 점에서, 개별적인 주택이 모인 '주택 집합'에 대한 관심을 생활의 관계가 모인 '주거 집합'으로 진지하게 전환시킬 필요가 있다.

건축이란
우리의 공동체 안에 이미 존재하는
'건축 이전의 것'을 발견하여
구조물로 만드는 작업이다.

2 / 건축 이전의 건축

1

스톤헨지가 완성되던 날

스톤헨지의 공동성

건축에는 모든 사람에게 공동으로 다가오는 근원적인 감각이 있다. 이것은 회화나 조각이나 영화, 또는 사람이 만든 다른 구조물에서는 찾아볼 수 없으며 오직 건축에만 존재한다. 건축물의 모양이 어떠하며 어디에 어떻게 지어졌는가 하는 외적인 조건을 넘어, 돌과 나무와 흙으로 만들어진 건물의 거친 물질 속에는 모든 사람에게 똑같이 다가오는 가치와 본질이 있다. 바로 이것이 건축의 '공동성'이며, 건축을 건축이게끔 하는 근본이다.

사람이 이 땅에 구조물을 세우는 이유를 생각할 때 나는 스톤헨지(Stonehenge)를 머리에 떠올린다. 그리고 이 구조물을 세운 브리튼Briton 사람들의 위대한 정신에 감탄한다. 스톤헨지는 지금으로부터 무려 4,000~5,000년 전에, 그것도 여러 번 반복하고 고쳐가며 세워진 신석기시대의 가장 유명한 기념비다. 이로써 그토록 오랜 시간 동안 땅에 붙어살아야 했던 인간이 비로소 땅 위에 기둥을 세우고 인방(引枋)[17]을 둘러서 하늘을 향하게 되었다.

스톤헨지를 위에서 내려다보면 작은 원 하나가 넓은 벌판 위에 그려져 있는데, 이 장면 하나로 인간의 손에 의해 이루어진 건축의 위대함을 절감하게 된다. 고대인들은 하짓날 떠오르는 일출에 맞추어 해와 대지 사이에 돌을 세웠다. 스톤헨지는 해와 달의 배치를 모방한 것이며, 하늘의 운행을 적은 달력이었다. 그것은 하늘에서 일어나는 사건과 땅에 사는 인간의 의식이 함께 어우러진 구조물이었고, 지붕이 없는 천문대였다.

스톤헨지의 기둥 한 개는 무려 5톤이나 되는데 이 돌들은 웨일스Wales의 대서양 쪽에 있는 프레슬리Preseli 산맥에서만 나왔다. 그들은 이 돌을 빙하로 밀퍼드 헤븐Milford Haven까지 끌고 가서 해로를 이용하여 브리스톨 아본Bristol Avon 강까지 운반한 다음 마지막으로 이곳까지 끌고 왔다. 가장 짧은 경로만 해도 500킬로미터였다. 온 부족이 돌 하나를 끌고 와서 세우면, 또 그곳까지 가서 다른 돌 하나를 끌고 오기를 수십 차례 되풀이하였다. 그 경로가 평지도 아니고 숲과 언덕을 지나왔으므로 당연히 수많은 사람의 희생이 뒤따랐을 터였다.

그러나 스톤헨지를 완성하는 날, 이 부족은 큰 기쁨에 휩싸였을 것이다. 이 공간 속으로 우리를 넣어보고 4,000년 전 그들의 축제에 내 몸을 맡김으로써, 그리고 이러한 질문을 함으로써 우리는 그날의 기쁨을 어렴풋이나마 상상해볼 수 있다. 과연 누가 한 번도 본 적 없는

* 17. 기둥과 기둥 사이, 또는 문이나 창의 아래나 위를 가로지르는 나무나 석재

공동체의 거룩한 중심, 스톤헨지 ⓒ김광현

이런 구조물을 만들자고 제안했을까? 그리고 누가 그것을 주변에서는 구할 수도 없는 돌로 만들자고 했을까? 이렇게 불가능에 가까운 구조물을 짓는 것을 최종적으로 결정한 사람은 또 누구였을까? 이 구조물에 쓰인 경이로운 기술은 어디에서 배운 것일까? 부족의 장정들 모두가 이 대역사에 참가하도록 그들의 생각을 움직인 힘은 과연 무엇이었을까? 상상조차 해보지 않았을 이 거대한 구조물을 그들은 어떻게 함께 이해하고, 상상하며, 자기들의 공동적인 가치를 드러낸다고 느꼈을까?

스톤헨지는 건축이 인간이라면 누구나 마음 깊이 지니고 있는 공동성을 드러내기 위해 만들어지는 것임을 증명해주는 가장 오래된 구조물이다. 스톤헨지는 공동체를 하나로 엮는 거룩한 중심이었다. 이 거대한 돌을 함께 운반하고 들어 올린 노동의 정신 위에 태양의 일출이 겹쳐지는 순간, 이 부족의 사회적인 결합은 만천하에 증명되었다. 스톤헨지는 건축이 지닌 공동의 가치를 실현한 최초의 공공건물이었다. 의문에 의문이 꼬리를 물지만, 그 답은 모두 그들의 구조물에 나타난 '공동성'에 있었다.

스톤헨지의 공동성은 낸시 홀트Nancy Holt가 1976년에 만든 '태양의 터널(Sun Tunnels)'에서도 나타난다. 이것은 네 개의 콘크리트 튜브를 X자 형태로 사막에 배치한 것으로 지름은 약 2.7미터, 길이는 5.4미터며 각 터널에는 별자리에 해당하는 구멍들이 뚫려 있다. 용자리, 페르세우스자리, 비둘기자리, 그리고 염소자리. 이 터널들은 하지나 동지에 해가 뜨고 질 때 태양의 움직임과 일치하는 자리에 일렬로 배치되었다.

이 작품의 경험은 먼 옛날 스톤헨지를 짓던 사람들과 비슷하다. 하

유타 주의 사막에 설치된 '태양의 터널' (낸시 홀트, 1976)

구조물 속으로 들어온 자연을 통해 인간은 스스로를 재인식한다.

늘과 대지에 놓인 작은 구조물이 사람의 작은 신체를 삭막한 사막이라는 초월적 스케일 속에서 경험하는 낮과 밤의 풍경과 이어준다. 해가 뜨거나 질 때 터널의 구조물은 깊은 그림자가 드리우며 하늘을 더욱 선명하게 오려낸다. 뒤에 놓인 터널은 마치 눈동자처럼 앞의 터널 안에서 비치는 해를 응시하게 만든다. 육안으로 바라보던 별자리와 일치하는 구조물의 구멍들이 사람과 별자리를 이어준다.

해는 어디에서나 떠오른다. 그러나 자기가 만든 작은 구조물 속으로 들어온 해와 지평선을 통해서, 작은 인간은 작지 않은 스스로의 모습을 다시 인식할 수 있다.

부석사의 공동성

스톤헨지에서 보이는 건축의 공동성은 부석사에도 있다. 부석사는 산에서 흘러나온 지형을 잘 이용함으로써 오래전부터 건물들이 이미 거기에 서 있었던 것처럼 느끼게 만드는 한국 최고의 사찰이다.

부석사는 1,300여 년 전에 의상대사가 창건했다. 사찰을 지으려고 많은 사람들이 여기저기 터를 보고 다녔을 것이다. 그중에서 부석사를 세우기에 가장 어울리는 땅을 찾아냈다. 그때는 무량수전도 없었고 안양문도 없었다. 그저 약간 높은 지세를 가진 어떤 곳에 올라와 보니 눈앞에 펼쳐지는 건 겹겹의 산들뿐이었다. 소식을 듣고 의상대사가 찾아와 이곳에 부석사를 짓자고 최종 결심하게 되었다. 절터를 찾아낸 이의 마음속에, 그리고 의상대사의 마음속에 공동의 가치가 그려졌다.

부석사에 대한 질문은 스톤헨지에 대한 질문과 비슷하다. 의상대사는 무량수전이 지어진 다음 이곳을 사찰의 땅으로 선택했을까, 아니면 무량수전이 세워지기 전에 이 땅을 선택하였을까? 그러니까 무량수전이 세워진 다음 부석사가 되었을까, 아니면 부석사가 생긴 다음 무량수전이 생겼을까? 무량수전이 지어지기 이전에 이 땅을 먼저 선택했다면 그 이유는 무엇일까, 의상대상의 개인적인 취향이었을까? 이렇게 부석사와 무량수전 앞에서 여러 가지 질문을 해본다. 이런 질문은 무량수전이 언제 어떤 양식으로 지어졌고 소로와 첨차가 어떻게 생겼으며 기단이 왜 다른 건물보다 낮고 납작한가 하는 설명을 듣는 것보다 훨씬 가치 있는 것이다.

안양문에서 바라보는 산들은 어떤 때는 옅은 보라색으로 보이고 어떤 때는 희미한 회색으로도 보인다. 이 겹겹의 산이야말로 불법(佛法)의 세계요, 경계가 보이지 않는 무한한 펼쳐짐이야말로 부석사를 있게 한 '공동성'의 본질과 시작을 묻는 것이었다. 무량수전의 무량(無量)이란 헤아릴 수 없이 많은 것, 잴 수 없는 것, 무한한 것을 뜻한다. 이는 시간이며 공간이며 부처님의 공덕이 인간의 인식 능력을 벗어나 끝이 없이 무한함을 말하는 것이 아니겠는가? 그러니 무량수전이라는 건물이 무량한 것이 아니라, 무량수전 앞 안양문에 올라앉아 보아야 할 저 산들이 무량한 것이다.

> "무량수전 앞 안양문에 올라앉아 먼 산을 바라보면 산 뒤에 또 산, 그 뒤에 또 산마루, 눈길이 가는 데까지 그림보다 더 곱게 겹쳐진 능선들이 모두 이 무량수전을 향해 마련된 듯싶어진다."

미술사학자 최순우 선생님의 글이다. 역시 똑같은 말씀을 하신다. 무량수전이 아니라 무량수전 반대편에 펼쳐지는 산들에 주목하라는 것이다.

무량수전이라는 건축물은 이렇듯 무량을 향하고자 하는 인간의 마음속에서 시작하였다. 《무량수전 배흘림기둥에 기대서서》(1998)라는 선생님의 책 제목은, 건물만 보지 말고 배흘림기둥에 기대어 눈길을 반대편으로 향하라는 뜻이다. 그리하여 안양문 너머로 아스라이 펼쳐지는 무량한 산을 바라보라는 뜻이다.

아크로폴리스와 두 국회의사당의 '공동성'

고대 그리스 도시는 산 사람이 사는 폴리스(polis), 죽은 사람이 사는 네크로폴리스(necropolis), 신이 사는 아크로폴리스(acropolis)를 두었다. 그중 역동적인 지형 위에 선 아크로폴리스가 주인공이었던 데는 이유가 있다. 당시 신들의 도시 아테네의 아크로폴리스는 입장료만 내면 들어가는 유원지처럼 쉽게 올라갈 수 있는 곳이 아니었다. 그들은 파나테나이아(Panathenaea)[18] 제전 기간에만 그들의 신을 모신 파르테논(Parthenon) 신전에 갈 수 있었다. 이 기간 외에는 일 년 내내 높은 지형과 축대를 바라보며 사는 것이 그들의 일상이었다. 아크로폴리스가 가까이에 있다는 사실은 그들이 왜 여기에 함께 모여 사는지에 대한 근본적인 이유를 말해주는 것이었다.

---

* 18. 1년에 한 번씩 열리던 전 아테네 축제

아크로폴리스를 그린 루이스 칸의 드로잉

    루이스 칸은 쉰 살 무렵 아크로폴리스 프로필레아(Propylaia)[19]가 보이는 자리에 앉아 이런 그림을 그렸다. 나는 건축가가 그린 그림들 중에서 이것이 가장 중요한 그림이라고 늘 생각하고 있다.

    이 그림에는 아름다운 비례를 지닌 파르테논이 아닌, 아크로폴리스라는 땅의 형상이 힘 있게 그려져 있다. 이 그림은 완벽한 아름다움이라는 관점에서 건축물을 바라보지 않는다. 오직 살아가는 일상의 시선으로 건축의 존재 이유를 바라보고 있고, 그것이 왜 지어져야

---

* 19. 아테네의 아크로폴리스로 들어가는 웅장한 관문. 엘레우시스에서 아테네로 이어지는 '신성한 길'의 끝에 서 있다.

했는가를 묻고 있다. 용솟음치는 '대지'와 함께 있는 도시공동체의 정
신적 중심, 도시인들의 생활 속에 들어 있는 공동의 의미를 생각하게
해준다.

서울대학교 교수들과 함께 아테네의 아크로폴리스에 간 적이 있다.
거의 모두가 인문학 교수였고 공대 교수는 나 하나였다. 시인이기도
한 영문학과 원로 교수님이 이 아크로폴리스에서 제일 중요한 점이
무어냐고 물으셨다. "선생님, 이 파르테논 신전이 무슨 양식으로 되어
있는 거냐고 묻고 싶으신 거지요?"라고 물으니 그렇다고 하셨다. "저
는 그다음 질문하실 것도 알아요. 이 파르테논에 쓰인 돌의 양이 얼
마나 되느냐는 거지요?"라고 물었더니 그분은 어떻게 그리 내 마음
을 잘 아느냐며 웃으셨다. 그래서 다시 물었다. "선생님의 시는 무슨
양식이에요? 선생님께서 지으신 시 중에서 가장 아름답게 쓰인 시는
몇 개의 글자로 이루어져 있나요?" 선생님은 대답을 못하셨다.

모름지기 시는 문학적으로 무슨 양식이냐, 또는 몇 개의 글자로 이
루어져 있느냐 따위에 초점을 두고 읽히는 것이 아니다. 그런데도 우
리나라 최고의 시인이고 인문학 교수이신 분조차 건축을 그런 방식
으로 물어보시는 것이 많이 아쉬웠다. 그래서 이렇게 말씀드렸다. "교
수님, 이 자리에 와보세요. 저는 이 자리가 아크로폴리스에서 가장
중요하다고 생각해요."

그곳은 에렉테이온(Erechtheion) 신전에 여자 6명의 모습으로 만든
기둥이 서 있는 곳과 파르테논을 잇는 선이 두 신전 사이를 지나는
동서 방향의 중심축과 만나는 지점이었다. 그랬더니 "아니, 아무런 표
지가 없고 바닥에 돌만 있을 뿐인데 이 자리가 뭐 그리 중요하냐?"고
의아해하셨다. 나는 이렇게 대답했다.

"철학자 프로타고라스Protagoras가 '인간은 만물의 척도'라고 생각했다면 반드시 이 자리에 서서 그렇게 말했을 겁니다. 여기는 건축과 풍경이 말하는 고대 그리스 문화의 인문적 중심이니까요."

옛날에는 이 자리에 대지의 여신 가이아Gaia 상이 서 있었을 것으로 추측한다. 여기 서서 주위를 둘러보면 동쪽과 남쪽으로는 도시가 펼쳐져 있고, 서쪽으로는 아크로폴리스 입구인 프로필레아를 지나 저 멀리 이들의 승리를 기억하게 하는 필레우스Phyleus 항구가 보인다. 사방을 둘러보면 펜텔리콘Pentelikon 산맥이 주변을 달리고 있고, 그것을 둘러싸는 곳에 그들이 사는 도시국가 아테네가 있다. 그리고 아테네를 영원하게 만드는 신전 파르테논과 에렉테이온이 좌우에 있다.

그 자리는 "모든 것의 척도는 인간이다"라고 땅과 건축과 지형이 말을 하는 자리다. 그곳은 "신전은 거기 있음으로써 자기 둘레에 비로소 처음으로 탄생과 죽음, 저주와 축복, 승리와 굴욕, 존립과 몰락이 운명의 형태로 인간 본질에 다가오는 모든 길과 관계를 통일적으로 결합하고 모아들이"[20]듯이 서 있음을 느끼는 자리다. 아테네의 인문적 중심, 그들이 추구하던 사상과 문화가 이 건축과 지형에 새겨져 있다. 이것이 그들의 '공동성'이었다.

한 나라의 대의정치가 이루어지는 국회의사당 건물에 대해서도 똑같이 말할 수 있다. 독일 국회의사당(Reichstagsgebäude)은 제2차 세계대전 때 폭격을 받아 크게 파괴되고 훼손되었다. 훗날 독일은 통일되

* 20. 마르틴 하이데거, 《예술작품의 근원》, 오병남 민형원 공역, 예전사, 1996, pp.48-49

아테네의 파르테논 신전 ⓒ김광현

었으며 수도를 베를린으로 다시 정하였다. 이럴 때 이 국회의사당을 어떻게 하면 좋을까? 어떻게 하면 이 건축을 모든 국민의 국회의사당으로 만들 수 있을까? 독일 국회는 설계를 영국의 건축가 노먼 포스터에게 맡겼다.

그가 제시한 안은 제일 위에 있는 돔(dome)을 유리로 만드는 것이었다. 옛 의회의 돔을 그대로 모방하면서도 이것을 유리로 고쳐 만든 것은 통일 독일이 다시 일어나기를 기원하는 것이며, 독일 의회가 문자 그대로 '투명한' 기관임을 나타내기 위한 것이었다. 또한 유리 돔 안에 더블 스파이럴(double spiral: 이중 나선)을 만들어서 사람들이 베를린이라는 도시를 조망하면서 서서히 위로 올라가게 하였다. 그러는 동안 그들은 베를린 시가지 전체를 눈과 몸으로 체험한다.

마치 의상대사가 먼 산맥의 무량함을 보듯이, 철학자 프로타고라스가 아테네와 펜텔리콘 산맥을 바라보듯이 시민들은 베를린 시가지를 조망한다. 유리 돔은 독일이라는 나라의 수많은 뼈아픈 역사들을 기억하기 위한 것이다. 시민들은 국회의원들이 있는 회의장 위를 걸어 올라가고 있는 자신이 이 나라의 주인이며 도시와 국가의 한가운데 있는 존재임을 알게 된다. 유리 돔은 바로 그것을 말해주고 있다. 이 건물에 유리 돔이 없다면, 그리고 이 건물이 없다면, 또 이 건물이 베를린에 있는 것이 아니라면 체험도 조망도 기억도 나타나지 않는다. 이 나선형의 경사로는 무량수전의 배흘림기둥과 같다.

〈나의 건축가: 한 아들의 여정 My architect: a son's journey〉이라는 다큐멘터리 영화가 있다. 루이스 칸과 세 번째 부인 사이에서 태어난 아들 나타니엘 칸Nathaniel Kahn이 1974년 아버지가 세상을 떠난 이후에 만든 작품이다. 필름에 담긴 건 아버지에 대한 존경이나 사랑이 아니다. 어렸을 때 말고는 아버지에 대한 기억이 거의 없는 아들은 오직 일에만 몰두하고 부인을 셋씩이나 둔 아버지에 대한 미움으로 칸이 설계한 건축물과 자료를 하나씩 찾아 나선다.

영화는 방글라데시 국회의사당(Jatiyo Sangshad Bhaban) 안에서 끝난다. 루이스 칸과 함께 일했던 방글라데시 건축가가 "당신의 아버지는 이 건축을 통해서 방글라데시라는 국가의 민주주의를 실천했다"며 그가 이 나라 국민을 사랑했다고 증언한다. 이 대목에서 건축가는 끝내 눈물을 감추지 못한다.

바로 이 장면이 이 영화의 핵심이다. 루이스 칸의 건축 여정을 따라온 아들은 아버지가 설계한 건축이 수많은 사람들의 마음속에 깊이 각인되어 있음을 이 증언을 통해 확인하게 된다. 미운 아버지에서 존경스러운 건축가로, 아들의 마음이 움직이는 순간이다. 그리고 마지막으로, 의원들이 회의에 들어가기 전 기도하는 소리가 국회의사당 안에 메아리친다. 건축이라는 것 안에 존재하는 공동의 가치가 아버지를 원망하던 아들에게까지 전해지는 장면이다.

독일 국회의사당과 방글라데시 국회의사당 그리고 아테네의 아크로폴리스는 내가 임의로 선택하여 이 책에 함께 기술했다는 것 외에는 지역적으로나 시대적으로 아무런 연관이 없다. 그러나 매우 중요한 본질이 세 개의 건축물을 관통하고 있다. 이 건축물들은 어려운 철학적 내용이 아닌, 인간 존재의 원천과 같은 것을 우리에게 전해준다. 건축은 만드는 것이지 발명하는 것이 아니다. 건축이란 우리의 공동체 안에 이미 존재하는 '건축 이전의 것'을 발견하여 구조물로 만드는 작업이다.

어느 수녀원의 공동성

래니 자크Ranny Jacques의 《인간가족 The Family of Man》(1955)이라는 사진집 안에 이런 사진이 있다. 어떤 사람이 거리를 청소하고 있었다. 그때 신부가 그리스도의 몸인 성체를 모시고 어디론가 가고 있었다. 그러자 청소하던 사람이 두 손을 모으고 길에 무릎을 꿇은 채 성체를 향해 경건한 자세를 취한다. 순간적으로 일어난 일을 기록한 감동적인 사진이다.

이런 사람이 두 명, 세 명 또는 수십 명 모여 있다고 하자. 그리고 걸어가던 신부가 몸을 돌려 그들 앞에 섰다고 하자. 바로 그 순간, 지붕도 벽도 없이 그저 나무로 둘러싸여 있을 뿐이지만, 성당이라는 건축은 이미 시작되고 있다.

이런 상황을 멕시코 건축가 루이스 바라간이 설계한 카푸치나스 사크라멘타리아스 수녀원 성당(Capilla de las Capuchinas Sacramentarias, 1952)에 겹쳐보자. 이 장면에서는 청소하던 사람 대신에 수녀가 한 명 앉아 있다. 그리고 걸어가던 신부 대신에 제대가 있다. 길은 이 성당의 바닥으로, 주변의 가로수는 벽으로, 하늘은 천장으로 바뀌었다. 그러면 《인간가족》의 사진 속 상황이 그대로 이 수녀원 건축 안에 존재하고 있음을 알 수 있다.

이 장면을 다시 초기 그리스도교 성당인 로마의 산토 스테파노 로톤도(Santo Stefano Rotondo, 467~483)에 대입한다. 이 성당은 원형으로 만들어진 것으로 현존하는 성당들 중 가장 오래된 곳이다. 이 성당의 공간은 세 겹 동심원으로 이루어져 있다. 많은 사람들이 한가운데의 제대를 둘러싸고 둥글게 모이게 된다. 중심부는 주변보다 천장이

높고 아무것도 없는 하얀 벽면으로 둘러싸여 있으며, 그 원형 공간을
빛이 가득 채우고 있다. 기둥들이 둥글게 열을 이루며, 미사 중에도
주변을 돌아다닐 수 있게 만든 약간 어두운 주보랑(ambulatory)이 바
깥쪽을 감싸고 있다.

한 번도 이런 건물을 만들어본 적 없는 이들이 처음으로 성당의
본질에 맞게 건물을 지으려 했을 때, 그들은 과연 무엇을 가장 소중
하게 생각했을까? 한 사람의 권력자가 아니라 신앙을 함께하는 공동
체가 이제까지 없던 건축물을 처음으로 만들어내고자 했을 때, 무엇
이 가장 중요했을까?

거리를 청소하던 사람, 수녀원 성당에 앉은 수녀, 그리고 산토 스테
파노 로톤도 성당에 모인 사람들은 모두 똑같은, 변하지 않는 건축의
시작을 가지고 있다. 이것이 건축의 공동성이다. 성당을 예로 들었지

길 위의 청소부와 신부 (래니 자크, 《인간가족》, 1955)

카푸치나스 사크라멘타리아스 수녀원 성당 (루이스 바라간, 1952)

로마의 산토 스테파노 로톤도 성당 (5세기)

만 건축의 공동성은 학교에도, 도서관에도, 창고에도, 공항에도 있을 수 있다. 바로 이것이 다른 예술에서는 보기 힘든 건축만의 본질이며, 우리의 공동체 안에 건축이 존재하는 이유다.

나는 어느 수도회의 사도의 모후집 성당과 피정집을 설계한 바 있다. 그때 나는 축복미사에서 이렇게 인사말을 하였다.

> "사람은 집을 짓기 시작할 때 모두 기뻐합니다. 그리고 집을 짓고 나서 더욱 기뻐합니다. 집을 설계한 사람, 집을 지은 사람, 그리고 집에서 살게 될 사람이 모두 똑같은 기쁨을 나누게 됩니다. 왜냐하면 모든 인간은 그 존재의 본질에 있어서 건축가이기 때문입니다. 단순히 생각하면 건축은 단지 돌과 콘크리트로 이루어진 구조물에 지나지 않을 수도 있습니다. 그러나 사람은 건축을 통해 인간 공동의 것을 바라고, 기뻐하며, 함께하는 희망을 건물 속에 담습니다. 이렇게 보면 집을 짓는다는 것은 우리가 이루어야 할 바, 곧 '공동선'을 이루는 또 다른 아주 평범한 방식입니다."

건축의 공동성에 대한 내 나름의 표현이다.

2
피난처가 의례공간으로

집은 우주와 부딪치는 도구

건축은 처음부터 자연 속에 있었다. 땅은 산맥이나 강으로 나뉘고 굽어 있으며 동굴처럼 움푹 들어간 곳도 있어서, 이런 지형이 건축의 역할을 대신해주었다. 인간은 건축을 직접 만들지는 못했지만 지형 속에서 건축을 찾았다. 이렇게 인간이 이 땅에 살기 시작한 때부터 건축은 존재해왔다.[21] 인간은 100만 년 전부터 움집을 지었다고 하지만 그 이전부터 자연은 집이 되어주었다. 그러니까, 인간이 필요로 하는 가장 오래된 것 중 하나인 건축은 예술작품으로 시작하지 않았다.

원시건축에는 두 가지 집 말고는 없었다. 하나는 신을 위해 짓는 집이고 다른 하나는 인간을 위해 짓는 집이다. 신의 집을 만드는 방

---

* 21. 이 점에 대해서는 Spiro Kostof, 《A History of Architecture: Settings and Rituals》, Oxford University Press, 1995, pp.21-25에 잘 설명되어 있다.

식은 두 가지였다. 첫째, 임신한 여자의 모습을 그리거나 동굴 내부 공간에 '어머니로서의 대지'라는 관념을 투사함으로써 자연의 풍요로움을 기원했다. 지구상에서 가장 오래된 정주지인 터키의 차탈휘유크(Çatalhöyük)에서도 방 하나를 따로 떼어 출산 중인 여신상을 놓아두고 풍요를 기원하였다.

둘째, 땅 위에 기둥을 세운다. 멘히르(menhir)와 돌멘(dolmen)이 그것이다. 'menhir'는 'men-(돌)'과 '-hir(길다)'가 합쳐진 말이다. 즉, 땅 위에 세워진 '긴 돌'이다. 두 다리로 땅을 딛고 선 인간은 돌을 거대한 다리처럼 높이 세움으로써 자기 자신을 표현했다. 'dolmen'은 'taol-(테이블)'과 '-men(돌)'을 합친 것으로 '테이블처럼 생긴 돌'이라는 뜻이다. 이 구조물은 땅의 신으로부터 벗어나 순환하는 자연현상을 주관하는 태양의 신을 향했다.

건축의 시작은 쉘터(shelter), 곧 피난처다. 그런데 인간은 이 피난처에서 쉬거나 잠만 잔 것이 아니었다. 인간이 두려워하는 것은 비바람만이 아니었다. 자기를 둘러싼 해와 달, 딛고 있는 땅과 그 위에서 함께 사는 동식물, 잉태와 태생의 신비가 모두 두려움의 대상이었다. 자연 속에서 생활하던 수렵민은 자신의 운명에 대한 관심이 컸다. 그들은 천체를 닮은 물건을 만들고 동물을 닮은 춤을 추면서 세상에 조금씩 익숙해져갔다. 자기가 만든 것들 중 가장 크고 가장 익숙한 '집'은 제 삶의 의미였고, 살아가는 목적이었으며, 세상의 모든 신비로움을 받아들이는 통로였다.

인간의 집은 아무리 작고 초라해도 세계를 상징했다. 천막에 지나지 않는 지붕은 하늘이고, 연기를 빼내기 위해 만든 구멍은 '하늘의 눈'이라 여겼다. 창문은 이완, 넓힘, 정신의 눈을 의미했고 지붕은 보호, 하늘, 천체의 신성을 의미했다. 이를 두고 과학철학자이자 문학비평가인 가스통 바슐라르Gaston Bachelard는 "집은 우주와 부딪치게 되는 도구"라 했다. 또 종교학자 엘리아데는 "사람이 사는 집은 하나의 세계를 나타내는 모형이었다"라고 했으며, 지리학자 이푸 투안Yi-Fu Tuan은 "건축하는 것은 원시의 무질서 속에서 하나의 세계를 수립하는 종교적 행위이다"[22]라고 했다.

　루이스 칸은 "건축은 두려운 초월성이란 과연 어떤 것인지를 훌륭하게 미리 확인시켜주는 것이다. 건축은 내가 아는 가장 뛰어난 종교적 행위의 하나다(Architecture is a high test of tremendous transcendence; one of the highest religious acts that I know)"라고 했다. 여기에서 'test'란 그것이 어떤 상태에 있는지를 미리 알아보고 확인한다는 뜻이다. 종교현상학자 루돌프 오토Rudolf Otto가 "거룩함은 '두려운 신비(mysterium tremendum)'에서 나온다"고 했듯이[23] 잘 알지 못하는 것에 대한 놀라움의 감각, 나를 둘러싸고 있는 세계에 대한 놀라움의 감각은 그 자체가 근본적으로 종교적이다.

가장 오래된 정주지인 터키 차탈휘유크 상상도

사람은 어느 순간 세상에서 둘도 없는 가족과 함께 밥을 먹으며 집에서 함께 살고 있다는 것에도 큰 행복을 느낀다. 집 밖에서는 좀처럼 느낄 수 없는 원초적 감정이다. 자기 집에서 저 멀리 산과 강이 보이면 "여기에서 저 산과 강을 보며 살고 있다니, 참 감사한 일이다"라고 말한다. 이런 일상적 표현은 "아, 이렇게 살아야 하는 것이로구나!"라는 '놀라움의 감각(sense of wonder)'[24]에서 비롯된 것이다. 놀라움이 없으면 피어나고 지는 꽃을 보아도 시가 나오지 않으며 아무런 깨달음도, 상상도, 창의적인 생각도 떠오르지 않는다. '놀라움의 감각'은 사람을 존재하게 하고 표현하게 해준다.

　"내가 이런 집에 이런 사람들과 함께 있다니!"라든가 "야, 멋지다. 경치가 너무 좋구나!"라든가 "이 동네에서 살기를 잘했다"라는 감정은 세계와 내가 집을 매개로 관계를 맺고 있다는 뜻이다. 집은 내가 이렇게 세계 안에 위치하고 있다는 사실을 일깨워준다. 이 감각이 단지 건물을 만들 때만 나타나는 것은 아니지만, 특히 건축은 이러한 감각이 없으면 만들어지지 않는다. 자신의 삶과 세계를 함께 투영하는 것으로서 집보다 우월한 것은 없다.

　그런데 의문이 생긴다. 현대에 집이 세계를 투영한다는 것이 대체 무슨 뜻이며, 좁은 땅에 세워진 작은 집이 어떻게 시간과 공간과 우주를 상징한다는 것일까? 그러나 그렇게만 볼 일이 아니다. 원시건축

＊ 22. 이푸 투안,《공간과 장소》, 심승희 역, 대윤, 2007
　23. 루돌프 오토,《성스러움의 의미》, 길희성 역, 분도출판사, 1995, p.48. 'tremendous'는 라틴어 tremendus에서 나왔으므로 "Architecture is a high test of tremendous transcendence"라는 루이스 칸의 말은 이러한 의미를 알고 건축을 이렇게 정의했다고 할 수 있다.
　24. "놀라움의 감각"을 말한 사람은 건축가 루이스 칸이다.

이 주거이면서 동시에 그 자체가 하나의 종교건축이었다는 사실은, 내가 외부세계로부터 보호받으며 집 안에 있다는 감각이 인간에게 얼마나 소중한 것인지를 말해준다.

그렇다. 우리가 사는 도시는 집과 집으로 가득 차 있다. 내가 지금 살고 있는 이 집은 간격을 두고 이어져 있는 집과 집의 연속 안에 있다. 그러나 해는 집이나 사람들의 생활과 관계없이 오늘도 동쪽에서 떠올라 서쪽에서 저문다. 일상생활 속에서는 집과 집 사이의 간격처럼 가까운 거리만 보고 살지만, 그래도 가끔은 눈을 들어 먼 산과 하늘을 바라본다. 아무리 좁은 건물이라도 옥상에 올라가면 고층건물들 너머로 하늘이 트이고, 내가 이 세계 속에서 살고 있음을 느낀다. 이렇게 우리는 연속한 집들의 일부로서 살고 있고, 숨 쉬는 장소를 가지고 있다.

집은 매일, 일 년 내내, 일생에 걸쳐 우리가 존재하는 시간과 공간과 우주를 상징하는 것이었다고 했는데, 얼마 안 돼서 이사하고 집을 소유하다 팔고 다시 사는 현실에서는 집을 일생에 걸친 존재로 받아들이기가 어렵다. 그러나 지금도 몽골이나 우즈베키스탄 등지에는 집이 세계를 상징한다고 여기며 살아가는 사람이 많다. 오랫동안 살던 주인이 세상을 떠난 뒤에 그 집을 다시 고쳐, 사람은 죽었으나 집은 소생하는 경우도 있다.

원시적인 주거에서 집은 비바람과 두려운 존재를 막아주는 곳이었다. 마찬가지로 내가 사는 집에도 창문을 통해 빛과 바람이 찾아온다. 창문을 열면 공기의 대류가 일어나고, 방에서 내가 움직이면 또 다른 공기의 대류가 생기며, 비가 오면 창문을 닫는다. 이렇게 보면 빛과 바람과 비는 이미 건물이라는 존재의 일부다. 수도원 회랑에서 중정을 바라볼 때면 오직 하늘과 물만 보이는 공간에서 우주적인 존재가 되어 있는 나 자신을 발견하기도 한다. 이것은 건물로 가득 찬 도시의 옥상에 올라 먼 곳을 바라보는 것과 다를 바가 하나도 없다.

이 평범한 사실들은 나를 둘러싸고 있는 세계, 그리고 나의 시선이 닿는 먼 세계를 향한 '놀라움의 감각'이 오늘날에도 계속되고 있음을 보여준다.

의례공간의 통로와 장소

건축을 통해 외부와 확실한 경계를 짓는 것은 비바람을 막는 차원을 넘어 '의례(儀禮)'의 공간을 만들기 위한 것이었다. 인류의 흔적이 남아 있는 가장 오래된 동굴로서 기원전 13,000∼15,000년 전의 그림이 발견된 라스코 동굴(Lascaux Cave)은 삶과 죽음, 다산과 멸망을 인식하고 있던 원시 인류가 단순한 동굴을 공동체의 의례를 담은 종교적 공간으로 바꾸어놓은 곳이다.

건축은 자연을 배경으로 사람이 살아가기 위한 장치이지만, 동시에 그 안에는 모종의 의례가 늘 함께 있었다. 건축사학자 스피로 코스토프Spiro Kostof는 저 유명한 《건축의 역사 A History of Architecture》(1985)에 '배경과 의례(settings and rituals)'라는 부제를 달았다.[25] 의례라고 해서 종교적인 집만 해당되는 것은 아니다. 앞에서 말한 스톤헨지, 아크로폴리스, 독일과 방글라데시의 국회의사당도 모두 넓은 의미에서 인

---

* 25. Spiro Kostof, 《A History of Architecture: Settings and Rituals》, Oxford University Press, 1995, pp.21-25

간의 의례를 담은 것이다.

사람이 공간을 만드는 데에는 두 가지 근본적인 원리가 있다. 사람의 삶은 동적인 것과 정적인 것, 원과 선, 남자와 여자 등 이중적인 경험으로 나타난다. 세계 각지의 민속무용을 보면 거의 대부분 원형으로 춤추다가 정사각형 같은 일정한 선을 그리며 움직이기를 되풀이한다. 마찬가지로 먼 옛날 사람들은 돌을 원형으로 세우기도 하고, 길게 선을 이루며 세우기도 했다. 그래서 건축에는 두 가지 방향이 있었다. 하나는 이쪽에서 저쪽으로 우리를 이끄는 '깊이 방향(수평)'이고, 다른 하나는 위에서 아래로 우리를 덮듯이 나타나는 '높이 방향(수직)'이다.

의례는 공간을 만들었고 공간은 또한 의례를 만들었다. 이때 핵심이 되는 건 '어딘가에 모여 있기'와 '모여 있는 그곳으로 향하기'이다. 전자는 공간의 '목표'에, 후자는 공간의 '통로'에 해당한다. 목표는 초점을 이루고 중심이 되며 사람이 모인 공간을 에워싸고 덮는다. 통로는 선을 따라 동적으로 운동을 배분하며 모든 움직임의 축이 된다. 기하학적으로 보면 중심은 원을 이루고 축은 직선을 이룬다. 이로써 사람은 무언가로 에워싸인 채 머물고 기거하면서 생활 전체를 영위하는 곳을 얻게 된다. 이런 곳을 가리켜 '장소'라고 한다.

사람은 '어디를 향하여', '어떤 길로', '어디에서 함께'에 대응하는 세 가지 공간으로 의례를 실천한다. 고대 바빌로니아인들은 정초가 되면 평소엔 사용하지 않던 바빌론 내부의 8번째 내성문인 이슈타르 문(Ishtar Gate)을 활짝 열고 성대하게 꾸민 축제 행렬을 맞아들였다. 성문을 통과한 행렬은 성 안으로 들어가 '아이 이부르 사부(어떤 적도 이 길을 지날 수 없다)'라 부르는 축제 도로를 행진했다. 그러면 자연의 생산을 관장하는 두무지Dumuzi 신이 겨울 내내 죽어 있다가도 그 소리를 듣고 깨어난다는 염원이 담겨 있었다.

양산 통도사로 가는 길 왼쪽에 조용한 개울이 있다. 이것을 따라가면 일주문, 천왕문, 불이문이 차례로 나타난다. 대웅전으로 향하는 통로가 깊어 보이게 만드는 공간적 장치다. 이 긴 길을 거쳐 마지막으로 대웅전을 마주하게 된다. 그러나 이곳엔 대웅전보다 더 중요한 것이 있다. 대웅전 왼쪽으로 돌아 남쪽으로 가면 비로소 부처님의 사리를 모신 금강계단이라는 '목표'를 향해 서게 된다.

미케네mycenae 사람들이 기원전 1,200~1,300년 필로스Pylos에 만든 성의 입구에는 저 유명한 '사자의 문(Lion Gate)'이 있었다. 그리스 세계에서 가장 오래된 두 마리의 사자가 조각되어 있는 이 구조물은 문을 드나드는 의례를 상징했다. 성문을 지나 한참 올라가다 보면 궁전에 들어서기 전에 많은 방을 거치게 되어 있다. 일단 앞쪽에 프로필론(propylon)이라는 공간이 있다. '문 앞'이라는 뜻인데, 기둥이 하나 서 있어서 통로를 둘로 나눈다. 이곳을 지나도 곧장 들어가지는 못하고, 의례를 위한 중정을 두었다. 그리고 그 앞에 포르티코(portico)가 나타난다. 입구라는 뜻이다.

입구를 거쳐 대기실인 베스티뷸(vestibule)을 지나면 기둥이 네 개 서 있고 중앙에 난로를 두었으며 지붕에 구멍을 뚫은 사각형의 방이 나온다. 이곳을 메가론(megaron)이라고 하는데 큰 홀이라는 뜻이며, 이 성에서 가장 중요한 목표가 되는 방이다. 주변에는 여러 개의 방들이 메가론을 둘러싸고 있다. 오늘의 눈으로 보면 궁전이랄 것도 없이 아주 작지만, 미케네인들은 궁전을 향하는 과정에 이토록 엄격한 '의례'를 만들어두었던 것이다.

미케네의 메가론 ©김광현

이런 요소들이 가장 장대하게 나타난 건축은 이집트의 카르나크 신전(Temple of Karnak)이다. 자료를 보면, 카르나크 신전의 축을 따라 그은 선이 나일강 건너 데이르 엘 바하리에 있는 하트셉수트 여왕 장제전의 축으로 곧바로 이어지는데 길이가 무려 5.5킬로미터나 된다. 고대 이집트인들은 카르나크 신전의 신이 계곡의 축제 기간에 신전 건물의 긴 축을 따라 나와서 강 건너 현세의 왕이 있는 장제전을 방문한다고 여겼다. 반대쪽에 있는 여왕의 장제전은 카르나크 신전의 신이 방문해주기를 기다리는 곳이다. 건축에서 목표와 통로 그리고 축은 땅 위에서 이렇듯 장대하게 연결되기도 한다.

유럽의 교회건축은 목표, 통로, 장소라는 세 가지가 조합되는 공간의 역사였다. 로마제국의 엄청난 박해를 피해서 살아야 했던 시대

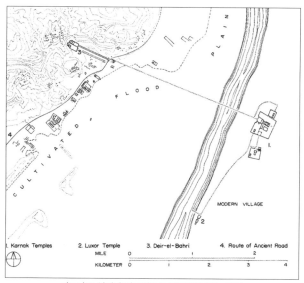

카르나크 신전과 하트셉수트 장제전을 잇는 축선

에 제대로 된 성당 건물이 있을 리 없었다. 313년 그리스도교가 공인을 받게 되자 교인들은 재판소나 공회당으로 사용했던 '바실리카(basilica)'를 임시로 사용했다. 그러다가 그리스도교 전례(典禮)에 맞게 바실리카의 짧은 변에 입구를 내어 길게 걸어 들어가는 장축형 평면을 만들어냈다. 긴 사각형 평면의 교회에서는 서쪽에서 들어와 중심인 제대 쪽으로 향하는, 즉 동쪽을 향하는 긴 축이 생기게 되었다.

로마시대의 신전인 판테온(Pantheon)은 기하학적인 원형과 그것을 둘러싼 니치(niche: 벽감)와 돔, 그리고 돔 정상에 뚫린 원형 개구부인 오쿨루스(oculus)가 중심을 이룬다. 중심이 강하게 부각되는 원형 교회 건물도 요구되었다. 대개 돔 형태의 둥근 천장을 얹으면 공간의 중심성이 아주 강해진다. 그런데 성당의 중심은 오직 제대이므로, 제대를 중심으로 에워싸는 전례를 분명히 드러내려면 그 어떤 형태보다도 원형 성당이 가장 적합했던 것이다.

장축형 공간이든 중심형 공간이든 내부를 하나의 세계로 구현하여 '목표'를 '장소'로 만들어주는 것은 천장이다. 천장은 나를 넘어서 저 위에 있고, 나를 내려다보며 감싸준다. 사람은 바닥을 딛고 걸을 수 있고 벽에 기댈 수도 있지만, 천장은 우리 몸 위에 떠 있다. 바쁠 때 우리는 바닥을 빨리 밟으며 움직이고, 뭔가에 집중할 때는 벽을 바라본다. 그러나 하던 일을 멈추고 조용히 자신을 성찰할 때는 으레 천장을 올려다보게 된다.

천장을 뜻하는 영어 'ceiling'은 'caelum(천국, 하늘)'이라는 라틴어에서 나왔다. 이는 천장이 하늘과 같다는 말이다. 아무리 작은 집일지라도 그곳은 '세계 속의 세계(a world within a world)'이며, 집 안에서 올려다보는 천장은 하늘을 보는 것과 동일한 감정을 불러일으킨다.

아야 소피아 돔 아래에서

건축을 말할 때면 흔히 '공간'이라는 표현을 입에 담는다. 공간이란 대체 어떤 것일까? 건축에서 공간은 공동체의 의례와 결부되어 만들어졌고, 사람들은 그곳에서 무언가를 깊이 느낄 수 있다. '성 소피아 사원'이라고 일반적으로 알려져 있는 콘스탄티노폴리스Constantinopolis의 '아야 소피아(Hagia Sophia)'는 지구상의 돌로 지은 내부공간 중에서 가장 크다. 그러나 단지 크다거나 높다는 것만으로는 이 건축물을 제대로 이해할 수 없다.

이곳은 1931년까지 이슬람의 모스크로 쓰이다가 지금은 박물관으로 사용되고 있지만, 본래는 537년에 유스티아누스Justianus 대제가 성당으로 지은 것이다. 현존하는 성당들 중 가장 오래되었으며, 중심형 돔을 얹고도 다시 장축형의 평면을 만들고자 한 최초의 예다. 평면 한가운데 서면 수평 방향으로 확장되는 공간과 수직 방향으로 덮인 공간이 하나로 합쳐져 있다. 돔 아래 공간은 계단이나 기둥의 방해를 받지 않으며 길이가 약 75미터, 너비가 30미터를 넘는다. 돔에는 우주의 전능한 지배자 그리스도를 그린 판토크라토르(Pantocrator)가 희미하게 빛나고 있다.

그리스도에게 바쳐진 이 성당은 긴 사각형의 바실리카에 볼트로 된 지붕이 결합되어 있다. 천장이 평평한 바실리카와 달리, 바닥에서 약 50미터 높이에 벽돌로 만들어진 거대한 돔을 얹었다. 그리하여 건축의 두 방향인 '깊이 방향(이쪽에서 저쪽으로)'과 '높이 방향(위와 아래)'이 함께 나타난다. 돔은 구체적인 형태로 나타난 하늘이고, 회중이 모이는 바닥은 땅이다. 돔의 밑부분에는 40개의 창이 잇따라 뚫려 있어 장엄한 빛의 띠를 이룬다.

아야 소피아에서 사람들은 왜 그리 큰 돔을 덮은 중심형 공간을 만들고자 했을까? 그리고 그 아래에서 그들은 어떻게 움직였을까? 퍼노 조르단R. Furneaux Jordan의 《서양건축 Western Architecture》(1985)과 스피로 코스토프의 《건축의 역사》에 실린 설명을 참조하여 당시 이 공간에서 진행되었던 미사 장면을 그려보기로 한다.

황제는 총대주교보다 먼저 성당에 도착하여 바깥쪽 나르텍스 (narthex)[26]에 있는 자리에 앉는다. 여기에서 총대주교를 만나 인사를 나눈 뒤, 복음서를 두 손에 든 부제와 사제단과 궁정 신하단을 따라 신자들의 환호를 받으며 성당 안으로 들어온다. 그러고는 아무도 없는 돔 밑 공간을 지나 앞으로 나아간다.

잠시 후 황제는 남쪽 복도에, 사제는 돔 밑에 자리를 잡는다. 주례 사제와 황제만이 이 돔 밑의 공간 전체를 차지하고 있다. 황비와 여시종들은 안쪽 나르텍스 위의 서쪽 갤러리로 올라간다. 회중은 성가를 부르면서 이 장대한 행렬의 뒤를 따라 성당 안으로 들어와 주위를 잇는 복도와 갤러리 안으로 들어간다. 회중들은 지금 성당 한가운데 모여 있는 것이 아니다. 이들은 중앙 공간을 둘러싼 복도나 2층의 갤러리 또는 성당 입구에 마련된 나르텍스에 서 있다. 이렇듯 신자들은 돔 아래가 아닌 그 주변의 복도에 자리를 잡는다. 아야 소피아에 지금 보아도 상당히 넓은 복도가 있는 것은 이 때문이다.

광대한 중앙에 펼쳐진 대리석 바닥은 비어 있고, 예복이 이 바닥 위를 수놓고 있다. 사제들이 전례를 위해 기도하는 소리가 들려온다. 황제는 총대주교에 이어서 지성소에 들어가 제단에 고귀한 제물을 바치고, 다시 나와 남쪽 복도에 있는 옥좌에 앉는다. 저 안쪽의 반원형 앱스(apse)[27]에 있는 커튼 뒤에서는 성사(聖事)가 이루어지고 있다. 6세기 유스티아누스 시대에서 가장 최고의 순간은 저 거대한 돔 밑에서 총대주교와 황제가 평화의 입맞춤을 교환하고 성작(聖爵)을 나눌 때였다.

전례가 끝나면 신자들을 먼저 내보낸 다음, 황제와 사제가 입당할 때와 같은 순서로 성당을 가로질러 천천히 걷는다. 참석자들이 모두 사라지면 촛불이 꺼진다. 작은 제구들도 모두 치우고, 성당 안에는 아무도 없게 된다. 돔 아래의 이 공간은 전례가 이루어지는 동안에도, 전례를 마친 후에도 언제나 그렇게 비어 있었다.

이를 두고 코스토프는 "다시 텅 비게 된 거룩한 지혜의 큰 방에서는 향의 연기가 떠다니고, 천사들의 기운이 가득 찬 대공간 위에서 웅대한 돔이 조용히 떠 있었다"라고 표현하였다. 이는 그 거대한 돔 밑의 공간을 가득 채우고 있는 것이 이 성당의 주인인 하느님이며, 거대한 돔을 만드는 이유는 바로 저 위대한 하느님이 건물에 임재(presence)하게 하기 위해서였음을 뜻한다. 돔에 나 있는 수많은 창문들은 저 광대한 공간을 비추는 빛으로 하느님께서 그 공간에 현존하고 계심을 표현한 것이다. 아야 소피아 돔 아래 서는 순간! 그것을 실제 공간을 두고 상상해보라. 아야 소피아의 공간은 위대한 건축이고, 위대한 의례의 공간이다.

건축이란 이와 같이 한 사람 한 사람의 요구, 필요, 욕구, 희망을 넘어서 공동체의 의례를 담는 사회적인 존재다. 벽으로 감싼 신의 집도, 땅을 딛고 하늘을 향해 높이 서 있는 신의 집도 모두 그 시대 사

---

* 26. 교회건축에서 입구와 회중석 사이에 있는 홀
  27. 하나의 공간이나 방에 부속된 반원형의 내부공간

콘스탄티노폴리스의 '아야 소피아' (6세기)

람들의 공동의 의식 속에서 생긴 것이고, 또 그 공동의 의식을 확고
히 만드는 것이다. 건축은 내가 나이고 우리가 우리임을 증명한다.

　의례란 반드시 종교적인 것만은 아니다. 주택이건 학교건 구청이건,
건축물 안에서 이루어지는 크고 작은 행위들 중엔 의례라고 할 만한
것이 많다. 강의하는 선생님을 둘러싸고 수업을 듣는 행위도 의례고,
연주자를 둘러싸고 감상하는 행위도 의례다. 라스코 동굴에서, 유목
민의 허술한 텐트에서, 무수한 종교건축에서 지속되어온 인간의 본연
적 가치는 목표와 통로, 그리고 나를 축으로 중심화되어 있는 장소라
는 세 가지 형식으로 오늘의 건축에서도 계속 실현되고 있다.

3
짓기를 배워야 거주한다

건축에는 건물이 없었다

우리는 '짓기', '짓다'라는 우리말뿐만 아니라 'build', 'building'이라는 말도 낮추어 보는 습관이 있다. 일정한 수준에 이른 괜찮은 건물은 '건축(建築)'이라 높여 부르고, 그렇지 못한 것은 '건물(建物)'이라고 낮추어 부른다. 법적으로 정해진 바는 아니지만 미술관, 도서관 같은 문화시설은 건축이고, 주차장이나 자동차학원 같은 것은 그저 건물일 뿐이라고 편을 가른다. 문화의 향기가 나는 것은 건축이지만 도구처럼 쓰이는 것은 건물이라는 것이다. 그렇다면 우리가 사는 도시는 일정한 수준에 오르지 못한 건물들로 뒤덮여 있는 비문화적이고 하찮은 공간이 된다.

그런데 이런 식의 구분은 한국에서 시작된 게 아니다. 영어에서도 'architerture'는 대접을 받지만 'building'은 종종 무시당한다. 건축과 건물을 처음 구분했던 사람은 건축사가 니콜라우스 페브스너Nikolaus Pevsner였다. 그는 《유럽 건축 서설 An Outline of European Architecture》(1942)에서 "자전거 보관소는 건물이지만 링컨 대성당은 건축의 하나다. 사람이 안으로 들어가기에 충분한 스케일로 공간을 둘러싸는 거의 모든 것은 건물이다. 그러나 건축이라는 용어는 미적인 호소에 대한 어떤 견해를 가지고 설계된 건물에만 적용된다"라고 주장했다. 건축(architecture)은 건물(building)과 다르며, 적어도 미적인 호소력을 지니고 있을 때에만 비로소 건축이 될 자격이 있다는 것이다.

이 '미적인 호소'가 변하여 '정신(spirit)'이 된다. 단순한 기술을 구사하여 만들면 건물이지만 작가의 조형의지가 담기면 건축이 된다는 것이다. '건축−정신=건물'이고 '건물+정신=건축'이다. 더 나아가, 건물은 기술자가 만드는 것이지만 건축은 건축가가 설계하는 것이라고 구분하는 경우도 있다.

이런 생각은 브리태니커 사전에서도 인정해준다. "영국의 브리태니커 사전에 의하면 건물이란 순 실용적인 목적으로 세워지는 것이지만, 건축은 단순한 빌딩이 아니라 조화에 대한 미적 배려로 이루어지는 것이다." 브리태니커까지 인용했으니 믿을 만하다는 것이다. 지오 폰티Gio Ponti의 《건축예찬 In Praise of Architecture》(1960)도 동원된다.

> "건축은 형태이고 그러므로 '한계'가 있는 것이다. 어떤 비율로서 고정된 한계를 설정하지 않고 단순한 요소들의 반복으로 만들어진 구조물은 예술로서의 건축작품이라 할 수 없다. 그러한 구조물은 단순히 건물일 뿐이다."

이 주장대로라면 건축은 스스로를 정의할 수 없게 된다. 언제나 건물과 비교해야만 건축의 상대적 가치가 드러나기 때문이다. 흔히들 건축의 3요소가 구조와 기능 그리고 미(美)라 하면서, 이 요소들이 잘 절충된 건축이 최고의 건축이라고 말한다. 구조와 기능만 강조되면 건물이고, 구조와 기능에다 형태까지 골고루 갖춰져야만 제대로 된 건축이라는 것이다. 잘못되어도 크게 잘못된 설명이다.

"건축이냐 건물이냐"는 "인간이냐 사람이냐"라는 구분과 별반 다를 게 없다. 인간은 한자어고 사람은 순우리말이다. 그뿐이다. '사람'은 생각을 하고 언어를 사용하며 도구를 만들어 쓰고 사회를 이루어 사는 동물을 가리킨다. 바로 그 존재 혹은 그들이 모인 세상을 뜻하는 한자가 '인간(人間)'이다.

건축을 건물보다 윗길에 놓기 위해 온갖 근거들을 제시하지만 근대건축사의 앞부분을 보면 딱히 그렇지도 않다. 근대건축의 길을 연 것은 역사주의적인 '건축'이 아니라 즉물적 사물인 '건물'이었다. 18세기 중반 이후 산업혁명에 의해 철과 유리가 대량 공급되었으며, 공장 노동자가 도시로 대량 유입되면서 도시의 기간시설이 크게 달라졌다. 공장, 창고, 철도역사, 온실, 백화점 등 예전에 없었던 초유의 '건물'들이 속속 들어선 것이다. 이 시대의 새로운 기술인 철골조를 조형의 대상으로 다룬 사람들은 건축가가 아니라 기술자들이었다.

1851년 제1회 만국박람회장이었던 런던의 수정궁(Cristal Palace)을 온실 건설기술자 조셉 팩스톤Joseph Paxton과 토목기사 찰스 폭스Charles Fox가 설계했다는 것은 매우 의미심장한 사건이었다. '건물'에 지나지 않는 온실과 철재와 유리로 거대한 '건축' 공간을 만들어냈던 것이다.

건축가(architect)들은 스스로를 시공자(builder)와 구분해서 말하길

제1회 만국박람회(1851) 장소였던 런던 수정궁

좋아한다. 자기가 시공자보다 우위에 있음을 은연중에 드러내기 위해서인데, 역설적이게도 이 말이 맞다. 건축가는 집을 짓는 사람이 아니다. 건축가는 건물을 짓기 위해 막대기 하나 나르지 않고 벽돌 한 장 쌓지 않는다. 건축가는 '짓기'를 숙고하는 사람이다.

'architecture'라는 말을 만들어낸 고대 그리스에서도 건축에는 '건물'이나 '짓기'라는 의미가 담겨 있지 않았다. 그 당시에도 건축가는 아무것도 만들지 않았다. 건물을 짓는 행위는 'architecture'가 아니라 '오이코도모스(oicodomos)'였다. '집(oikos)'을 '만든다(domos)'라는 뜻이다.

이처럼 건물은 건축가가 만드는 것이 아니라 시공자들이 만드는 것이었다. 라틴어에서도 건축은 'architectura'지만 '건축된 것'은 'aedificātiō'라고 했다. 영어로는 'edifice'다. 건축가는 건물을 짓지 않고 건물을 위한 도면을 만든다. 따라서 건축이 건물보다 우월하고 건물은 건축보다 못하다고 말할 자격은 건축가들에게 애당초부터 없었다.

'building'과 'build-ing'

도로나 다리나 컴퓨터는 '만든다'라고 하지 '짓는다'라고 하지 않는다. 그런데 집은 만든다고 하지 않고 짓는다고 말한다. '집'이라는 말은 '짓다'에서 나왔다. 건축을 아무리 어렵고 그럴싸하게 말해도 결국 그것은 나무와 돌과 콘크리트로 집을 '짓는 일'이다. '짓다'라는 우리말은 특별한 뜻을 가지고 있다. 그것은 사람의 생명과 깊은 관계가 있는 창조의 동사다. 우리는 밥을 짓는다, 농사를 짓는다, 옷을 짓는 다, 시를 짓는다고 말한다. 밥을 만든다, 농사를 만든다, 옷을 만든다, 시를 만든다고 하지 않는다. 건축은 집을 '짓는' 일이다.

우리말만 그런 것이 아니다. 영어로 '짓다'는 'build'다. 우리말에서 는 '짓다'에서 '집'이라는 말이 나왔는데 'build'는 동사 'byldan'에서 나왔으며 이것은 'house'에서 나왔다고 하니, 영어에서는 '짓다'가 '집' 에서 나온 셈이다. 'byldan'이라는 말은 또 어디에서 왔는지 찾아보았 더니, 원시 게르만어인 'buthla-'에서 나왔다고 한다.

이 'buthla-' 계열의 단어들 중 'bhu-'는 '거주하다', 'bheue-'는 '존재 하다' 또는 '성장하다'를 뜻한다. 좀 복잡하지만 짧게 간추리자면, '짓 는 것'에는 존재하고(be) 성장하고(grow) 거주하기(dwell) 위해서라는 뜻이 들어 있다. 우리말의 '짓다'가 사람의 생명과 깊은 관계가 있는 말이라고 했는데 영어의 'build' 역시 같은 의미를 지니고 있음을 알 게 된다.

집 지을 때 쓰는 목재인 'timber'는 '건물 재료, 건물에 맞는 나무'를 말한다. 이것 역시 원시 게르만어인 'timran(건물, 방)'에서 나온 말이라 고 한다. 또 timran은 'deme-(짓는 것, 집)'에서 나왔다고 한다. 'deme-' 는 그리스어 'domos(집)', 라틴어 'domus(집)'의 어원이다. 집이 물질로 지어진다는 것은 너무나 당연한 것이지만, 그 물질 이름에 '집'이라는 개념이 이미 들어가 있다는 것이 흥미롭다. 집이 먼저 있었고, 나중 엔 그것을 짓는 재료의 이름에까지 스며들었던 것이다.

하이데거는 〈짓기·생각하기·거주하기〉라는 제목의 강연에서 어떻 게 거주해야 하는가를 배워야 한다고 말했다. 달리 말하면, 어떻게 살아야 하는지 배워야 한다는 것이다.

"진정한 의미의 주거가 결핍되어 있다 함은 인간은 계속하여 새롭게 거주의 본질을 탐구한다는 것, 다시 말해 인간은 언제나 거주하기를 배워야 한다는 것이다."[28]

그럼 어떻게 해야 거주하기를 배울 수 있을까? 다름 아닌 '짓기를 통해서'다.

"인간은 거주하기 위해 (집을) 지을 때, 거주를 위해서 생각할 때 비로소 이러한 것을 얻어낼 것이다."[29]

짓는다는 것은 그렇게 중요한 것이다. 하이데거는 "생각한다는 것은 장을 짜는 것과 똑같다. [···] 손으로 만든 모든 작업은 생각하는 것에 근거하고 있다"고 했다. 손으로 무언가를 만드는 것은 곧 생각하는 것이고, 만드는 것 안에는 생각하는 바가 들어가 있다는 뜻이다. 모든 것은 누군가가 만든 것이다. 꽃이나 나무, 산과 바다는 어쩌다가 된 것이 아니라 모두 만들어진 것이다. 사람은 만들어진 꽃을 보고 누군가에게 마음을 건네고, 만들어진 나무를 보고 제 인생에 견주며 여러 가지 의미를 알아차린다. 만들어진 것이 우리를 생각하게 만든다.

내 책상 위에 차 그릇이 하나 놓여 있다. 바쁜 일상 속에서 차를 마시며 여유를 갖기 위해, 흙의 내음까지 담아내기 위해 손으로 만든

---

* 28. Martin Heidegger, 〈Building Dwelling Thinking〉, 《Poetry, Language, Thought》, Harper Perennial Modern Classics, 1971, p.161
  29. 같은 책, p.161

그릇이다. 물을 끓이는 그릇인 주전자(注煎子)는 부어서(注) 끓이는(煎) 그릇인데 여기에 '님(子)'이 존칭으로 붙었다. 주전자가 단지 붓고 끓이는 도구가 아니라 사람의 마음에 여유를 주고 마음을 가라앉혀주는 소중한 도구라는 뜻이다.

왜 'building'과 'build-ing'를 지금 새삼스럽게 강조해야 하는가? 부수고 다시 세우는 'scrap and build'의 시대가 끝났기 때문이다. 건설 투자는 줄고 있으며, 건축도 허물고 다시 짓는 것이 아니라 기존의 건축자산을 가능한 한 활용하지 않으면 안 되게 되었다. 인구가 줄어 빈집이 늘어가는 현상 앞에서, 새집을 계속 지어나간다는 지난 세기의 사고방식이 바뀌어야 하는 시대다. 새로운 건물을 만들기보다 지금 있는 건물을 계속 사용할 수 있게 하는 데에 더 많은 관심이 쏠리고 있다.

이제 대상이 되는 것은 '건물'이다. 신축보다는 용도변경이나 리노베이션, 수복, 재생 분야의 지식과 기술이 건축의 흐름을 주도한다. 여기에 요구되는 친환경 기술, 에너지 절감 같은 문제를 포함하여 환경, 생태학, 조경, 리사이클링 제품의 유통, 퍼실리티 매니지먼트(facility management: 시설물 관리), 기존 시설 활용에 대한 계획, 설계-시공-감리 시스템과 기술의 축적 등은 모두 물질적인 건물에 관한 것이다. 종래의 미학적 판단 대상으로서의 '건축'에 관한 것이 아니다. 이 모든 변화들은 건축 기획, 설계, 시공, 유지관리라는 건물의 생애주기에도 영향을 끼치는 바, 새로 지어지는 건물의 수는 감소하지만 공간에 관한 모든 영역에서 건물과의 관련성이 더욱 확대될 것이라는 점에 주목해야 할 때다.

21세기는 스토크(stock), 즉 재고품의 시대다. 이러한 시대적 변화가 눈앞에 와 있는데도 건축은 우월하고 건물은 열등하다고 여긴다면 그 생각 자체가 시대에 뒤떨어진 것이다. 현재 도시에 남아 있는 스토크를 보라. 거의 대부분이 '건물'이다. 그렇다면 지금 남아 있는 건물들 중 명작, 우수한 건축, 작품으로 평가되는 건물만을 우선시하는 사고는 바뀌어야 하고, '건물'과 '짓기'에 대한 새로운 인식이 자리 잡아야 한다.

'building'은 이미 지어진 건물만을 가리키는 단어가 아니다. 여기에는 'building(짓기)'과 'build-ing(지어가기)'이라는 두 가지 의미가 동시에 포함되어 있다. 'build-ing'은 집을 짓는 과정, 지어지는 과정이며 점진적으로 변화하는 상태를 말한다. 두말할 나위 없이 "건축은 과정이다(Architecture is the process)."[30] 건축은 물질로 지어져 중력에 대항하는 물리적 존재로 끝나는 것이 아니다. 건축은 시간이 흐르면서 물질이 공간 안에서 갖게 되는 관계다. 우리는 집을 지을 수 있을 뿐 아니라 집과 환경을 점진적으로 변화시켜가는 일에 관여할 수도 있다.

MIT의 D-Lab을 세운 에이미 스미스Amy Smith는 '사회적 디자인(social design)'의 의미를 세 가지의 디자인 혁명으로 요약했다. (1) 적정기술(appropriate technology)을 사용할 것, 작업과 이어지는 기술일 것, 그 지역의 원료를 사용하는 기술일 것, 그 지역 사람이 사용할 수 있는 기술일 것. (2) 디자인 프로세스에 주민이 참가할 것, 지역의 과제를 특별히 정할 때 주민이 논의에 참가할 것, 자원을 찾을 때에도 주민이 참가할 것, 해당 기술이 그 지역에 뿌리를 내린 기술일 것. (3) 해결책

---

* 30. Susanna Cros,《The Metapolis Dictionary of Advanced Architecture》, Actar, 2003, p.58

부르키나파소 간도 마을 주민들의 학교 짓기 (1999~2001)

을 주민과 함께 실행할 것, 단지 전문가가 답을 가지고 오는 것이 아니라 함께 해결책을 짜낼 것, 해결책을 제공하는 것이 아니라 해결책을 만드는 데 필요한 능력을 가르칠 것.

아프리카에 부르키나파소Burkina Faso라는 나라가 있다. 수도에서 약 200킬로미터 떨어진 곳, 인구 3,000명인 간도(Gando) 마을에 초등학교를 지은 이 마을 출신 건축가는 당시 건축학과 학생이었다. 그는 이 지역에서 사용할 수 있는 재료와 마을 사람들이 직접 만들 수 있는 공법으로 학교를 지었다(1999~2001). 건축가의 설득으로 마을 사람 거의 모두가 집을 지으러 나섰다. 재료를 모으고 집을 짓는 모든 일을 주민들이 다 했다. 그들은 이 학교를 지으면서 짓는 기술을 습득했고, 다른 학교도 지을 수 있게 되었다.

방글라데시 북부 루드라푸르Rudrapur에도 마을 사람들이 협력하여

방글라데시 루드라푸르 마을의 'METI' 학교 (2004~2006)

손으로 지은 'METI 학교'(2004~2006)가 있다. 건축가는 NGO에서 파견된 30세의 여성이었다. 1층 벽은 진흙과 흙, 모래와 짚에 물을 섞은 '코브(cob)'라는 재료로 만들었고, 2층 벽은 대나무로 만들었으며, 실내는 동굴처럼 곡면의 벽으로 만들었다. 목재를 뜻하는 'timber'라는 단어 속에 집의 개념이 내포되어 있듯이, 진흙과 모래와 대나무 속에 이미 그들이 지을 집의 개념이 스며들어 있었다.

독일에서 온 기술자가 도와주기는 했지만 주된 작업은 마을 사람들이 다 했다. 지역의 재료와 공법을 사용한 덕에 공기와 비용도 크게 단축되었다. 학교를 다 지은 다음에는 같은 방식으로 교사 주택, 학교 정원, 생애 학습교실을 지었고 이어서 2층짜리 주택도 마을 안에 지을 수 있게 되었다. 같은 공법으로 자기 집을 개수하거나 고쳐 짓는 사람도 늘었다. 이후 이 학교는 마을 사람들의 자랑이 되었다.

국민소득이 훨씬 높은 우리에게 이런 사례들이 무슨 의미가 있느냐고 반문하는 건 적절치 않다. 중요한 것은 건물(building)이 'building(짓기)'이자 'build-ing(지어가는 것)'이라는 점이고, 지음으로써 거주하기를 생각하고 배울 수 있다는 하이데거의 말이 철학적 사념에 그치지 않는다는 점이다. 우리는 짓기를 통해, 그 과정에서의 실천을 통해 이 시대에 어떻게 거주할 것인지를 배워야 한다. 건축가 스티븐 홀Steven Holl은 '짓기(building)'에 대해 "사람들을 건축 세상의 바깥으로 데려가는 공간을 짓는 것"이라고 표현한 바 있는데, 그 의미는 앞에서 말한 것들과 전혀 다를 바 없다.

모든 사물은 만들어진 채로 계속 있지 않고 끊임없는 변화 속에서 존재한다고 하지 않던가? 현대의 철학자들도 사물이 변화하면서 무언가로 '되어가는 것'에 큰 관심을 갖고 있다. 부동의 사물처럼 서 있는 건물도 알고 보면 안이 변하고 밖도 변한다. 제자리에 정지된 돌은 '있음'의 사상이지만, 물결을 일으키는 던져진 돌은 '되어감'의 사상이다. 'building'은 build에 '-ing'가 붙은 진행형이고, '짓기' 또한 무엇에서 무엇으로 변화해가는 상태를 나타내는 말이다.

사는(買) 집, 사는(住) 집

요즈음 우리가 입고 다니는 옷은 거의 다 기성복이다. 남이 만들어준 옷을 입고 다닌다. 어떻게 골라야 할지 모를 정도로 사이즈나 옷감, 색상, 디자인이 아주 다양하다. 눈썰미만 좋으면 얼마든지 좋은 옷을 골라 입을 수 있다. 옷을 잘 입기 위해서 옷 만드는 법을 굳이 알 필요는 없다.

그런데 집은 어떤가? 우리는 여러 조건들을 판단하여 남이 만들어 놓은 집을 산다(買). 그리고 그 안에서 산다(住). 우리가 살고 있는 집은 옷으로 치면 기성복이다. 그러므로 집을 고르기 위해 집이 어떻게 지어지는가를 알 필요까지는 없다고 생각한다. 그렇지만 옷과 집은 너무 다르다. 옷은 나 혼자 입지만 집은 가족이 함께 사는 곳이다.

가장 흔한 기성복 주택은 아파트다. 다세대주택도 있고 빌라도 있지만 그것은 아파트를 줄인 것이고 단독주택을 키운 것이다. 아파트라고 하면 늘 붙어 다니는 말이 '획일적'이라는 것이다. 모든 주민들의 생활을 똑같이 만들고, 공동체 의식 없이 개인의 삶만을 추구하는 이기적인 주거형식이라는 비판이다. 그런데 아파트가 아닌 단독주택이나 빌라, 연립주택, 다세대주택 등에 살면 이런 문제가 없는가? 그렇지도 않다. 도시에 존재하는 대부분의 주거가 똑같은 문제를 안고 있다. 왜 그럴까?

따지고 보면 아파트가 사람을 공동체로부터 격리시키거나 공동체를 파괴하는 주범인 것은 아니다. 내가 짓지 않고 사서 들어간 집이라는 것, 사정이 달라지면 얼마든지 남에게 팔고 다른 집을 살 수 있다는 것, 모든 관심이 물질적인 주택에만 집중되었다는 것, 어떤 '주거'가 필요한지를 묻지 않은 채 오로지 어떤 '주택'에서 살 것인지만 생각했다는 것. 이것이 문제의 핵심이다.

강원도 산골에서 농사짓는 어떤 분이 자신이 살기 위해 스스로 집을 지었다. 이런 일은 얼마든지 있다. 그들이 사는 집과 그들의 삶, 생활은 일치되어 있다. 손수 지었고, 계속 살아왔으며, 앞으로도 그곳에서 살아갈 것이기 때문이다. 사서(買) 들어가 사는(住) 집이 아니다. 이런 산골의 집들은 비록 투박할지언정 그곳에 사는 사람과의 일치성이 도시의 세련된 집들보다 훨씬 높다. 사람이 산다는 것은 집의 형식과는 별반 관련이 없다.

짓는 것과 사는 것이 일치하는 시대에는 '거주(dwelling)'가 가능할 수 있었다. 이를 두고 많은 학자들이 유식한 용어를 사용하며 "대도시에서는 거주가 불가능하다"고 말한다. 그런데 그 원인은 어려운 데 있지 않다. 그것은 사는 사람이 자기 집을 짓지 못하기 때문이며, 거주하는 것과 집을 짓는 것이 일치하지 않는 시대에 우리가 살고 있기 때문이다. 도시에 사는 사람들 중 스스로 지은 집에 사는 경우는 거의 없다. 주택이 매매 대상인 물건으로 여겨지는 상황에서는 온전한 의미의 거주를 얻기 어렵다.

우리말에서 '거주하다'와 '주거하다'는 모두 '일정한 곳에 머물러 살다'라는 뜻이어서 확실히 구별되지 않는다. 그러나 '거주'는 우리가 살아가는 모든 공간과 시간을 포괄하는 개념이다. 따라서 '주거'보다 의미하는 바가 훨씬 더 넓다. 하이데거는 독일어 'wohnen', 영어로는 'dwelling'인 '거주'로 인간의 본질에 맞는 삶의 방식, 살아가는 삶의 전체적인 모습을 지칭하였다.

'주택'과 '주거'는 같지 않다. 이 둘은 '거주'와도 다르다. '주택'은 바닥과 벽, 천장으로 구성된 물리적인 건물을 말하며 단독주택, 공동주택, 다세대주택 등으로 표현된다. 이와 달리 '주거'는 사람이 살아가기 위한 공간과 장소를 말한다. 건축의 형식을 가리키는 말이 아니므로 어떤 건축이라도 다 주거가 된다. 학교도 주거이며 오피스 건물도 주거다. '주거'는 또한 사람이 살아갈 때 생기는 상태와 생활을 나타내는 말이기도 하다. 따라서 주택이 곧 주거인 것은 아니다. 건축가는 주택을 지을 수는 있지만 주거를 지을 수는 없다. 건축가는 집 안팎의 사람들에게 하나의 장을 마련해줄 뿐이며, 나머지는 그 안에서 실제로 사는 사람들이 결정한다.

주택을 준공할 때와 준공한 이후는 공간의 의미와 쓰임새가 다르다. 이것을 보면 주택과 주거의 차이를 쉽게 알 수 있다. 준공된 주택은 그냥 물질적 의미의 주택이다. 그러나 준공 이후 그곳에 살 사람들이 이 주택을 어떻게 사용할 것인지 생각한다면, 그것은 주택을 주거로 보는 것이다. 준공된 직후의 주택은 건축가가 아무리 건축주와 가족의 의견을 잘 반영하여 설계하고 시공했다고 해도 결국은 남이 지어준 주택이다. 그러나 준공 이후의 주택은 내가 그 주택에서 어떻게 살고 생활할 것인지가, 즉 주거가 중요한 문제가 된다.

이렇듯 '주택=주거'가 아닌데도 이제까지 우리나라는 주거정책이 없이 주택으로만 이 문제를 다루어왔다. 주택은 물건이고 상품이었으며, 여러 조건에서 매매가 가능하려면 다 엇비슷하게 표준화된 기성품이어야 했다. 주거에 관한 것은 모두 개인이 해결해야 하는 것이었다. 사람들이 주택을 어떻게 사용할 것인가에 대해서는 전혀 관심을 두지 않았고, 얼마나 지어서 공급하느냐가 유일한 정책적 관심사였다.

단독주택지는 단독주택들이 집합해 있는 '주택 집합'이다. 아파트 역시 낱개의 주택들을 반복적으로 누적시킨 '주택 집합'이다. 그런데 사람들의 생활을 보면, 우리 동네에 시장이 없으면 이웃 동네에서 장을 보고 우리 동네에 이발소가 없으면 이웃 동네의 이발소를 이용한다. 우리 동네 경로당이 없으면 이웃 동네 경로당으로 가면 된다. 이렇게 근접하는 주변 생활권과의 관계 속에서 살아가는 것은 주택이 집합해 있기 때문에 생기는 현상이 아니다. 사람들의 주거가 이어지고 누적되고 집합된 것이다. 따라서 이러한 생활 관계는 '주거 집합'이라고 할 수 있다.

더욱이 현대가 어떤 사회인가? 한 지역에 머무르지 않고 이동하며 주변과의 관계가 더욱 복잡해지고, 우리 또한 그렇게 살아가고 있지 않은가? 그렇다면 특정 아파트나 주택으로 범위를 한정하지 말고, 우리가 살고 있는 도시의 모든 주택들을 대상으로 한 '주거 집합'을 고민해야 한다. 집을 어떻게 팔고 사느냐가 아니라 어떻게 사용하느냐로 관점을 바꿔야 한다. 우리 모두는 주택의 소비자가 아니라 주거의 생활자다. 오늘 우리에게 필요한 것은 아파트나 빌라의 브랜드 이름으로 구분되는 '주택 집합'이 아니라 다 함께 도시를 만들어가는 '주거 집합'이다.

영어에서 '주거할 수 있는'은 'habit-able'이다. '거주자'는 'habit-ant'이고 '거주/주거'는 'habit-ation'이다. 이 세 단어는 모두 'habit'에서 나온 말이다. 그러면 'habit'란 무엇인가? 이 단어엔 버릇, 습관, 수사나 수녀가 입는 의복이라는 세 가지 뜻이 있다. 그렇다면 'habitation'은 '버릇', '습관', '옷'과 무언가 관계가 있는 말이다. 또 'habit'의 어원인 'habere'는 'to have(갖기)' 또는 '바깥 세계에 자기를 보여준다'는 뜻을 가지고 있다. 결국 주거라는 것은 사람이 살아가는 방식과 태도와 사회적인 위치에 맞게, 마치 옷을 소유하고 입는 것처럼 편안하고 익숙해야 한다는 뜻이다.

4

진실한 건축은 있다

댓돌 위의 신발과 부석사

아주 오래전 해가 질 무렵에 나는 스승 코야마 히사오(香山壽夫) 교수와 함께 부석사를 찾았다. 나는 늘 가던 곳이어서 어딘가에 앉아 있었고 선생님만 올라갔다. 그런데 빨리 가서 보아야 할 무량수전은 안 가고, 사람들의 발길이 뜸한 요사채 앞에서 한참을 둘러보고 있었다. 그래서 그쪽은 스님들의 숙소이고 별로 중요한 곳이 아니니 해가 지기 전 안양루와 무량수전이 있는 곳으로 가시라고 말씀드렸다. 그런데도 한참 동안 요사채의 무언가를 계속 바라보았다.

돌아오는 길에 아까 왜 그곳에 그렇게 오래 서 계셨냐고 물었다. 그런데 선생님이 의외의 대답을 하셨다. 댓돌에 벗어놓은 고무신을 한참 보고 왔다는 것이다. 일본에서는 스님들이 아침에 절에 출근해서 승복으로 갈아입고 일을 보다가 시간이 되면 옷을 벗고 퇴근을 하는

부석사 댓돌 위의 신발 ©김광현

데, 한국의 사찰에선 스님들이 요사채에 기거하고 있는 걸 보고 놀랐
다는 것이었다.

호텔에 돌아와 곰곰이 생각해보았다. 그 결과, 댓돌에 벗어놓은 고
무신이 부석사라는 사찰이 지어진 근거를, 나아가 이 사찰의 본성을
말해주고 있음을 알았다. 건축에는 진정성이 있는 건축이 있는가 하
면 그렇지 않은 건축도 있을 수 있는데, 사람이 그 건물 안에서 어떻
게 사느냐가 그것을 결정한다는 것을 뒤늦게 깨달았다.

> "진실한 건축은 인간이 중심에 서는 곳에만 존재한다(True
> architecture exists only where man stands in the center)."

건축가 알바 알토의 말이다. 세상에는 '진실한 건축'이 존재한다는 것이다. 댓돌 위에 고무신이 조용히 놓일 수 있는 부석사는 건물의 안과 밖에서 생활하는 사람들의 마음, 의지, 정신, 희망이 조용히 펼쳐져 있기 때문에 '진실한 건축'이 되었다고 나는 생각한다.

루이스 칸은 이제 막 무대에 나서려고 하는 출연자가 긴장하고 있다가도 자기의 노래, 자기의 연기를 감상하러 온 사람이 과연 얼마나 되는지 은밀하게 볼 수 있는 작은 창이 대기실에 있어야 한다고 말한 바 있다. 그리고 이 작은 방이야말로 음악당에서 가장 중요한 방이라고 말한 바 있다. 무슨 뜻일까? 흔히 대기실은 무대 뒤 어느 구석에 마련되어 있는 경우가 많다. 그러나 루이스 칸은, 연기자와 청중 사이의 최초의 관계가 긴장하며 기다리고 있는 바로 그 대기실에서부터 시작된다는 점을 말한 것이다. 즉, 음악당이라는 공간은 연기자와 청중의 관계 안에 있을 때 비로소 진실한 가치가 드러난다는 사실을 말한 것이다.

포르투갈 북부 포르투Porto에 렘 콜하스Rem Koolhaas가 설계한 '카사 다 무지카(Casa da Música, 2005)'라는 콘서트홀이 있다. 다면체의 입체 안에 긴 홀을 끼워 넣었고 나머지 대부분은 복잡한 계단으로 이어져 있다. 로비에 해당하는 2층에서 매표를 하고 기다리기도 하는데, 이 방은 양 끝이 툭 터져 있어서 도시의 경관을 구경할 수 있다. 입체에 긴 터널을 하나 뚫은 셈이다. 그런데 이 콘서트홀의 공간과 형태는 이때쯤 건축가가 계획하던 어떤 작은 주택을 그대로 가져다 쓴 것이다. 이 주택은 '카사 다 무지카'의 홀에 해당하는 곳을 거실과 식당으로 쓰고, 각자의 방에 따로 흩어져 있는 가족이 원할 때만 이 공간에 오는 것으로 계획되어 있었다.

콘서트홀은 어떤 가족이 평소 자기 방에서 지내다가 필요할 때에

포르투의 '카사 다 무지카' 콘서트홀 (렘 콜하스, 2005) ⓒ김광현

한하여 거실이나 식당에 들어오는 주택과는 전혀 다르다. 연주자가 있고 그 음악을 경청하는 사람들이 함께 있는 공간은 길게 하나의 방으로 이어진 주택의 거실이나 식당과 대등할 수 없다. 그 안에 있는 사람들의 삶이, 그들 사이의 관계가 전혀 다르기 때문이다. 공간의 도식이 같다고 건물의 의미까지 같아지지는 않는다.

분명한 사실은, 진실한 자동차는 없고 진실한 도로도 없으며 진실한 스마트폰도 없지만 진실한 건축은 있다는 것이다. 비바람을 막아주고 일상을 지켜주며 어떤 일을 하기에 적합한 실용적인 집은 사람이 사람으로 살아가는 데 반드시 필요하고, 매순간 사람의 마음과 정신에 호소하는 바가 크다. 댓돌에 벗어놓은 부석사의 고무신이나 음악당 대기실의 작은 창이 건물의 진실함을 드러낼 수 있다. 나는 학생들에게 건축은 진리를 찾는 학문이 아니라고 입버릇처럼 말하고 있지만, 건축에는 진실한 건축이 분명히 있다.

건축에는 그것의 본성이 잘 드러날 수도 있고 그렇지 못할 수도 있다. 똑같은 건축적 본성 앞에 서서 전혀 다른 건물을 만들 수도 있다. 똑같은 초등학교 건물일지라도 아이들이 여기에서 어떻게, 왜 공부해야 하는지를 묻고 고민한 끝에 지어졌고 그렇게 사용되는 학교가 있는가 하면, 이제까지 늘 해온 방식대로 교실만을 주르르 늘어놓고 교문을 운동장 한복판에 세워도 아름다운 색깔만 칠하면 좋은 학교라는 생각으로 건물을 설계할 수도 있다.

건축에는 치장과 장식이 있다. 치장은 'decoration'이라 하고 장식은 'ornament'라고 한다. '치장'은 뭔가 소중한 것인 것처럼 눈을 속이고 주변 사물과 의미가 닿지 않는 것을 말하지만, 반대로 '장식'은 소중한 것을 더욱 드러나게 하므로 반드시 있어야 하는 것이다. 치장과 장식이 비슷한 것 같아도 전혀 다르듯이, 모두 다 건축이라고 하지만 그중에는 특별히 진실한 건축이 있다.

어떤 회사가 고유한 비전을 가지고 창립되어 자기들이 표방하고 있는 바를 고객에게 진솔하게 보여줄 때 흔히 '진정성'이 있는 회사라고 말한다. 진정성은 단순히 옳고 그름의 문제가 아니라, 자신의 내면과 자신이 밖으로 표출한 것 사이의 거리를 말하는 것이다. 진정성이 있는 것을 영어로 'authentic'이라고 한다. 음악에 '정격 연주(authentic performance)'라는 것이 있다. 작곡가가, 이를테면 바흐나 헨델이 작품을 구상할 때 머릿속에 그렸던 그대로 연주해야만 작품의 참맛을 알 수 있다는 것이다.

그러나 건축에서는 이렇게 말할 수 없다. 거주하는 것에 '정격 거주(authentic dwelling)'란 있을 수 없으며, 사람이 거주하는 것에는 옳고 그름이 없다. 그러므로 옳은 건축, 그른 건축, 좋은 건축, 나쁜 건축 같은 표현은 써서는 안 된다. 다만 사람이 어떻게 거주하는 것이 더 소중한가 하는 것만이 판단의 유일한 근거가 된다. 가족과 생명과 삶의 터전은 '중요한' 것이 아니라 '소중한' 것이며 장소, 재료, 지역, 빛, 공동체처럼 건축에서 늘 강조하는 것들은 모두 인간에게 '중요한' 것이 아니라 '소중한' 것들이다.

아름다움은 진실이 빛나는 것

건축은 물질의 세계와 인간의 세계를 동시에 다룬다. 건축에서 다루는 물질은 대단한 것이 아니다. 흙, 나무, 벽돌, 돌, 철골, 콘크리트,

유리, 타일, 철판과 같은 것들이다. 흙은 어떻게 바를까, 나무를 어떻게 이을까, 벽돌을 어떻게 쌓을까, 콘크리트를 어떻게 부을까를 고민한다. 바로 이것, 어떤 물질을 어떻게 다루는가 하는 데에 건축의 진정성이 있다.

흙은 가장 원시적인 재료다. 흙에 물을 섞으면 진흙이 되고 이것을 말려서 만드는 벽돌을 '아도베(adobe)'라고 하는데, 1816년 뉴멕시코 타오스Taos에 지어진 '아시시의 성 프란치스코 성당(San Francisco de Asis Mission Church)'처럼 아래쪽이 무게로 밀려나지 않도록 사각형으로 만들어도 모서리는 언제나 둥글게 완성되어서 어디까지가 부분이고 어디까지가 그것보다 더 큰 전체인지 구별하기 어렵다. 나무나 돌로 지은 건물은 반드시 짜 맞춘 이음매가 있지만, 흙으로 만든 건물에는 이러한 이음매가 없다.

말리Mali에 있는 '젠네 모스크(The Great Mosque of Djenné)'는 그곳에서 가까운 범람천에서 가져온 재료로 지어졌다. 13세기 말에 지어졌다가 19세기 초에 파괴된 것을 1907년에 재건축했는데, 탑의 높이가 20미터, 건물의 폭이 50미터로 세계 최대의 아도베 모스크다. 덩어리를 쌓고, 진흙을 접착제로 삼아 벽과 기둥을 만들고, 진흙으로 마감했다. 벽에 구멍을 뚫고 그곳에 목재를 끼워 균열을 방지했다. 외벽으로 층층이 돌출된 목재들은 보수공사를 위한 발판으로도 유용하게 쓰인다. 이 모스크는 한 번에 지어진 것이 아니고, 비가 와서 무너지면 또 짓고 무너진 곳을 기초로 삼아 그 위에 다시 짓기를 몇 번이고 되풀이하였다.

매년 우기가 지나면 젠네 주민 4,000여 명이 한 달 내내 모스크 수리에 나선다. 진흙으로 건물을 만드는 건 이곳 사람이라면 누구나 할

진흙으로 만든 말리의 '젠네 모스크' (1907 재건축)

수 있기 때문이다. 이 모스크에는 모든 주민의 노력과 손길이 스며 있다. 더구나 흙으로 만든 건물은 사람을 원초적으로 몰두하게 만들고 의식을 흡수하는 독특한 힘을 갖고 있다. 이렇게 하여 흙은 인간 공동의 희망과 노력, 대지 위의 육중한 물체, 구분되지 않는 부분과 전체, 지역의 문화와 생활 등을 사람의 신체에 가깝게 번역해낸다. 흙은 사회의 근원적 희망을 드러내는 근원적인 건축 재료가 될 수 있다.

지금과 같은 첨단기술의 시대에 이것을 좋은 건축이라고 말하면 이상하게 들릴지도 모른다. 그러나 문명이 생기기 이전부터 사용해온 가장 원초적 재료인 흙으로 지은 건물을 초라하다고 무시할 수만은 없다. 이 건물들에는 다른 재료로는 흉내 낼 수 없는 흙 고유의 육중한 볼륨감이 드러나 있다.

12세기 프랑스 프로방스 지방 숲 속에 시토회(Cistercian) 수도원이 세워졌다. 로마네스크 최고 건축물인 '르 토로네 수도원(Le Thoronet Abbey, 1160~1190)'이다. 건축 형식은 엄격하고 계율에 근거하고 있으며, 모든 장식을 배제했다. 돌은 거칠지만 정밀하게 쌓여 있다. 이 건물은 성 베르나르도St. Bernardus가 정한 수도회의 규칙을 건축으로 번역한 것이다. 성 베르나르도는 "가난하게 살아야 할 당신들에게 성당 안에 있는 황금이 대체 무엇이라는 말인가"라고 꾸짖으면서 "성당 안이나 수도원 다른 장소에 조각이나 회화를 제작하는 것을 금한다. 그것을 보고 있는 사이에 종종 탁월한 묵상의 유용성과 종교적 계율을 쉽사리 잊어버리기 때문이다"라고 시토 수도회 규칙을 정했다.

이 수도원 전체를 지은 라임스톤(limestone)은 모두 이 근방에서 얻은 것이다. 덕분에 벽은 땅과 연속되어 있고 고유한 빛을 담을 수 있었다. 안으로 들어온 빛이 공간을 비추는 것이 아니라 공간을 도려내고 있다고 느낄 정도로 재료가 지닌 내적인 아름다움이 탁월하고 명료하다. 이 공간의 빛과 공간은 "아, 아름답다"라는 감탄을 자아내는 데서 끝나지 않는다. 빛은 거룩함으로 드러나고, 공간 안에서 울리는 목소리와 노래는 인간 영혼의 깊은 곳에 와 닿는다. 물질이 정신을 담고 있고 질서, 정직, 완벽, 묵상이 인간에게 과연 무엇인지를 말해준다.

사진가 루시앙 에르브Lucien Hervé는 이 수도원을 찍은 사진 옆에 성경과 여러 성인의 말씀을 더해 마치 일종의 시간전례서(성무일도서)처럼 편집하고, 이 사진집에 《진리의 건축 Architecture of Truth》(2000)이라는 제목을 붙였다. 르 토로네 수도원에 영성과 진리가 축조되어 있다고 보았기 때문이다. 가우디 역시 아름다움은 진실과 함께할 때 제대로 드러나며, 그저 아름답기만 한 것은 참된 아름다움이 아니라고 믿었다.

"예술은 아름다움이며, 아름다움은 진실이 빛나는 것이다. 진실 없이는 미는 존재하지 않는다. 진실을 파악하려면 사물을 본질적으로 연구해야 한다. 그것은 생명이며 운동이고 인간의 형태 안에서 나타난다."

가우디는 이를 위해 평생 생명과 운동을 탐구하였고, 인간이 만든 형태 안에 이를 담고자 하였다.

가우디의 작품 중 '테레시아나 수녀원 학교(Teresian College. 1890)'가 있다. 본래는 조안 밥티스타 폰스Joan Baptista Pons라는 건축가가 설계를 마치고 착공되어 2층까지 시공되었으나 가우디가 이어받아 설계를 변경하였다. 원안은 단순한 직사각형의 3층 건물이었다. 외관은 르네상스풍의 아치로 된 창이 반복되어 있으나 밋밋하며, 별로 고민한 흔적이 보이지 않는다. 1층 평면을 보면 방마다 창의 크기가 작다.

가우디는 주어진 윤곽과 기둥의 배치를 그대로 가져가면서도 전혀

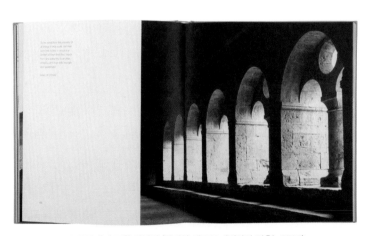

르 토로네 수도원 사진집 (루시앙 에르브, 《진리의 건축》, 2000)

새로운 건물로 바꾸었다. 3층을 4층 건물로 바꾸고 최상층과 옥상 사이에 단열용 공기층을 두었다. 1층은 중복도식이지만 포물선으로 이루어지는 '카타란 아치(Catalan arch)'로 기둥을 보강하였다. 2층으로 올라가면, 1층의 기둥 위에는 작은 아치로 교실로 들어가는 복도를 만들고 가운데는 뚫어 중정에서 내려오는 빛이 1층까지 닿도록 했다. 좁게 느껴지는 복도 옆에는 중정이 있고, 복도에 줄지어 서 있는 포물 선 아치는 청초한 내부공간을 표현하였다.

이렇게 해서 중복도인 내부가 복도 끝과 아치 사이에서 들어오는 빛을 받아 거룩한 수도원의 회랑 공간으로 변신하였다. 중복도의 경

바르셀로나의 '테레시아나 수녀원 학교' (안토니 가우디, 1890) ⓒ김광현

성 테레사 수도원의 회랑 ⓒ김광현

우 건물의 중앙 부분에는 빛이 닿지 않아서 늘 어둡게 되기 쉽다. 그런데 여기에서는 좁고 높은 포물선 아치를 수직 방향으로 조합하여 내부의 볼륨을 중정으로 갖게 되었다. 광정에 면하여 만든 회랑이 빛을 받으며 깊은 공간감을 보여준다. 이 포물선 아치는 역학적인 동시에 수평적이며, 내면적인 깊이를 나타내고 있다.

외관도 원안과 비교하면 전혀 다른 모습으로 변했다. 예산이 아주 적었기 때문에 값싼 재료를 이용해서, 구조체가 그대로 마감재가 되었다. 잘라낸 돌과 벽돌로 쌓은 조적 구조의 회벽이 4개 층으로 나뉘어 내부의 볼륨을 감싸고, 지붕에 있는 총안(銃眼)과 피너클(pinnacle)이 건물의 무게를 덜어주고 있다.[31]

이 모든 것은 아빌라Avila의 성녀 테레사Teresa의 《내면의 성 Castillo Interior》(1577)을 건축으로 표현한 것이었다. 성녀는 이 책에서 하느님을 만나기 위해 성(城) 안으로 점점 더 깊이 파고들어가는 내적 여정을 말했다. 중정 회랑은 '내면'의 성채이고, 지붕에 있는 톱니 모양의 들쭉날쭉한 총안과 피너클로 된 요새의 외관은 내면의 '성채'였다.

혹시 내 얘기가 너무 과장된 것이 아닌지, 건축을 이렇게까지 말할 필요가 있을지 의문이 들지도 모르겠다. 그러나 가우디의 건물을 전임 건축가의 안과 비교해보면 무엇이 다른지 금방 알 수 있다. 모든 건물이 반드시 알바 알토나 가우디의 말대로 되어야 하는 건 아니겠으나, 그럼에도 진실한 건축은 있다는 사실을 아는 것은 아주 중요하다.

※ 31. '총안'은 병사들이 몸을 숨기기 위해 성벽이나 보루에 뚫어놓은 구멍이고 '피너클'은 건물 지붕 위의 첨탑을 말한다.

5

건축은 '근원을 아는 자'의 기술

건축을 뜻하는 영어 'architecture'는 그리스어 '아르키텍토니케 테크네(arkitektonice teknē, architectonice technē)'에서 나왔다. '아르키텍톤(architecton)'의 '기술(technē)'이라는 뜻이다. 아르키텍톤은 'archi'와 'tecton'이 합쳐진 말이다. 'archi'는 'archē(아르케)'에서 온 말로 근본, 근원, 원리라는 뜻이며 'tecton'은 목수, 장인이라는 뜻이다. 그러니까 'architecture(건축)'는 'archē(근원)'를 아는 '장인(tecton)'의 기술이라는 뜻이다.

'archē'는 마르코 복음서의 첫머리에 나온다. "하느님의 아드님 예수 그리스도의 복음의 시작"이라고 할 때 이 '시작'이라는 단어가 그리스어로 'archē'다. 또한 구약성서의 첫 장인 창세기의 첫 대목 "한 처음에(In the beginning)"가 바로 'archē'다. 중요한 것은, 왜 건축을 가리키는 단어에 'archē'가 붙어 있는가 하는 점이다.

우선 '아르키텍톤(architecton)'의 뒷부분인 'tecton'의 어원을 살펴보

자. 그리스어에서 '테크톤(tektōn)'은 원래 목수나 건설자처럼 무언가를 짜 맞추는 기술자를 가리켰으며, 금속을 다루는 대장장이나 돌을 다루는 석공과 구별하기 위해 사용된 말이었다. 가구를 만드는 사람, 문을 만드는 사람, 배를 만드는 사람, 집을 만드는 사람은 모두 짜 맞추기에 능한 테크톤이었다.

그런데 짜 맞추는 일이라고 다 똑같은 것은 아니었다. 가구를 만드는 장인은 쓰임새에 충실하고 튼튼한 가구를 만들면 되었고, 배를 만드는 장인은 물 위에 잘 떠서 바람에 잘 가는 배를 만들면 되었다. 그런데 유독 집을 만드는 장인은 비바람을 잘 막는 집을 짓는 것으로 끝나지 않았다.

아마 그 옛날에도 집 짓는 사람은 이것저것 생각할 것이 많았던 모양이다. 집이 설 땅은 어떤 지형인지, 그 땅에 서 있는 어떤 나무 한 그루는 왜 남겨두어야 하는지, 그 나무 그늘은 아이들이 공부하는 데 유익한 교실이 될 수 있을 것인지, 학교가 될 집은 아이들이 공부하기 좋게 잘 짜여 있는지, 이 집은 공동체 안에서 어떻게 보일 것인지, 바람은 어디서 불어와 어디로 가는지, 목재를 어디서 구해와 어떻게 짜서 기둥으로 세울 것인지를 계속 묻고 있었던 것이 틀림없다.

그러다 보니 사람들은 집 짓는 사람들이 가구나 배를 만드는 다른 장인들은 묻지 않는 그 무엇, 변하지 않는 본질 같은 것을 묻고 있다고 여겼다. 그렇다면 그들을 다른 장인과 구분하여 불러야 했다. 그래서 집 짓는 사람들을 가리켜 '아르키텍톤(archē + tectōn)', 즉 근본, 근원, 원리를 아는 장인이라고 부르게 되었고, 그 단어가 오늘날 건축가를 뜻하는 'architect'가 된 것이다. 근원을 아는 자의 기술이었던 건축과 달리 회화나 조각, 시는 '미메티케 테크네(mimetikē technē)', 모방하는 기술이라 불렀다.

건축이 '근원을 아는 자의 기술'이라면 건축가는 '근원을 알고 이를 기술로 바꾸는 자'가 된다. 여기에서 '근원'이란 변하지 않는 것, 또는 변하기 어려운 것, 불변의 가치와 원칙 같은 것이다. 다른 기술들이 한 가지의 목적만을 추구하는 것과 달리, 건축은 잘 바뀌지 않는 것 또는 쉽게 바뀌어서는 안 되는 것에 주목하고 이것을 기술로 번안하려 한다. 바로 이런 측면 때문에 건축이 인간에게, 공동체에게 중요한 의미를 갖게 된다.

불변의 가치에는 참으로 많은 것이 있다. 인간이라면 응당 가지고 있는 실존적 가치, 공동체가 지녀야 할 사회역사적 가치, 오래 지속되어야 할 환경의 가치, 땅이 지닌 변할 수 없는 가치, 중력과 토양과 바람과 물의 흐름에 관계하는 불변의 원칙들, 사람이 공간을 통해서 얻고자 하는 것들이 이에 해당한다. 건축은 이런 변하지 않는 가치를 존중하고 그것을 기술로 바꾸는 일을 한다. 그 안에서 사람이 삶을 영위하기 때문이다.

토목공학은 이런 것을 따지지 않는다. 건설도 이런 것을 구별하지 않는다. 바로 이 지점에서 건축이 인간 생활에 왜 필요하며 어떤 역할을 해야 하는지가 또렷이 드러난다. 만일 건축을 건설이나 토목과 구별하지 못한다면, 그것은 인간의 근원적 가치를 잘 구별하지 못한다는 뜻이다.

근원을 아는 자의 기술이라고 하니 또 어렵게 들릴지도 모르겠다. 이렇게 생각해보자. 같은 와인을 유리잔으로 마실 때와 플라스틱 컵으로 마실 때 그 맛은 전혀 다르다. 왜 그럴까? 와인이 지닌 본질적인 가치가 왜 어떤 때는 드러나는데 어떤 때는 드러나지 못하는가? 바로

목욕하는 신체에 공명하는 공간. 스위스의 발스 온천 (페터 춤토르, 1996)

이것이 "건축은 번역하는 행위"라고 말한 이유다.

같은 목욕이라도 동네 목욕탕에서 하는 목욕과 스파에 가서 하는 목욕은 다르다. 목욕에는 세 가지 목적이 있다. 첫 번째는 몸의 때를 닦는 것, 두 번째는 몸의 긴장을 푸는 것이다. 세 번째는 목욕을 통해 마음을 고양시키는 것이다. 만일 건축가 페터 춤토르Peter Zumthor가 설계한 스위스의 '발스 목욕탕(The Therme Vals, 1996)'에서 목욕하는 신체에 공간 전체가 함께 공명하고 있다면, 그것은 세 번째에 속하는 목욕이다. 내 몸에 분명히 있는 근원적이고 지속적인 가치가 왜 어떤 때는 드러나는데 어떤 때는 드러나지 못하는가? 바로 이것이 "건축가는 번역하는 사람"이라고 말한 이유다.

그렇다.
건축은 짓는 것이 아니다.
건축은 사회 모두가 자라게 하는 것이다.

3 / 사회가 만드는 건축

1

'建'이 '聿'과 '廴'인 이유

'建'은 제도, '築'은 공간

라트비아의 수도인 리가^{Riga}에는 '블랙헤즈 하우스(Blackheads House)'라는 건물이 있다. 그 앞의 광장은 크지는 않지만 리가의 심장이고 자존심이며 역사가 스며 있는 곳이다. 이 건물의 문 위에는 이런 글이 명판에 새겨져 있었다.

> "만일 내가 부서져 먼지가 된다면, 너는 내 벽을 다시 지어주어야 한다."

과연 누가 그 옛날 이 글을 써놓았을까? 나는 이 건물을 앞에 두고 이 글을 읽으며 깊은 감동을 받았다.

이곳은 1344년에 세워진 이래로 이 도시의 많은 활동을 담아온 아

리가의 '블랙헤즈 하우스' (2000년 복원) ⓒ김광현

름다운 건물이었다. 오랫동안 시민의 자부심이었던 이 기념비적인 건물은 제2차 세계대전 중인 1941년 독일군의 공습으로 부서진 채 방치되어 있었는데, 1948년 소련이 이 나라를 점령하면서 불타버린 벽까지도 완전히 파괴해버렸다. "만일 내가 부서져 먼지가 된다면"이라는 예언 같은 말이 현실이 되어버린 것이다. 이후 1991년에 라트비아공화국이 소련으로부터 독립하면서 건물 복원에 착수하여 2000년에 완성되었다. 그렇게 명판 위의 문장이 다시 한 번 그대로 실현된다.

'짓는다'는 것은 무엇인가? 건물이라는 것이 대체 무엇이기에 오래 전에 지어진 이 건물에 누군가 그런 글을 새겨놓았으며, 어떤 이유에서 그 명판을 그대로 남겨두었던 것일까? 그 건물이 먼지가 되었을 때 그들은 과연 무엇을 잃어버렸던 것일까? 오래된 건물 한 채? 오래된 지붕? 그렇지 않다. 이 건물이 사라졌을 때 이 도시와 이 나라의 역사가 함께 사라졌고, 훗날 건물이 복원되면서 이 도시 이 나라의 역사와 다시 이어지게 된 것이다.

동양 문화에는 'society'라는 말도 없었고 'philosophy'라는 말도 없었다. 이 말들이 서양 문물을 타고 들어와 우리가 이해할 수 있는 말로 번역되었다. 'society'는 모일 사(社)와 모일 회(會)를 합쳐 '社會(사회)'로, 'philosophy'는 밝을 철(哲)과 배울 학(學)을 합쳐 '哲學(철학)'으로 옮겨졌다. 서로 다른 언어인데도 본래의 개념을 잘 나타내고 있어서 어떻게 이렇게 말을 잘 옮겨놓았는가 감탄하게 된다.

'architecture'의 번역어인 건축은 한자로 '建築'이라고 쓴다. 그런데 일본인이 번역한 이 말에는 세우고(建) 올린다(築)는 물질적인 행위만 표현되어 있어서 차라리 영조(營造), 즉 '지어서 만든다'는 것이 더 좋다고 주장하는 사람이 있다. 실제로 일각에서 이 말이 유행하고 있기도 하다. 그러나 이는 아주 잘못된 것이다. '영조'는 토목이나 건축으로 다양한 시설과 건조물을 만드는 것이며 대개는 대규모의 공적인 조영을 말한다. 따라서 영조는 '건설(建設)'과 같은 말이다. 중국에서는 건설을 영조라고 한다. 북송시대에 편찬된 《영조법식(營造法式)》은 토목, 돌, 대목, 기와, 벽돌 공사의 설계 기준과 적산, 도면 등을 수록한 시공 관련서였다.

'건축'이라는 멀쩡한 표현을 굳이 다른 말로 바꾸려 하는 데엔 나름의 이유가 있다. 건축의 '건(建)'은 '세우다'라는 뜻인데, 우리 사회에서는 뭔가를 짓는 것을 왠지 모르게 낮추어 보는 경우가 많아서 '建'이라는 글자에 대한 이미지도 이를 넘어서지 못하는 듯이 보인다.

그런데 한 가지 의문이 생긴다. '建'은 왜 '聿'과 '廴'이 합쳐진 것일까? '聿'은 붓을 뜻하며 '율'이라고 읽는다. 그리고 '廴'는 '길게 걷다, 끌어당기다'라는 뜻이며 '인'이라고 읽는다. 그렇다면 '建'이라는 글자는 '붓을 들고 끌어당기며 멀리 걸어감'이라는 의미가 된다. 무언가를 세우는데 왜 붓이 필요하며 게다가 끌어당기며 멀리 걸어간다는 것은 또 무엇인가? 붓은 손에 쥐는 것이지 세우는 것이 아니지 않은가? 붓을 쥐고 끌어당기며 멀리 걸어가는 것이 곧 '세움'을 의미한다는 뜻인가?

'聿'은 나뭇가지를 손에 쥐고 글씨를 쓰고 있는 모양 또는 점토에 글씨를 새겨 넣는 나뭇가지를 그린 것이다. 이 나뭇가지에 짐승의 털을 끼우고 붓대를 대나무(竹)로 만든 것이 '筆(붓 필)'이다. 그러니까 '聿' 다음에 '筆'이 생겼다. 그런데 '법 율(律)', '세울 건(建)' 등은 모두 '붓 율(聿)'을 기본으로 하고 있다. '법률'의 '율(律)'은 '행(行)해야 하는 것을 붓으로 적어놓은 것'이라는 뜻이다.

한나 아렌트는 《인간의 조건》에서 '공적 영역과 사적 영역'을 논하며 '법'의 어원에 주목하였다. 법을 뜻하는 그리스어 '노모스(nomos)'는 '배분하다, 배분된 것을 소유하다, 사는 것' 등을 의미하는 '네메인(nemein)'에서 나왔다. 즉, 법은 집과 집의 경계인 '네메인'에서 나온 말이다. 이는 '(건물의) 벽'과 '법'이 같은 뜻임을 의미한다. 두 단어는 동일한 말에서 나왔다. 이것은 '법 율(律)'과 '세울 건(建)'이 '붓 율(聿)'이라는 글자를 함께 담고 있는 것과 마찬가지 의미가 아니겠는가?

사람이 모여 살려면 서로 지키고 행해야 할 것을 붓(聿)으로 적어놓아야 한다. 법을 뜻하는 '律'과 세움을 뜻하는 '建'에 똑같이 '聿'이 들어간 것은, 사람들이 공동체를 이루며 살 때 서로 약속한 바를 정하여 붓으로 적는 것이 법률에서나 집을 지을 때나 마찬가지라는 것을 뜻한다. '법 율(律)'은 행(行)해야 할 약속을 정하는 것이며, '세울 건(建)'은 붓을 들어 적은 약속이 미래에도 오래가면서 당기고 이끌도록 사물을 차례대로 정하여 세우는 것을 나타낸다. 한편, 건축의 '축(築)'은 '쌓다, 다지다'라는 뜻인데, 나무(木) 위에 무언가의 도구(工)로 토담을 만들어(凡) 그 위에 대나무(竹)를 덮는 것이다.

그렇다면 건축(建築)이란 서로 약속한 바가 미래를 향해 오래 나아가도록 구체적으로 '짓는 것'이다. 약속한 바가 없는데 무언가를 세울수는 없다. 건축의 '建'은 실제의 물체로 잴 수 없는 모두의 뜻, 합의, 미래에 대한 희망을 세우는 것으로서 일종의 제도(制度)이고, '築'은 실제의 물질을 다지고 쌓아 그 제도를 위한 '공간(空間)'을 만드는 것이다. 서양의 'architecture'를 옮긴 '建築'은 생각할수록 아주 좋은 말이고 좋은 번역이다.

이런 의미를 담은 '건축'을 종묘(宗廟)라는 건물로 생각해보면 어떻게 될까? 종묘는 유교를 지배이념으로 삼았던 조선시대의 역대 왕과 왕비 그리고 죽은 뒤 왕으로 추존된 왕과 왕비의 신위를 봉안하고 국가적인 제사를 지내는 곳이다. 국왕의 조상신은 중요한 숭배의 대상이었다. 종묘라는 건물이 생기기 이전에, 왕실 조상의 혼을 신주(神主)로 받들어 국가적인 제례를 올리며 왕권의 존엄성을 내외에 과시하고 왕조의 근간을 확립한 제도가 먼저 있었다. 이것이 '丰'이다.

그러려면 조선왕조의 영원한 존속을 기원하고 백성에게 복을 내려 달라고 조상에게 비는 장소, 연년세세 끊이지 않을 왕위의 영속을 기원하는 곳, 이를 위한 제례가 펼쳐질 공간이 필요했다. 이것이 '辶'이다. 그리고 이 두 가지가 성립되도록 제도를 세우는 것이 '建'이다. 그런데 이것만으로는 안 된다. 돌을 쌓고 기둥을 세워 지붕이 길게 뻗은 장대한 건물을 만들어야 한다. 이것이 '築'이다.

이렇게 해서 종묘는 영원한 지속을 상징할 수 있었다. 만약 조선왕조가 오늘날까지도 계속되었더라면 돌아가신 임금의 위패가 계속 모셔져서(丰) 저 긴 건물은 더욱 길게 뻗어나가 시간이 누적되어갔을 것이다(辶). 그러니 종묘는 우리의 영원한 시간의 건축이 되었다.

혹시 고대 그리스 극장에 서게 된다면 이렇게 생각해보자. 연극하던 배우도, 그때 부르던 노래도, 극을 장식하던 그림이나 의상도, 그 극에 담겨 있던 간절한 기도(丰)도 모두 사라져버렸다. 그러나 돌로 만들어진 원형의 계단 좌석과 무대의 자취는 여전히 남아(辶) 이곳에 극이 있었고, 노래를 불렀으며, 사람들이 모여 웃고 울고, 자신들이 한곳에 모여 있음을 기뻐했을 것이라고 증언해주고 있다. 비록 온전한 형태를 잃은 채 돌덩이와 구멍만이 남았을지라도, 오랜 시간이 지난 지금까지 그 시대를 전해주고 표현해줄 수 있는 것은 오직 건축물밖에 없다. 돌이 먼지가 되고 다시 흩날리는 바람이 될 때까지, 건축물은 인간이 표현하고자 하는 수많은 희망을 담아 아득한 시간 너머로 전해준다(孔).

건축이 국가를 만든다

건축가 출신으로 대통령이 된 사람이 있다. 미국 독립선언서를 기초하고 나중에 제3대 대통령이 된 토머스 제퍼슨Thomas Jefferson이다. 그는 학교에서 건축을 공부한 사람이 아니었다. 이유는 단 한 가지, 당시 미국에는 건축학교나 대학이 없었기 때문이다. 그러니 제퍼슨은 아마추어 건축가다.

그럼에도 그는 18세기 후반에서 19세기 전반에 걸쳐 미국의 가장 중요하고 독창적인 건축가였다. 미국인들은 그를 '미국 건축의 아버지'라 부르며, 미국건축가협회는 제퍼슨 탄생 250주년을 맞이하여 1993년 그에게 골드 메달을 수여했다. 단지 건축을 공부했던 대통령이라는 이유만으로 그런 영광스러운 호칭을 얻은 게 아니다. 그는 미국의 정치적인 독립만이 아니라 문화적인 독립도 진지하게 함께 생각한 최초의 지도자였다.

제퍼슨은 그리스어나 라틴어로 된 고전을 읽었고, 악기를 연주하고, 수학을 공부하고, 신대륙의 동식물을 연구하였고, 농부였으며 기술자였다. 레오나르도 다빈치처럼 르네상스적인 전인(全人)이었던 그는 또한 많은 책을 통해서 건축을 배운 진정한 건축가였다. 특히 팔라디오Andrea Palladio의 《건축4서 Quattro Libri deii Architettur》(1570)는 그에게 건축의 성서였는데, 그 책을 통해서 그는 고전건축을 배웠다. 그

40년에 걸쳐 완성된 몬티첼로 (토머스 제퍼슨, 1768)

는 그리스 예술에 친숙하였으며 1784년부터 5년간 프랑스 대사로 간 것이 계기가 되어 신고전주의로부터 큰 영향을 받았다. 그리고 자기 자신의 주택인 몬티첼로(Monticello House, 1768), 버지니아대학 캠퍼스와 로톤다(Rotonda, 1788) 등을 설계했다.

제퍼슨이 몬티첼로를 다 짓는 데는 물경 40년이나 걸렸다. 그는 이 주택을 자신의 건축론이라고까지 불렀다. 몬티첼로는 그가 이상으로 삼고 있는 사회와 농민으로 살아가는 진정한 인간의 모습을 구체적으로 보여준 것이었다. 새로운 국가의 시민은 스스로 땅을 일구고 경작하는 농민이어야 한다고 그는 보았다. 몬티첼로는 단순한 주택이 아니라 많은 사람들과 함께 살기 위한 거주지이자 생산공동체로 계획된 것이었다. 어떤 사람이 완성되지 않은 이 집을 찾아왔을 때, 제퍼슨은 이렇게 말했다.

> "건축은 나의 기쁨이다(Architecture is my delight)."

그는 버지니아대학의 설립자이자 학교의 모든 건물을 설계한 건축가였다. 몬티첼로가 개인이 어떻게 살아야 하는가를 보여준 것이라면 버지니아대학은 집단이 살아야 할 이상적 공동체, 이상적인 미국의 마을을 건축으로 구현한 것이었다. 교수와 학생의 민주적인 공동체가 하나의 마을 안에 구현된 것이었다. 버지니아대학 캠퍼스의 중앙에는 잔디로 만들어진 넓고 아름다운 조경이 펼쳐져 있다. 대학 한가운데 있는 도서관인 '로톤다'는 로마의 판테온을 반으로 줄여 만든 것인데, 이를 중심으로 좌우에 10개의 강의실과 교수동으로 쓰이는 파빌리온(pavilion)을 U자형으로 만들고 다시 그 뒤로 학생 기숙사를 콜로네이드(colonnade)[32]로 이어지게 하였다.

흔히 국가가 건축을 만든다고 생각하지만 제퍼슨은 달랐다. 그의 이상은 건축이 국가를 만드는 것이었다. 이탈리아의 건축이론가 타푸리Manfredo Tafuri의 말처럼 "제도로서 그리고 교육으로서 건축이 지니는 가치를 분명히 인식한 이는 다름 아닌 제퍼슨이었다." 제퍼슨이 1785년에 쓴 글은 건축의 목적이 어디에 있는지를 너무나도 분명하게 보여주고 있다.

> "공공건물을 지어야 할 때 만일 우리가 모든 기회를 이용하지 못하고 그들이 배우고 따라해야 할 모범을 보여주지 못한다면, 건축이라는 이 아름다운 예술에 들어 있는 취

향이 우리 동포들 안에서 어떻게 형성될 수 있겠는가? […]
나는 건축을 너무나도 좋아한다. 그러나 나는 건축에 대
한 그 열정을 감추려고 하지 않는다. 왜냐하면 건축의 목
적이란 나의 국민의 취향을 높여주고, 그들의 명성을 드높
이며, 그들을 세계의 다른 이들과 조화를 이루게 해주고,
세계의 다른 이들이 우리 국민을 칭찬하게 만드는 데 있
기 때문이다."

건축은 미국의 대의(大意)의 심장이라고 제퍼슨은 생각하였다. 그
가 생각하는 건물은 벽이 둘러쳐진 구조물이 아니라 미국이라는 국
가를 은유해주는 것이었다. 건물이 지어지는 과정은 나라를 짓는 과
정과 똑같은 것이었다.[33] 따라서 미국에 지어지는 모든 건물은 유럽에
의존하는 문화와 결별하려는 열망을 표현해야 했다. 미국이 영국에
서 정치적으로 독립한 후 문화적으로도 독립하려면 영국 조지안 스
타일(Georgian style)[34]의 건축양식에서 벗어나, 새로운 자유국가에 맞
는 보편적 양식을 확립하여야 했다. 제퍼슨은 미국 사람들의 시민 생
활이 실현되는 것을 건축이 구체적으로 보여준다고 믿었다.

그가 이런 말을 한 것은 지금으로부터 230년 전이다. 그럼에도 그
속에는 우리가 곱씹어야 할 중요한 진실이 있다. 건축에는 공동체를

---

* 32. 일정 간격으로 이어진 수많은 기둥, 또는 그것으로 만들어진 길다란 복도
33. Joshua Johns, 〈Jefferson and the Politics of Architecture〉, 《Thomas Jefferson: The Architect of a Nation》, University of Virginia, March 1996 (http://xroads.virginia. edu/~cap/jeff/jeffarch.html)
34. 영국 조지1세(재위 1714~27)에서 3세(재위 1760~1820)에 이르는 100여 년간 영국에서 주류를 이루었던 건축양식

묶어내는 힘이 있는데, 그것은 건축을 만들고자 할 때부터 시작한다는 것이다. 건축은 그 자체가 목적이지만 건축의 목적을 '공유하기' 위한 수단이기도 하다는 것, 좋은 건축물을 짓는 것은 좋은 국가를 짓는 것과 같다는 그의 말을 오늘의 언어로 다시 해석해볼 필요가 있다.

그가 말하고자 한 것은 건축이 미래에 직결된다는 것, 건축은 누구를 위해 만들어지며 무엇 때문에 지어지는가를 물어야 한다는 것, 그리하여 모든 사람에게 유익한 건축이 좋은 건축임을 확인해야 한다는 것이었다. 제퍼슨의 말과 생각에서도 건축이란 서로 약속한 바(丰)를 미래를 향해 오래 나아가도록(辶) 사회가 '짓는 것'임을 읽을 수 있다.

2
건축은 사회적 공간

손잡이에서 찜질방까지

어느 날 집에 돌아오는 길에 어떤 레스토랑의 문에 달린 손잡이를 보고 이 말이 생각났다. "문의 손잡이는 그 건물과 악수하는 것이다 (The door handle is the handshake of the building)." 유하니 팔라스마 Juhani Pallasmaa라는 건축가의 말이다. 집에 들어갈 때 문을 열려면 제일 먼저 문에 달린 손잡이를 잡아야 하기 때문이다. 악수가 두 사람이 만나거나 헤어질 때, 그리고 합의를 이끌어냈을 때 하는 사회적인 행위이듯, 건축물도 그만큼 사회적이다.

손잡이를 쥐고 문을 열 때면 순간적으로 독특한 촉감이 느껴진다. 꺼칠꺼칠하기도 하고, 그러면서도 수많은 사람들의 손길이 배어 있는 매끄러운 부분이 있다. 사소하게 보이는 손잡이에도 많은 이들의 손길이 닿아 있는 것이다. 손잡이 표면의 윤기는 수많은 사람들의 '피

헬싱키 아카데미 서점 손잡이(알바 알토, 1969) ⓒ김광현

부가 만들어낸 것임을 생각하면, 문의 손잡이에는 사회적인 함의가
담겨 있다.

테이블은 사회적이다. 사람은 누군가와 함께 있고 싶을 때 테이블
을 사이에 두고 앉아 식사하고 대화한다. 문제가 생겨서 협상하고 논
쟁을 벌일 때도 테이블을 사이에 두고 앉는다. 테이블만 따로 보지
않고 거기 앉아 있는 사람들의 모습과 함께 보면, 테이블이 단순한
가구가 아니라 사람을 모으며 사회적인 행위를 유발하는 장치임을
알 수 있다.

지위가 가장 높은 사람은 가운데 앉히거나 테이블 머리에 앉게 한다. 앉은 사람이 모두 동등하다고 여길 때는 둥근 테이블을 사용한다. 도서관에서는 긴 테이블을 같이 쓰며 책을 읽는다. 건축가 헤르만 헤르츠베르허Herman Hertzberger는 이렇게 말했다.

> "사물을 올려놓거나 둘러앉는 테이블은 기본적인 광장이며, 그것을 둘러싸고 앉은 사람들 사이에서 일어나는 모든 것을 위해 마련된 표면이다."[35]

그는 또한 테이블에서 일어나는 사람들의 관계를 '테이블의 사회학'이라는 말로 표현했다. 이 표현대로라면 '문의 사회학', '창의 사회학', '공간의 사회학', '건축의 사회학'이 얼마든지 있을 수 있다.

도시에서 흔히 보는 집들의 옥상은 잘 보이지 않는 곳에 있어서 별로 관심을 기울이지 않지만, 조금 높은 곳에서 우리가 살고 있는 동네를 내려다보면 옥상의 거친 장관을 쉽게 경험할 수 있다. 옥상은 영어로 'rooftop'이라고 한다. 경사진 지붕에는 옥상이라는 것이 없다. 현대식 건물로 편평하게 만든 지붕의 위가 옥상이다.[36]

옥상은 그 건물을 소유한 사람이거나 그곳에 올라갈 권리가 있는 사람에게는 더없는 사적 공간이며 배타적인 공간일 수 있다. 텃밭을 가꾸거나 평상을 놓아 사람들과 함께 삼겹살을 구워 먹는 공동체의

---

* 35. Herman Hertzberger, 《Space and Architect, Lessons in Architecture 2》, 010 Publisher, p.154
36. 옥상에 대한 흥미 있는 관찰과 기술로는 《옥상의 공간사회학》(전상인 김미영, 건축도시공간연구소, 2013)이 있다.

공간이 될 수도 있고, 드라마 〈옥탑방 고양이〉처럼 젊은 연인이 동거하는 낭만의 장소가 되기도 한다. 노란 물탱크나 에어컨 실외기, 가스통, 장독 등이 올라가는 옥외 창고이기도 한 옥상은 우리가 사는 도시의 추한 모습도, 아름다운 정경도 모두 나타낼 수 있다. 옥상은 단지 콘크리트 바닥 위에 아스팔트 방수로 끝나는 건축의 한 부분이 아니다. 이 모든 것을 합쳐서 동네의 풍경, 도시의 경관을 결정짓는 강력한 사회적인 힘을 가진 곳이 바로 옥상이다.

우리가 사는 공간은 주로 도시에 있다. 도시는 타인들과의 사회적 교류가 이루어질 수 있는 가장 좋은 기회를 만들어준다. 은둔하듯 혼자 사는 것이 편하다면 도시에 있지 말고 자연에서 살아야 한다. 도시에서는 아무리 작은 집이라도 문만 열고 나가면 곧바로 다른 사람을 만나게 되어 있다. 나는 수많은 사람을 받아들이며, 다른 사람 속에서 내가 펼쳐진다. 나는 다른 사람을 보고 있지만 동시에 다른 사람에게 내가 보이기도 한다. 도시에서는 이런 관계가 공간 안에서 반복된다. 이것을 '사회적 공간'이라 부르는데, 이는 도시를 축약해놓은 것이다.

많은 사람이 모여 있다고 해서 공간의 성격이 다 똑같은 것은 아니다. 성당이나 극장 또는 강당에서는 모든 것이 한 점에 집중되어 있다. 이에 비하면 길이나 광장, 카페나 로비 같은 곳에서는 한 점에 집중되지 않는다. 길과 광장에서 나의 공간은 내 의사에 따라 정해지며, 동시에 다른 사람과 관련하여 나의 공간이 정해진다는 이중적인 특징이 있다. 이러한 공간은 한 점에 집중하는 공간과 다르기 때문에 이를 '집합적 공간(collective space)'이라 부른다.

공원의 넓은 풀밭에서는 사람들이 촘촘히 앉지 않는다. 일행끼리 모여 앉아서 다른 그룹과 거리를 적당히 뗀다. 이것이 자연스러운 행동이다. 그러다가 혹시 날아가던 풍선을 다른 사람이 잡아주기라도 하면 이걸 계기로 대화가 오갈 수도 있을 것이다. 서로 소통을 끊고 있지만 우연한 기회가 주어지면 소통이 가능할 수도 있는 상태, 곧 'on-off'의 권한이 각자에게 주어져 있는 공간이 많이 있다. 연주와 연주 중간에 사람들이 잠시 쉬게 되는 음악당의 로비도 마찬가지이므로, 이 또한 '집합적 공간'이다.

로테르담에 있는 쇼우부르흐 광장(Schouwburgplein)은 앉아 있는 사람, 롤러스케이트 타는 사람, 자전거 타는 사람, 춤추는 사람 등 광

각자 하고 싶은 것을 마음껏 표출하도록 설계된 로테르담의 쇼우부르흐 광장 ⓒ김광현

장 안팎에서 각자 하고 싶은 바를 마음껏 표출할 수 있게 설계된 것으로 유명하다. 광장 바닥은 사람들의 각각의 행동에 맞는 재료로 만들어져 있다. 시민이란 남이 만들어준 여건을 수동적으로 즐기는 사람들이 아니라 스스로 호기심에 가득 찬 이들이고, 그들만의 환상과 정체성을 가지고 있다고 여겼기 때문이다. 광장 주변에 붉은 크레인처럼 생긴 것들은 동전을 넣으면 일정한 시간 동안 춤추는 사람을 따라다니며 조명을 비춰주는 기계다. 누군가 이 조명 기계에 동전을 넣고 광장에서 춤을 추면 어떤 사람은 그것을 구경하지만, 어떤 사람은 아무런 관심을 두지 않을 수도 있다. 공공의 장소 안에 사적인 공간이 형성되는 전형적인 '집합적 공간'이다.

우리나라에는 찜질방이라는 독특한 사회적 공간이 있다. 1990년대 중반 무렵 대중목욕 문화와 '방(房) 문화'가 결합되어 생겨난 것인데, 찜질방의 넓은 방 안에서는 모두 똑같은 옷과 베개를 사용하고 전혀 모르는 사람 옆에서 쉬고 자고 이야기한다. 각자에게는 매우 사적인 공간이지만, 동시에 여러 사람과 함께 있는 공적인 공간으로도 인식된다. 그 안에 있는 동안만큼은 묘한 공동체 의식을 갖게 되는 특이한 시설이며, 잠깐 모였다가 곧 헤어질 사람들의 임시 커뮤니티 센터라 할 수 있는 독특한 건축 유형이다.

이 임시 공동체는 공간을 함께 소비하기 때문에 생긴 의사(疑似) 공동체이며, 지역에 근거한 전통적 공동체의 모습은 아니다. 그렇지만 찜질방에는 한국인의 '공동체 DNA' 같은 것이 들어 있다.

많은 사람들이 모이는 건물은 하나의 작은 도시이며, 건물은 도시를 닮아 있다. 도시는 건축물 안에서 이미 시작하는 것이다. 사람들을 우연히 만나고 지나치며 마주 대하는 사회적 공간은 어디에나 존재한다. 상점, 식당, 카페, 고속터미널 등 사람이 모이는 크고 작은 건축에는 어디에나 있다. 또 계단, 브리지, 방과 방 사이, 기둥과 벽 사이에도 사회적 공간은 얼마든지 있을 수 있다. 길모퉁이의 가게, 지하철역, 할인매장, 경기장 등은 우리가 살아가는 데 매우 중요한 공간이다. 그렇지만 모두 공공의 이익을 위한 장소들이다.

공간은 사회적, 사회는 공간적

건축은 누구를 위해 지어지는 것일까? "공간은 그 본질에서 사회적이고, 사회는 공간적이다(Space is by its very nature social, and society is spatial)"라는 말이 있다. 나는 이 말을 〈세계건축연맹(UIA)과 건축교육: 소견과 권고〉(2011)에서 보았다. 그런데 건축가나 건축학자는 '공간'이라는 말을 들으면 이것을 '건축물을 구성하는 추상적이며 지적인 공간'으로 바꾸어 이해하는 버릇이 있다. 게다가 공간은 마치 건축가만이 다루고, 건축가만이 이해할 수 있으며, 건축가만이 논의할 수 있는 특별한 것이라고 생각하고 있다. 건축하는 사람들 안에서나 통하는 사고방식이다.

건축가들은 에워싸이는 광장만 만들면 공동체가 만들어진다고 착각하고 있다. 막다른 골목의 주변에 주택을 배치하면 그들이 공동체를 이룬다고 생각한다. "공간은 사회적"인데 사회적인 것의 의미를 알아차리지 못하고 오직 공간만 생각한다. 그러나 토목도 공간을 다루고 조경도 공간을 다루며 교통도 흐름을 위한 공간을 다룬다. 그러니마치 건축가만이 공간을 다루는 유일한 전문가인 양 행세하지 말아야 한다. 본래 인간이란 공간과 시간의 구속을 받으며 살아가게 되어 있다. 사람이 사회를 이루며 다른 사람들과 함께 살면 사회도 당연히 공간과 시간의 구속을 받는다. "사회는 공간적"이라는 것은 사회 자체가 이미 공간적인 틀 안에서 규정되며 그 안에서 모두가 공유한다는 말이다.

공간은 사회적이다. 건축을 설계한다는 것은 단지 공간을 아름답게 편리하게 쾌적하게 만들어주는 것만을 의미하지 않는다. 건축이 이것으로 제 소임을 마친다면 건축가의 고민도 훨씬 가벼워지겠지만 유감스럽게도 그게 다가 아니다. 건축이 미래에 넘겨질 사회적 자산인 이상, 지금의 사회가 요구하는 바를 그대로 받아 적고 사회제도에 순응하는 건물을 만들어서는 안 된다. 건축가는 건축이라는 공간을 통해 사회의 미래를 이어나가야 한다.

사회는 공간적이다. 진로 문제와 학교폭력 문제로 고민하는 청소년을 위해서는 청소년회관이, 여성 직업능력 개발을 위해서는 여성문화회관이, 노인의 복지와 취업을 위해서는 노인복지센터가, 어린이 교육을 위해서는 어린이집이나 유치원이 지어진다. 사회복지 시설만 해도 사회복지사업법, 국민기초생활보장법, 아동복지법, 노인복지법, 장애인복지법, 한부모가족지원법, 영유아보육법, 정신보건법 등 각종 법률이 설립과 운영의 근거가 되고 있다. 사회에는 이미 공간이 포함되어 있기 때문에, 사회는 공간을 이렇게 구체적으로 건축에 요구한다.

건축의 공간이 이렇게 요구된다고 설명하면 건축을 '아름다운 공간을 구성하는 것'으로 기대하는 이에게는 그다지 재미없게 들릴 것이다. 사회는 건축 바깥에 있고 건축은 오직 건축가의 손을 거쳐 지어지는 아름다운 예술의 산물로만 여기는 이에게는 이런 설명이 쓸데없이 복잡하게 들릴 것이다.

"공간은 사회적이고, 사회는 공간적이다"라는 것은 하나의 추상적인 슬로건이 아니다. 이러한 문장의 의미를 가장 먼저 잘 알아야 할 곳은 건축물을 지으려는 행정 분야다. 사회를 경영하고 움직이는 행정기관이 건축에 대해 협소한 식견을 갖고 있으면 건축가를 단지 행정 시스템을 실현해주는 도구로 여기기 쉽고, 지역 주민에 대한 철저한 이해를 소홀히 하기 쉽다.

일본 도쿄도 서쪽에 있는 인구 6만의 작은 도시 훗사시(福生市)는 시 청사를 지으면서 시민의 의견에 기초하여 기본 구상안을 만들고, 1년 7개월 동안 신청사건설검토위원회 등 여러 위원회의 회의를 거치면서 '시민검토위원회' 기본계획을 확정하는 과정을 거쳤다.[37] 이 과정에서 시민위원들이 많은 요구를 했다. 그중 인상적인 것은 "자원봉사나 시민활동에 남녀를 어떻게 공동으로 참여시킬 것인가, 다른 시의 상황을 알 수 있는 서적이나 자료를 비치해달라, 시의 문화 등을 알기 쉽게 표시해달라, 하루에 몇 명이 시청에 온다고 예상하는가, 시의 교육목표를 게시하는 장소를 만들어달라, 주차장을 휴일에 이용할 수 있게 해달라, 시민이 출입하기 쉬운 청사를 만들어달라, 몇 층으로 지어질지는 모르지만 내가 사는 도시를 알아야 하니 제일 높은 층에서 도시를 볼 수 있게 해달라, 시민이 시정(市政)에 참가할 수 있는 의회여야 하니 학생들이 시정을 자유로이 배울 수 있게 열린 의회 건물을 만들어달라" 등이었다. 매우 구체적이었고, 나의 관심이 아니라 '우리'의 관심을 앞세운 것이었다. 인구 1,000만인 우리의 서울시 청사는

---

* 37. https://www.city.fussa.tokyo.jp/municipal/others/building/m1cpmb000001vyzx.html

일본 훗사시의 청사

유감스럽게도 이런 과정이 생략된 채 지어졌다.

　이처럼 공간은 사회적이다. 건축은 사회적인 요청을 받아 만들어
지지만, 많은 사람이 그 공간을 공유함으로써 건축은 비로소 사회적
인 존재가 된다. 건축은 언제나 하나밖에 없는 그 지역의 어떤 장소
를 차지하며, 그 지역의 문제를 해결하기 위해 지어지는 지역적인 존
재다. '공간은 사회적'이라는 말은 공간을 제공하게 될 건축물이 누구
를 위해 지어지는가를 분명히 알고 설계되어야 한다는 뜻이다. 따라
서 지역 주민은 지어질 건물에 대해 충분히 알 권리가 있다. 누구를
위해 지어지는지가 분명하지 않으면, 그 건물이 가까운 미래에 살게
될 주민에게 무언가 책임을 져주는 건물이 될 리 없다.

건축의 사회성이란 지역사회 자체에 큰 변화를 가져다주는 것을 말한다. 건축이 사회성을 갖는 건 내 공간 네 공간이 따로 떨어지지 않고 모두 연결되어 있어서도 아니고, 사회나 지역에서 요구하는 바를 건축으로 잘 만들어주어서도 아니다. 건축은 개인생활이 아니라 사회생활을 하는 데 없어서는 안 된다는 것, 건축은 그 안에서의 생활과 사용방식을 규정하고 사람의 행동과 사상의 방향을 정하는 행위라는 것이 건축의 사회성을 이루는 토대이다. 이는 건축이 사회적인 제도나 사고를 공간으로 변혁하는 힘이 있음을 인정하는 것이다.

권력과 자본은 공간을 가지고 싶어 한다. 그러나 "공간은 사회적이고, 사회는 공간적이다"라는 것은 사적으로 소비되는 건축이 되어서는 안 된다는 뜻이다. 바꿔 말하면, 사회도 그런 건축을 만들어달라고 요청하지 않아야 한다는 뜻을 담고 있다. 그런데도 사회는 감당할 수 없을 정도로 크고 건축은 너무 작다고들 생각한다. 심지어 건축가들도 그렇게 생각한다. 건축을 만드는 것은 사회와 도시를 바꾸어가는 실천이라는 의식이 건축 전문가들 사이에서 점점 사라지고 있다.

사회는 공간적이다. 모든 공동체는 권력을 공간과 함께 가지고 있다. 한나 아렌트는 공동체를 가리켜 "하나의 공간을 공유하고 그 공간 안에서 타자와 함께 스스로 해야 할 것을 결단하는 힘"이라고 했다. 토머스 제퍼슨 역시 이렇게 말했다. "공동체란 그곳에 사는 사람들의 권력과 함께 있는 공간을 말한다." 이처럼 공동체와 공간과 권력은 따로 있지 않고 함께 존재한다. "공간은 사회적, 사회는 공간적"이라고 말하는 이유가 여기에 있다. 이 세 가지를 뭔가 어색하고 껄끄럽게 느껴지는 조합으로 보는 이상, 공간은 사회적이지 않고 사회는 공간적이지 않다.

사적 – 공적 공간

19세기말 빈Wien 거리의 카페들은 지금도 남아 있는 '카페 쉬페를(Cafe Sperl)'이나 '카페 첸트랄(Cafe Central)'처럼 친밀하고 기분이 좋은 실내 분위기를 가지고 있었다. 이것을 독일어로 '게뮈트리히(gemütlich)'라고 한다. 이 도시의 주택에서 쉽게 찾아볼 수 있는 꽃 모양의 천으로 덮은 소파가 벽에 기대어 있었다. 진한 커피향이 오래된 나무로 마감된 높은 벽에 배어 있고, 커튼을 젖히면 거리가 훤히 내다보였다. 안은 약간 어둑했고, 담배 연기가 자욱하고 떠들썩한 공간에서 조용히 일을 하는 사람도 있었다.

사실 이런 풍경은 당시의 주거 조건이 별로 좋지 않았기 때문이다. 겨울이면 자기 집에 장작과 석탄으로 난방을 해야 하므로 카페하우스에 가는 것이 더 경제적이었고, 비좁은 거실의 역할까지 카페가 대신 해주었던 것이다. 사적인 공간이 그다지 넓지 못했던 탓에, 도시의 공적인 공간 안에서 지인들끼리 다시 작은 사적 집단을 만드는 장소가 바로 카페하우스였다. 건축가 아돌프 로스, 극작가 칼 크라우스 Karl Kraus 등과 친했던 시인 페테르 알텐베르크 Peter Altenberg는 자기 집을 놔두고 카페 첸트랄을 집처럼 사용했다. 심지어는 개인적인 편지까지도 그 주소로 오게 하였다.

아돌프 로스의 데뷔작인 '카페 뮤제움(Cafe Museum, 1899)'은 이에 비하면 아주 전위적이다. 로스는 이곳을 칼 크라우스 등 다른 전위적인 작가들과 함께 커피를 마시고 토론하는 장소로 사용하였다. 요즘 청년들이 카페에 가서 커피 한 잔 시켜놓고 하루 종일 책을 보거나 노트북 컴퓨터로 작업을 하는 것과 다를 게 없다. 이런 카페에 가면 두툼하게 철해놓은 신문을 하루 종일 볼 수 있었는데, 이 또한 작은 도서관처럼 책을 즐비하게 꽂아두는 요즘 카페와 똑같다.

'공공공간(public space)'이라는 말이 부쩍 자주 쓰인다. 광장이나 도로, 수변공간, 공원, 옥외주차장, 공개공지 등 정부나 지자체가 소유하고 관리하는 곳으로서 공공의 이익에 부합하는 목적을 가진 공간을 말한다. 유지의 책임이 집합적으로 존재할 때 이를 '공공적'이라고 한다. 따라서 언제라도 모든 이에게 열려 있다. 이와 달리 '사적'이라 함은 개인이나 몇몇 사람만 접근할 수 있고 그들에게 유지의 책임이 있는 것을 말한다.[38] 개인이 소유하고 관리하는 건축물 등의 사유재산은 사유공간이다.

그런데 공공공간, 사유공간과 혼동하면 안 되는 개념이 있다. '공적(public)', '사적(private)'이라는 말이 그것인데, 건축의 사회적인 관계를 이해하고 연결하는 중요한 개념으로 사용된다. 남에게 드러나며 남과 함께하는 삶이 있을 경우 이를 '공적'이라고 하고, 남을 피해서 홀로 또는 가까운 가족과 함께 사는 경우라면 이를 '사적'이라고 한다. 명동 한복판에 있는 카페에 앉아서 길을 내다볼 때, 바라보고 있는 이 자리는 길에 비해서 '사적'이고, 많은 사람이 지나다니는 길은 지금 앉아 있는 이 자리보다 '공적'이다.

이처럼 '공적'과 '사적'은 서로 상대적인 개념이다. 사람이 사용하고 생활하는 모든 공간은 '사적-공적'인 관계에 있다. 내 안에는 외부에 참여하고 타인과 교류하고 싶은 공적인 '나'가 있는가 하면, 타인과 따로 떨어진 사적인 '나' 또한 있기 때문이다. 주택에서 거실은 가족 각

---

* 38. Herman Hertzberger,《Lessons for Students in Architecture》, 010 Publishers, 2005, p.12

자의 방에 비해서 공적이며, 각자의 방은 거실이나 식당에 비해서 사적이다. 백화점은 소유주가 따로 있고 고객들도 사적으로 물건을 사러 가는 곳이라는 점에서 사적인 공간이지만, 다수가 찾는 시장이고 적극적으로 고객들을 불러 모으는 곳이므로 배타적인 공간은 아니다. 사적이거나 공적인 것은 확실히 구분되는 것이 아니라 서로 상대적이다. 사회적 공간은 이러한 '사적-공적'인 관계로 이루어진다.

도시란 개방된 곳이며 누구나 활보할 수 있는 영역이다. 도시만으로는 그 안에 사적인 영역은 없다. 그러나 도시에 건축물이 있기 때문에 '공과 사'의 다양한 구분이 생겨난다. 예전에는 사람들이 많이 모이는 광장과 같은 넓은 장소에 교회가 만들어졌지만, 20세기에 들어와서는 광장과 거리가 대규모의 건축물로 바뀌기 시작하였다. 많은 사람들이 모이는 곳에 철도역이 만들어졌고 대규모의 쇼핑몰이 만들어졌다. 근대와 현대에 이르면서 건축은 도시 안에서 '공과 사'의 관계를 만들어내는 가장 중요한 요인이 되고 있다.

미국의 건축가 비토 아콘치Vito Acconci는 지금처럼 자기 집 안에서 바깥의 수많은 정보를 알 수 있게 된 '전자시대'에는 안과 밖, 공과 사를 구별하는 자체가 낡은 것이라고 주장한다. 오늘날의 공공공간은 도시 어딘가에 일정한 면적을 점하고 있는 공간이 아니며 도시 그 자체가 공공공간이라고 말한다.[39] 전자시대의 공공공간은 과거와 같은 광장이나 가로만이 아니라는 것이다.

원래 모든 사람에겐 자기만의 사적인 시간이 있었다. 그런데 도시의 높은 탑에 시계가 걸리게 되면서부터 이 시계가 모든 사람들의 공적인 시간이 되었다고 아콘치는 말한다. 마찬가지로 도시의 모든 사람에게는 제각기 자기만의 사적인 공간이 있었는데, 권력자가 만들어준 공공공간이 이들의 사적인 공간을 밀어냈다고 지적한다. 공공공간은 좋은 것이고 도시에 반드시 있어야 한다는 일반적인 생각과는 정반대의 견해인 셈이다.

개인의 홈페이지는 사적인 공간이지만 모두에게 개방해놓았다면 공적인 무대가 된다. 공적, 사적 영역의 구분이 모호해진 것이다. 스타벅스에서 글을 쓰고 있으면 내가 앉은 테이블은 사적인가 공적인가? 이처럼 현대에 접어들면서 공적인 장소가 일상생활의 무대처럼 쓰이게 되었다. 도시공간, 카페, 광장, 공원 등 내가 노출되고 드러나는 모든 물리적인 공간들이 그렇다. 그러나 이런 공적 장소에서는 서로 익명성을 존중해준다. 예전에는 오직 사적인 공간에만 존재하던 익명성이 본격적으로 공적 공간에 나타나기 시작했다.

쿠바의 아바나Habana에는 편의점이 없다. 스타벅스와 맥도날드가 없고, 간판을 내건 가게들과 상가 건물이 눈에 띄지 않는다. 반짝거리는 전광판이나 네온사인도 없다. 그러나 식당, 술집, 티셔츠 가게, 이발소, 토산품 가게가 즐비하다. 이 가게들은 모두 열려 있으며, 특히 카페는 건물과 길의 구분이 없다. 노래와 춤, 사람 목소리와 악기가 뒤섞인 떠들썩한 소리가 바깥으로 고스란히 들린다.

스페인 건축가 마누엘 데 솔라 모랄레스Manuel de sola-Morales는 이렇게 말한다.

> "좋은 도시란 어떻게 해서든지 사적인 부분에 공공의 가치를 줄 수 있게 해주는 도시다. 좋은 도시는 공공가로나

＊ 39. Vito Acconci, 〈Public Space in a Private Time〉,《Critical Inquiry Vol.16》, The Univ. of Chicago Press, 1990

쿠바 아바나의 비에하 광장(Plaza Vieja) ⓒ김광현

기념물 또는 대표적인 건물에서 만들어질 뿐 아니라, 이에 못지않게 좋은 주택, 좋은 상점, 좋은 술집 그리고 좋은 개인의 정원에서도 공공의 가치가 만들어지는 도시다." [40]

공적인 특성이 작은 주택이나 상점, 술집, 정원처럼 사적인 성격을 갖는 공간에 나타나는 것이 좋다는 뜻이다. 좋은 도시는 도로가 잘 나 있고 아름다운 건물로 가득 찬 도시만은 아니다. 여러 사람이 여러 사람을 배려하고 그 안에서 교류하게 되는 "주택, 상점, 술집, 개인의 정원"과 같은 작지만 무수한 사적인 건축물, 사적인 장소가 있는 도시가 좋은 도시라는 것이다.

* 40. Manuel de Solà-Morales, 〈Public Spaces, Collective Spaces〉, Tom Avermaete(ed.), 《Architectural Positions: Architecture, Modernity And The Public Sphere》, Sun Publishers, 2009, p.92

3

공간은 생산된다

뤽상부르 정원의 의자

파리의 뤽상부르 정원(Jardin du Luxembourg) 안에는 초록색이 칠해진 싸고 가벼운 알루미늄 의자가 많이 널려 있다. 이렇게 파리의 정원에 사람들이 자유로이 사용할 수 있는 의자가 놓인 것은 18세기부터였다. 긴 벤치를 없애고 개인이 따로 앉는 의자를 놓자는 생각이 받아들여져서 1843년 정부가 1,500개의 의자를 뤽상부르 정원에 설치했고, 1923년부터는 이 정원에 놓일 목적으로 만들어진 의자가 생산되었다. 반응이 아주 좋아 이 의자는 이후 다른 많은 공원에도 놓이게 되었다. 그래서 이런 종류의 의자 이름이 '뤽상부르'다.

이 의자는 아주 가벼워서 사람들이 자기가 좋아하는 장소에 가지고 가 여러 가지 방법으로 사용한다. 넓은 정원에 혼자 앉으려고 멀리 가져가기도 하고, 두세 사람이 함께 가져가 원하는 방식으로 배치

파리 뤽상부르 정원에 19세기부터 놓인 초록색 의자

하기도 한다. 나무 아래, 또는 분수 근처로 가져간 의자가 사용되는 방식은 모두 제각각이다. 그런데 사람들이 앉았다가 떠난 의자들을 보면 그들이 어떻게 앉아 있었는지 알 수 있다. 여러 개가 붙어 있더라도 이쪽 세 개는 함께 온 세 사람이 이야기하다가 떠난 것, 바로 그 옆의 의자는 가까이는 있었지만 이들과 아무런 관계가 없이 혼자 있다가 떠난 것, 다시 그 옆의 두 개는 둘이서 이야기를 나누다가 떠난 것임을 알 수 있다.

이런 식으로 뤽상부르 정원은 의자의 배열로 공간의 성질이 나타나고, 정해지고, 공간이 생산된다. 의자가 놓인 모습만 보면 무질서하게 앉았다가 가버린 것처럼 보이지만, 그것들은 사람들이 이 넓은 정원에 와서 어떻게 머무르다 갔는지를 잘 기록하고 있다. 긴 의자를 듬성듬성 배치하고 마는 여느 공원과는 달리, 개인이 공원을 자유로이 사용할 수 있게 하겠다는 의도도 읽을 수 있다.

만일 의자를 무겁게 만들어 옮기기 힘들게 해놓았다면 이 정원 공간은 전혀 달리 사용되었을 것이다. 여기에서 가장 중요한 점은 개인이 사용하는 의자라는 것, 그다음은 사람들이 들고 갈 수 있는 가벼운 의자라는 것이다. 덕분에 사람들은 제 몸을 이용하여 정원이라는 공간을 스스로 '생산'할 수 있게 된다.

뤽상부르 정원의 공간은 계획자에 의해 만들어져서 그곳에 있게 되었다. 이 공간을 처음 만든 건 건축가와 조경사지만, 그것으로 다 된 것이 아니다. 공원을 찾는 사람이라면 누구나 공간을 '사용'할 줄 안다. 각자의 신체로 정원이라는 공간을 공유하고, 의자도 공유하며 사용하기 때문이다. 그들은 자기만의 방법으로 의자를 이리저리 옮기고 이러저러하게 사용함으로써 무수한 방식으로 공간을 생산한다.

그뿐이 아니다. 가벼운 의자들이 이미 그곳에 있던 공간과는 또 다른 공간을 생산한다. 이 의자는 누군가 사용한 뒤에도 창고에 다시 수납되지 않는다. 그다음 사람이 알아서 또 들고 간다. 이렇게 공간은 일상 속에서 반복하여 사용된다. 하지만 사용자의 반복적 사용만으로는 충분치 않다. 가벼운 의자가 없으면 뤽상부르 정원에서 다양한 공간은 생산되지 않는다. 의자라는 작은 사물이 이 정원의 계획자와 사용자가 만들 수 없는 공간을 생산하는 데 주도적인 역할을 따로 하고 있다.

공간의 실천

뤽상부르 정원은 사람이나 의자 없이도 그 자리에 있다. 방문객들은 굳이 이 정원에 오지 않아도 잘 살고 있던 사람들이다. 의자도 꼭 이 정원에 놓이지 않더라도 다른 곳에 놓일 수 있다. 그런데 이 정원에 많은 사람들이 찾아와 가벼운 의자를 들고 나무 밑, 분수 근처에서 편안한 자세를 취하거나 다른 사람과 이야기를 나눈다. 그러면 정원이라는 공간은 '실천'된다.

여기에서 프랑스 철학자 앙리 르페브르Henri Lefebvre가 《공간의 생산 La production de l'espace》(1974)에서 말한 몇 가지 중요한 바를 알고 넘어가야겠다. 건축가는 자기가 '공간을 만든다'고 생각한다. 그리고 이 말을 들은 사람들은 그것이 멋있는 집을 설계하는 일이라고 생각한다. 그러나 벽과 기둥으로 멋있는 조형물을 만드는 것만이 '공간을 만드는' 일은 아니다. 건축가건 사용자건 또는 감상자건 모두 이런 생각을 뛰어넘어야 한다. 건축가 자신이 공간을 만든다고 생각하는 바로 그 오해 속에 건축의 커다란 한계가 도사리고 있다.

한 가지 예를 들어보겠다. 학교에 작은 식당이 있는데, 칸막이가 있지만 좀 불편하다 느꼈는지 롤커튼을 달아 손님이 오면 내리고 가면 올린다. 이곳에 어울리는 좋은 장치라고 여겼기 때문이다. 누군가 이 공간을 계획했고, 이 공간이 좋아서 누군가가 이용을 한다. 그때마다 롤커튼은 올라갔다 내려갔다 한다. 그런데 이 롤커튼이 또 조금 부족해 보인다. 흔해빠진 롤커튼보다 대나무 발이나 수제직물에 염색을 한 커튼을 드리우면 식사하는 사람의 기분이 더 좋아질 것 같다. 이 작은 방은 설계한 사람이 계획한 공간이고, 음식을 먹으러 온 사람이 이용하는 공간이다. 그런데 또 하나, 이 방은 오르내리는 롤커튼이 만들어내는 공간이기도 하다.

앙리 르페브르는《공간의 생산》에서 이런 걸 가리켜 '공간을 생산하는 것'이라고 표현한다. 공간을 만드는 것과 공간을 생산하는 것 사이엔 매우 큰 차이가 있다. '공간을 만든다'고 하면 작가인 건축가가 그 공간을 창조한다는 느낌이 강하고, 하나의 뚜렷한 목적이 전제된다. 주역은 당연히 건축가의 몫이다. 그런데 '공간을 생산한다'고 하면 공간을 만드는 목적과 과정이 개입되고 범위가 확장된다. 이 경우에는 건축가가 주역이 되지 않는다.

건축은 공간을 '만드는' 일일까, 공간을 '생산하는' 일일까? 공간은 몇몇 사람이 창작하고 제작하는 것이 아니라 복잡한 사회의 관계 안에서 '생산'되는 것이라고 앙리 르페브르는 말한다. 그는 "공간은 사회적인 생산물"이라고 주장한다. 그리고 "공간은 읽히기 위해서 생산되는 것이 아니라 육체와 삶이 있는 인간이 살기 위해서 생산되는 것"

이라고 강조한다.

그러면 공간은 누가 생산할까? 여러 사람들이 있다. 철학자나 수학자는 공간을 추상화하고 수량화한다. 건축가, 도시계획가, 정치가, 행정관료는 건축물과 토지를 설계하고 조성하는 일에 관계한다. 예술가들은 시, 회화, 문학으로 공간을 표상하고 표현한다. 이 모두가 공간을 생산하는 사람들이다. 각자의 생활공간에서 살아가는 생활자들, 사용자로서 공간에 관계하는 사람들 역시 공간을 생산하는 사람들이다. 그러니 건축공간은 건축가가 혼자서 창조하는 것이 아니라 사회적으로 생산되는 것이라고 생각해야 한다.

이렇게 생산되는 공간에 대해 르페브르는 '공간의 표상', '표상의 공간', '공간의 실천'이라는 3중의 개념을 제시한다. 세 가지 개념이라고 하지 않고 3중의 개념이라고 한 것은 이 세 가지가 서로 겹치기 때문이다. '공간의 표상'은 전문가가 도면이나 모형을 사용하여 계획하고 만들어내는 공간이다. '표상의 공간'은 사람들이 생활하고 사용하면서 오랜 시간에 걸쳐 경험하는 공간이다. 건축가나 계획자 같은 전문가들은 자신이 만든 '공간의 표상'을 '표상의 공간'과 같은 것으로 여기기 쉽고, 생활자의 경험을 다 아는 것처럼 여기기 쉽다. 그러나 이 둘은 서로 대립적이다.

여기까지는 그런대로 이해가 가고 알 만하다. 문제는 '공간의 실천'이라는 말이다. 영어로는 'spatial practice', 불어로는 'la pratique spatial'인데 의미는 동일하다. 그런데 '공간적 실천'의 주체는 반드시 사람인 건 아니다. '공간의 표상'은 계획자가 주체가 되고 '표상의 공간'은 사용자가 주체이지만, '공간의 실천'은 사람 외에 공간이나 물질이 주체가 될 수도 있다. 단어만 보면 전문가나 사용자가 자신의 목적에 맞는 바를 '공간적으로' 실천하는 것처럼 보이므로 우리말로는 적절하지 않지만, 일단 여기에서는 '공간의 실천'이라고 번역했다.

　그렇다면 '공간의 실천'이란 어떤 것인가? 그것은 몸동작을 통해 반복적으로 지각되는 물리적 공간이다. 가령 어떤 조경가가 그럴 듯한 잔디밭을 만들었다고 하자(공간의 표상). 그냥 놓아두면 빈 잔디밭인데, 축구를 좋아하는 사람들(몸동작)이 이곳에 와서 사용을 거듭하게 되었다고 하면(표상의 공간), 이 축구장은 축구와 잔디밭에 의한 '공간의 실천'이 된다.

　길 위에서는 사람들이 자신의 신체로 움직이고 행동한다. 걷기도 하고 자전거, 자동차 등을 타고 움직이기도 한다. 그러나 조금 더 자세히 보면 사람이 그렇게 움직이는 게 전부가 아니다. 사람들은 물건을 사고, 음악을 듣고, 어디선가 식사를 하면서 움직인다. 이런 움직임에는 문화도 포함되어 있고, 날씨가 맑다든지 비가 온다든지 바람

마드리드의 카이사포룸 (헤르초크 & 드 뫼롱. 2007)

236

이 분다든지 하는 기상 조건도 들어가 있으며, 지하철이나 가로수 밑이나 돌담길 옆 같은 물적 요소들도 함께하고 있다. 공간이란 이런 여러 차원이 겹침으로써 '실천'되는 것이다. 그래서 공간은 사회적이고 사회는 공간적이라고 말하는 것이다.

마드리드에 헤르초크와 드 뫼롱Herzog & de Meuron이 설계한 '카이사포룸(CaixaForum, 2007)'이 있다. 오랜 벽돌 건물의 외벽만 사용하고, 그 위를 녹이 슬어도 괜찮은 내후성 강판을 사용하여 증축하였다. 그런데 밑에 있는 기존의 벽돌 벽을 고려하면 위에 증축한 부분에 이리저리 창을 낸다는 것은 생각하기 어려웠다. 그래서 안에는 방마다 필요한 창을 두고, 창과 조금 떨어져서는 내후성 강판을 부식시켜 크고 작은 수많은 구멍들을 불규칙하게 뚫어놓았다. 강판에 구멍을 뚫는 방법은 여러 가지가 있었을 것이다. 하나의 커다란 면으로 보이려고 강판을 여러 장 잇대지 않아도 되고, 구멍의 크기를 모두 똑같이 만들 수도 있다. 그런데도 왜 이렇게 뚫어야 했을까?

상층부에는 식당이 있다. 마치 나뭇가지와 나뭇잎 사이로 들어오는 듯한 빛과 그림자가 내후성 강판의 구멍 사이로 들어온다. 식사하는 테이블과 사람들의 몸에 어른어른 비치는 빛과 그림자를 통해서 숲 속에 들어와 있는 듯한 느낌을 주려 했던 것 같다. 중요한 것은, 내후성 강판에 무수히 뚫려 있는 불규칙한 구멍이 아니면 이와 같은 빛과 그림자를 드리우는 공간이 실천될 수 없다는 점이다. 앞에서 예를 든 학교 안 식당의 롤커튼이나 수제직물 커튼, 대나무 발도 이와 같다. 카이사포룸의 빛과 그림자는 혼자 만들어지는 것이 아니다. 그것은 부식된 재료, 외부에서 들어오는 빛, 그 빛과 만난 강판, 실내의 테이블과 식기들과 함께 실천된 공간 속에 있다. 이 모든 것들이 이런 공간을 생산한 주인공들이며 주체라 할 것이다.

그런데 이 빛과 그림자는 누가 만든 것인가? 사용자는 이런 빛과 그림자를 만들 수 없다. 그렇다고 건축가가 만든 것도 아니다. 식당 안의 빛과 그림자는 그 시간의 자연이 만든 것이다. 식당은 건축가가 설계하고 누군가가 시공하여 만든 것이지만, 빛과 그림자는 그 시간 자연이 주는 여러 가지 변화와 재료의 변화가 생산한 것이다. 바로 이런 측면을 르페브르는 '공간의 실천'이라 말하고 있다. 구멍이 뚫린 내후성 강판은 강판에 의한 '공간의 실천'이다. 한옥의 기와지붕은 아름다운 처마 곡선이기 이전에 비와 기와에 의한 '공간의 실천'이고, 한옥 마당을 에워싸고 시선과 바람을 막아주는 담장은 흙과 나무에 의한 '공간의 실천'이다.

지붕은 집이라면 반드시 가지고 있어야 하는 것이고, 뜨거운 태양과 내리는 비와 세차게 부는 바람에 대응하기 위한 것이다. 집집마다 가지고 있는 지붕은 동네의 풍경을 정해준다. 지붕 밑에 사는 사람의 생활방식에도 크고 작은 영향을 미치고, 반대로 특정 생활방식이 특정한 지붕을 요구하기도 한다. 이렇게 지붕은 공간이 생산되도록 실천한다. 창도 마찬가지고 나아가 집도 마찬가지다. 건축이란 이렇게 공간이 생산되도록 '실천'하는 것이다.

건축을 흔히 사회적 공간이라고 말한다. 그러나 편리함과 효율성, 여기에 금상첨화 격으로 아름다움을 더한다고 해서 그것만으로 사회적 공간이 되는 건 아니다. 공간이 생산되도록 '실천'하게 할 때, 건축은 비로소 온전한 의미의 사회적 공간이 된다.

'놀이'의 건축

'놀이'의 건축에서는 사람의 행위가 장소를 차지한다. 오래전부터 건축을 만드는 것은 고정된 장소를 만드는 것이었다. 지형적 조건, 역사적 기억 등을 내장한 '장소'는 건축에 고유한 의미를 주는 것으로 여겨졌다. 그러나 현대도시에서는 '놀이'의 건축을 통한 사람의 유동적인 흐름이 장소를 만들어낸다. 빗줄기가 수면 위에서 동심원의 파문을 여기저기 일으키듯이, 사람의 행위는 파문이 중첩하는 정도에 따라 유동적인 장소를 만든다. 이렇게 하여 '놀이'의 건축에서는 장(場)이 중심에 위치하지 않고 경계에서 생겨난다.

사람의 다양한 행위를 '놀이'라고 말하는 데에는 이유가 있다. 아이들은 어떤 장소에서든 놀이, 즉 '사용'을 통해 그 장소를 가치 있게 만든다. 운동장에서 아이들은 알아서 규칙을 만들고 자유로이 놀이 방식을 창안하며 놀았다. 그런데 최근에는 키즈 카페 등 어린이를 위한 놀이 시설들이 많이 생겼다. 예전의 놀이터가 앙리 르페브르의 용어로 '사용가치'인 놀이터였다면, 키즈 카페 같은 곳은 화폐에 의해 상품화된 '교환가치'의 놀이터다.[41]

사람이 공간을 사용하는 것을 '놀이'라는 말로 표현하니 문득 스케이트보드가 생각난다. 스케이트보딩은 자기 몸으로 도시공간을 직접 경험하는 놀이다. 계단도 이용하고 배수구도 이용하고, 도시에 있는 작은 구조물들도 몸으로 경험한다. 신체는 스케이트보드라는 도구를 탄 채로 기존의 도시공간을 지형으로 이용하며 또 다른 공간을 만들

---

* 41. Henri Lefebvre, 《Le droit à la ville》, Economica, 1968(〈Right to the City〉, 《Writings on Cities》, Wiley-Blackwell, 1996)

어낸다. 신체와 도구와 지형이 일체가 되고 있는 것이다.

바르셀로나 현대미술관(MACBA)은 1995년 '백색의 건축가' 리처드 마이어Richard Meier의 설계로 지어졌다. 르 코르뷔지에의 형태요소를 단정하게 응용한 귀족풍의 건물 앞에는 평탄하고 아주 낮은 경사로가 만들어져 있다. 그런데 바로 이 낮은 경사로가 스케이트보더들에게는 천국이 되었다. 위키피디아(wikipedia)에서는 이곳을 "스케이트보더들의 집결소, 세상에서 가장 활기 있는 스케이트보드장, 스케이트보딩을 하기에 가장 유명하고 평판이 좋은 장소 중 하나"라고 소개하고 있다. 아예 "MACBA: 바르셀로나 스케이트의 현장"이라는 제목이 붙을 정도이며, 미술관 광장 바닥은 '죽여줄 정도로' 부드럽고 평탄하다고 말한다.

리처드 마이어는 백색의 기하학적 조형을 돋보이게 하려고 미술관 앞에 바닥이 평탄한 광장, 나지막한 담장, 매우 완만한 경사로를 만들었다(공간의 표상). 건축가는 스케이터보더들의 천국을 만들어주려고 한 것이 아니었다. 그런데 여기에 스케이트보더라는 새로운 사용자가 나타났다. 이들은 미술관 앞 광장을 사용하면서 수없이 새롭게 경험되는 공간을 만들어냈다. 건물 오른쪽에 돌출된 덩어리 밑은 개인의 묘기를 펼치는 무대가 되고, 건물을 둘러싼 광장의 여러 요소를 도시의 놀이 요소로 바꾸며 자기 식대로 행동한다. 사용자가 오랜 시간을 두고 경험함으로써 '스케이트보더들의 천국'이라는 상징적 공간을 생산해낸 것이다(표상의 공간).

건축가가 미술관 앞의 광장을 계획하여 만들지 않았더라면 스케이터보더들이 이곳에 나타났을 리가 없다. 건축가의 '공간의 표상'이 있었기에 스케이터보더들의 '표상의 공간'이 생산될 수 있었다. 따라서 이 '스케이트보더들의 천국'은 '죽여줄 정도로' 부드럽고 평탄한 바닥, 나지막한 담장, 완만한 경사로, 건물의 오른쪽에 돌출된 덩어리에 의한 '공간의 실천'이다.

이런 점에서 재미있는 연구서가 있다.《스케이트보딩, 공간, 도시: 신체와 건축 Skateboarding, Space and the City: Architecture and the Body》(2001)이라는 책이다. 저자인 보든Iain Borden은 스케이트보더들이 이 공간을 화폐를 통해 교환하지 않고 직접 사용하고 있다는 것, 도시를 '놀이'로 사용하고 있다는 것, 공간을 소유하는 것이 아니라 '유용(流用)'하고 있다는 것에 주목하고 있다. 스케이트보딩을 자전거로 바꾸면 '공간의 실천'은 더 쉽게 이해된다. 스케이트보딩을 즐기는 사람보다 자전거를 타는 사람이 더 많기 때문이다. 물론 그 행위에 담긴 의미는 스케이트보딩과 똑같다.

이 책에서 말하는 바는 이렇다. '이 건물의 기능은 이러하니 이렇게 사용하라'는 식으로 도시와 건축공간에 대해 정해진 바에 응하지 않

스케이트보드의 명소가 된 바르셀로나 현대미술관 (리처드 마이어, 1995) ⓒ김광현

는 것, 주어진 장소를 자신의 것으로 다시 만들어가는 것, 그리하여 사용자가 사용가치로서의 공간을 직접 경험하면서 그 안에서의 행위를 확장해가는 것이 중요하다. 이제 우리의 구체적 행위를 통해 새로운 건축을 만들어내고 읽어내야 하는 것이다.

그러므로 길을 만들고자 할 때 길을 지나다니는 사람들을 전제로 하지 말아야 한다. 어린이들의 놀이를 위한 집을 짓는다면 어린이들의 놀이를 전제로 하지 말아야 한다. 미술작품을 보여주기 위해 미술관을 만든다면 미술작품을 보여주는 것을 전제로 집을 짓지 말아야 한다.

사람의 행위는 복잡하고 입체적이어서, 아무리 분석하고 그것을 공간으로 정리한다고 해도 늘 그러한 분석과 공간을 뛰어넘게 되어 있다. "~를 전제로 한 집짓기"로 인해 자칫 배제될 수 있는 또 다른 풍부한 행위들이 충분히 일어날 수 있게 하려면, "~를 전제로 하지 않는 집짓기"가 반드시 필요하다.

4

거대한 사회적 디자인

모두를 위한 '대승건축'

소승불교(小乘佛敎)와 대승불교(大乘佛敎)의 '승(乘)'은 수레를 뜻한다. 큰 수레인 '대승'은 온갖 중생을 모두 태워 피안(彼岸)에 이르게 한다는 뜻이니 무지하게 많은 사람이 타고, 작은 수레인 '소승'은 자기 한 사람만의 해탈을 목적으로 삼으니 혼자 탄다. 작은 수레의 정원은 한 사람이지만 큰 수레는 인원 제한이 없다. 소승은 개인적 수행과 해탈을 주장하고 대승은 사회적, 대중적 이타행(利他行)을 중요하게 여긴다.

따라서 '소승건축(小乘建築)'은 개인이 건축의 근거가 되고, '대승건축(大乘建築)'은 사회가 건축의 근거가 된다. 불교가 대승불교와 소승불교로 나뉘어 있듯이 우리의 건축도 이렇게 나뉘어 있다. 사람마다 생각이 다르니 어느 것이 옳다고 금방 말할 수는 없겠다. 그렇지만 어떻게 생각을 해도, 심지어는 아무런 생각이 없어도 결국엔 '소승건축'

과 '대승건축' 둘 중의 하나로 나뉘게 되어 있다. 그렇다면 이 시대 우리의 건축은 무엇을 근거로 해야 할까?

2007년 뉴욕의 '쿠퍼-휴이트 국립디자인박물관(Cooper-Hewitt National Design Museum)에서 인상적인 전시회가 열렸다. 제목은 〈나머지 90%를 위한 디자인 Design for the Other 90%〉이었다.[42] 오늘날의 디자인은 세계 인구의 10%밖에 안 되는 부유한 사람들을 위한 디자인이라는 것이다. 그렇다면 나머지 90%에 해당되는 사람들을 위해서 디자인이 과연 무엇을 할 수 있는지, 이를 위한 '적정기술(appropriate technology)'은 무엇인지를 묻는 전시회였다. 이 전시회를 정리한 책이 우리나라에서는 《소외된 90%를 위한 디자인》이라는 제목으로 번역되었고, 일본에서는 《세계를 바꾸는 디자인 世界を変えるデザイン》으로 나왔다. 저자는 이렇게 말한다.

> "세계 디자이너의 95%는 오직 상위 10%의 부자 소비자들을 위한 상품과 서비스를 디자인하는 데 온 힘을 기울인다. '디자인 혁명'이라고 불릴 만한 일이 일어나지 않는다면 나머지 90%를 위한 디자인이란 것은 있을 수 없다."

전시회 주최 측은 이후 〈나머지 90%와 함께하는 디자인: 도시 Design with the Other 90%: CITIES〉라는 후속 전시를 통하여 앞으로 20년 동안 일어날 전례 없는 도시 성장에 따른 복잡한 문제를 다루기도 하였다.

* 42. http://www.cooperhewitt.org/tags/design-other-90

'디자인' 또는 '설계'라고 하면 우리는 고도의 문화적인 작업으로만 생각한다. 매끄럽고 감각적인 모양과 색채를 가진 물건을 만드는 것. 그러므로 좋은 디자인을 알아보려면 우리 또한 문화적 안목이 높아야 한다고 생각한다. 대부분의 디자인은 제품을 팔기 위한 목적으로 진행된다. 때문에 제조업체들은 매번 새로운 디자인을 내놓아야 한다.

그러나 디자인이나 설계는 문화적인 것뿐만 아니라 사회의 문제를 해결해야 할 의무를 안고 있다. 사회문제를 의식하고 이를 해결하기 위한 디자인을 '사회적 디자인(social design)'이라고 부른다. 이를테면 에너지를 절감하거나, 환경에 끼치는 영향을 최소화하거나, 누구에게나 깨끗한 물이 공급되도록 하거나, 빈곤 문제를 조금이라도 해결하기 위한 디자인이다. 이를 통해 '나머지 90%'에게 실질적인 혜택이 돌아가는 것을 궁극적인 목적으로 삼는다.

건축은 집을 지으려는 사람을 위한 작업이다. 그러면 살 집이 없는 사람들에게는 어떻게 해줄 것인가. 당장 살 집이 없는 사람들에게 꼭 필요한 것이 건축의 힘 아니겠는가? 이런 물음과 실천을 통해 주거가 불안정한 사람들에게 건축적인 해결책을 마련해줄 수 있고, 나아가 건축의 사회적 관념과 목표와 역할도 재정립할 수 있을 것이다. 모든 건축은 사회의 동의에 의해 가능한 것이고, 건축이 다루는 공간은 그 자체가 사회적이다. 그러므로 건축설계는 다른 디자인과는 비교가 될 수 없을 정도로 '거대한 사회적 디자인'이 되어야 한다.

미국 서해안의 버클리Berkeley에 교정의 일부를 농원으로 바꾼 중학교가 있다. '먹을 수 있는 교정(Edible Schoolyard)'이라는 이름을 가진 마틴 루터 킹 주니어 중학교(Martin Luther King Jr. Middle School) 농원이다.[43] 이 농원 옆에는 부엌이 딸린 오두막이 있고, 학생들은 농원에서 얻은 수확을 요리하여 먹는다. 본래는 학교 주차장이었는데 학생과 교사와 주민이 협력하여 농원으로 바꾸었다. 원래 이곳은 백인 학생이 약 30%이고 나머지는 22개국 언어를 사용하는 복잡한 학교였다. 학생들은 늘 언쟁이 잦았고 학교시설을 함부로 사용하였다.

그런데 한 유명 셰프가 먹을거리를 재배하고 식사하는 것을 교육하자는 색다른 제안을 했다. 이후 3년간 300명의 학생, 10명의 교사, 100명 이상의 주민이 나서서 농원을 가꾸었다. 그 과정에서 학교와 지역사회가 자연스럽게 연결되었다. 직접 작물을 재배하고 조리하고 물과 토양의 성질을 공부하면서, 학생들은 식탁을 둘러싼 다양한 인간관계를 배울 수 있게 되었다. 농원이라는 공간과 그곳에서의 다양한 활동이 학생들의 생각과 행동을 새롭게 바꿔주며, 학교와 지역이라는 두 사회가 농원이라는 공간을 통해 새롭게 결속되었던 것이다. 이것이 널리 알려져 캘리포니아 주 3,000개 이상의 학교에 농원이 생겼다.

공간은 때로 사회적 갈등을 일으키지만, 그 갈등을 조정하는 것도 공간이다. 최근 신촌을 비롯한 서울의 여러 대학가에서는 기숙사 신축 문제로 원룸 및 하숙임대업을 하는 주민들이 학교 측과 갈등을 빚고 있다. 학생들의 주거비 부담이 워낙 크다 보니 대학으로서는 기숙사를 늘려 수용률을 높여야 하는데, 주민들 입장에서는 임대료가 낮아지고 상권이 위축되어 생계에 타격을 입기 때문이다. 이는 결국 많은 학생을 수용해야 하는 공간의 문제여서, 대학 기숙사와 지역의 원룸이라는 공간은 대학과 지역 간의 사회적 문제를 안고 있다.

* 43. http://www.edibleschoolyard.org/berkeley

세계의 대학들 중엔 "공간은 사회적인 것이고 사회는 공간적인 것"이라는 전제 아래 사회의 문제를 공간으로 해결하고자 노력한 사례가 많다. 미국 컬럼비아대학은 19세기에 지어진 중요한 마을들이 있는 맨해튼빌Manhattanville에 캠퍼스 증축 계획을 세우고, 주민들의 이해와 동의를 구하기 위해 지역공동체와 함께할 수 있는 프로그램을 제안하고 있다. 대학 측은 이 지역에 캠퍼스를 확장하면 고용 증대 효과가 생길 것임을 설명하고, 상가나 식당 등 지역이 필요로 하는 새로운 상업시설에도 재원을 투입하겠다고 제안하였다.

건축가는 자기 자신을 위한 건축을 하는 것이 아니다. 건축가들만 모이는 좁은 사회에서 건축가들끼리만 알 수 있는 '콘셉트'를 앞세우는 건축으로는 사람들에게 공감을 얻지 못하고, 사람들이 살아가는 생생한 사회를 담아내지도 못한다.

건축설계는 아름다운 집을 짓도록 고안해주는 차원을 넘어, 이 사회가 안고 있는 여러 가지 과제를 발견하고 이에 대한 해결책을 모색하는 작업이다. 인구가 감소하여 마을이 쇠락하고 공동체가 와해되는 것 같은 굵직한 문제부터 아이들이 학교에서 돌아와 어떤 활동을 하며 지내는가 하는 일상적 문제까지, 사회의 풍경들을 구체적으로 파악하고 이를 공간적으로 어떻게 해결할지 고민해야 한다. '대승건축'은 사회를 위해 해야 할 역할이 정말 많이 있다.

희망을 주는 지붕

미국 앨라배마 주의 오지에 있는 메이슨즈 벤드Masons Bend라는 곳에 한 건물이 섰다. 마을의 인구는 약 100명이고 저소득층이 사는 곳인데, 교회가 없어 낡은 이동주택에서 예배를 드렸다. 주민들은 교회로 이용할 수 있는 커뮤니티 센터를 원하였다. 이에 호응하여 커뮤니티 센터를 설계한 이들은 '가난한 사람들을 위한 건축가'로 불리는 오번대학교의 사무엘 막비Samuel Mockbee 교수와 그의 '농촌건축 스튜디오(Rural Studio)' 학생들이었다.

2000년에 완공된 커뮤니티 센터 바닥에는 흰 자갈이 깔려 있고 이곳에서 사람들은 예배를 드린다. 기둥으로 세운 삼나무는 기증을 받은 것이고, 기둥을 만들고 남은 것은 의자에 썼다. 다른 자재들은 현장에서 얻은 것들을 재활용하였다. 그런데 학생 중 한 명이 고향인 시카고의 어느 폐차장에서 개최한 이벤트에 120달러를 내고 참가하여 노래를 한 곡 불렀는데, 그것으로 상을 받았다. 상품은 폐차에서 수거한 쉐보레 자동차의 앞유리 80장이었다. 그들은 이것을 커뮤니티 센터의 유리로 사용했다.[44] 알루미늄 지붕의 좁은 입구를 지나면 마치 물고기 비늘 같은 유리 지붕이 나타난다.

폐차된 자동차 앞유리를 예산만큼 추가로 구입하여 이어서 만든 이 지붕은 어떤 첨단 건물에도 뒤지지 않는 자긍심을 주민들에게 선사했다. 언제나 열려 있는 이 건물은 교회인 동시에 쉼터이자 집회장이고, 때로는 합창 연습실이나 식사 장소가 되며, 밤이 되면 지나는

---

* 44. 안드레아 오페하이머 딘, 《희망을 짓는 건축가 이야기》, 이상림 역, 공간사, 2005, p.75

사람을 위해 길을 밝혀주기도 한다. 이 커뮤니티 센터는 보잘것없이 작은 것이지만 이 마을 사람들에게는 매우 소중하고 큰 것이다. 따라서 이 건물은 결코 허름하지 않다. 이런 건물을 농촌에 짓는 일을 평생 해온 사무엘 막비는 이런 생각을 가지고 있었다.

"건축설계란 바깥에서 가지고 들어오는 것이 아니라, 사는 사람들의 안쪽에서 생겨나는 것이다."

누군가 유명한 사람이 지어준다고 저절로 훌륭한 건물이 되는 게 아니라, 우리 안에 있는 조건과 요구를 만족시킬 수 있도록 우리 모두가 관심을 가지고 지어가야 한다는 것이다. 그리고 지어진 다음에는

앨라배마 메이슨즈 벤드의 커뮤니티 센터 (사무엘 막비, 2000)

살아가는 과정에서 서서히 우리 것이 되어간다는 것이다.

한낱 건축물의 지붕이라는 것이 과연 사회에 희망을 줄 수 있을까? 당연히 있다. 아주 조용히 희망을 준다. 아프리카 케냐의 산간지역에 '마히가 호프(Mahiga Hope)'라는 고등학교가 있다. 이 학교가 있는 마을에는 1,500명 정도의 주민이 살고 있다. 가뭄이 몇 년씩 계속되는 아프리카의 농가와 학교에는 물이 귀하다. 1년에 2주일 정도만 수도관에서 물이 나오고, 비용이 많이 들어 우물을 파기도 어렵다. 해결책을 제안한 건 국제 비영리기구(NPO)인 '노블리티 프로젝트(Nobelity Project)였다. 지붕을 따라 설치한 홈통을 한곳으로 집중시킨 다음, 흘러온 물에 자외선 처리를 하여 깨끗한 물을 얻는다는 구상이다.

이 고등학교의 명물이 된 '빗물 코트(Rain Water Court, 2010)'는 빗물 수거용 지붕으로 덮인 농구장이다. 지붕과 빗물 저장고는 교사, 지역 주민, 그리고 건축가가 함께 만들었다. 커다란 지붕에는 태양열 축전지를 깔아 30,000리터의 빗물을 자외선으로 정화하는 장치의 전원을 얻게 했다.

준공식을 하는 그날까지 3개월 동안 비는 한 방울도 안 내렸다. 하지만 벽도 없이 철골 기둥과 지붕만 있는 작고 허름한 농구장이 완공되는 날 무려 1,000명이 모였다. 코트에서는 준공 기념으로 첫 농구 시합이 열리고 있었다. 그런데 이게 웬일인가? 시합이 진행되는 동안 구름이 서서히 몰려들더니, 경기 종료 직전 마지막 슛이 골대에 들어가는 바로 그 순간에 비가 내리기 시작했다. 그때 이들의 마음이 어떠했을까? 매일 멋있고 좋은 건물만 보던 사람들에게는 아무것도 아닌 지붕뿐인 구조물이 이들에게는 너무나도 큰 기쁨과 감동을 선사한 것이다.

케냐 마히가 호프 고교의 '빗물 코트' (노블리티 프로젝트, 2010)

이제 학생들은 물을 길으러 멀리까지 갈 필요가 없어졌고, 방과 후에 가족들에게도 깨끗한 물을 가져다줄 수 있게 되었으며, 공부할 수 있는 넉넉한 시간을 얻게 되었다. 햇볕을 가려주는 농구장이 생겨서 학생들의 체력도 좋아졌다. 주민들 역시 사방이 트인 그늘에서 결혼식도 하고, 밤에는 영화도 상영하며, 회의할 때도 쓸 수 있는 다목적 공간을 얻게 되었다.

이후 이곳에는 여러 시설이 더 생겨났고, 전국의 600개 고등학교 중 가장 성적이 낮던 이 학교는 놀랍게도 18개월 만에 최고의 성적을 기록하는 학교가 되었다. 학생들은 이 빗물 코트의 지붕에서 희망을 보았다. '마히가'는 이곳 말로 '돌'이라는 뜻이다. '마히가 호프(Mahiga Hope)'라는 학교 이름처럼 돌이 희망이 된 것이다.

바로 이런 것이 건축의 힘이다. 아무것도 아닌 지붕 하나가 그늘과 깨끗한 물을 주고, 공부도 잘하게 하고, 학교 다니는 것을 긍지로 여기게 만들고, 결국에는 사람에게 무언가 희망을 주고 그들을 하나로 묶는 '힘'을 발휘하고 있다. 우리는 지붕을 집에 늘 얹혀 있는 덮개로만 바라본다. 건축의 요소 하나하나가 사람에게 어떤 영향을 끼치는가에 대한 성찰 없이 오직 아름다움과 실용성만을 중시하는 사고방식을 바꾸어야 한다.

우리나라 농촌에도 이런 지붕이 있는 건물이 세워지면 좋겠다 싶은 건물이 하나 있다. 인도네시아 수마트라에 있는 '카시아 협동훈련센터(Cassia Coop Training Centre)'인데, 어느 프랑스 사업가에 의해 2010년 가을쯤에 세워졌다. 전 세계에서 소비하는 계피의 85%가 수마트라 지방에서 나는데도 이곳 노동자들이 안전하지도 않고 위생적이지도 않은 곳에서 낮은 임금에 허덕이고 있다는 사실에 주목한 그

수마트라의 '카시아 협동훈련센터' (2010)

는, 이런 현실을 개선하고 노동자들이 적정한 환경에서 적정한 교육과 임금을 제공받으며 일할 수 있는 센터를 만들게 되었다.

아주 간단한 지붕이 평면 전체를 덮고 있다. 가운데 있는 중정과 그 주변에는 집을 짓기 이전부터 있었던 나무를 그대로 두었다. 내부의 재료도 이곳에서 나오는 벽돌과 계피 통나무를 사용하였다. 지진이 빈번한 이 지역에서 이 건물은 진도 5의 지진을 견디어냈는데, 서로 다른 재료를 사용하여 주파수를 분산시켰기 때문이라고 한다. 허술하게 지은 집이 오히려 지진에 강한 집이 된 셈이다.

반드시 값비싼 재료를 써서 비례를 잘 맞추고 정교한 시공을 해야만 좋은 건축물이 되는 것은 아니다. 이 센터가 아름다운 것은 검소하고 잘 정돈된 모습으로 지어졌기 때문이다. 지역의 생산과 지역민들의 생활이 어떻게 이루어지는지 파악하고 그 속에 숨어 있는 문제를 풍경 속에서 풀어낼 때, 그 건물은 아름다워진다. 얼굴만 예쁘다고 아름다운 게 아니라 행실과 마음 쓰임새가 선할 때 비로소 그 사람이 아름답게 보이는 것과 똑같다. 흔하디흔한 지붕 하나가 이렇게 많은 것을 만들어준다.

사회는 건축을 자라게 한다

건축은 사회적 수제품

건축은 알고 보면 모든 공정이 사람의 손으로 이루어지는 것이다. 기계를 사용하는 것처럼 보이지만 가장 마지막 단계는 모두 사람이 한다. 철근을 굽히는 것도 사람의 손이 하고, 콘크리트를 부을 때도 펌프카의 끝을 잡고 콘크리트가 고르게 퍼지도록 하는 것은 사람의 손이며, 기계로 들어 올린 창을 붙일 때도 사람의 손이 필요하다. 건물은 수많은 사람들의 수작업으로 만들어지는 사물의 집합체이고, 거대한 사회적 수제품이다.

흔히 건축을 회화와 조각 같은 조형예술과 비교하는 것을 많이 보는데, 이런 순수예술과 비교할수록 건축의 더 크고 넓은 면을 보지 못한다. 건축이 다른 조형예술과 다를 수밖에 없는 결정적인 이유가 있다. 건축물을 만들어내는 데 필요한 비용이나 시간, 재료, 인력에서부터 건물이 지어지는 땅에 이르기까지, 개인적 차원에서 해결되는 것이 아무것도 없다는 사실이다.

건축물을 짓는다는 것은 건축주나 건축가 또는 사용자 어느 개인의 재능만으로 되는 게 아니다. 작은 건물 하나 짓는 데도 수많은 노동자의 손길이 필요하다. 예전에 어느 의식 있는 건축가가 건물을 완공하면서 자기 이름만을 올리지 않고 함께 일한 모든 사람의 이름을 깨알같이 적어놓은 것을 보고 크게 감동받은 적이 있다.

내가 어떤 성당 건물을 설계하고 지을 때, 건물의 기하학을 이해하지 못하고 시공이 어렵다며 세 번씩이나 현장 소장이 그만둔 적이 있다. 노출 콘크리트 건물이었는데 여러 각도로 이리저리 경사진 거푸집을 만들어낼 사람이 없었던 것이다. 그때 경험 많은 어느 목수 어르신이 우리가 쓰지도 않는 자기만의 기하학을 동원하여 밤늦도록 연구한 끝에 불규칙하고 거대한 삼각형의 거푸집을 정확하게 만들어주었고, 이것을 크레인으로 들어 올려 성당의 골조를 완성할 수 있었다. 그래서 현장에 갈 때마다 이 어르신을 꼭 찾아가 90도로 인사를 드렸다.

이 성당은 삼나무 각재를 고정하여 내장을 했다. 이런 부위에 철물을 접는 일을 현장 용어로 '잡철(雜鐵)'이라고 하는데, 일의 난이도상 결코 '잡'철이 아니었다. 모서리를 고정시켜야 하는데, 서로 다른 각도에서 만나는 꼭짓점에서 가늘고 긴 철물을 어떻게 정확하게 접어서 벽에 부착하는가가 큰 문제였다. 결국 잡철을 접는 기술자가 이것을 아주 훌륭하게 해결해주었다. 지금도 이 성당의 내부를 볼 때마다 나는 당시 어려운 잡철을 접어준 그분께 감사드린다.

건물의 많은 부분을 건축가가 설계하고 짓는 바탕을 만들어낸다.

그러나 시공사도 당연히 그 건물을 지은 것이고, 전문기술자도 그 건물을 지은 것이며, 콘크리트를 친 사람과 타일을 붙인 사람과 그 건물에 관여한 공무원도 다 함께 그 건물을 지은 것이다. 그렇다면 건축물을 설계한 건축가만이 아니라 그것을 지은 모든 사람들에게 공을 돌려야 마땅하다. 그런데도 건축가 스스로 그 건물은 내 작품, 내 건물, 내가 다 지은 것이라고 인식하는 경우가 많다.

그나마도 오래 기억되지 못한다. 현대의 소비사회에서 건축은 소비의 대상, 소비자의 소비 욕구를 자극하는 도구가 되어버렸다. 제아무리 새로운 건축도 10년만 지나면 헌 건축이 되어버리는 세상에서는 건축도, 심지어는 건축가 스스로도 소비의 대상이 되고 싶어 한다. 그러는 사이에 도시의 생활자들은 단순히 건축물을 감상하고 소비하는 이들로 바뀌어버렸다. 사정이 이런데 이 사회가 건축과 건축가를 얼마나 기억해줄 것인가?

어떤 분의 임기가 곧 끝나니까, 또는 어느 시점까지 모두 이전해야 하니까 무조건 그때까지 설계를 마치라고 요구하는 사회, 준공 테이프 커팅을 위해 시간을 정해두고 건축물을 짓는 사회는 부끄러운 사회다. 게다가 건축가가 앉을 자리는 만들지도 않고 준공 기념식의 모든 자리를 독점하는 정치인과 고위 관료들은 자신의 몰지각함을 부끄럽게 여겨야 한다. 꼭 당부하건대, 건축 과정에 숨어 있는 모든 사람들의 수고와 열정을 상상하고 기억하라.

건축은 크고 작은 사회가 만들어주는 것이다. 법적으로 한 개인의 소유물이고 그가 바라는 바를 위해 지어진 것이라 할지라도, 일단 짓고 나면 모든 이에게 드러나고 모든 이에게 영향을 끼친다는 점에서 사회적 산물이다. 다른 사람이 설계하고 지은 건물도 결국은 나와 관계가 있다. 건축물의 가치를 마음으로 받아들이고 그 중요함에 감동할 줄 모르면, 함부로 설계하고 함부로 시공한 건축물에 둘러싸여 살게 될 가능성이 그만큼 높아진다.

내가 사는 지역에 의미 있는 공공건물이 지어질 때 나는 어떤 관심을 갖고 있을 것인가? 무슨 건물이 지어지든 그게 나하고 무슨 상관이냐고 반문할 것인가? 마을의 주민 또는 시민은 공공건물의 사용자로서 그 건축물에 대하여 알 권리가 있고, 알아야 할 의무도 있다. 건물이 나의 삶과 관계가 있으려면 사용자인 내가 등장인물이 되어야 한다. 이것을 도외시하고 건축물 자체에만 관심을 갖는다면 우리는 건축물의 소비자 또는 구경꾼일 뿐, 그 안에서 살아가는 생활자는 될 수 없다.

건축은 개인의 재능이나 사상을 넘어선 것이며, 그 시대의 사회적 과제에 대한 응답인 경우도 많다. 지금은 어디에서나 똑같이 지어진다는 이유로 다들 아파트를 비난하지만, 본래 아파트는 제1차 세계대전 이후 새로운 사회의 질서를 만든다는 생각에서 지어졌다. 전쟁 직후 주택 공급이 절대적으로 부족하던 시기에 주택을 표준화하고 시민들에게 최소한의 생활공간을 제공하기 위해 추진된 사회적 실천이었던 것이다.

건축은 도시의 '얼굴'이다. 이것은 단지 멋있게 말하려고 만든 수사적인 표현이 아니다. 정말로 건축은 도시의 얼굴이다. 서양에는 이런 말이 있다.

> "베르니니Giovanni Lorenzo Bernini는 로마를 위해 태어났고, 로마는 베르니니에 의해 만들어졌다."

이것은 과장이 아니다. 베르니니가 설계한 건축물, 광장 그리고 분수와 모뉴먼트(monument)를 빼고는 17세기의 로마 바로크를 말할 수 없다. 그만큼 베르니니가 큰 영향을 미쳤다는 뜻이다.

이 말은 베르니니 말고도 도시의 얼굴이 되는 건축물을 지은 "수많은 건축가가 우리 도시를 위해 태어났고, 우리 도시는 그들에 의해 만들어졌다"는 뜻도 된다. 실제로 세기말의 빈이나 브뤼셀처럼, 그 시대의 건축가를 빼고는 말할 수 없는 곳이 세상에는 많이 있다. 우리 도시의 얼굴이 될 건축과 건축물을 모르거나 내가 왜 그런 것을 알아야 하느냐고 반문한다면, 바로 그런 생각 때문에 당신은 '얼굴 없는 도시'에 살고 있는 것이다.

사그라다 파밀리아의 건축가들

우리나라 사람들은 '구엘 공원(parc Guell, 1926)'과 '사그라다 파밀리아(Sagrada Familia, 1883~현재)'를 설계한 안토니 가우디를 아주 좋아한다. 그의 건축에 등장하는 독특한 형태 때문에 많은 사람들이 가우디를 '환상의 건축가'로 알고 있다. 그러나 그렇지 않다. 구엘 공원과 사그라다 파밀리아는 가우디가 만들기 이전에 사회가 만든 것이었다. 이 건축물들은 개인의 환상을 실현해주려고 만든 것이 아니라 사회를 위한 것이었으며, 사회는 그가 그 건축을 만들 수 있게 해주었다.

구엘 공원은 본래 주택지로 조성된 곳이었으며 택지가 60개였다. 택지로서는 지형이 그리 좋지 않았으므로 단지 안에 도로를 만들려면 땅을 깎아야 했고, 비용도 그만큼 많이 드는 공사가 될 뻔했다. 그러나 가우디는 나무가 땅에서 자연스럽게 자라듯이 건축도 그렇게 지어져야 한다고 보았다. 그래서 등고선에 따라 땅을 3등분한 다음 3개의 육교를 고안하여 절묘하게 균형을 잡은 생물과 같은 건축을 만들어냈다.

이 공원의 광장으로 쓰이는 인공 지반에서 보면 시내가 정말 잘 내려다보인다. 광장 끝에는 구불구불한 난간과 의자가 붙어 있다. 이 난간을 보고 파충류를 연상하여 만든 것이라고 말하는 사람이 많지만, 오므려진 곳은 같이 온 사람들이 서로 마주보고 앉게 하거나 시내를 바라보기 위한 것이고, 벌려진 곳은 광장 쪽을 바라보게 하기 위한 것이었다. 난간이 똑바로 되어 있었다면 모두 광장 쪽으로만 시선을 두었을 것이다.

그 난간에는 정말로 다양한 모양의 타일 조각을 정성을 다해 붙였다. 곡면이 하도 많다 보니 평면 타일을 깨서 모자이크로 곡면을 덮어야 했고, 그 작업을 위해 버린 타일을 조각내어 다시 썼다. 이곳을 찾으면 공중에 몸을 매달고 한 조각 한 조각 크기와 색조를 맞춰가며 붙인 타일공들의 수고가 그대로 배어 있음에 새삼 감탄하게 된다. 가우디는 현장 밑에 있는 도로에 서서 큰 소리로 타일을 이렇게 붙여라 저렇게 붙여라 직접 지시했다. 타일공은 공중에 매달린 채로 가우디에게 작업 내용을 일일이 묻고, 그가 허락하면 하나씩 손으로 붙였다고 한다. 말로는 쉽고 듣기에는 아름답지만, 좋은 건축물과 좋은 난간으로 그 자리에 앉는 사람에게 '기쁨'을 주고자 하는 의지로 가득 차지 않고서는 성립되지 않는 이야기다.

바르셀로나의 '바트요 주택(Casa Batlló, 1907)'을 증개축할 때 일했던 한 타일공은 이렇게 증언하고 있다.

"가우디는 건축 앞 도로에 서서 큰 소리로 우리들에게 타일을 붙일 위치를 세세하게 지시하였다. 그러나 정해진 모자이크를 만드는 것과는 달리 너무나도 많은 색의 타일이 있어서, 타일공들은 그 새로운 건축기법에 전혀 익숙하지 못하였다. 가우디가 만족할 때까지 우리들은 이미 붙인 타일을 몇 번이고 떼어내지 않으면 안 되었다."

구엘 공원의 난간 타일도 이와 마찬가지였을 것이다.

사그라다 파밀리아는 우리말로는 '성(聖) 가족 대성당'이지만 정식 이름은 '사그라다 파밀리아 속죄 대성당'이다. 맨 처음 이 성당이 구상될 때의 이름은 '죄를 속죄하는 가난한 이들을 위한 성당'이었다. 당시 무역과 공업으로 부를 축적하던 바르셀로나는 극심한 빈부격차라는 사회문제에 직면해 있었다. 이때 사회 전체의 회개를 위한 성당을 세움으로써 이 문제를 해결하고자 하는 사람이 나타났다. 서점 주인인 보카베야Josep Maria Bocabella라는 인물이었다. 그는 가난한 가톨릭 신자들로 구성된 '요셉 협회'라는 단체를 만들어 성당을 짓기로 했다. 국가나 시, 교회가 주도하는 게 아니라 작은 신앙 단체가 사회의 회개를 촉구하며 짓기로 한 평범한 성당이었다. 건축비는 스페인뿐 아니라 남미의 여러 나라에 있는 가난한 회원들이 송금한 돈으로 충당하기로 했다.

보카베야는 교구 소속의 건축가 비야르F. Villar에게 설계를 의뢰하였다. 그는 당대의 유명한 건축가로서 네오고딕식 성당 계획안을 제출했고 1882년 3월에 공사가 시작되었다. 그런데 일부 지하층 시공까

바르셀로나의 '구엘 공원' (안토니 가우디, 1926) ⓒ김광현

바르셀로나의 '바트요 주택' (안토니 가우디, 1907) ⓒ김광현

바르셀로나의 '사그라다 파밀리아' (안토니 가우디, 1883~현재) ⓒ김광현

지 마친 상태에서 문제가 생겼다. 비야르는 한정된 예산을 넘어서는 성당을 만들고 싶어 했으나 건축위원회 위원장이었던 마르토렐Joan Martorell은 재정 형편상 벽돌로 지어야 한다며 반대했다. 석조로 제대로 짓기를 원했던 비야르는 결국 신문에 자기가 물러나는 이유를 밝히고 사임하게 된다.

마르토렐은 제자였던 가우디를 1883년에 후임 건축가로 지명하였다. 그때 가우디의 나이는 31세. 천재성을 드러내기는커녕 이렇다 할 만한 건축을 설계한 경험이 없는 젊은 건축가였다. 그는 주임 건축가가 된 것을 매우 기뻐했는데, 모금으로 지어지는 이 공사가 언제 끝날

지 모르는 작업이었으므로 한동안 계속 월급을 받을 수 있었기 때문이다. 이런 가우디를 2대 주임 건축가로 앉힌 이유는 위원회의 의견에 따라 공사비가 적게 드는 안을 내줄 것으로 기대했기 때문이었을 것이다.

그런데 정작 가우디는 몇 년 뒤 전무후무한 성당을 제안했다. 저렴하기는커녕 130~140년이 걸려야 지어질, 오늘날에 와서야 겨우 준공 시기를 예측할 수 있게 된 저 거대한 건물을 제안했을 때 위원회는 과연 어떻게 용단을 내려 그 안을 수용할 수 있었을까? 정말로 신기하고 궁금하다. 스승 마르토렐의 입장과 건축주인 요셉 협회의 예산 사정을 잘 알면서도 더 엄청난 석조건축을 제안한 가우디가 대체 무엇에 이끌려 그런 구상을 했는지도 궁금하긴 마찬가지다. 젊은 건축가가 내놓은 이 엄청난 설계안이 수용되기까지 아마도 수많은 논쟁과 토론이 있었을 것이다. 그들은 가우디의 계획안에서 깊은 영성을 발견했고, 당대에는 못 짓더라도 세대를 이어가며 이 성당을 짓기로 결정했다.

우리는 사그라다 파밀리아를 지은 건축가는 잘 알지만, 한정된 예산이라는 문제를 뛰어넘어 그의 제안을 받아들인 이들에 대해서는 아무런 관심을 기울이지 않는다. 단지 바르셀로나에서 100년 가까이 지어지고 있는 특별한 성당으로만 알고 있다. 그러나 그들은 가우디의 계획안을 보며 미래를 생각했고, 바르셀로나라는 도시를 생각했으며, 인간과 사회의 '회개'를 염원했던 사람들이다.

가우디는 하늘과 사방으로 뻗는 서치라이트 같은 것을 계획하였다. 그가 설계하던 당시에는 그런 기술이 없었으나, 훗날 성당이 건설되는 사이에 빛을 쏘아 똑바로 나가게 하는 기술이 나오게 될 것이라고 보았다. 이런 예상 아래 그는 예수의 탑에서 사복음사가의 탑으로, 거기에서 12사도의 탑으로, 다시 그 탑에서 지면을 향하여 빛이 이어지게 하였다. 그리하여 위에서 보면 입체적인 빛의 십자가가 성당 전체에 걸쳐 만들어지도록 했다. 이 성당이 완공되는 날, 성당에서 나오는 소리와 빛이 바르셀로나의 온 시내로 퍼져 나갈 것이다. 성당 내부에 앉아 미사를 드리는 사람들만이 아니라, 성당 밖에 있는 도시의 모든 이들까지 함께할 수 있는 건축을 구상한 것이다. 이 얼마나 감동스러운 일인가? 건축은 이렇게 자신을 만들어준 사회에 보답한다.

시간이 흐르면서 가우디는 성당의 건설비까지 만들어내야 하는 건축주와 같은 존재로 변하게 되었다. 세 번씩이나 반복된 건설 중단의 위기로부터 성당을 구해낸 것도 가우디였다. 그의 이름은 바르셀로나를 감동시켰으며, 가우디와 사그라다 파밀리아 성당은 그야말로 일심동체가 되어갔다. 건축가인 그의 인생의 후반은 '건축을 위한 기도'였다고 표현해야 할 정도였다. 이에 대해 그는 이렇게 말했다.

> "내가 이 성당을 완성시킬 수 없다는 것은 슬퍼해야 할 일이 아니다. 나는 나이를 먹어간다. 대신에 이 성당을 다시 시작하는 다른 사람들이 나타날 것이다. 이렇게 하여 성당은 더욱 장엄해질 것이다. 만일 사라고사Zaragozad의 대성당을 애초에 시작한 사람이 완성했더라면 저렇게 풍부할 수 없었을 것이다. […] 사그라다 파밀리아는 하느님께서 섭리로 이끌어주실 것이다."

사그라다 파밀리아는 가우디 사후 100년이 되는 2026년에 완공된다고 한다. 이 성당은 부정형의 돌덩어리에서 '태어나고 있는' 건축이다. 즉, 사회의 많은 사람의 손에서 손으로 이어지고, 계속 지어지며, 도시에 영원히 남기 위해 자라고 있는 건축이다. 이것은 단지 멋있게 표현하려고 만든 말이 아니다. 실제로 가우디는 건축물을 생명체로, 자연으로 자라게 하는 것이라고 보았다.

그렇다. 건축은 짓는 것이 아니다. 건축은 사회 모두가 자라게 하는 것이다. 반드시 100년에 걸쳐 지어지지는 않더라도, 모든 건물은 사회가 만들고 심고 자라게 하는 것이다.

6

고딕 대성당을
오늘날 지을 수 없는 이유

시대의 기억은 흉내 낼 수 없다

이런 질문을 제법 많이 받는다. "오늘날에는 기술도 대단한데 왜 고딕 대성당과 같은 것이 지어지지 못하는 것일까요? 마음만 먹으면 지을 수 있겠지요?" 이것은 "오늘날에는 기술도 대단한데 왜 피라미드와 같은 것이 지어지지 못하는 것일까요? 마음만 먹으면 지을 수 있겠지요?"라는 것과 똑같다. 그러나 답은 "절대로 지을 수 없다"이다.

사실 이런 질문은 건축이라는 것이 어떻게 우리 앞에 나타나는가를 생각해보는 데에는 아주 가치 있는 질문이다. 이 질문의 핵심은 오늘날의 기술이 무엇이든 다 할 수 있다는 것인데, 알고 보면 그것이 잘못된 생각임을 가르쳐준다. 지금의 기술로도 못 하는 건 많다. 게다가 건축은 단지 기술로만 지어지는 것이 아니다.

"광화문 복원, 집짓는 데 4년, 문패 다는 데 6년."[45]

　건물은 다 지어졌다고 하는데 광화문 현판은 금이 가서 다시 제작해야 한다는 것이 논란이 된 적이 있다. 그러나 전통 기법의 단청기술이 복원되지 않아 지금 당장 단청을 긁어내고 새로 칠할 수도 없다는 결론만 나왔을 뿐이다. 과거에는 과거의 기술이 있고 오늘날에는 오늘날의 기술이 있다. 과거의 기술을 오늘날 모두 다 재현할 수 있다고 생각하는 건 대단한 착각이다. 그 대신 우리에게는 중세 때는 불가능했던 100층 이상의 초고층 건물을 훌륭하게 지을 수 있는 기술이 있다.

　이 질문의 또 다른 관점은 과연 오늘날 우리들이 중세에 지어졌던 대성당을 짓고 싶어 하느냐는 것이다. 절대로 지을 수 없고, 지을 필요도 없다. 건축은 언제나 사회적이다. 특정 사회의 조건이 특정 건축을 만드는 법이어서 건축물 하나만을 따로 떼어놓고 볼 수 없다. 건축물이란 언제나 하나의 도시 집단, 하나의 사회 집단 속에 존재하는 것이다. 어떤 건축이든 그 시기에 그곳에 세워진 나름의 이유가 있다. 더구나 건물은 결코 몇몇 사람이 만들어내는 것이 아니다.

　고딕 대성당은 그것을 짓고자 한 사람들의 종교심과 그것을 뒷받침하는 국가적 열망이 있었기에 비로소 가능하였다. 그렇지만 오늘날에는 대성당을 지을 만한 넓은 땅도 없고, 그것을 짓게 해줄만한 법규도 없으며, 그것에 쓰일 재료도 없다. 그것을 지어줄 만한 석공도, 아름다운 스테인드글라스를 제작하는 장인도 없다. 우리나라 굴

＊ 45. http://news.naver.com/main/read.nhn?mode=LSD&mid=sec&oid=421&aid=0001269
　　355&sid1=001&lfrom=blog

지의 대형 건설회사 수십 개가 모여서 짓는다 해도 그것은 완전히 불가능하다.

설령 똑같이 짓는다 치자. 그렇다 하더라도 우리는 현대를 사는 사람이지 중세를 사는 사람이 아니다. 중세라는 시대의 열망을 우리 시대엔 재현할 수 없으며 그럴 필요도 없다. 고딕 대성당의 세련된 도상학(圖像學)을 이슬람교도들은 이해할 수 없다. 그것은 중국식 전통주택을 만들어 오늘의 한국 사람이 사는 것과 똑같다. 고딕 대성당이 지어진다 한들 무의미한 이유는 그것을 바라보는 사람도, 그 안에 들어가 미사를 드리는 사람도 중세 사람들이 가졌던 기대와 기쁨을 가질 수 없기 때문이다. 건축은 절대 기술과 돈으로만 짓는 게 아니며, 그 사회의 삶의 형식을 드러내는 것이다.

고딕 대성당은 교회당이면서 공회당이었다. 그곳은 모든 도시민이 모이는 곳이었고, 어떤 때는 법정으로도 이용되었고, 때로는 연극이나 음악이 공연되는 공간이기도 했다. 즉, 국가의 권위를 나타내는 건물이면서 도시의 거점이었다. 가령 아미앵 대성당(Amiens Cathedral)은 도시 어디에서도 바라볼 수 있었고, 당시 아미앵에 살고 있던 약 10,000명의 시민 모두가 들어갈 수 있게 만들어졌다. 크기만 놓고 보면 위압적인 것 같지만 실제로는 생활의 정신적 중심이었던 것이다. 그러니 그 속에 우리의 삶이 투영되어 있지 못하면, 그것이 우리 공동의 가치와 일치할 수 없다면 모양만 똑같은 고딕 대성당을 짓는다 한들 아무런 의미를 가질 수 없다.

사회가 기억하는 일상의 기념비

    만약 앞글에서 인용한 질문이 "오늘날에는 기술도 대단한데 왜 '고딕 대성당과 같은 모뉴먼트'를 짓지 못하는 것일까요? 마음만 먹으면 지을 수 있겠지요?"처럼 '모뉴먼트'에 방점이 찍힌 질문이었다면, 이 시대의 '기념비적 건물'이란 어떤 것인지를 묻는 것이 된다. 여기엔 어떻게 건축물을 통해 우리가 누구인지를 이해하고 기억하게 되는가, 라는 의미가 담겨 있다.

    모뉴먼트(monument: 기념물)라는 말의 어원은 '생각나게 하다'라는 뜻의 그리스어 'monēre'인데 영어로는 'remind'다. 라틴어 'monumentum'은 영어의 'memorial'에 해당한다. 중세에 이 말은 묘나 묘석을 뜻했다. 즉 모뉴먼트는 그것의 존재를 통해 어떤 인물, 행위, 시대, 사건 등을 상기시켜주는 구조물이나 건축물을 말한다.

    건축가 아돌프 로스는 주택과 예술에 공통점이 없다고 잘라 말한다. 주택은 기능을 수행하므로 예술이 아니고, 기능이 없는 묘나 기념비만이 건축에서 예술이 될 수 있다는 게 그의 주장이다. 그러니까 주택은 쓰임새와 기능에 관한 것이고, 묘나 기념비는 기억과 시간에 관한 것이다. 콜로세움으로 로마제국을 기억하고 종묘로 조선 왕실을 기억하는 것은 그것에서 쓰임새와 기능이 사라지고 기억과 시간만 남아 있기 때문이다.

    모뉴먼트는 중요한 사람이나 사건을 기념하기 위한 구조물이어서 대개는 큰 것, 위대한 것, 장대한 것을 가리킬 때가 많다. 그러나 미국의 문명비평가 루이스 멈포드Lewis Mumford의 생각은 좀 달랐다.

"기념비는 추상적인 형태로 표현되는 것이 아니라 그 속에 들어 있는 사회적 의도에 의해 표현된다. [⋯] 과거의 며칠을 위해서가 아니라 수 세대, 수 세기를 위하여."

요컨대, 뭔가를 기억하고자 하는 사회 전체의 공통적인 의도를 파악하고 이를 건축으로 표현하는 것이 모뉴먼트라는 것이다. 그러므로 '~기념관' '~거리'라는 이름만 붙인다고 기억의 대상이 되는 게 아니라, '기억하고자 하는 사회 전체의 공통적인 의도'가 담겨 있을 때만 기념비적 건축이 될 수 있다.

건축에서 기념비, 기념건축, 기념성이라고 하면 광장에 놓인 황제의 기마상이라든지 오벨리스크 같은 것을 먼저 머리에 떠올린다. 이것은 권력의 표상이다. 그리고 공간을 위계적으로 질서화하기 위해 만들어졌다. 그러나 제2차 세계대전이 끝날 무렵 근대건축을 이끌던 인물들이 '새로운 기념비성(New Monumentality)'을 논의했다. 기념비를 과거처럼 어떤 인물, 행위, 시대, 사건 등을 상기시켜주는 것에서 찾지 않고, '기억하고자 하는 사회 전체의 공통적인 의도'에 기초하여 공동체를 묶어낼 만한 건축물로 다시 표현하고자 한 것이다.

오늘날엔 주변에 아무것도 없는 곳에 독립적으로 세워지는 모뉴먼트는 자연스럽지 못한 것으로 여겨진다. 모뉴먼트란 어떤 형태가 아니라 '장소'이고 '지형'이라는 인식 아래, 그 자체가 풍경이 되고 바탕이 되도록 조성한다. 워싱턴DC의 '베트남 전사자 위령비(Vietnam Veteran's Memorial, 1982)'는 오브젝트가 아닌 땅의 형상으로 고인들을 추모하고 있다. 마야 린Maya Lin이 설계한 '추모의 벽(The Memorial Wall)'은 두 개의 긴 벽이 단층을 이루며 만나게 되어 있는데 하나는 북동쪽의 링컨 기념관(Lincoln Memorial)에서, 다른 하나는 워싱턴 기념탑 (Washington Monument)에서 시작된다. 이 벽에는 베트남전쟁 당시 미군 전사자 58,195명의 이름이 모두 새겨져 있고, 비스듬히 내려간 지면을 따라 약간 내려갔다가 다시 비스듬히 올라오는 형상을 하고 있다. 매년 수백만 명의 방문객들이 이 벽 앞에서 무언가를 기억하고 누군가를 추모하며 지나간 시간과 현재의 삶을 되돌아본다.

'기억하고자 하는 사회 전체의 공통적인 의도'가 늘 진정성을 나타내는 것은 아니다. 크고 오래가고 땅에 박혀 있다는 성질 때문에 정치적으로 가장 많이 이용되는 것도 건축이다. 특히 19세기에는 신고전주의 건축이 민족과 국가의 문화적 정체성을 상징하는 역할을 했다. 히틀러 시대의 베를린은 국가 위신을 전시하는 '극장적 도시'였고, 15만~18만 명을 수용하고 돔의 지름이 230미터이며 랜턴의 높이가 40미터인 '국민대회당(Grosse Halle)'은 비록 현실화되지는 않았지만 히틀러의 강박관념을 가장 잘 보여주는 것이었다. 히틀러 시대 최대의 모뉴먼트인 '제펠린펠트(Zeppelinfeld, 1934)'에는 30만 명이라는 거대한

베트남전쟁 전사자들을 위한 '추모의 벽' (마야 린, 1982)

인간 집단이 모였다.

히틀러는 이렇게 말했다. "왜 항상 가장 큰 것인가? 나는 한 사람 한 사람의 독일인에게 자존심을 돌려주기 위해 그렇게 하고 있는 것이다." 기념물은 독일 민족의 우수성을 나타내고 건축물은 국가의 상징이므로, 그 어떤 국가보다도 더 거대한 건축을 가져야 했던 것이다.

우리 시대에는 기념적 건축이 과거처럼 큰 힘을 갖지 못한다. 높은 건물, 장대한 건물, 국가적 상징을 위한 건물이 기념성의 전부인 것도 아니다. 그런데도 여전히 이런저런 기념관을 많이 짓고 있다. 전쟁기념관, 백범 김구 기념관, 이준 열사 기념관, 서울올림픽 기념관, 만해 기념관, 안중근 의사 기념관, 윤동주 문학관 등등. 잘 지었건 못 지었건 건축이 예나 지금이나 무언가를 기억하게 만드는 중요한 공간장치인 이상, 사회가 기억해야 할 수많은 사실들을 어떻게 건축으로 바꿀 것인지는 여전히 중요한 문제임에 분명하다.

세월호가 침몰할 때 마지막까지 배에 남아 제자들을 구하다 목숨을 잃은 고 남윤철 교사를 기리기 위해 국민대학교 북악관의 708호

나치독일 최대의 모뉴먼트인 '제펠린펠트' (1934)

강의실이 2015년에 '남윤철 강의실'로 지정되었고 후배들이 그곳에서 수업을 들었다. 이 학교 출신인 고인이 대학 시절 마지막 전공 수업을 들었던 곳이다. 그 강의실은 '남윤철 강의실'로 지정되기 이전과 다를 바가 없다. 다만 사람들이 그렇게 부를 따름이다. 흔히 하는 방식대로 물건이나 비석 같은 것에 이름을 새기지 않고, 많은 사람들이 드나들며 공부하는 강의실로 남윤철이라는 의로운 인물을 기리고 있다.

'윤동주 문학관'은 용도 폐기된 청운 수도가압장에 청운공원을 조성할 때 묻혔던 물탱크 두 채를 나중에 발견하여 2012년에 새롭게 꾸민 공간이다. 윤동주가 누구인가? 일본 유학 중 항일운동을 했다는 혐의로 후쿠오카 형무소에 투옥되었고, 일제의 생체실험으로 인해 29세의 나이에 옥중에서 요절한 민족시인이다. 따라서 현재의 윤동주 문학관은 역사적으로 시인 윤동주와 아무런 관계가 없다. 단지 종로구청과 윤동주문학사상선양회가 이 자리를 '윤동주 시인의 언덕'으로 정하고 그를 기려왔을 뿐이다.

두 개의 물탱크는 원래 크기와 높이가 똑같았는데 하나는 지붕을 헐어 중정으로 만들었고, 다른 하나는 공간을 최대한 보존하여 시인이 투옥되었던 감방으로 표현하였다. 개방된 물탱크는 하늘이 올려다보이는 자유를, 폐쇄된 물탱크는 형무소 감방의 공포를 효과적으로 드러낸다. 오랜 시간에 걸쳐 물때가 두텁게 끼어 있는 벽면은 윤동주의 감금과 투옥, 시간, 고문, 고통을 나타내는 데 적격이다. 폐쇄된 물탱크에는 위쪽으로 작은 구멍 하나가 뚫려 있다. 그리로 오르내리던 벽면의 사다리를 잘라내고 사다리가 있던 흔적만 남겨둠으로써, 환한 자유를 갈망했지만 어두운 감옥에서 벗어날 수 없었던 시인의 질곡을 표현하고 있다.

1944년에 루이스 칸은 이렇게 말했다.

> "마그나카르타(Magna Crarta: 대헌장)를 작성하는 데 최고
> 의 잉크가 필요하지 않은 것처럼, 가장 값비싼 재료를 쓰
> 고 가장 최상의 기술을 동원한다고 해서 기념비적인 건축
> 이 만들어지는 건 아니다."

잉크가 좋아서가 아니라 근대 헌법의 토대를 이룬 '정신'이 담겨 있
어서 역사적인 대헌장이 되었듯이, 기념비적인 건축은 최고의 재료나
최고의 기술로 만들어지는 것이 아니라는 것이다. 칸의 말을 바꾸면
이렇게 된다.

> "마그나카르타를 작성하는 데 최고의 잉크가 필요하지 않
> 은 것처럼, 매일 사용하는 강의실과 폐기된 물탱크로 교
> 사 남윤철과 시인 윤동주를 기리는 데는 값비싼 대리석이
> 필요하지 않았다."

비록 윤동주의 실제 삶과 아무런 관계가 없는 장소이고 건물일지
라도, 가압장의 공간적 특질은 윤동주의 일생과 시의 세계를 표상
할 수 있다. 바로 이런 강의실과 문학관이 우리 시대의 모뉴먼트이
고 기념적 건축이며, 그들을 기리는 많은 사람들의 마음이 '기념비성
(monumentality)'이라고 나는 생각한다. 우리의 일상에서 '기억하고자
하는 사회 전체의 공통적인 의도'가 발견된다면, 학교나 커뮤니티 센
터가 이 시대의 '사회적 모뉴먼트(social monuments)'가 될 수 있다.

274

서울 청운동의 '윤동주 문학관' (2012)

인간의 시설 중 하나인 도서관은
어떻게 설계해야 옳은가?
이에 대해서 루이스 칸이 들려준 생각은
예전에도 옳고 지금도 옳으며
앞으로도 옳다.

4 / 시설, 제도, 공간

1

고대 그리스인들이 발명한 시설들

고대도시의 풍경

"그리스는 세계에 51,807개의 단어를 수출했다. Abyss, Academy, Acoustic… Zone, Zoology. 그리고 자신을 위해 한 단어는 간직했다. Mythos!"

그리스를 여행하고 귀국하던 날 아테네 공항에서 본 '뮈토스(Mythos)' 맥주 선전 문구다. 하기야 이집트의 피라미드(pyramid)도 그리스어 '피라미스(pyramis)'에서 나온 말임을 생각하면 무엇을 문명의 근본이라고 하는지 단숨에 알 수 있다. 그리스 도시는 다양한 시설의 집합이었고, 그 시설들은 고대 그리스 사람들이 처음 발명한 것이었다.

기원전 350년쯤 지중해 동쪽에 '프리에네Priene'라는 도시가 만들어졌다. 높은 곳에 있는 아크로폴리스를 제외하면 사람이 사는 구역은 가로 700미터, 세로 500미터 정도밖에 안 된다. 천천히 걸어도 끝에서 끝까지 5분이면 닿을 수 있다. 도시라고 할 것도 없을 정도의 크기다. 그렇지만 이 작은 도시에는 사람이 모여 산다는 것의 원초적인 모습이 시설로 구현되어 있었다.

　도시는 네 개의 구역으로 나뉘었다. 정치지구에는 블레우테리온(bouleuteron)과 프리타네이온(prytaneion)이, 문화지구에는 극장이, 상업지구에는 아고라(agora)와 스토아(stoa)가, 종교지구에는 제우스Jeus와 데메테르Demeter와 아테나Athena 신전이 있었다. 그리고 운동장, 극장, 600~700명이 들어가는 회의장 등이 있었다. 인구는 4,000명이었는데 극장은 6,000석짜리였다. 모이는 것이 그들에겐 더없이 중요했

고대 그리스 프리에네의 회의장 '블레우테리온' ⓒ김광현

고대 아테네의 민회 장소 '프닉스' ⓒ김광현

고, 모임을 장소와 공간에 담는 구조물을 만들어야 했다.

도시 원로들의 회의장인 블레우테리온에는 ㄷ자 모양으로 사람들이 앉는 단을 설치했고 지붕을 덮었으며 한가운데 연설대가 있었다. 시청에 해당하는 프리타네이온에는 나라의 '부뚜막' 헤스티아Hestia를 모신 방을 중심으로 공문서관, 연회실이 있었다.

그들은 음악 공연을 위해 극장보다는 작지만 지붕이 있는 오데온(odeon)을 만들었고, 운동경기를 함께 보려고 스타디온(stadion)을 만들었다. 로마인들은 이 스타디온을 계승하여 원형경기장을 만들고 라틴어로 '모래'를 뜻하는 아레나(arena)라는 이름을 붙였는데, 이는 운동장 바닥에 모래를 깔았기 때문이다. 원형경기장으로 가장 유명한 것이 바로 로마의 콜로세움이다.

아테네에서는 인구가 늘어나면서 아고라에 많은 활동이 집중되자 남서쪽 언덕에 민회(民會)를 위한 장소인 프닉스(Pniks)를 세웠다. 이 건물은 그리스의 수많은 집회장이 어떻게 발전해야 하는지 보여주는 곳이었는데, 좌석 없이 무려 5,000명을 수용할 수 있는 크기였다. '메갈로폴리스의 테르실리온(Thersilion at Megalopolis)'은 가로 65.4미터에 세로가 51.6미터인데, 지붕을 받치는 기둥이 중심을 향해 수렴되어 군중들의 시선이 방해를 받지 않게 하였다. 그만큼 이 도시는 많은 사람이 함께하는 건물이 필요했던 것이다.

2세기에 활동한 작가 파우사니아스Pausanias는 이렇게 말했다. "공공건물이나 체육관, 극장, 광장 그리고 물이 흐르는 분수가 없는 곳에 도시라는 이름을 붙일 수 있을까?" 건축가 루이스 칸은 직접 그린 중세의 '카르카손 성(Château de Carcassonne)' 그림 밑에 "단순한 정주지에서 시작한 시설들(institutions)이 모인 장소가 되었다. 이 시설이 있기 전에 본질적인 합의가 있었다"라고 적었다. 1,800년 전 파우사니아스의 말과 조금도 다르지 않다.

도시를 만드는 것은 시설이라는 이름을 가진 건축물이다. "이 시설이 있기 전에 본질적인 합의가 있었다"는 것은 시설이 사회적인 제도의 산물이라는 뜻이다.

아고라와 스토아를 만든 이유

기원전 6세기에 바빌론을 함락시켰던 페르시아의 황제 퀴로스Kyros는 이렇게 말했다고 한다. "도시의 중심에 특히 광장을 세우고, 그곳에 모여 서로 맹세를 하면서 거짓말을 하고 있는 이들을 짐이 이제까지 무서워한 적이 없다." 비록 적대국이긴 해도, 사람들이 광장에 모여 수시로 토론을 벌이는 사회는 무언가 다르고 힘이 넘친다고 보았기 때문에 짐짓 이렇게 말했을 것이다. 퀴로스가 말한 광장은 다름 아닌 아고라(agora)였다.

사람이 모여 살면서 사회를 이루고 도시를 이루며 국가를 이루는 것은 지극히 당연한 일이다. 그런데 이것을 가장 먼저 인식하고 도시와 건축을 만들어낸 이들은 고대 그리스 사람들이었다. 그들이 살던 도시의 핵심은 아크로폴리스였다. 그들을 지켜주는 신이 있는 영역으로, 그다지 높지 않은 곳에서 도시와 경작지를 내려다보고 있었다.

아고라는 '모이다, 만나다'라는 동사에서 나온 말로 우리말로 바꾸면 '큰 모임터'가 될 것이다. 이곳은 그리스의 도시국가에서 자치를 담당하는 모든 시민들이 모이기(동사) 위해 만든 장소이며, 이로써 시민이 이용하는 공공의 광장인 아고라(명사)가 생겨났다. 아고라는 처음엔 정치를 위한 장소였고 행정이나 입법 등 공적인 성격이 강했으나 점차 상업공간의 성격이 강해졌고, 고대 그리스 도시의 중심이 되었다.

이렇게 모든 시민이 모이는 장소는 오직 그리스에서만 볼 수 있었다. 이집트나 메소포타미아, 인도에는 주택이나 사원의 중정은 있었지만 아고라와 같은 광장은 존재하지 않았다.[46] 이런 나라들은 시민들이 집회 장소를 요구하거나 권력자가 그것을 허락하는 나라가 아니었다. 오히려 이들은 왕이 전쟁에서 승리하고 돌아오는 것을 맞이하는 장대한 축을 도시에 두었다. 그러나 아테네는 달랐다. 이들은 행진을 위한 넓고 곧은 축의 도시가 아니라, 모든 시민이 모여 정치를 논하는 아고라의 도시를 만들었다.

* 46. Paul Zucker, 《Town and Square》, Columbia University Press, 1959

아고라는 단지 공적인 광장이 아니었다. 그곳은 도시의 심장이었다. 어쩌다 특별한 사정이 있을 때만 들르는 곳이 아니라, 매일매일 살아가면서 접하는 사회생활의 본거지였다.

아고라 옆에는 스토아(stoa)가 생겨났다. 내가 보기에 그들이 고안한 시설 중에서 가장 신기한 것은 스토아와 극장이다. 신기하다고 말한 이유는 그것들이 만들어진 동기 때문이다. 스토아는 한쪽에 긴 벽을 두고 한쪽에 기둥을 쭉 늘어놓은 복도, 즉 주랑(柱廊)을 뜻한다. 이렇게 하면 사람들이 자유로이 드나들고, 그늘도 만들며, 통풍이 좋아 그리스 기후에 잘 맞고, 필요하면 건물 안쪽의 방에도 들어갈 수 있다. 이렇듯 단순하면서도 융통성 있는 구조를 지닌 스토아는 공공생활의 여러 가지 용도에 잘 맞는 건축물이었다.

스토아에서는 물건도 팔고 예술작품도 전시하고 종교적인 집회도

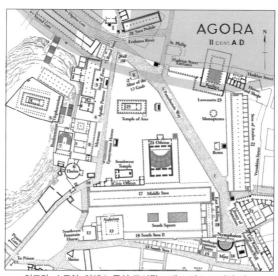

아고라, 스토아, 아레스 등이 표시된 고대 그리스 도시의 지도

하였다. 회의장으로도 쓰였고 재판장으로도 쓰였으며, 장관의 사무소가 되기도 하고 공적인 기록문서 보관소가 되기도 했다. 또 실업가의 사무실로도 쓰였다. 오늘날의 언어로 말하면 도시의 웬만한 기능을 다 담은 '유연한' 도시건축이었다. 아리스토텔레스는 완전히 공적인 아고라와 스토아처럼 상업적인 공간을 기능에 따라 구별해야 한다고 말한 바 있는데, 이는 그 시대에 아고라가 그만큼 다양한 목적으로 사용되었음을 말해주고 있다.

'스토아 학파'라는 말은 창시자 제논Zēnōn이 아테네의 스토아(주랑)를 왔다 갔다 하면서 강의했기 때문에 생겨난 말이다. 건물의 유형을 가리키는 말이 철학의 유파를 가리키는 말이 되었다. '금욕적'이라는 의미의 '스토익(stoic)'도 이 건물 이름에서 나온 것이다. 그리스인들은 어떻게 이런 유형의 건물을 머리에 떠올릴 수 있었을까? 공공의 장소나 신성한 신역(神域)을 마련하고자 하는 생각이 이런 독립된 스토아를 만들어냈을 것이다.

스토아는 반드시 아고라에만 있었던 건 아니며 어디에나 놓일 수 있었다. 길에도 놓일 수 있었는데, 예를 들어 아테네의 주요 성문인 디필론(Dipylon)으로 향하는 '드로모스(Dromos) 길'처럼 아고라로 통하는 길목에 세워지기도 했다. 스토아처럼 기둥을 줄줄이 세워 사람들의 출입을 자유롭게 하는 건물이 도시 곳곳에 유연하게 응용되었던 것이다.

이와 비슷하게 사용된 것으로 콜로네이드(colonnade)와 포치(porch)가 있다. 콜로네이드는 엔타블러처(entablature)[47]를 얹은 기둥이 통로

* 47. 고대 그리스와 로마 건축에서 기둥에 의해 떠받쳐지는 부분

기둥이 길게 늘어선 다목적 공간 '스토아' ©김광현

양쪽에 긴 열을 이루며 독립하여 따로 서 있거나 아니면 건물의 한 부분이 되어 있는 것이다. 콜로네이드는 이집트 신전의 장대한 중정에서 이미 사용되었고, 미노스Minos나 미케네 사람들도 신전에 이것을 사용하였다. 그렇지만 이런 기둥열을 하나의 단위로 사용한 것은 고대 그리스 건축의 큰 특징이었다. 기둥열이 건물 정면의 현관 앞에 서 있으면 '포치' 또는 '포르티코(portico, 주랑 현관)'라 부른다. 기둥이 중정의 사면을 둘러싼 것은 '페리스타일(peristyle)'이라 부르며, 기둥으로 빙 두른다 하여 '주주식(柱周式)'이라고 번역한다.

도시에는 건물만 세워지는 것이 아니다. 사람이 모여 살기 때문에 건물이 시설이 된다. 고대 그리스 건축을 말할 때 아고라를 강조하는 것은 단지 과거의 사실을 확인하고 용어를 익히기 위해서가 아니다. 도시에 사는 사람들이 다 함께 모일 수 있는 공간이 필요했다는 것, 그곳은 도시의 심장과 같은 곳이었음을 깊이 이해하는 것이 중요하다. 만약 "도시 안의 긴 건물을 스토아라고 한다"거나 "스토아는 도시 사람들이 자유롭게 모여드는 곳"이라는 식으로만 받아들이면, 그것은 스토아를 제대로 이해한 것이 아니다.

극장, '함께 보기 위한 장소'

고대 그리스 건축 중에서 사람이 모이기 위해 만든 전형적 건물은 극장이다. 모이는 것을 얼마나 좋아했기에, 무대를 중심으로 함께 보고 듣는 일이 얼마나 즐거웠기에 이토록 거대한 극장을 만들었을까? 어떤 방법으로 알렸기에 같은 시간, 같은 장소에 많은 사람들이 연극을 보러 모일 수 있었을까? 모이는 걸 좋아한다고 해서 그것만으로 극장이 만들어지는 것은 아니다. 희곡, 연기, 연주 등 여러 분야가 체계화되어 있지 않았다면 이런 완벽한 극장은 생겨날 수 없었을 것이다.

극장이라는 빌딩 타입은 언제 누가 처음으로 만들었을까? 분명한 건, 극장이라는 건축물이 생기기 이전에 연극과 합창이라는 행위가 먼저 있었다는 점이다. 길에서 어떤 사람이 악기를 연주하거나 춤을 추면 흥미를 느낀 사람들이 자연스레 모여든다. 관객들은 연주자를 중심으로 동심원을 그리며, 키가 작은 사람은 앞에 앉고 키가 큰 사람은 뒤에 선다. 사람이 더 많이 모이면 연주자를 무대로 올라가게 하고 관객들을 동심원의 좌석에 앉히면 된다. 이것이 극장이다.

연극은 디오니소스Dionysos에게 드리는 제사였고 공적인 행사였으므로 모든 시민이 참가해야 했다. 모두 함께 모여서 보기 위해 만든 그리스 극장의 밑바탕엔 그들의 민주주의적 사고가 있었다. 극장이라는 건축물은 이들의 삶과 문화와 나눔이 뒷받침되지 못하면 절대 만들어질 수 없는 시설이었다.

고대 그리스 극장의 부채꼴 객석 앞에는 원형으로 만든 장소가 있었고, 이곳에서 노래와 춤으로 이루어진 축제가 열렸다. 극장의 중심부인 이곳의 이름은 오케스트라(orchestra)다. 오늘날 사용하는 '오케스트라 연주'라는 말은 이 원형의 무대 이름에서 나왔다. 축제에 직접 참가하지 않는 사람은 오케스트라 주변을 둘러쌌다. 이곳을 테아트론(theatron)이라 했는데 '보기 위한 장소'라는 뜻이다. 처음에는 극장의 관객석을 지칭하던 이름이 나중에는 극장 전체의 이름(theatre)이 되었다.

연극이 발달하면서 연기자를 위한 더 많은 설비가 필요해졌다.

그중 가장 소박한 것은 스케네(skene)였는데 천막이나 오두막을 뜻하는 말이다. 스케네와 오케스트라 사이의 공간인 프로스케니온(proskenion)은 연극의 주된 배경이 되었으며, 나중엔 무대 그 자체로 발전해갔다. 프로스케니온은 '스케네(skene)의 앞(pro)'을 뜻하는데, 오늘날 극장 무대에 설치되는 '프로시니엄 아치(proscenium arch)'가 바로 여기에서 나왔다.

극장은 같은 곳에 모여서 함께 보는 행위를 통해 건축의 공동성을 확인하는 장소다. 또한, 함께 모인 사람들의 공통감각 없이는 어떤 구조물도 본질적으로 '건축'이 될 수 없음을 말해주는 시설이다. 보는 것만이 목적이라면 영상이 발달된 오늘 굳이 극장을 찾아갈 필요가 없으며, 음악을 듣는 것만이 목적이라면 집에서 느긋하게 오디오를 들으면 그뿐이다. 그런데도 왜 사람들은 극장을 찾고 음악당에 가는 것일까? 극장과 음악당이라는 건물 안에서 공통감각을 가지고 다른 이들과 '함께 모여' 보고 듣고자 하기 때문이다.

그리스는 세계에 51,807개의 단어만 수출한 게 아니다. 그들은 도시의 시설도 수출했다. 고대 그리스의 시설을 공부하는 것은 사람이 모이는 것의 속뜻을 공부하는 것이다. 오늘 우리에게 이와 비슷한 곳이 과연 어디에 있는지, 없다면 왜 없는지, 어떻게 바뀌어 있는지 진지하게 되돌아볼 필요가 있다.

2
시설은 사회와의 접점

도시는 시설의 집합

도시는 도시계획만으로는 이루어지지 못한다. 도시에 생기를 불어넣는 것은 건축물들이다. 건축물은 다양한 목적을 가진 사람들의 다양한 행위가 일어날 수 있는 시설을 갖추어야 한다. 도시에는 상점도 있고 주택도 있으며 관청도 있다. 내 주변에 있는 모든 건물은 시설로서 지어진 것이며, 도시는 그 하나하나의 시설들이 집합한 것이다.

사람은 모여 살면서 건물을 시설로 만든다. 그리고 그 시설로 인간의 공동체를 만든다. 중세의 도시와 수도원은 조직화된 공동생활로 시대의 위기를 극복하려 했다. 수도원은 하늘나라에, 도시는 천상의 예루살렘에 비교될 만한 존재였다. 수도원 건축은 '공동생활'을 통한 건축이 얼마나 중요한지를 여실히 보여준다.

베네딕도회(Benedictine Order) 수도원의 이상을 담은 '잔크트 갈렌

(S. Gallen, 프랑스어로는 St. Gall이라고 한다)' 수도원의 평면도가 있다. 이 평면도는 수도원의 도서실에 1,200년 동안이나 보존되어 있었다. 이 수도원은 612년에 설립되어 한때 황폐해졌다가 816년에 재건되기 시작하였다. 평면도는 그때의 계획도인데, 원본은 아니고 그것을 베낀 도면이다. 한가운데에는 정사각형의 중정을 감싸는 회랑이 있고 왼쪽엔 성당, 위에는 대침실, 오른쪽에는 식당이 배치되어 있다. 왼쪽 아래에는 문이, 그 오른쪽에는 축사들이 있다. 성당의 왼쪽에는 원장의 거처가 있으며 식당의 오른쪽에는 각종 작업장이, 상부의 왼쪽에는 병원이 있고 오른쪽에는 묘지를 겸한 과수원과 채소밭이 있다.

계획도는 수사 110명, 지원자 160명이 수도원에 사는 것을 전제로 했다. 수도자와 일반 신자를 구분했고 노동과 기도, 병원과 학교라는 서로 다른 시설을 독립시키면서도 서로 연관을 맺게 했다. 성당 서쪽

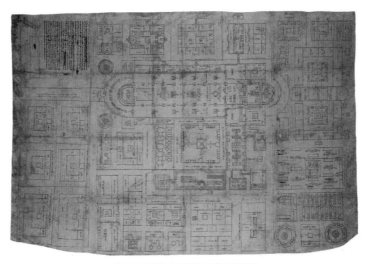

'잔크트 갈렌' 수도원의 평면도 (9세기)

끝에는 일반 신자용 입구가 있고 그 오른쪽에는 순례자용 숙사를, 왼쪽에는 손님용 숙사를 두었다. 이 평면도엔 그야말로 건축물의 복합적인 집합체가 그려져 있다. 단순히 건물만 그린 게 아니라 공동체를 그린 것이었고, 어떻게 모여 살 것인가를 그린 것이었다.

모든 건축물은 누군가와 함께 쓰기 위해 만들어진다. 주택은 나를 포함한 가족 구성원이 함께 쓰기 위한 것이며 학교, 사무소, 극장, 관공서, 법원 등도 다른 이들과 함께 쓰기 위한 것이다. 학교는 배움의 가치를 나누기 위해 만든 시설이고, 극장은 연극이나 영화를 함께 보고 즐기기 위해 만든 시설이며, 법원은 사회의 공정을 유지하기 위해 만든 시설이다. 건축의 시설은 사람들이 함께 쓰는 가치를 공간으로 표현한 것이다.

건축을 두고 예술이라고 말하며 회화나 조각과 비슷하게 생각하고 싶어 하는 사람이 많다. 그러나 회화나 조각이 누군가와 함께 쓰기 위해 만들어지는 경우는 없다. 건축은 이와 다르다. 건축이란 사람이 모여야만 만들어지는 사회적인 존재라는 사실을 아는 것, 바로 이것이 건축에서 기쁨을 찾을 수 있는 지름길이다.

헤르초크&드 뫼롱이 설계한 런던의 테이트모던 미술관(Tate Modern collection. 2000)에 올라퍼 엘리아슨Olafur Eliasson이 만든 〈The weather project〉(2003)가 전시되었다. 미술관에 들어서자마자 높이 터져 있는 대공간에 인공 태양이 걸려 있는 작품이었다. 거대한 방에 나타난 태양은 보는 이의 마음을 뒤흔들었다. 방 안인데도 마치 집 밖에서 위대한 태양을 보듯 다들 감격하며 새로운 공간과 빛을 체험하였다. 이 작품은 말할 나위도 없이 작가 엘리아슨의 체험에서 나온 것이다. 그런데 미술관이라는 시설 안에 있는 공간을 통하여 다른 이

테이트모던 미술관의 'The weather project' (올라퍼 엘리아슨, 2003)

들도 똑같은 체험을 할 수 있게 되었다.

사실 이 작품은 낮이건 밤이건 건축물 밖에서는 별다른 힘을 발휘하지 못한다. 그러나 미술관의 방은 오로지 이 미술작품과 그것을 통해 새롭게 체험하는 사람들을 위해서만 존재하고 있다. 사람들은 이 대공간을 거닐기도 하고 앉기도 하며 아예 드러누워 태양의 빛공간을 만끽하기도 한다. 건물은 작품의 배경이 되었고, 사람들을 미술작품 앞으로 한데 모으는 그릇이 되었다. 이것이 미술관이라는 시설을 짓는 이유다.

흔히 건축공간이라고 하면 아름다운 공간, 비어 있는 공간, 건축가가 만든 세련되고 멋있는 공간을 말하려니 한다. 그리고 누군가 한 사람이 그 공간에서 여유 있게 걷거나 감상하는 모습을 떠올린다. 그러나 건축공간은 아름다워 보이기 위해서가 아니라 누군가와 '함께' 집단을 이루며 그곳에 있기 위해 만드는 것이다. 공간 안을 오직 한 사람이 감상하는 것으로 보는가, 함께 사용하는 것으로 보는가에 따라 건축에 대한 태도는 크게 달라진다.

네덜란드의 건축가 집단인 MVRDV는 이렇게 말한 바 있다.

> "건축은 인터페이스(interface)다. 지금에만 그런 것이 아니
> 고 늘 인터페이스였다. 건축의 역사는 현실과 건축가 그리
> 고 그들이 만든 건축을 사용하는 사람들 사이에 있는 인
> 터페이스가 발전해 온 역사다."

인터페이스란 사물과 사람, 또는 사람과 사람 사이에서 의사소통이
가능하도록 만들어진 매개체를 말한다. 처음 들으면 조금 의아스럽겠
지만 잘 음미해보면 정말 맞는 말이다. 건축은 사물과 사물, 사람과
사람을 이어주는 매개체다. 이 주장을 조금 확대해서 생각하면, 공간
은 삶의 형식에 대한 기초이고 건축가가 공간을 중요하게 다루는 건
분명하지만 건축가만이 공간을 다루는 건 결코 아니라는 뜻이다.

건축이 인터페이스라고는 해도 언제나 자연스럽고 편안하게 이상
적으로 이어주는 것은 아니다. 건축공간은 관리를 받고 감시를 받는
강제적인 매개체이기도 하다. 공간의 기능을 효율적으로 배열하는 것
도 알고 보면 사람의 활동을 잘 관리하기 위한 것이다.

우리 일상 가까이에 있는 건물, 정해진 용도 없이 이윤을 위해서 임
대되는 건물, 온갖 간판들이 외벽을 뒤덮은 건물을 떠올려보라. 이것
은 상점 주인들의 윤리의 문제인가, 그렇게 조장된 공간의 문제인가,
아니면 그 뒤에 숨어 보이지 않는 복잡하면서도 경직된 제도의 문제
인가? 그러나 이런 건물들도 엄연히 이 사회가 만들어낸 공간이다.
그렇다면 우리는 이런 흔한 건물들을 둘러싼 문제를 어떻게 해결할
수 있을까?

시설은 제도, 제도는 시설

  흔히 건축을 공간의 예술로 바라보거나 그렇게 강조해왔다. 그러나 이것으로는 사회와의 접점을 얻기 어렵다. 건축은 제도에 의해 생긴 것이고, 수많은 관점에서 제도를 충실하게 반영하여 만들어지는 것이다. 개별 건축물뿐 아니라 우리를 둘러싸고 있는 주변 환경들과 더 넓은 도시환경에 이르기까지 모두 제도에 따라 지어진 것이다. 그러니 건물은 제도 그 자체다. 여기에서 말하는 '제도'에는 법률뿐 아니라 관습과 규범도 포함된다.

  한 곳밖에 없는 특수한 건물은 시설이라 부르지 않는다. 복지시설이라고 할 때 그것은 하나의 특정한 건물이나 장소를 가리키는 말이 아니다. 복지라는 제도가 뒤를 받쳐줄 때 비로소 그것은 복지'시설'이 된다. 근대 이후의 역사를 보면 중산층의 개인주택은 산업혁명에 의한 근대사회가, 학교는 아이들에 대한 의무교육이라는 제도가, 미술관은 귀족의 전유물이었던 미술작품을 시민에게 개방하는 문화정책이 사회적인 합의를 이룬 뒤에야 지어졌다. 그러므로 시설이라는 것을 더욱 넓게 해석하고 역사적으로 바라볼 필요가 있다.

  가령 국회의사당이라는 건물이 그냥 세워질 리 없다. 일단 그곳에 등장할 국회의원이 있어야 하고, 그들이 논의할 여러 의제와 제도들이 존재하며, 국민이 이 건물에 어떤 방식으로든 결부되게 되어 있다. 건축사에서 중요하게 다뤄지는 고대국가의 신전은 어느 날 갑자기 아름답게 건설된 게 아니라, 신을 중심으로 살아가는 그 사회의 환경이 먼저 존재했기 때문에 지어진 것이다. 근대사회가 낳은 여러 시설들 또한 이와 다를 바 없다.

영어 단어 'institution'은 '시설'이라는 뜻과 '제도'라는 뜻을 함께 가지고 있다. 제도와 시설은 동전의 양면과 같다는 뜻이다. 사람들이 제도를 만들면 그 뒤에는 시설이 따르고, 시설을 만드는 것은 특정 제도를 실천하는 것이다. 모여서 같이 연극을 보려는 제도(관습)가 있어서 극장이 생기고, 학생을 모아 교육을 시키는 제도가 있어서 학교가 생긴다. 시설은 사람들이 사회적으로 동의한 제도를 공간으로 만든 것이다. 영어 'facility'도 시설이라고 번역한다. 그러나 이 단어는 특정 목적을 위한 쓰임새를 가진 건물이라는 뜻으로 쓰는 용어이며, 사회적으로 동의한 제도를 나타내는 'institution'과는 구별된다.

'institution'이 시설과 제도를 함께 의미한다는 것은 지나칠 수 없는 매우 중요한 사실을 나타낸다. '시설'은 곧 건축이고 '제도'는 사회적 관계다. 따라서 어떤 시설이 고정적인 건물 유형에서 벗어나려면 제도의 변화가 반드시 있어야 하고, 변화되는 제도는 시설을 갱신한다는 의미가 담겨 있다. 건축을 시설로 바라본다는 것은 그것을 만드는 사람 쪽에서만 보지 않고 사용하는 '사람들' 쪽에서 보는 것이다. 달리 말하면, 건축을 '내'가 아닌 '사회'가 요청하는 것으로 바라보는 것이다.

학교는 학생들을 가르치는 곳이지만 오늘날엔 교육의 모든 것이 학교와 관련된다. 인생의 4분의 1을 보내는 곳이 학교라는 사실 앞에서 우리는 학교가 왜 교육'기관'인지, 지금 학교에서 일어나는 수많은 일들이 과연 교육적인지 물어야 한다. 먼 옛날에는 학교를 세운 교육자와 그를 선택한 학생이 학교의 주인이었다. 그러나 근대 이후 학교는 국가기관이다. 국가에서 정한 교과목을 통해, 국가가 선발한 교사를 통해, 국가의 기준에 맞춘 시간표를 통해 학생들을 통제하고 관리하는 공간이다.

옛날에는 아이들의 교육이나 건강은 모두 가족들이 해결해주었다. 그러나 오늘날엔 국가나 지방자치단체가 그 역할을 대신한다. 급식도, 질병 관리도, 직장에 나가는 부모를 대신해 아이를 돌보는 일도 국가와 지방자치단체가 해결해준다. 지난 세기 중반에 철학자 오르테가 이 가세트Jose Ortega y Gasset가 "단추만 누르면 국가라는 기계가 뭐든지 다 해준다"고 신랄하게 비판한 바 있는데, 지금은 국가가 그때보다도 훨씬 더 깊숙이 사적 영역 속으로 들어와 있다.

프랑스의 철학자이자 사회학자인 루이 알튀세르Louis Althusser는 국가권력의 시스템을 말하면서 '억압적 국가기구'와 '이데올로기적 국가기구'를 구분한다. 억압적 국가기구는 정부, 행정, 경찰, 법정, 감옥, 군대 등을 말한다. 이 기구들은 각각 한 개이고 통일적인 것이 특징이다. 이데올로기적 국가기구는 종교, 교육, 가족, 법, 정치, 조합, 커뮤니케이션, 문화 등 주로 사적인 영역에 관한 것이며 억압적 국가기구와 달리 다양하고 자율적으로 존재한다. 우리가 일상생활에서 친숙해져 있는 여러 시설들이 실상은 이데올로기적 국가기구라는 것이다.

이 관점에서 보자면 학교와 교육은 대표적인 이데올로기적 국가기구다. 아이들이 학교에서 배우는 읽기, 쓰기, 계산 교육은 육체노동자들의 교양을 위한 것이고 기술 교육은 기술자, 과학 교육은 과학자(엔지니어), 문화적 소양은 고위 관리층을 위한 것이다. 학교에서는 직업에 따라 지켜야 하는 태도와 규칙을 배운다. 기존 질서와 규칙에 복종하는 마음을 길러주고, 지배 이데올로기에 대한 노동자의 복종심을 재생산한다.

국가는 근대건축의 시설을 통해 사회를 관리한다. 주택은 주택법 등으로 국토교통부가, 학교는 학교법으로 교육부가, 우체국은 우편법으로 미래창조과학부가, 박물관과 미술관은 각각 박물관법과 미술관법으로 문화체육관광부에서 감독한다. 똑같은 병원이라도 경찰병원은 경찰청, 국립대학병원은 교육부, 전문병원은 보건복지부의 지휘를 받는다. 국가는 특정 시설을 저명한 건축가가 설계했는지, 조형적으로 아름다운 건축공간인지 등에는 관심이 없다. 모든 건물을 제도에서 정한 관리의 대상으로 보고 있을 뿐이다.

철학자 미셸 푸코Michel Foucault는 공간을 이보다 훨씬 크게 바라보고, 지식 및 권력과 묶어서 보는 시각을 제공해주었다.

> "공간은 모든 형태의 공동체 생활에서 근본적이며, 공간은 모든 권력을 행사하는 데 근본적이다."[48]

그는 건축보다는 토목 기술을 통해 확장되어가는 도시의 관점에서 공간을 바라보았다. 이를테면 철도를 통한 도시공간의 확장. 이때 공간을 생각했던 사람들은 건축가들이 아니라 다리와 도로 그리고 철로를 놓은 기술자들이었다. 이들은 영토를 넓히고 '속도'로 공간을 확대해간 사람들이었다. 이런 것은 건축가들이 할 수 있는 일이 아니었고, 건축으로는 설명할 수 없는 전혀 다른 기술이 만든 공간이었다. 철도는 공간과 권력을 이어주는 매개체였다. 그렇게 도시공간을 확장한 주체는, 효과적인 통치를 위해서든 자본의 영역 확대를 위해서든, 다름 아닌 권력이었다.

※ 48. Michel Foucault, 〈Space, Knowledge, and Power〉, 《Power》(the essential works of Foucault Vol.3), Penguin, 2002, p.361

권력은 지식과 합쳐졌다. 그리고 지식은 공간을 생산했다. 린네^{Carl von Linné}의 분류학은 식물에 대한 지식이 공간화된 것이었다. 분류란 사물을 공간적으로 배열하는 방식이므로, 고고학으로 발견된 유품이나 책으로 묶인 지식도 분류되고 이 지식들은 다시 박물관과 도서관 등으로 공간화되었다. 박물관과 도서관에 축적되는 문헌과 유품 그리고 정보는 국가의 권력과 동일한 것이었다.

파놉티콘과 헤테로토피아로서의 시설

근대의 병원은 어떻게 생긴 것일까? 미셸 푸코는 1975년에 《감시와 처벌 Surveiller et punir》이라는 책을 썼다. 이 책에서 그는 병원의 출발이 감옥이었다고 논증하고 있다. 감옥이면 감옥이지 어떻게 감옥이 병원이 된다는 말인가? 바로 이런 점이 '건축과 사회의 관계'라는, 자칫 아주 애매하게 들릴 수도 있는 주제의 정곡을 찌르는 대목이다. 그는 근대 감옥과 병원의 공간형식이 같다는 것, 그래서 병원도 본래는 감시와 처벌의 한 도구였음을 밝히고 있다.

어떤 공간형식이기에 이렇게 말했을까? 근대의 감옥은 중앙에 감시탑을 두고 이를 중심으로 빙 둘러진 원형의 공간에 죄수들을 가두는 구조를 하고 있다. 원형 공간은 바퀴살처럼 여러 개의 감방으로 나뉘어 있는데, 감시탑의 교도관은 모든 죄수를 볼 수 있으나 감방의 죄수는 교도관을 볼 수 없다. 교도관이 딴짓을 하고 있어도, 심지어는 감시탑에 아무도 없어도 죄수는 늘 자기가 감시당한다고 여기게 된다. '공리주의'로 유명한 제레미 벤담^{Jeremy Bentham}이 1791년에 고안했다는 이 원형 감옥을 '파놉티콘(panopticon)'이라고 한다. 'pan'은 '두루'라는 뜻이고 'opt'는 눈, 'con'은 집을 뜻한다. 즉 '한눈에 두루 감시할 수 있는 집'이라는 뜻이며 '일망감시기구(一望監視機構)'라고 번역한다.

파놉티콘은 감시의 공간인 동시에 효율적인 '관리'의 공간이었다. 병원에서도 도입했고, 도서관 열람실에도 사용되었으며, 초기의 백화점에도 사용될 정도로 근대 건축공간의 기본이 된 구조였다. 감시와 처벌을 목적으로 하는 감옥의 설계 방식과 죄수를 관리하는 기술이 이후 학교, 병원, 복지시설, 관공서 등으로 확산되어 전 사회적인 정교한 통제 시스템을 만들어냈던 것이다.

찰리 채플린Charles Chaplin의 영화 〈모던 타임즈 Modern Times〉(1938)는 근대 이후에 새롭게 나타난 시설을 주요 배경으로 삼고 있다. 주인공인 떠돌이 찰리는 컨베이어 벨트 '공장'에서 하루 종일 나사못 조이는 일을 하고 있다. 단순 작업만 계속한 결과 눈에 보이는 모든 것을 조이는 강박관념에 빠져버리고, 급기야 정신'병원'까지 가게 된다.

THE ARCHITECTURE OF SENSATION FOR REFORMING PRISONS

The major effect of the Panopticon [is] to induce in the inmate a state of conscious and permanent visibility that assures the automatic functioning of power.
Michel Foucault, Discipline and Punish

제레미 벤담이 고안해낸 '파놉티콘' (1791)

찰리 채플린의 영화 〈모던 타임즈〉(1938)의 한 장면

병원에서 나온 찰리는 공장에서 해고되어 거리를 떠돈다. 그러다가 우연히 트럭에서 떨어진 빨간 깃발을 보고 그걸 전해주기 위해 달리다가 시위 군중에 휩싸여 '감옥'에 끌려간다. 몇 년의 감옥살이 끝에 풀려난 찰리는 빵을 훔친 예쁜 소녀를 도와준다. 근사한 집을 사기 위해 '백화점' 경비원으로 취직하기도 하고 '철공소'에서 일하기도 한다. 소녀의 도움으로 '카페'에서 일하게 된 찰리는 자신을 추적하는 사람들을 아랑곳하지 않고 노래를 하다가 결국 다시 떠돌이로 남는다. 그렇지만 '거리'에 나선 찰리와 소녀는 절대 희망만은 버리지 않는다.

이 영화에는 중요한 근대시설 모두가 포함되어 있다. 공장→병원→감옥→백화점→공장→카페라는 근대적 시설의 순환 속에 사람이 들어가 있다. 따라서 이 영화는 인간이 관리사회에 편입된 존재가 되어버렸음을 지적하며 근대의 건축시설을 비판하는 영화다. 관리사회는 공장, 병원, 감옥, 백화점을 만들었고 이런 건축시설들이 다시 관리사회를 강화시킨다는 것이다.

물론 이것은 영화이므로 실제보다는 과장되어 있다. 그러나 근대 사회를 유지하기 위해 만들어진 시설들이 100년이 지난 오늘날에도 계속되고 있다는 게 문제다. 주택, 아파트, 학교, 도서관, 미술관, 백화점 같은 '관리사회의 산물'들을 보면서 우리가 극복해야 할 근대적 오류를 반성하고 이를 고쳐야 할 과제가 우리 모두에게 있다.

　완벽한 세계, 그러나 실제로는 어디에도 없는 세계를 유토피아(utopia)라고 부른다. 그것은 사람들의 상상 속에서만 존재할 따름이다. 완벽한 주택, 완벽한 학교, 완벽한 사무소 건축이 있으면 좋겠지만 그런 건 이 세상에 존재하지 않는다. 가령 '주택'이라 할 때 사람들이 가장 먼저 떠올리는 관념은 가족의 단란과 행복이다. 주택을 다루는 잡지들은 모두 이런 관념을 열심히 부각시킨다. 그렇지만 어디 그런가? 주택을 사거나 지으려면 비싼 융자를 얻어야 하고 오랫동안 힘들게 갚아야 한다. 그렇게 입주한 주택에서 늘 단란과 행복을 누리며 사는 것도 아니다. 그런 고정관념으로는 설명할 수 없는 주택이 이 세상에는 너무나 많다.

　그런데 만일 유토피아가 이 세상에서 어떤 장소를 차지하고 있다면 그것은 어떻게 우리 앞에 나타날까? 미셸 푸코는 그것을 '헤테로토피아(heterotopia, hétérotopie)'라고 불렀다. 우리가 이상으로 삼고 있거나 당연하다고 생각하는 장소에 이의 제기를 하는 장소, 이미 당연하게 받아들이는 장소의 바깥에 있는 곳, 그러면서도 실제로 존재하는 장소가 바로 그것이다. 말하자면 엄연히 현실 속에 있는 유토피아다. 다락방, 침대, 거울, 묘지, 도서관, 정신병원, 테마파크, 노래방, 찜질방 등등 우리 주변에는 이런 헤테로토피아가 의외로 많다. 푸코가 헤테로토피아에 대해 쓴 글의 제목처럼, 이 모든 것이 속으로는 바라고 있으면서도 실제로는 소외시키고 있는 '바깥 공간들(of Other Spaces)'이다.

예를 들어보자. 묘지나 영안실은 건축계획학에서 전혀 다루지 않는다. 묘지는 어떤 이에게는 엄숙한 공간이지만 어떤 이에게는 무섭고 어두운 곳이어서 도시 바깥으로 쫓아내버린다. 영화관은 평면인 스크린에 몇 개의 공간이 3차원으로 투사되면서 함께 나타나는 곳이며 우리를 상상의 세계로 이끄는 곳이다. 그러나 영화가 끝나면 다시 현실로 돌아와야 한다. 정원도 헤테로토피아다. 이슬람에서는 정원을 지상의 작은 우주라고 여긴다. 그러나 이 아름다운 우주는 아름답지 못한 현실의 주택과 함께 있다. 박물관은 갈 수 없는 장소와 단절된 시간으로 나를 잠시 이끌어주는 장소다. 러브호텔은 누구에게나 열려 있는 것처럼 보이지만 내부 구조는 극도로 폐쇄적이며 심지어는 무인으로 방을 거래한다.

이와 같은 푸코의 설명을 듣다 보면 갑자기 흥미를 잃고 책을 덮어버리고 싶을 수도 있다. 그다지 가보고 싶지 않거나 상상하고 싶지 않은 장소들이 포함되어 있기 때문이다. 그러나 바로 그런 이유 때문에 푸코의 주장에 귀를 기울여야 한다. 우리 사회가 합리적이거나 이상적인 건물의 유형만으로 이루어져 있지 않고, 그 틈새에서 인간의 욕망과 충동을 불러일으키는 건물 유형이 계속 나타나고 변하고 있음을 보여주기 때문이다.

틈새에서 자라나고 있는 장소와 용도를 이미 익숙한 옛 기준에 근거하여 낮추어 보면 안 된다. 그러한 장소와 용도가 혹시 새로운 건물 유형으로의 변화를 바라고 있지는 않은지 면밀하게 살펴보아야 한다. 이것이 파놉티콘과 헤테로토피아인 시설을 공부하는 이유다.

루이스 칸의 '인간의 시설'

우리나라 건축계의 가장 큰 약점은 이론적 논의가 아주 약하다는 점이다. 가장 큰 원인은 "그런 걸 꼭 알아야 하나?" "그렇게 어려운 말 안 해도 건물은 잘만 지어지는데 뭘"이라는 식의 안이한 태도다. 진중하게 깊이 알려고 하지 않고, 겉핥기로 대충 보아 넘기고 쉽게 추측한다. 건축가건 교수건 학생이건 별로 다를 게 없다. 문제에 직접 대면하지 않고 옆으로 새어버리는 것을 건축하는 '지식인'의 멋으로 여기기까지 한다.

루이스 칸이 '시설(institution)'에 대해 이러이러한 말을 했다고 해도 별다른 반응이 없다. 말의 뜻을 잘 모르니 "또 이분께서 어려운 말을 하셨군" 하는 정도로 지나쳐버린다. 내가 아는 바로는 근대의 어떤 건축가도 시설을 특별히 강조한 적이 없다. 르 코르뷔지에도, 미스 반 데어 로에도, 프랭크 로이드 라이트도 시설이 인간에게 무엇인지 한 번도 말하지 않았다. 근대 최고의 건축가로 꼽히는 르 코르뷔지에는 책을 그렇게 많이 썼는데도 이와 비슷한 언사조차 보여준 바가 없다. 그래서 칸을 주목해야 하는 것이다. 그가 수행한 것은 빌딩 타입으로 경직된 근대적 시설에 대한 비판이며, 이를 바로잡기 위한 근본적인 숙고였다.

> "오늘날의 건축이 크게 범하고 있는 잘못 중의 하나는 이러한 시설이 정의되어 있지 못하다는 것이며, 프로그래머가 준 바를 그대로 받아들여 건물로 만들고 있다는 점이다."

그리고 건축가가 해야 할 일을 이렇게 요약하고 있다.

> "나는 지금이야말로 우리를 비추는 태양도 근본적으로 다시 생각해야 하고, 우리의 모든 시설도 근본적으로 다시 생각해야 할 때라고 본다."

한마디로, 현대건축의 가장 중요한 과제는 주택이나 학교, 창고 등 인간이 함께 살아가기 위해 만든 모든 시설에 대한 근본적인 재질문이라는 것이다. 그는 또한 이렇게도 강조한다.

> "정부 시설이건 가정 시설이건, 배움의 시설이건 건강과 여가의 시설이건, 모든 건물은 인간의 시설에 도움을 주어야 한다는 감각 이상으로 건축가가 전문인으로서 할 수 있는 더 큰 일은 없다고 생각한다."

그냥 '시설'이라고 하지 않고 '인간의 시설(an institution of man)'이라고 표현한 것은 인간이 함께 살아가는 데 진정성을 가진 시설을 끊임없이 묻고 찾아야 한다는 뜻이다.

'인간의 시설' 중 하나인 도서관은 어떻게 설계해야 옳은가? 이에 대해서 그가 들려준 생각은 예전에도 옳고 지금도 옳으며 앞으로도 옳다. 사람들이 도서관에 가는 이유는 책을 들고 창가에 앉아 빛이 드는 곳에서 책을 읽기 위해서다. 내 손으로 책을 직접 찾지 못하는 도서관, 카탈로그 박스에서 책 번호를 찾아 적으면 그 책을 대출계가 대신 찾아주는 도서관이 되어서는 안 된다고 했다. 도서관은 책을 찾아서 읽는 곳이지 책을 빌리는 곳이 아니기 때문이다.

　그러나 서울대학교 중앙도서관은 이렇게 되어 있지 않다. 여기에는 책을 두고 저기에서는 책을 관리하며 빌려주도록 계획되어 있어서, 책을 빌리려면 대출계에 가서 제목과 번호를 써내고 기다려야 한다. 지금은 많이 개선되었지만 애초에 이렇게 지어졌기 때문에 내가 직접 책을 꺼내어 빛이 있는 곳에서 책을 읽는다는 감각은 기대할 수 없게 되어 있다.

　루이스 칸은 새로운 도서관을 만들 수 있는 조건이 그리 먼 곳에 있지 않으며 지금 여기에 있다고 가르친다.

> "책은 여러분을 도서관의 교훈으로 초대하기 위해 단지 거기에 있는 것입니다. 사실 도서관은 교실이며, 여러분은 도서관을 교실로 만들 수 있습니다. '도서관의 본성'은 '도서관이라는 건물'과 다릅니다."

　'도서관의 본성'에서 다시 출발하여 '도서관이라는 건물'을 짓는다는 것! 얼마나 풍부한 상상력인가? 이런 생각에 근거한 도서관은 얼마나 새롭고 다양할 것인가?

　예전에는 서점에서 책을 보며 노트 필기를 하는 것은 생각도 못 했다. 그러나 지금은 서점을 도서관처럼 활용하며 책을 읽는 것을 야무진 학생으로 묘사하는 CF가 나올 정도로 도서관과 서점이 결합하고 있다. 서울도서관 내부를 보면 한쪽에는 계단이, 그 옆의 널찍한 단 옆에는 넓고 높은 책꽂이가 있다. 사람들은 이 책꽂이에서 자유로이 책을 꺼내어 읽는다. 서점은 도서관을, 도서관은 서점을 서로 닮아가며 시설끼리 결합하기도 한다. 마치 책상 위에 책들이 놓여 있듯 도서관 전체가 루이스 칸의 말처럼 "책들이 펼쳐져 있는 일종의 평평한 중정"[49]이 될 가능성이 우리의 현실 속에 이미 존재하고 있다.

이미 존재하고 있는 시설에 의문을 제기하고 새로운 시설을 고민하자는 것은 단순히 "좋은 설계 한번 해보자"는 뜻에서 하는 말이 아니다. "건축공간은 사회의 제도를 수동적으로 충실히 수용한다"는 생각에 대해 강력하게 이의를 제기하자는 것이다.

시설이 건축이고 건축이 공간을 다루는 것이라면, 공간은 제도의 산물이다. 그러나 제도는 전면에 드러나지 않고 늘 뒤편에 숨어 있다. 학교라는 시설을 보고 교육제도를 생각하게 되고 병원의 배치를 보고 격리 방법을 알게 되며 박물관의 수집 방식을 통해 역사관을 알게 되는 것처럼, 공간은 일상생활 속에 숨어 있는 제도를 우리 앞에 드러낸다. 건축은 물질과 공간을 이용하여 제도를 성립시킨다. 이것이 "공간과 시설은 제도이고, 제도는 공간과 시설이다"라는 말의 진정한 의미다. 또한 이것이 사회학자인 앙리 르페브르가 공간을 다루고 철학자인 미셸 푸코가 공간의 권력관계를 분석하는 이유다. 건축은 제도를 공간으로 받아 적는 것이 아니라, 반대로 건축을 통해 제도를 말하기 때문이다.

---

* 49. DUNG NGO, 김광현 봉일범 공역, 《루이스 칸, 학생들과의 대화》, 엠지에이치엔드맥그로우힐, 2001, p.67

3
사라지고 생기는 빌딩 타입

빌딩 타입으로 분화된 건축

고대 로마의 건축가 비트루비우스나 르네상스 시대의 건축가들은 건축의 기초를 사람의 몸에서 찾았다. 사람의 몸은 자연에 속하는 것이므로 건축의 기초는 자연에 있다고 본다. 건축은 사람이고 사람은 자연이니 건축은 곧 자연이라는 단순 논리다. 이런 논법에 따르면 건축은 심각한 이념적 사고의 산물이 되어버리고 만다.

건축은 사회의 산물이다. 건물을 하나 지으려면 막대한 공사비를 대는 사람이 따로 있고, 이러이러한 건물을 짓자고 제안하는 사람이 따로 있으며, 시공 또한 매우 복잡한 과정을 거쳐 이루어진다. 사람의 몸과 자연을 기초로 무언가 추상적인 개념을 정립했다고 해도 그것만으로는 사람들이 왜 주택을 짓고 아파트에 사는지, 왜 물건을 사려면 쇼핑센터로 가야 하고 자동차를 고치려면 정비공장으로 가야 하는지를 설명할 길이 없다. 건축의 내적인 개념이나 건축가의 내적인 사고도 중요할 때가 물론 있겠지만, 건축의 기초는 우리가 살아가는 사회 위에 있다.

사람은 주택에서 살고 사무소에서 일하며 학교에서 공부하고 쇼핑센터에서 물건을 산다. 백화점은 산업혁명 이후의 사회에서 생겼고, 교통수단의 발달이 없었더라면 가능하지 않았을 시설이다. 이 모든 것들이 도시공간을 구성하면서 사람들을 모으고 상품을 판매하고 자본을 축적하였다. 건축물은 이렇듯 사회 속에서 생겨나고 또 사라진다. 이것이 건축을 성립시켜주는 기초다.

건축은 주택, 학교, 병원, 극장, 도서관처럼 무언가 정해진 용도의 형식으로 지어진다. 이것을 '빌딩 타입(building type)'이라고 하는데, 건축하는 사람들에게는 너무나도 익숙한 용어다. 빌딩 타입은 근대건축에서 시설의 용도를 기능에 따라 분화시키고 고정한 것이다. 설계를 할 때도 빌딩 타입에 맞춰서 시작하고 그것으로 허가를 받아 시공하는 과정이 반복되므로, 이것에 대한 별도의 반성과 새로운 제안이 없는 채로 지어지는 경우가 너무나 많다.

건축을 예술작품으로 이해하고 싶은 사람에게는 학교니 병원이니 공장이니 하는 건축물의 유형적 분류가 딱딱하게 여겨질지도 모르겠다. 그러나 빌딩 타입은 건축가가 만들 수 없다. 사람이 집을 짓고 살아온 이래 건축가가 빌딩 타입을 만든 적은 단 한 번도 없었다. 프랭크 로이드 라이트나 르 코르뷔지에나 미스 반 데어 로에는 건축사에 남을 중요한 건물을 설계하였지만, 그들 또한 빌딩 타입을 직접 만들지는 않았다. 빌딩 타입은 건축가가 만드는 것이 아니라 사회적인 제도와 시스템이 만들어내는 것이기 때문이다.

사회의 상황과 관계가 없는 건축물, 도시의 구조와 관계가 없는 건축물은 존재할 수 없다. 건축물은 반드시 사람의 생활방식과 관련하여 지어진다. 고대 그리스에도 극장이 있고 체육관이 있었다. 중세에도 시청이 있고 거래소가 있었다. 로마시대에는 신전과 포룸이, 르네상스 시대에는 성당과 병원과 재판소가 있었다. 서양의 건축사를 들춰보았을 때 유독 종교시설이 많은 것은 그 사회가 그런 시설을 통해서 움직였기 때문이다.

유사 이래 지구 위에 무수한 건물들이 지어졌다. 가장 많이 지어진 것은 주택이다. 인간은 가족 또는 공동체와 함께 살 집을 지었고, 권력자를 위해 궁전을 지었으며, 자신들이 믿는 신전도 지었다. 적과 싸워야 하니 성도 지었다. 성경에 "예수님께서는 성전에 들어가시어, 그곳에서 사고팔고 하는 자들을 모두 쫓아내시고, 환전상들의 탁자와 비둘기 장수들의 의자를 둘러엎으셨다"(마태복음 21:12)라는 대목이 있다. 옛날에는 종교시설인 회당과 상업시설인 시장이 함께 있었다. 꼭 성전 안이 아니더라도, 시장은 성전이나 사원 앞에 형성되어 있었다.

시간이 지나면서 점차 성당, 극장, 시장 등이 제각기 독립하였다. 중세에는 시민의 자치를 위한 시 청사와 집회소도 만들어졌다. 본래는 교회나 사원에 부속되어 있었던 학교도 따로 떨어져 나왔다. 도서관 역시 처음엔 교회나 수도원에 부속되어 있었는데, 19세기 미국에 처음으로 공공도서관이 생겼다.

기술이 발달하고 사회가 복잡해지면서 근대사회 초기에는 오피스 빌딩, 거래소, 도서관, 학교, 박물관, 미술관, 백화점, 공장, 철도역과 같은 새로운 빌딩 타입들이 나타났다. 대량생산이 가능한 공장이 생겼고, 그 많은 상품을 소비시키기 위해 백화점이 생겼다. 오피스 건물이나 아파트, 공장 등은 우리 주변에 워낙 많기 때문에 대수롭지 않게 여길지 모르지만, 그 모두가 산업혁명 이후 도시화 과정에서 생겨난 것들이다. 이때부터 사람들은 일을 하러 사무소에 가고, 물건을 만들러 공장에 가며, 기차를 타기 위해 철도역으로 가게 되었다.

근대건축은 사람이 하는 일을 섬세하게 나누었다. 건물을 지을 때는 '~을 위하여'라는 정확한 목적에 맞추어 짓기 위해 주택, 사무소, 도서관, 학교, 극장, 미술관, 병원, 공장 등의 빌딩 타입을 독립적으로 구분하였다. 건축공간을 기능 유형으로 이렇게 잘라낸 것은 근대건축의 특유한 방법이었다.

특히 병원, 학교, 공장은 서구의 근대사회가 낳은 것이다. 예전에는 모든 사람들이 집에서 태어났고 죽을 때도 가족들이 지켜보는 가운데 자기 집 침대에서 숨을 거두었다. 삶과 죽음은 일상 속에 있었다. 그러나 이제는 사정이 다르다. 대부분 병원에서 태어나고 병원에서 죽는다. 새 생명이 태어날 때는 사제가 아닌 의사가 옆에 있고, 사망할 때도 사제 대신 의사가 옆에 있다.

지금은 어떤가? 물류라는 측면에서만 보더라도 집배송 센터와 같은 빌딩 타입이 새롭게 나타났고, 예전에는 없던 대형 할인매장이 다양한 모습으로 등장했으며, 편의점은 너무나도 흔한 길거리 풍경이 되었다. 주거 영역에서 '원룸'이라는 형식의 건축물이 등장한 것은 1980년대 이후의 특이한 현상이다. 이런 것들은 르네상스나 바로크 건축에는 나오지 않는다. 오늘날에는 오늘날의 빌딩 타입이 있다.

우리는 매일 다양한 시설과 마주한다. 할인매장과 편의점과 백화점에 자주 가고, 때로는 박물관과 미술관에 가며, 거의 매일 철도역과 지하철역에 간다. 범위를 좁혀서 내가 사는 곳만 보더라도 정말 많은 시설이 있다. 주민센터, 소방서, 경찰서, 음식점, 카페, 은행, 병원, 편의점, 극장, 관공서, 우체국 등에 둘러싸여 산다. 이처럼 '빌딩 타입'은 우리의 생활을 그대로 드러낸다. 이렇게 간단한 사실을 우리나라에선 초등학교부터 고등학교에 이르기까지 한 번도 가르치지 않는다.

그릇과 내용은 서로 바뀐다

영국의 건축사가 제임스 퍼거슨James Fergusson은 1862년에 어느 강연회에서 오두막집이 신전으로, 집회장이 대성당으로 이미지가 정제되는 과정은 삶은 양고기가 제국식 커틀렛(cutlet)으로, 석쇠에 구운 새고기가 마렝고(marengo)식 닭찜으로 정제되는 과정과 같다고 설명했다. 청중들은 이 말을 듣고 깜짝 놀랐다.[50] 이 말은 오두막집에서 신전이 생겼고 집회장에서 대성당이 생겼다는 뜻이다.

경복궁 옆 서촌의 한옥 동네를 돌아다녀보면 교회 간판을 내건 집도 있고 절이라고 하는 집도 있다. 건물은 주택인데 용도는 교회나 절이다. 건축사에서 고대 그리스 신전이 주택에서 나왔음을 강조하는 것과 일맥상통하는 풍경이다.

그리스도교는 로마네스크(Romanesque)나 고딕 양식의 교회 건축을 가지고 있다. 그러나 엄청난 크기의 아름다운 성당이 그리스도교의 출현과 함께 생긴 것은 아니었다. 그리스도교가 로마제국으로부터 공인받기 전에는 교회 건물도 없었으며, 지하 동굴이나 개인 주택

---

* 50. Peter Collins, 《Changing Ideals in Modern Architecture》, Mcgill-Queen's University Press, p.167

에서 몰래 예배를 드렸다. 이를 '가정 교회'라고 하는데, 주택 안에서도 예배가 이루어지면 그곳은 교회가 된다.

오늘날에도 본질적으로는 변한 것이 없다. 어떤 건물이 한 번 지어지면 계속 학교로만, 오피스 빌딩으로만, 도서관이나 미술관으로만 사용되어야 한다는 규칙은 존재하지 않는다. 그릇은 똑같아도 내용은 얼마든지 달라질 수 있다. 어떤 학교가 폐교되었다고 하자. 이 건물은 조금만 고치면 얼마든지 미술관이나 숙박시설 등 다른 용도로 사용될 수 있다. 오피스 빌딩이라는 그릇도 프로그램만 잘 짜면 기존의 도서관이나 미술관과는 전혀 다른 새로운 도서관, 새로운 미술관이 될 수 있다.

집합주택은 어떤가? 거주자의 입주 조건에 맞추어 최대한 잘 지어주었다고 치자. 모든 사람들이 그곳을 주택으로 사용하는가? 그렇지 않다. 주택으로 쓰는 사람이 있는가 하면 사무실로도 쓰고, 아틀리에로도 사용하며, 세컨드 하우스로 사용하는 경우도 흔하다. 그렇다면 그 건물을 집합주택이라는 '빌딩 타입'으로 규정하는 것이 의미가 없어진다. 이 간단한 진단은 아주 중요한 건축이론과 맞닿아 있다.

빌딩 타입은 사회가 만드는 것이어서 있다가도 사라지고 없다가도 새로 만들어지며 계속 무언가로 변화한다. 우리나라에는 법적으로 단독주택, 다중주택, 다가구주택 등이 있고 공동주택으로는 아파트, 연립주택, 다세대주택 등이 있다. 다가구주택이나 다세대주택도 예전에는 없던 것이다. 요즘엔 세대 구분형 공동주택도 생겼다. 내부공간의 일부를 세대별로 구분하여 생활할 수 있는 구조이지만 따로 소유할 수는 없는 공동주택이다. 준(準)주택도 있다. 기숙사, 고시원과 같은 다중생활시설도 있다.

도시형 생활주택도 생겼다. 국민주택 규모에 해당하는 300세대 미만의 주택으로서 도시 지역에 건설하는 단지형 연립주택, 단지형 다세대주택 및 원룸형 주택을 말한다. 건축법규 해설처럼 따분하게 들릴지 모르겠으나 주목해야 할 것은, 사회가 이런저런 문제들을 해결하기 위해 법과 제도로 이러저러한 주택 형식을 계속 만들어내고 있다는 사실이다.

빌딩 타입은 사라지고 나타나길 거듭하며 계속 변화한다. 그러니 어떻게 나타날까 예측하는 것도 건축의 중요한 과제고, 어떻게 사라질 것인가 생각하는 것도 중요한 과제다. 주택이든 학교든 사무소든 느리게 보면 늘 그대로인 것처럼 보이지만 알고 보면 변화가 많다.

빌딩 타입은 교환된다

'창고형 매장'이라는 것이 있다. 이것은 오늘날 만들어진 빌딩 타입이다. 공장 창고에 소비자가 직접 찾아가 싼값으로 물건을 구입하게 한다는 콘셉트인데, 어느 매장 기획자에 의해 제안되어 이제는 도시 한복판의 중요한 시설이 되었다. 별도의 판매대 없이 매장 전체에 선반만 설치해놓고, 손이 닿는 선반 아랫부분에 물건을 거칠게 진열하는 형식이다. 천장이 높고 마감이 단순하여 실제로 창고에 들어온 듯한 느낌을 주고, 이 기회에 값싼 물건들을 재빨리 사서 나가야 할 것 같은 느낌을 준다. 공장의 창고와 매장을 결합한 것이다.

'파사주(passage)'[51]는 철과 유리로 덮인 골목 같은 공간으로서 대단히 중요한 근대적 건물이지만 건축사에서는 거의 다루지 않는다. 이곳은 보행 공간에 지붕이 덮인 구조물이다. 즉, 길(路)이자 방이다. 17세기까지만 해도 상점은 도로에 대하여 열려 있으면서 카운터를 사이에 두고 손님과 주인이 직접 말을 주고받았다. 그런데 그 무렵 네덜란드에서는 카운터가 있는 곳에 유리를 끼워 넣었다. 상점과 길이 분리된 것이다. 18세기 후반에 등장한 파사주는 지붕을 유리로 덮고, 길과 상점을 실내로 만들고, 분리되었던 상점과 길을 다시 이어주었다.

프랑스어인 파사주를 영어로는 '아케이드(acade)'라고 하는데 뜻은 여러 가지다. 통행, 통로, 이동, 통과, 잠시 동안의 체류나 방문, 횡단, 넘기, 항해 등 폭이 매우 넓은데, 어느 것이든 '무엇과 무엇을 잇다'라는 의미를 담고 있다. 발터 벤야민Walter Benjamin은 《아케이드 프로젝트 Das Passagen-Werk》(1928-1940)에서 이렇게 말했다. "집이면서 길이기도 한 파사주." 그러니까, 파사주는 이것과 저것을 이어주며 두 가지 성질을 함께 가진 것이다. 여기에서는 길이 방이 되고 방이 길이 된다.

> "가로(街路)는 집단의 주거다. […] 신문 스탠드는 집단에게 도서관이고 […] 노동자들 쪽에서 보면 파사주는 살롱이다."

길이 주거가 되고 신문 스탠드가 도서관이 되듯이, 파사주에서는 하나의 빌딩 타입이 다른 빌딩 타입으로 바뀐다.

홍대 앞에서 'Room and Cafe'라는 간판을 단 카페를 본 적이 있다. 주택을 개조하여 카페로 만든 곳인데, 앞에 내건 간판에는 주택

---

* 51. 1786년에 처음 생겨나 1822년 이후 파리 전역으로 확대된 화려한 상점가

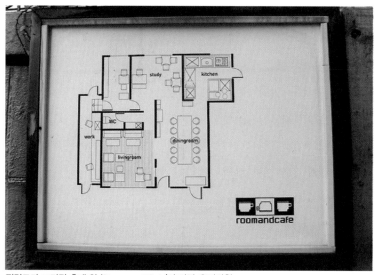

평면도가 그려진 홍대 앞 'Room and Cafe'의 간판 ⓒ김광현

평면이 잘 그려져 있었다. 그런데 흥미로운 점을 발견했다. 이 카페는 주택으로 쓰이던 평면을 거의 그대로 사용하면서 거실이었던 곳은 거실 분위기를 내는 가구로 꾸몄고, 공부방이었던 방에는 공부방 느낌의 가구를 두어 예전 공부방의 이미지를 그대로 간직하고자 했다. 가게 이름을 번역하면 '방과 카페'라는 뜻인데, 과거(방)와 현재(카페)의 대응이라는 점에서만이 아니라 주택이라는 빌딩 타입과 카페라는 빌딩 타입의 사이, 두 빌딩 타입의 공존을 통해 새로운 빌딩 타입을 보여준다는 점에서 건축에 대해 아주 중요한 메시지를 주는 곳이었다.

이 카페 이름인 'Room and Cafe'에서 방점은 'and'에 있다. "가로는 방이 되고 방은 가로가 되는" 파사주와 동일한 발상이다.

'숙박 서점'이라는 것도 있다. 'Book and Bed Tokyo'라는 곳인데,

1,700여 권의 책들에 둘러싸여 밤을 보낼 수 있는 일본의 신개념 숙박시설이다. 화장실과 샤워룸은 공용이고, 편안하게 책을 읽을 수 있는 '로비 스페이스'에 객실을 겸한 긴 책장이 있다. 방의 형태는 '캡슐호텔'과 같지만, 책방과 숙박이라는 서로 다른 빌딩 타입을 결합했다는 점에서 위의 'Room and Cafe'와 다를 바 없다. 비록 작은 규모의 교환과 변화이지만, 빌딩 타입이란 늘 이렇게 생겨났다가 없어지고 다시 새롭게 생겨난다는 점에서 사회의 요구에 대한 가장 직접적인 건축적 대응임을 말해주는 사례들이다.

　건물을 내용과 그릇으로 나누고 내용을 충실하게 담으면 그것으로 그릇이 정해진다는 관점에서는 내용과 그릇이 잘 일치하는 것이 가장 좋은 것이었다. 내용을 유형화하면 그릇도 유형화된다고 보았다. 이런 생각에서 성립한 것이 빌딩 타입, 건물 유형이다. 그러나 이와 같은 20세기의 분류 방법에는 치명적인 문제점이 있다. 건물의 내용과 그릇 사이에 필연적인 인과관계는 존재하지 않는다.

　아파트니 학교니 사무소니 하는 것은 건물의 용도에 따른 구분법이다. 아파트라고 해서 반드시 아파트로만 사용해야 하는 것도 아니고 학교라고 해서 오로지 학교로만 사용해야 하는 것도 아닌데 꼭 이런 용어로 건물을 구분해야 하는가? 건축하는 이들은 공간이니 형태니 하는 것에는 각별한 관심을 쏟지만, 이런저런 이름이 붙은 '빌딩 타입'에 관한 것

일본의 숙박 서점 'Book and Bed Tokyo'

316

은 거의 논의의 대상으로 여기지 않는다.

이런 고민은 건축가들이나 하면 되지 전문가도 아닌 사람이 왜 빌딩 타입에 관심을 가져야 하느냐고 반문할지도 모르겠다. 이유는 하나다. 거듭 말하지만 빌딩 타입은 건축가가 만들어낸 것이 아니다. 그것은 사회의 모든 사람이 함께 사용하기 위하여 만드는 것이고, 그 배경엔 늘 사회적인 변화가 있었다. 빌딩 타입은 생활하는 사람들이 만들고 바꾸고 교환함으로써 만들어진다.

빌딩 타입의 교환은 이론적 영역에만 국한되는 이야기가 아니다. 공간 사용에 관한 시민들의 사회적 요구에도 종종 포함되는 사안이다. 1950년대 급진적 상황주의자(situationalist)[52]들은 도시에 사는 사람들의 권리를 구체적인 '공간'으로 요구했다. 파리의 지하철역을 매일 밤 개방하고 사람들이 걸어 다닐 수 있게 지붕을 설치해달라, 교회를 어린이 놀이터로 바꾸어달라 등등.

그들의 요구사항 중에는 미술관을 없애고 예술작품을 펍(pub)이나 카페에 분산시켜달라, 파리에 있는 시장을 근교에 재배치하고 건물을 작게 만들어 놀이를 배울 수 있게 해달라는 것도 있었다. 기존의 권위적인 미술관 대신 일상적 공간인 카페와 미술관의 결합(Pub and Art Museum)을 주장하고, 시장과 시민교육시설의 결합을 말한 것이다. 다소 과격하게 들릴지 모르지만, 용도와 용도 사이에 있는 일시적인 사용에 주목하여 또 다른 빌딩 타입을 제시한 것으로 이해하고 주목해 볼 필요가 있다.

---

* 52. 대중을 무기력한 소비자로 전락시킨 자본주의를 비판하며 일상성의 파괴를 통해 새로운 인간과 사회를 만들고자 했던 '상황주의자 인터내셔널(Situationalist International, 1957)'을 가리킨다.

4
백화점, 백 가지 물건을 파는 가게

정찰제 판매공간

1804년에 지구의 인구가 10억 명을 넘어섰다. 20억을 넘은 때가 1927년이었으니 10억에서 20억까지 123년이 걸렸다. 지금은 72억이다. 150년 사이에 무려 62억 명이 늘었다. 인구는 주로 도시에서 늘어났다. 근대 산업사회의 기반은 급격하게 팽창한 거대한 도시들이었다.

인구가 급증한 도시는 예전과는 전혀 다른 공간이 되었다. 도시가 팽창하면 중심이 상실된다. 팽창이 진행될수록 도시의 초점은 사라지고, 중심 역할을 하던 광장이 더 이상 도시의 이미지를 이끌지 못한다. 땅값도 많이 올라 생활하는 곳과 일하는 곳이 갈라졌다. 수많은 사람들이 무리를 지어 도시공간 속을 부유했다.

공간은 끝없이 증식하는 욕망을 바탕으로 확장되어갔다. 초기의 자본주의는 과도한 욕망에 '낭비'라는 부정적 이미지를 덧씌움으로써 욕망을 합리적으로 제한할 수 있었지만, 고도화된 후기자본주의는 확장, 투기, 새로운 욕망의 산출, 신용구매 등을 통해 불합리한 욕망을 충족시키고자 했다. 이를 두고 미국의 비평가 수전 손택Susan Sontag은 "19세기는 점점 힘을 잃어가는 결핵에, 20세기는 한없이 확산되고 아무리 억제해도 듣지 않는 암이라는 병에 걸려 있었다"라고 말했다. 근대건축 공간을 설명할 때 반드시 등장하는 '무한공간'은 이렇게 끝없이 증식하는 욕망을 최대한 확장시켜주기 위한 것이었다. 건축하는 사람들은 이런 건축공간을 예술적으로 설명하려 애쓰지만, 그것의 출발점은 다름 아닌 경제적 욕망이었던 것이다.

오늘날에는 대형 할인매장이 쇼핑 문화를 주도하고 있다. 그러나 이런 매장이 등장하기 훨씬 전에 유럽에는 130여 년간 아케이드가 있었다. 그 후 백화점이 나타나서 약 100년 동안 중요한 상업시설의 지위를 떠맡았다. 그다음 50년 동안은 교외의 쇼핑몰이 대세였고 이어서 대형 할인매장이 등장하였다. 이런 매장을 '빅 박스(big box)'라고도 하는데, 바닥 면적이 하도 넓어 위에서 보면 거대한 상자 같다고 해서 붙은 이름이다.[53] 이러한 흐름 속에서 아케이드와 대형 할인매장의 중간쯤에 위치하는 백화점은 어떤 성격을 가진 곳이었을까?

백화점은 19세기 중엽 유럽에 처음 생겼고 미국의 대도시에서 큰 성공을 거두었다. 이 근대적인 소매 점포는 전문화된 매장과 경영을 하나로 통합한 것인데, 당시로서는 전혀 새로운 유통 형태였다. 도시에 대한 태도도 사뭇 달랐다. 백화점은 도시의 주요 도로에 면한 화려한 건물이다. 아름답게 장식된 쇼윈도에 샹들리에가 빛나는 높은

---

* 53. Chuihua Judy Chung,《The Harvard Design School Guide to Shopping, Harvard Design School Project on the City 2》, Taschen, 2002, p.133

천장과 대리석 바닥까지, 그야말로 궁전이 따로 없었다.

백화점은 글자 그대로 '백(百) 가지의 물건(貨)을 파는 가게(店)'라는 뜻이지만 영어로는 'department store'다. 'shop'이 아니라 널찍한 창고라는 의미가 담긴 'store'가 된 것은 초창기 백화점이 저렴한 소매 판매를 목적으로 한 상품의 저장고였기 때문이다. 미국의 '백화점 왕' 존 워너메이커John Wanamaker가 1875년 필라델피아에 개업한 '존 워너메이커 스토어'는 본래 철도용 화물 창고였는데, 그는 이곳을 단층의 거대한 의류점으로 개조하였다. 상품이 잘 보이게 하려면 매장 내부가 환해야 했고, 마치 기업체가 부서(department)를 나누듯 상품들을 적절히 분류해야 했다. 수많은 상품들이 품목별로 분류되어 진열된 공간을 워너메이커는 'department store'라 불렀고, 그것이 오늘날 백화점을 가리키는 세계 공용의 단어가 된 것이다.

18세기까지 시장에서의 거래는 '흥정'을 통해 이루어졌다. 흥정이란 사람들 사이의 인격적인 대화다. 물건의 가격은 구매자의 사회적 지위나 교섭 능력에 따라 오르락내리락했다. 그런데 백화점에는 기존의 시장에 없던 두 가지의 특징이 있었다. 하나는 상품이 대량으로 놓여 있었다는 것이고, 다른 하나는 정가대로 물건을 판매한다는 것이었다. 흥정은 사라졌고, 사람들은 가격표에 적힌 숫자를 보고 구매 여부를 결정했다. 사는 사람과 파는 사람의 인간적 관계가 더 이상 필요하지 않게 된 것이다. 백화점은 방대한 물건 더미와 사람들의 무리가 만나는 새로운 공간이 되었다. "기차역에 붙는 도시 이름들은 상품에 가격표가 붙여지는 것과 동일한 과정을 나타낸다."[54]

19세기까지만 해도 가게에 들어간다는 것은 무언가 물건을 사는 것을 뜻했다. 그러나 정찰제 덕분에 사람들은 무언가를 사지 않더라도 백화점이라는 새로운 궁전에 자유로이 들어갈 수 있었다. 온종일 돌아다녀도 다 볼 수 없을 만큼 많은 상품이 진열되어 있었고, 누구든 매장 안을 자유로이 걸으며 구경하고 선택할 수 있게 되었다. 백화점은 물건만을 보러 오는 곳이 아니라 그곳에 모이는 사람들을 보러 오는 곳이었고, 다른 사람들에게 자기 자신을 보여주는 곳이기도 했다. 이렇게 백화점은 "소비자를 왕으로" 바꾸어놓았다. 그 말을 맨 처음 한 사람은 다름 아닌 존 워너메이커였다("When a customer enters my store, forget me. He is king.")

익명의 대중을 위한 큰 상점

백화점은 불특정 다수, 익명의 대중에게 열린 상점이다. 가게라는 판매공간이 고정되기 이전에는 행상이 직접 물건을 들고 왔다. 판매자와 구매자가 서로 얼굴을 알고 지내는 것이 거래의 기본이었다. 그러나 백화점에서는 손님과 점원이 이런 관계에 놓이지 못한다. 과거의 거래 방식과 비교하면 백화점은 익명적인 관계에 기초한 상업시설이었다.

인간이 익명적 개인으로 되돌려지고 사람들이 비인격적인 관계를 맺게 되는 사회를 만하임Karl Mannheim은 '대중사회(Mass Society)'라 불렀다. 백화점의 등장과 발전 과정은 대중사회의 형성 과정과 궤를 같이한다. 백화점이 손님과 점원 간의 비인격적인 관계를 만든 것이 아니

---

* 54. 볼프강 쉬벨부쉬, 《철도 여행의 역사》, 박진희 역, 1999, p.243

라, 대중사회 특유의 비인격적 관계가 백화점이라는 상업공간을 만들어냈다.

백화점은 외부로 창이 나 있지 않고 냉난방을 기계적으로 처리하였으므로 더울 때나 추울 때 물건을 구경하기에 매우 적합하였다. 실외에서만 이루어지던 쇼핑을 에어컨의 발명에 힘입어 인공적 환경의 내부로 끌어들인 것이다. 단층 건물 바닥에 크게 벌려놓았던 본래의 백화점은 에어컨 덕분에 도시의 다층 건물로 다시 배열되었다.

백화점은 아래에서 위까지 수직으로 뚫린 중심 공간을 두어 여러 층에 나뉜 많은 물건들을 한눈에 볼 수 있게 하였다. 에스컬레이터는 한 층에서 다른 층으로의 수월한 이동을 가능케 했다. 손님들을 백화점으로 데려다준 것은 19세기 말부터 급속하게 발달한 공공교통이었다. 승합마차나 철도마차, 트롤리(trolley) 전차나 버스, 지하철 덕분에 수많은 손님들이 싼값으로 백화점에 올 수 있었다. 하지만 다양한 계층이 백화점을 찾아오는 데 결정적인 역할을 해준 것은 역시 일간신문의 광고였다. 근대건축이 기술의 발달로 이루어진 것이라고 흔히들 말하지만, 기술은 거장의 '작품'에 활용되기 한참 전부터 백화점과 같은 빌딩 타입에 깊은 영향을 미치고 있었다.

새로운 교통수단인 기차에서 창밖으로 빠르게 스쳐가는 '파노라마 공간'을 난생처음 경험했듯이, 사람들은 이제 상품을 파노라마로 바라보고 만져보게 되었다. 새로운 상업공간이 사물을 보는 방식까지도 바꾸어놓은 것이다. 백화점의 출현은 쇼핑이라는 행위에 공공성과 오락성을 가져다주었고, 그전까지 일상생활의 무대였던 시장을 무너뜨렸다. 광장이 없는 아시아권에서는 백화점이 광장을 대신했다. 사기업인 백화점이 공공공간을 잘 관리해주는 대리자 역할을 하는 것처럼 비치기도 하였다.

이런 형식의 새로운 상업공간을 창안한 이는 1852년 파리에 '르 봉 마르쉐(Le Bon Marché) 백화점'을 세운 부시코Aristide Boucicaut라는 사람이었지 당시의 어떤 건축가가 아니었다. 새로운 타입의 건물은 건축가 밖에 있었다. 1865년에 문을 연 파리의 '프렝탕(Printemps) 백화점'은 1911년 신관을 지으면서 매장 위에 지름 25미터, 높이가 50미터나 되는 거대한 유리 돔을 올렸다. 백화점이 궁전이나 교회와 같은 위용을 과시하게 된 것이다. 좌우 기둥에는 유리 엘리베이터가 설치되었고, 전장의 스테인드글라스를 통해 비치는 빛은 고객에게 복을 내리는 것처럼 보였다. 마치 산책하듯 물건과 공간 사이를 돌아다니는 색다른 경험을 고객들에게 선사한 것이다.

공간을 산책한다고 하면 건축하는 사람들은 금방 르 코르뷔지에의 '사보아 주택(Villa Savoye. 1931)'을 머리에 떠올릴 것이다. 그러나 이 주택이 만들어지기 훨씬 전부터 파리 사람들은 물건이 가득 차 있는 공간 사이를 산책하고 있었다.

요즘 홈쇼핑이 점점 커지고 있다. 그렇지만 이것도 오래전부터 있던 것이다. 1920년대에 미국 국민의 40%를 차지하던 농민들은 전국 규모의 통신판매 업체를 통해 도시의 소비자들과 연결되었다. 통신판매의 혁명을 일으킨 것은 몽고메리 워드Montgomery Ward였다. 세계 최대의 통신판매 회사였던 'Montgomery Ward & Co' 본사 건물은 이탈리아 르네상스 양식이었는데 별명이 '바쁜 벌집'이었다. 투시도 단면에 그려진 수많은 점포 안에서 약 3,000명의 사원이 하루 평균 20,000~30,000건의 주문을 처리하느라 바쁘게 일했다. 고객이 발송한 주문서의 봉투를 뜯는 직원만도 500명이나 되었다. 이 회사의

세계 최초의 백화점인 파리의 '르 봉 마르쉐'(1852, 왼쪽). 19세기 통신판매 업체였던 '몽고메리 워드' 본사 건물 투시도(1899, 오른쪽)

1895년 카탈로그는 무려 624페이지에 달했고, 약 30,000가지의 상품이 36개 항목으로 나뉘어 소개되고 있다.

일본에서는 백화점을 '데빠또(depart)'라 부르는데, 철도 개발업자에게 부도심에 백화점을 짓게 해주는 대신 교외로 나가는 철로를 부설하게 하였다. 이 때문에 일본의 백화점은 철도라는 인프라(infrastructure)와 깊은 관계를 맺고 있다. 70년대에는 가장 높은 층에 미술관 등 문화시설을 두었다. 이익의 사회 환원이라는 취지에서였다. 그러나 도시 안에 공공공간이 많아지고 미술관, 도서관 등의 시설이 풍부해지면서 꼭대기 층이 식당가나 특별행사장 등으로 바뀌었으며, 우리나라의 백화점 또한 그런 흐름을 따라가고 있다. 백화점도 계속 바뀌고 있는 중이다.

5
쇼핑몰, 현대건축의 매개체

'쇼핑'과 쇼핑몰

"나는 쇼핑한다. 고로 존재한다(I shop. Therefore I am)." 이것은 미국의 설치미술가 바버라 크루거Barbara Kruger가 데카르트의 "나는 생각한다. 고로 존재한다"를 패러디한 작품의 글이다. '쇼핑(shopping)'은 그만큼 오늘의 소비시대를 이끄는 가장 강력한 힘이라는 말이다.

쇼핑은 단순히 물건을 사는 행위가 아니다. 쇼핑은 교환이다. 그것은 공간이나 건물, 도시나 행위를 이어주는 매개체다. 때문에 쇼핑은 여기저기에 파고든다. 지하철 통로는 대형 상가로 이어지고, 면세점은 공항에서 중요한 요소로 자리 잡은 지 이미 오래다. 미술관도 입장 수입보다 아트숍에서 올리는 매출이 더 높다. 도서관에도 대학에도 병원에도, 쇼핑을 위한 시설은 더욱 커져가는 추세다. 심지어는 교회 안에 쇼핑센터를 두는 경우도 있다.

쇼핑몰은 공적 성격을 띠는 도시에서의 여러 행위들을 잇고 확장
하면서 공공공간을 대신하는 의사(擬似) 공공공간의 역할을 하고 있
다. 적절한 공공공간이 부족하니 카페를 더 많이 찾게 되고, 관청보
다 프랜차이즈 상업공간을 더 많이 들른다. 지하의 대규모 쇼핑몰은
그 자체가 작은 도시가 될 정도이며, 이것은 다시 주변의 다른 건물
들을 이어준다.

쇼핑의 환경은 이보다 훨씬 크게 바뀌었다. 내가 무언가를 고르면
소비자의 선호도를 잘 아는 '빅 데이터'를 통해 남들이 이런 것도 골
랐다고 알려주고, 같이 사면 싸게 해주겠다고 유혹한다. 드론을 이용
한 상품 배송이 상용화되면 택배회사 직원이 우리 집 문을 두드리는
것이 아니라 드론이 보이지 않는 정보의 쇼핑몰을 형성하게 될 터이
다. 이제 쇼핑은 상업공간에 관한 것만은 아니다. 기존의 상업공간이
경계선 안쪽만을 염두에 두는 사고였다면, 오늘날의 '쇼핑'은 경계를
넘어 이곳과 저곳을 잇는다는 현대적 사고를 직접적으로 나타낸다.

쇼핑몰은 대중의 관심사에 늘 민감하게 반응할 수밖에 없다. 때
문에 쇼핑을 전제로 한 건물이나 공간은 오래가지 못하며 늘 바
뀌고 순환한다. 이런 이유에서 렘 콜하스는 하버드 학생들과 함께
'shopping'이라는 개념에 주목하며 현대건축을 다시 생각하였다.[55] 현
대의 도시공간과 공공공간이 가야 할 바를 경박한 쇼핑시설이 보여
주고 있다는 말이다.

역도 공항도 공원도 도서관도 쇼핑몰을 닮아가고 있다. 오늘날의
쇼핑몰은 공항과도 비슷하고 미술관과도 구별되지 않는다. 아예 공

---

* 55. Chuihua Judy Chung, 《The Harvard Design School Guide to Shopping, Harvard
Design School Project on the City 2》, Taschen, 2002

항을 모방하여 만든 쇼핑몰도 있다. 방콕의 '터미널 21'은 쇼핑몰이자 공항 테마파크다. 각 층은 도쿄, 파리, 런던, 이스탄불 등의 도시를 테마로 하고 있으며 에스컬레이터 입구와 출구에는 "Departure for⋯" 또는 "Arrival at⋯" 이라고 쓰여 있어서, 층을 바꿀 때마다 공항에 왔다는 느낌을 준다.

방콕예술문화센터(Bangkok Art and Culture Center)의 내부에 들어가면 쇼핑몰 한가운데의 트인 공간과 다를 바가 별로 없다. 하나는 문화공간이고 다른 하나는 소비공간인데 차이가 거의 느껴지지 않는다. 방콕의 예술문화가 소비적이라는 뜻이 아니다. 쇼핑몰이라는 현대의 소비공간이 많은 사람에게 개방적인 보편적 공간이라는 뜻이다.

세계에서 가장 큰 크루즈 여객선 'Allure of the Sea'는 쇼핑몰을 그대로 모방했다. 최대 6,500명을 태울 수 있는데, 객실의 발코니가 내부를 향하고 있으며 대규모의 어린이용 프로그램도 운영된다. 패밀리 레스토랑, 아이스링크, 바, 서핑장, 인공 암벽, 거창한 야외극장까지 있다. 가히 움직이는 거대한 쇼핑몰이며 테마파크이고 리조트 호텔이다. 쇼핑몰이 얼마나 좋으면 크루즈까지 이것을 닮고 있겠는가?

현대판 '보편 공간'

쇼핑몰(shopping mall)은 백화점과 다른 형식의 상업공간이다. '몰(mall)'이란 본래 나무 그늘이 진 산책길을 뜻하지만 사전에서 제일 먼저 보여주는 용례는 '쇼핑몰'이며, 의미는 '충분한 주차장을 갖춘 보행자 전용 상점가'이다. 쇼핑몰이 처음 만들어진 곳은 샌디에이고에 있는 '웨스트필드 호튼 플라자(Westfield Horton Plaza)'였다. 1985년에 문을 열어 첫해에 2,500만 명이 방문하는 엄청난 성공을 거두었다. 지금으로부터 불과 30여 년 전이다.

구글에서 백화점 사진을 검색하면 층별로 마련된 매장 사진이 대부분이지만, 쇼핑몰 사진을 검색하면 모든 층이 잘 보이도록 건물 중심에 크게 뚫은 공간을 보여주는 사진이 많다. 쇼핑몰에서 가장 힘주어 설계하는 곳이 바로 이 부분인데, 마땅히 번역할 말이 없어서 그냥 '보이드(void: 커다란 빈 공간, 공동)'라고 부른다.

백화점은 창이 없는 벽으로 둘러싸여 있는 커다란 상자처럼 보이지만 그래도 외관의 특징으로 어떤 백화점인지 금방 알 수 있다. 그러나 쇼핑몰은 외관이 중요하지 않다. 쇼핑몰은 세계 어디에서나 공간도 비슷하고 서비스하는 방식도 거의 같다. 어떤 쇼핑몰에 가더라도 어디에서 무엇을 파는지, 식당은 어딘지, 화장실은 어디에 있는지 대충은 알 수 있다. 사람들이 쇼핑몰에서 하는 행동 또한 정치, 문화, 종교의 차이와 무관하게 어디에서나 비슷하다.

'두바이 몰'은 바깥 온도가 40~50℃씩 되는 곳에 지어져 있어서 좋건 싫건 그 안으로 들어갈 수밖에 없다. 공조기를 이용하여 어떤 기후대에서도 균질한 환경을 제공하기 때문이다. 이러한 현상을 우리는 건축의 거장 미스 반 데어 로에의 '보편 공간'이 아닌, 외부 없이 내부만 있는 쇼핑몰의 '보편 공간'에서 경험한다. 에어컨의 일정한 온도처럼 어디에서든 같은 가격에 같은 옷을 사고 같은 쇼핑백을 들고 나온다는 점에서도 쇼핑몰은 현대사회의 균질한 '보편 공간'이다.

'외부 없는 내부'는 쇼핑몰에만 해당되는 게 아니다. 자가용을 타고 집을 나와 고속도로를 지나 쇼핑몰 주차장에 내린다. 그리고 쇼핑몰로 들어간다. 집과 자동차, 고속도로, 주차장 그리고 쇼핑몰. 이 일련의 과정에는 오직 내부만 있을 뿐이다. 쇼핑몰이 있는 지하철역도, 지하철역 근처에서 이어지는 대형 쇼핑몰도 모두 내부에서 내부로 이어져 있다. 우리의 도시는 이렇게 내부화되고 있다.

주차장에 자동차를 두고 안으로 들어오면 쇼핑몰은 내부가 전부가 된다. 한가운데 뚫린 스펙터클한 내부공간이 전체를 지배한다. 달리 말하면 내부가 외관을 대신한다. 쇼핑몰 측에서도 외부가 어떤 형태로 보이는가보다는 내부가 고객에게 어떻게 보이는가에 훨씬 더 신경을 쏟는다. 쇼핑몰은 건축적으로 보면 물건을 가득 담은 커다란 창고다. '두바이 몰은 알라께서도 이 몰에 오면 물건을 사실 것이라고 할 정도로 수많은 물건으로 가득 차 있다.

쇼핑몰은 물건만이 아니라 공간의 체험을 파는 곳이다. 부자건 서민이건, 구매자건 비구매자건 누구나 내부의 공간을 즐길 수 있는 공원과도 같은 시설이다. 특히 아이를 키우는 부모에게 쇼핑몰처럼 편리한 공간은 흔치 않다. 베이비 카에 아이를 태운 채 매장 안을 돌아다니는 것은 연인끼리 쇼핑몰을 걷는 것과는 전혀 다른 체험이다. 쇼핑몰은 도시의 다른 공간들과는 달리 사회적 약자에게 친절한 공간이며 사람의 움직임과 물건의 움직임이 잘 통제되어 있다. 쇼핑몰을 출입할 때는 마치 공항에서 입국심사하듯 금속탐지기가 숨어 있는 문을 지나가게 되어 있는데도 사람들은 이것을 거의 인식하지 못한다.

쇼핑몰에는 백화점보다 에스컬레이터가 훨씬 더 많다. 백화점은 신사복 몇 층, 가정용품 몇 층 식으로 구분이 되어 있어서 상품만 보면 몇 층인지를 금방 알 수 있다. 그러나 쇼핑몰에는 이런 구분이 없기 때문에 한참 걷다 보면 내가 몇 층에 와 있는지 알기가 어렵다. 백화점은 수직적으로 쌓여 있고 쇼핑몰은 수평적으로 전개된다.

쇼핑몰이 대도시에 많이 세워지는 이유는 도시의 생산시설이 옮겨가면서 생긴 넓은 대지에 대규모 건물이 들어오도록 유도하기 때문이다. 큰 땅을 토막토막 잘라서 개발하기도 어렵고 도로를 만들기도 힘든 상황에서, 쇼핑몰은 건물 내부에 이상적인 보행환경을 만들어준다는 이점이 있다. 그래서 외부에 못 만드는 도시의 길을 내부에 열심히 재현하게 된다. 쇼핑몰은 고객이 어느 방향에서 들어오는지에 따라 앞뒤가 바뀌므로 건물에 정면성이 없다. 주변이 드넓은 주차장으로 둘러싸이는 쇼핑몰일수록 오직 내부만이 중요해진다.

우리나라에서는 쇼핑몰, 아웃렛, 백화점, 대형 할인매장을 건축의 주제로 다룬 적이 거의 없다. 이른바 '작가 건축가'들은 자기의 건축이 시민을 위한 건축이라고 말하기를 좋아한다. 반면 건축의 소비자라는 말은 아주 싫어한다. 건축은 소비하는 것이 아니라고 굳게 믿기 때문이다. 그들이 보기에 소비자는 경박하다. 재래시장, 동네길, 도시의 거리, 광장으로 가는 사람은 성실한 '시민'으로 묘사하지만 쇼핑몰이나 아웃렛, 백화점, 대형 할인매장에 가는 사람은 경박한 '소비자'로 인식한다. 모두가 시민이고 모두가 소비자인데도 말이다.

도시에는 주거지역도 있고 공업지역도 있으며 주택과 상업시설이 엄연히 혼재하고 있다. '성실한' 재래시장과 '경박한' 쇼핑몰도 많은 사람들이 매일 찾아가는 동등한 시설이다. 그런데도 우리의 자칭 엘리트 건축가들은 쇼핑몰과 같은 경박한 상업공간은 사고의 중심에 두지 않는다. 시민과 소비자, 혹은 성실과 경박이라는 두 개의 용어 중어느 것을 선택하느냐로 건축에 대한 태도를 판가름한다. 이 얼마나 우스운 일인가?

6
학교라는 근대시설

교실이 학급인 학교

우리나라 건축에서 아파트 설계는 정말 세계적인 수준이다. 흔히 아파트를 획일적인 건물이라고 비판하지만 내가 보기에 그것의 설계만큼은 따라올 수 있는 나라가 거의 없다. 반면, 오랫동안 거의 변화가 없이 늘 똑같은 방식으로 지어지는 빌딩 타입도 있다. 대표적인 것이 바로 학교 건축이다. 학교라는 곳이 결코 고정불변의 별난 사회가 아닌데도 말이다.

산업혁명 이후 도시에 노동자들이 몰려들게 되자 배워야 할 아이들이 갑자기 늘게 되었다. 이에 따라 국가가 교육을 책임지는 공교육이 18세기 말 독일에서 최초로 실시되었다. 하지만 공교육을 하기에 충분한 학교들이 금세 만들어진 것은 아니었다. 학교도 부족하고 교사도 부족하니 교사 한 명이 큰 방에서 많은 학생들을 한꺼번에 가

18세기 말 영국 '모니토리얼 시스템'의 수업 풍경 (1798)

르쳐야 했다.

　바로 그런 장면을 묘사한 그림이 있다. 천장이 아주 높은 커다란 교실에서 수많은 학생들이 수업 중인데, 천장에는 하얀 천이 드리워져 실내가 조금이나마 부드러워 보인다. 교사 한 명이 모퉁이에 서 있고 가운데에는 의자 위에 올라간 학생이 하나 있다. 아마 반장인 듯하다. 304명의 학생들이 긴 책상에 질서정연하게 앉아 있고, 책상 끝에는 그 줄에 속한 학생들을 가르치는 또 다른 학생들이 있다. '모니터(monitor)'라 부르는 분단장같이 보인다. 이런 방식의 수업은 그 이전에는 전혀 볼 수 없었던 것이었다. 하지만 알고 보면 우리 역시 경험한 바 있는 낯익은 풍경이기도 하다.

　1798년. 영국에서 조셉 랭카스터Joseph Lancaster라는 퀘이커교도 청년이 빈민가 아이들을 위한 학교를 개설한다. 평판이 좋아지자 많은 아이들이 모여들었고, 그는 효율적인 수업 진행을 위해 '모니토리얼 시스템(monitorial system)'이라는 새로운 방식을 고안하였다. 위 그림은 당시의 수업 장면을 그린 것이다. 종래의 교사와 학생은 1대 1로 서로 마주보며 가르치고 배웠다. 교사가 한 학생을 가르치는 동안 다른 학생들은 가만히 기다리고 있어야 했다. 반면 랭카스터의 수업에서는 먼저 배운 학생이 다른 학생들을 가르친다. 근대적 합리주의의 산물인 분업제를 교육에 응용한 것이다.

그림 속의 긴 책상을 영어로 'form'이라고 한다. 이 단순한 책상은 아이들을 분류하고 편성하는 기본적인 공간 장치가 된다. 책상 끝에는 번호를 붙인 곧고 긴 나무가 있었는데 이를 'standard'라고 하였다. 표준이라는 뜻이다. 교실로 나뉜 학급은 계급을 뜻하는 'class'라고 불렀다. 역설적이게도 분류, 표준, 계급 등 근대의 공간 분류 방식을 대표하는 개념들이 학교 건물에서 본격적으로 사용되었다.

1850년 유럽에서는 어른의 절반이 글을 읽을 줄 몰랐다. 러시아에는 글을 읽을 줄 아는 사람이 5~10%밖에 안 되었다고 한다. 당시엔 글을 읽는 능력 자체가 특권이었다. 근대 이후 많은 나라들이 국가의 방침으로 언어를 통일하여 균질하게 만들었다. '국어(national language)'는 근대적 국민국가 수립의 기초였으며, 이러한 언어를 가르치고 보급하는 장치가 바로 학교였다. 프랑스 혁명 이후 중앙집권적인 교육 시스템을 구상한 나폴레옹은 학교의 목적을 이렇게 밝혔다.

> "학교는 국가기관이어야 하며, 국가 안에 있는 기관이어야 한다. 그것은 국가에 의존하는 것이며 그 이외의 다른 것에 의존하지 않는다. 학교는 국가에 의하여 국가를 위해 존재하는 것이다."

수도원이나 민가에서는 나이나 능력과 무관하게 모여 있는 학생들을 하나의 방에서 한 사람 한 사람씩 개별적으로 가르쳤다. 그러나 국가가 교육에 개입하면서부터는 한 사람의 담당 교사가, 독립된 방에서, 모든 학생들에게 똑같은 내용을 가르친다. '학급' 또는 '반'으로 나뉜 '교실'은 담임교사가 정해진 교과 내용을 학생들에게 가르치기 위해 분류된 공간이다. 이렇게 출발한 근대학교는 오늘날에도 계속되어 우리나라 초등학생들에게 몇 학년이냐고 물으면 거의 모든 학생이 "몇 학년 몇 반"이라고, 묻지도 않은 '반'까지 또박또박 붙여서 대답한다. 닫혀 있는 교실을 편복도로 단순하게 늘어놓은 학교 건축이기에 자연스레 이런 말을 하는 것이다.

'초등학교'라고 하면 모두가 똑같은 건물과 배치를 떠올릴 것이다. 넓은 운동장이 있고, 일자형의 기다란 건물이 운동장 뒤를 가로막는다. 나무는 교사(校舍) 앞에 한 켜 정도 심겨 있다. 운동장 한가운데에는 구령대가 있고 폐타이어로 막은 모래밭, 철봉, 축구 골대가 있다. 교사로 들어가면 계단이 있고 좌우 긴 복도에 교실이 남향으로 늘어서 있다. 복도는 두 사람이 스쳐 지나갈 수 있는 폭이고, 이쪽에서 저쪽까지 쭉 이어진 교실이 층마다 똑같이 배열되어 있다. 이것이 우리나라 학교 건축의 전부다. 배우는 내용이 똑같듯이 전국 모든 학교의 건물 형식이나 모양이 똑같다. 왜 교육하는가를 묻는 학교시설이 잘 안 보인다. 〈화산고〉, 〈말죽거리 잔혹사〉, 〈여고괴담〉, 〈친구〉 등은 모두 학교를 배경으로 한 영화인데, 스크린에 비친 공간들이 꺼림칙하게 느껴질 정도로 학교 건축물이 경직되어 있다.

획일적이라는 인상을 가장 많이 주는 학교 건물은 초등학교다. 가장 활기 있고 가장 다양하며 학생들의 특성에 가장 잘 부응해야 할 건물이 그 모양이다. 교실만 늘어놓는 것이 학교 건축의 전부일 수는 없다. 중요한 것은 상자가 아니라 그 안에 있는 내용물이라고 말로는 늘 강조하면서, 정작 학교를 설계하고 지을 때는 한낱 상자로만 대해 오지 않았는지 자문해볼 일이다. '교육'에 대한 진지한 물음이 뒤따를 때 학교 건축은 비로소 새로운 모습을 갖출 수 있다.

나무 밑의 학교

> "먼 옛날, 자기가 선생이라는 것을 모르는 사람과 자기가 학생인 것을 모르는 사람들이 이야기를 시작했다. 학교란 선생님이라고 생각하지 않는 선생님과 학생이라고 생각하지 않는 학생이 나무 밑에 앉아 이야기를 주고받는 것에서 시작하였다."

이것이 학교의 진정한 시작이라고 루이스 칸은 말했다. '나무 밑의 학교'다. 나는 이 말을 40년 전, 대학교 3학년 때 들었다. 그러나 이 말을 진정으로 알아들은 것은 처음 들은 때로부터 20년쯤 지난 40살 때였다.

학교라는 건물을 구상할 때 사람들이 왜 나무 밑에 모여 공부하려고 했는지를 먼저 생각하라는 것은, '나무 밑'에서 가르치는 자와 배우는 자가 하고 싶은 것이 무엇인지를 먼저 파악하고 그것에 공간과 장소를 부여하라는 뜻이다. 칸이 말하는 '나무 밑'은 건축물이 생기기 이전이다. 학생은 대략 20명 정도이고 선생은 한 명일 것이다. 그리고 그 나무는 건축적으로는 지붕만 있고 벽이 없이 열려 있는 공간을 의미했을 것이다.

그런데 만약 학생 수가 1,000명이라면 나무 하나에 20명이 있으니 50그루의 나무가 필요한데, 이런 공간을 어떻게 만들 것인가? 교실이라는 닫힌 그릇을 만들지 말고, 선생과 학생이 배우고 발견한 바를 나눌 수 있는 공간을 만들라는 것이다. 이처럼 '나무 밑'은 제도화된 교실 이전의 학교의 본질이다. "선생님이라고 생각하지 않는 선생님" "학생이라고 생각하지 않는 학생"이란, 정해진 교육제도에 구속된 교사-학생의 관계가 생기기 이전에 가르치려던 자와 배우려던 자를 말한다. 이런 생각을 통해서 학교가 어떻게 바뀔 수 있는가를 물으라는 말이다. 루이스 칸은 이렇게도 말한 바 있다.

> "학교의 복도는 수업 시간에 선생님이 말씀하신 내용을
> 이해하지 못한 학생이 친구에게 '그게 무슨 뜻이었어?'라
> 고 물을 수 있는 곳이어야 한다."

이것은 학교에서 복도란 무엇일까를 묻는 질문이다. 잠시 기억을 더듬어보라. 학교에서 교실이 아닌 곳들 중 제일 먼저 나타나는 곳이 바로 복도다.

배움은 선생님이 가르치는 교실에만 존재하는 것이 아니다. 교실이 아닌 곳에서 친구에게 무언가를 배울 수도 있다. 이 말을 바꾸어보면, 학생들이 친구에게 자기의 약점도 얼마든지 드러낼 수 있어야 한다는 뜻이다. 좋은 학교는 건물의 외관이 멋진 학교가 아니라 복도에서 학생들이 활기를 띠는 학교다. 복도와 같은 공용공간은 그들에게

광장의 아이들을 그린 피터르 브뤼헐의 〈아이들의 놀이〉(1560)

해방공간이며 다른 반 아이들과도 만나게 되는 곳이다.

복도는 또 다른 교실이며 우연이 발생할 수 있는 장소다. 학교는 피터르 브뤼헐Pieter Bruegel the Elder의 그림 〈아이들의 놀이 Children's Game〉(1560) 속에서 아이들이 다양하게 뛰놀고 있는 광장 같은 곳이어야 한다. 건물이 없는 곳에서도 아이들만으로 신선한 학교의 공기를 만들 수 있다. 자신이 가고자 하는 장소를 자신의 의지대로 선택할 수 있는 학교가 좋은 학교이고, 좋은 건축이다.

그러니까 복도란 그저 교실과 교실을 잇는 것이고 이쪽에서 저쪽으로 가는 통로려니 하고 설계하지 말라는 것이다. 복도를 또 다른 교실로 만들겠다는 의지가 있으면 복도의 위아래를 터서 서로 다른 층을 사용하는 다른 학년들끼리 교류하게 해줄 수 있고, 복도에 밝은 빛을 줄 수도 있다. 그곳에 학생들의 사물함을 놓아두어 교실 이외의 또 다른 생활공간이 되게 할 수도 있다. 이렇게 하여 학교 안에서 사람과 사람의 관계를 만들어내는 기쁨을 얻게 한다.

학교를 이렇게 설계하는 것은 학교의 '시작'을 발견하고 그것을 근거로 공간과 장소를 배열하는 일이다. 여기서 말하는 '시작'은 이 세상의 첫 번째 학교라는 뜻이 아니라 학교 건축의 출발점이 되는 근본적인 생각을 뜻한다. 여기에는 건축가가 무엇을 하는 사람이며 건축은 어디에서 시작되는지를 터득하는 매우 중요한 단서가 들어 있다. 루이스 칸은 말한다.

> "교육 프로그램은 이제까지 계속 변해왔고 앞으로도 변해 갈 것이 틀림없다. 그러나 이러한 역사적 변화는 건축에서는 그리 중요하지 않다. 프로그램에서는 건축이 생겨나지 않는다."

그는 또한 이렇게 덧붙인다.

> "학교를 진정한 학교로 만드는 것은 자기가 선생인 것도 학생인 것도 알지 못하는 사람들이 처음으로 체험한 그 정신이며, 그것은 앞으로 어떤 시대가 되어도 어떤 프로그램으로 교육하더라도 변하지 않는다. 이것이 우리가 믿을 수 있는 유일한 것이다."

학교를 설계하는 건축가가 지녀야 할 사고의 근본을 이렇게 설명하고 있는 것이다.

헤르만 헤르츠베르허가 설계한 '아폴로 학교'(1983)의 입구 옆 작은 코너

　이런 입장에 서면 교실과 교실 사이에 몇 명의 아이들이 함께 숨어 있을 수 있는 작은 공간이 존재하는 학교를 설계할 수 있게 된다. 본인들은 다른 친구들이 공부하는 모습을 볼 수 있지만 본인들의 모습은 안 보이는, 혹은 그렇게 여길 수 있는 공간을 마련해주는 것이다. 네덜란드의 건축가 헤르만 헤르츠베르허가 설계한 '아폴로 학교(Apollo School, 1983)'의 입구 바로 옆에 있는 작은 코너가 그렇다. 그는 숙제를 미처 해 오지 못한 학생이 급하게나마 친구의 도움을 받아 숙제를 할 수 있는 공간을 만들었다.

　한 학생이 친구와 함께 학교에 오는데 친구가 묻는다. "너 그 숙제 했어?" 이 학생은 "그런 숙제가 있었어? 전혀 몰랐는데?"라고 말하며 불안해한다. 그때 친구가 말해준다. "학교 입구 옆에 작은 책상이 하나 있잖아? 거기서 빨리 해. 내가 도와줄게." 이런 일은 학교에서 얼마든지 있을 수 있다. 이 작은 공간에는 책상이 하나 있고 그 옆에는 친구가 함께 앉아줄 의자도 있다. 이런 공간이 있으면 아이들은 매우 반가워할 것이다. 그러니 이런 마음으로 교실과 복도와 운동장을 설

도쿄 '후지 유치원'의 전경

계하라. 이것이 학교라는 '시작'을 발견하는 길이다.

일본 도쿄에 '후지 유치원(Fuji Kindergarten)'이 있다. 평면은 마치 통조림에 담긴 파인애플처럼 가운데가 비어 있는 타원형이며, 한가운데는 마당으로 쓰인다. 평소엔 아이들이 쓰지만 일 년에 한두 번 부모님들과 함께하는 행사에도 사용된다. 이때가 되면 아이들은 편평한 옥상에 올라가 난간을 붙잡고 부모님들의 공연을 본다. 아이들은 옥상 위를 뛰어놀고, 오래된 키 큰 나무들이 드리우는 짙은 그늘 안에서 친구들과 장난을 친다. 이 나무들은 교실 안에 둥치를 두고 있다. '나무 밑의 학교'다.

추운 날에도 아이들은 밖에서 손을 씻고 마당에서 교실로, 교실에서 옥상 위로 뛰어다닌다. 이 유치원에는 원장실이 없다. 마당에 면한 문지방 바로 옆에 원장이 앉는 책상만 있다. 건물의 형태도 공간도 모두 이러한 사람의 행위 속으로 사라져버려 그다지 눈에 띄지 않는다. 건물은 사라지고 아이들의 움직임만 보인다. 건물을 설계하기에 앞서 "어떻게 가르치고 배울 것인가"를 먼저 묻고 이를 장소와 공간과 형태로 번역하였기 때문이다. "자기가 선생인 것도 학생인 것도 알지 못하는 사람들이 처음으로 체험한 그 정신"이 공간에 나타나 있다. 이것이 학교라는 시설의 시작이다.

7
현대건축의 모델, 지하철역과 공항

장소가 되는 '비-장소'

지금 살고 있는 곳에 이사하기 전, 꼭 4년 동안 방배동에 살았다. 생각해보니 그곳에 사는 동안 가장 자주 갔던 장소는 방배역이었다. 장소라고 하지만 장소가 될 수 없는 곳, 그저 타고 내리고 이동하는 곳인 지하철역 주변이 그 동네에서 내가 가장 많이 다닌 곳이었다.

프랑스의 인류학자 마크 오제Marc Augé는 지하철역처럼 도시 안에서 이동의 수단이 되는 곳을 '비-장소(non-place)'라 불렀다. '비-장소'란 자동차 도로, 호텔 방, 공항, 슈퍼마켓과 같이 '장소라고 보기에는 의미가 부족한 장소를 말한다. 그 장소들이 장소의 성격을 잃고 있음을 부각시키는 말이 아니다. 그런 곳들이 오늘날의 도시 현상을 잘 나타내고 있고, 이동 공간이 도시생활에서 큰 비중을 차지하고 있으며, 종래의 장소와 같은 또 다른 장소로 다가오고 있으므로[56] 이를 구분하여 부르는 용어다.

당시 나는 연구학기를 보내고 있었는데, 만나야 할 사람을 우리 집에는 불러들이지 못하고 지하철역 출구에서 가장 가깝고 찾기 쉬운 카페에서 많이 만났다. 사실 카페도 스쳐가는 곳이지 머무르는 장소는 아니었지만 말이다. 하도 자주 만났더니 나중엔 장소를 따로 정하지 않아도 그 카페로 오겠다고 학생들이 먼저 말했다. 내가 살던 동네에서 '장소'라고 말할 수 있는 곳은 집과 지하철역 그리고 역에서 가까운 그 카페뿐이었다. 마크 오제가 말한 '비-장소'가 나에게는 장소가 되었다(그러나 이 카페는 얼마 후 다른 음식점으로 바뀌었다).

대도시에서 사람들은 바삐 움직이며 공간 안에 흩어진 단편을 모은다. 지하철과 자동차가 도시와 생활을 엮어내는 방식은 각기 다르다. 자동차로 쇼핑센터에 가면 생활공간과 공적인 도시공간이 직접 이어지기 때문에 그 자체로는 공공영역을 만들지 못하지만, 철도나 지하철은 도시공간과 생활공간을 매개하며 공공영역을 만들어준다. 마드리드의 아토차(Atocha) 역에는 거대한 녹지공간이 조성되어 있는데 마치 식물원을 방불케 한다. 이 녹지공간 주변으로 크고 작은 상업시설이 동거하게 되면서, 무리를 지어 흩어지는 '비-장소'들이 도시의 장소로 바뀌었다.

지하철역과 지하공간은 얼굴이 없는 공간이다. 형태도 부정형인 경우가 많고 천장도 낮으며 기념비적인 공간이나 중심이 되는 장소를 찾아보기 어렵다. 바깥 날씨가 맑건 흐리건 비가 내리건 별로 관계가 없을 정도로 장소의 특징이 없다. 지하공간은 사람들이 여러 방향에

---

* 56. Marc Augé, 《Non-Places: Introduction to an Anthropology of Supermodernity》, Verso, 1995

마드리드 아토차 역의 거대한 녹지공간 ⓒ김광현

서 들어와 교차하고 사라지는 곳이다. 지하철을 타면 자기가 어느 쪽으로 가는지 정확한 방위를 모른 채 역에서 역으로 이동한다. 지하철역은 지나쳐서 어디론가 가는 곳이지 긴 시간을 보내는 곳이 아니다. 대도시에는 모이는 장소보다 그냥 스쳐 지나가는 곳이 훨씬 많다. 유럽 같으면 역 앞에 광장이 있게 마련이지만 우리 도시의 역 앞은 행인들의 동선이 겹치는 곳이지 모이거나 머무는 외부공간이 아니다. 지하철 안은 우리가 얼마나 바쁘게 이동하며 살아가는지 실감하게 되는 또 다른 공공공간이다.

본래 도시는 교통에서 생겨났다. 도시가 있어서 교통이 생긴 것이 아니고, 교통이 있어서 도시가 만들어진 것이다. 〈인디아나 존스: 최후의 성전〉에서 오지의 성전으로 나오는 도시 '페트라Petra'는 옛 나바테아Nabatea 왕국의 수도이며 향신료와 같은 귀한 물품 교역이 이루어진 큰 도시였으나 교역이 끊기자 쇠락하고 말았다. 교통과 물건의 흐름이 도시를 만들고 또 소멸시킨 것이다. 이것은 오늘날에도 마찬가지다.

종래의 지도에서 모든 장소의 위치는 좌표계와 같은 격자 속의 점으로 정해져 있다. 장소란 이전부터 그렇게 주어진 것이었고 잘 유지되어야 하는 것으로 여겨졌다. 그러나 이제 장소는, 마치 지하철역처럼, 고정된 점이 아니라 이동하는 선의 교차점에서 만들어지고 있다. 스마트폰의 지도는 지도책에 인쇄된 지도와는 전혀 다르다. 지도를 켜면 제일 먼저 내가 있는 장소와 그 일대가 나타난다. 내가 이미 그 지도의 공간 속에 들어와 있다는 뜻이다.

스마트폰 지도를 이용하여 어디를 가고자 하면 자동차, 지하철, 도보 등 이동 방법에 따라 점이 아니라 선이 그어진다. 스마트폰 지도는 내가 어디에서 어디까지 어떤 흐름의 선 위에 있는가를 표시해주고, 나의 이동은 계속 적분된다. 이 선은 보행의 선이기도 하고 자동차나 지하철의 선이기도 하다. 선과 선이 교차하면 그곳이 장소가 되고, 선과 선이 이어지면 네트워크가 된다. 인천에서 전철 타고 온 친구, 강북에서 자동차로 온 친구, 근처에서 걸어서 온 친구들이 센트럴시티의 한 장소에서 자주 만나면 그들에겐 예전에 없던 장소가 발생한 것이다. 그런 사람들이 계속 늘어나면 그곳은 점차 도시의 장소로 바뀌게 된다.

고속터미널역이나 강남역 등 교통의 흐름이 교차하는 곳은 스마트폰에 실내지도가 표시된다. 그것을 누르면 지하층의 평면이 제공된다. 흐름과 이동이 교차하면서 생기는 지하공간의 결절점이 우리 시대 우리 도시의 장소가 되어간다는 뜻이다.

가로, 역, 백화점, 지하철의 플랫폼과 계단으로 이동할 때면 특별하게 조직되지 않은 사람들이 무리를 이루며 제각기 어딘가로 움직인다. 이런 무리를 군집(群集, crowd)이라고 하는데, 교통을 매개로 하여 도시의 일상공간에서 광역적으로 이동하는 사람들이다. 나는 냉담하고 무관심한, 서로 알지 못하는 수많은 사람들 중 하나다. 군집은 일정한 사회적 존재방식인 집단(集團)과 다르다. 군집은 상업시설이나 교통시설 속에서 어떤 시간대에 서로 타자(他者)인 채로 모이고 흩어지고 이동한다. 그러므로 군집이 사용하는 도시공간은 공공공간이 아니다. 고속터미널이나 철도역도 법적으로는 공공공간이 아니지만, 이와 비슷한 성격을 지닌 공간이다.

통과점의 건축, 공항

'이동'은 현대건축과 도시를 새롭게 생각하게 하는 바탕이다. 이동은 우리에게 공간 체험의 변화를 제공하고, 건축물이 목적점이 아니라 통과점이라는 새로운 인식을 가져다준다. 예전에는 가고자 하는 '목적'과 그것에 이르는 '통로'라는 두 요소가 건축공간에서 가장 중요하다고 여겨졌다. 그런데 이동이 빈번해진 오늘의 도시에서는 건축물이 목적지가 되기보다는 어딘가로 가는 도중에 통과하는 여러 지점들 중 하나인 경우가 더 많다. 건물이 목적점이 아니라 통과점이라면, 건축은 언제나 외부에 접속되는 공간이 된다.

현대건축과 도시를 가장 잘 나타내는 빌딩 타입은 어떤 것일까? 아파트를 제일 먼저 떠올리겠지만 그렇지 않다. 답은 공항이다. 공항 자체보다도 공항을 통해 도시와 건축의 관계가 어떻게 바뀌었는지를 읽는 것이 더 중요하다. 공항은 수많은 사람들이 이동하는 장소이고 자동차, 버스, 지하철 등 다양한 교통과 직접 연결되어 있다. 도시에서 가장 먼 곳에 떨어져 있지만 가장 거대한 교통의 연결망을 가지고 있는 거대한 통과점인 것이다.

공항에 도착하면 마치 도시의 관문에 온 것 같은 생각이 든다. 인천국제공항은 서울에서 멀리 떨어져 있지만 워낙 자주 오가다 보니 점차 서울의 한 지점과 같은 느낌을 준다. 이전에는 도시의 중심이 큰 의미를 지녔으나 이제는 도시의 주변부가 더 활기 있게 변화를 일으키고 있다는 뜻이다.

네덜란드 암스테르담의 스히폴(Schiphol) 공항은 공항 전체 수입의 40%가 상점에서 나온다. 이 공항에는 호텔, 업무시설, 전시관이 있으

며 세계 각국에서 모여드는 다양한 종교를 가진 사람들을 위한 종교
시설도 있다. 노숙자를 위한 시설이 있는가 하면 심지어 영안실도 있
다. 문자 그대로 '공항도시'다. 이 공항의 한가운데 있는 '스히폴 플라
자'에는 수많은 상점과 음식점, 카페 등이 모여 있고 하루 10만 명이
이곳을 지나간다. 공항엔 많은 도시의 시설이 복합적으로 모여 있으
며, 그만큼 사람들을 집적하는 역할을 하고 있다.

이처럼 공항은 도시생활의 한 중심이 되어가고 있고 그 자체가 도
시의 모습을 띠고 있다. 다양한 시설의 집합체로서 경계가 없는 공
간인 공항은 현대건축과 도시의 모델이 되고 있다. 건축 또한 이전과
같이 따로 떨어진 독립적인 대상이 아니라, 하나의 작은 도시로서 공
공영역의 가능성을 담는 방향으로 바뀌어야 한다.

공항은 현대의 인간과 사회를 압축적으로 보여준다. 공항에서는
내 옆의 사람이 누구인지, 어디로 가는지, 무엇에 관심이 있는지를 알

다양한 도시 시설이 집적된 암스테르담의 스히폴 공항

필요도 없고 알려고도 하지 않는다. 그런데도 많은 사람들 속에 일시적이나마 같이 있다. 서로가 서로에게 타자인 조건에서 모이게 되는 곳. 공항은 이런 사람들이 모여 움직이는 곳이다. 이것을 하나의 공동체로 본다면 농경사회와는 전혀 다른 현대의 공동체다.

공항 터미널도 쇼핑몰을 닮아가고 있다. 거대한 주차장이 쇼핑몰을 에워싸듯 활주로와 비행기가 공항 터미널을 에워싼다. 쇼핑몰에 있는 루이비통이나 샤넬이 공항 면세점에도 똑같이 있을 뿐 아니라, 쇼핑몰에서 물건을 사고 계산하듯이 입국심사 게이트를 지난다. 하나로 내부화된 공간 안에서 이루어지는 이동과 통제, 그렇지만 그 자체가 목적이 아닌 거대한 공간. 이것은 현대도시 안에서도 반복되어 나타난다.

많은 사람이 자유롭게 드나드는 것만으로 공항이 새로운 공공공간의 모델이 된 것은 아니다. 자유롭게 그곳을 드나들 수 있는 이유는 외부로부터 확실하게 보호되고 있기 때문이다. 누구에게나 열려 있지만 전자장치로 감시와 통제가 이루어지는 공간이라는 점에서, 공항은 다른 곳과는 차별된 공공영역이다. 테마파크나 쇼핑센터도 마찬가지다. 테마파크에서 자유로운 시간을 즐기려면 시설 이용료를 지불해야 한다. 쇼핑센터는 물건을 사게 하려고 공공공간처럼 자유로운 통행을 보장해주는 것일 뿐, 누구에게나 개방된 공공공간은 결코 아니다. 건축물 내부나 주변에 공공공간 또는 공공영역을 마련해야 할 때 생기는 문제점이다.

공항이란 승객에게는 내부이고 주변 도시의 주민에게는 외부로 느껴지는 곳이다. 다양한 국적을 지닌 사람들이 공항 안의 면세점에서 쇼핑의 자유를 누린다. 출국 승인을 받았지만 아직 떠나지 않았으며,

이미 도착해 있는데도 도착한 것으로 느껴지지 않는 곳이다. 그러나 공항 근처에 사는 사람에게 공항은 생활의 일부가 아니며 다른 세상이다. 공항은 그 자체로는 화려하고 자유로운 도시를 품은 내부이지만, 그 시설 바깥에 사는 사람에게는 자기와 무관한 외부세계다.

공항은 비행기를 타고 내리는 터미널이면서 호텔과 상점들이 밀집한 상업공간이고, 유연한 환승시설을 갖춘 교통의 결절점이며, '이동'을 매개로 거대한 건축공간이 도시로 변하는 가능성을 보여주는 곳이다. 이렇듯 공항은 여러 측면에서 현대도시와 건축의 현상을 대표한다. 문화비평가 이언 챔버스Iain Chambers는 미래의 도시 모델은 공항이라고 주장한 비릴리오Paul Virilio를 인용하며 이렇게 말한 바 있다.

> "공항은 시뮬레이트(simulate)되어 있는 메트로폴리스다"[57]

---

* 57. Iain Chambers, 《Border Dialogues: Journeys in Postmodernity》, Routledge, 1990, p.58

건축의 가장 큰 힘은 사람을 모이게 하는 힘이다.
로마의 콜로세움도, 판테온도, 캄피돌리오 광장도,
스페인 광장의 '스페인 계단'도
사람을 모으는 마법 같은 힘을 갖고 있다.

5 / 건축은 작은 도시

1
모여야 마을이다

사람도 모이고 집도 모이고

동물은 살아남기 위해서 무리를 짓고 모여 산다. 사람의 마을 또한 동물의 세계와 같다. 무리를 지어야 물고기도 많이 잡고 과일도 잘 따고 어려운 노동도 나누어 할 수 있었다. 농업을 시작하면서부터 사람들은 한곳에 정주하며 함께 살게 되었고, 함께 일했으며, 함께 신을 섬기고 함께 놀며 함께 춤췄다. 그래서 집과 마을이 생겼다. 무리를 짓는 것은 사회를 만드는 기초다.

건축은 사람이 '모여 살기 위해' 만들어진다. 그렇다 보니 건물도 혼자 따로 있을 수 없다. 조형적인 아름다움을 위해서가 아니다. 하고자 하는 일을 제대로 하려면 함께 모여야 하기 때문이다. 그렇지 않다면 사람과 건물이 동네를 이루고 도시를 이루며 살 이유가 없다. 건축이 무엇인지를 이것 이상으로 잘 표현해주는 말은 없다고 나는 생각한다. 이 말을 이해하지 못하거나 그다지 흥미를 느끼지 못한다면 건축을 공부하는 입구를 아직 찾지 못한 것이다.

도시는 사람이 모여서 생겼다. 캐나다에서 가장 큰 도시인 토론토Tronto는 '모이다'라는 인디언 말에서 나온 지명이다. 고대 중국에서는 도시를 '읍(邑)'이라 불렀다. 이 한자는 경계로 둘러싸인(□) 고을에 사람이 앉아 있는 모습(巴)을 합쳐놓은 모양새다. 둘러싸인 장소 안에 사람들이 모여 있다는 뜻이다. 그런데 둘러싸인 경계가 커다란 성벽만을 의미하지는 않았을 것이다. 건물도 사람의 크고 작은 모임에 크고 작은 윤곽을 부여한다.

헨리 제임스Henry James라는 미국 소설가는 "거리를 산보하는 것 이상으로 인생을 잘 이해할 수 있는 방법은 없다"라고 말했다. 서양 사람들은 "좋은 시민은 도시의 광장에서 만들어지고, 마음이 착한 어린아이는 마을의 길에서 자란다"라는 말을 즐겨한다. 함께 모여 살면서 도시와 건축을 삶의 깊이가 느껴지는 장소와 공간으로 만들어야 한다는 뜻이다. "마음이 착한 어린아이"라고 할 때 '착하다, 선하다'는 영어로 'good'이다. 그런데 'good'은 '참가하다'라는 뜻의 앵글로색슨어에서 나왔다. '모이다(gather)'와 '함께(together)'라는 단어도 같은 말에서 나왔다. 그러니까, '선(善, good)'이란 사람과 사물이 '서로 모여서 이루는 적합함'이라는 뜻이다.

오랜 마을의 매력은 그곳 사람들이 살아가는 방식을 건축물의 선한 집합으로 표현해주는 데 있다. 시에나Siena와 오르비에토Orvieto 같은 중세 이탈리아의 아름다운 산악도시들은 모두 건축이 모이고 엉켜서 만들어진 것이다. 남부 프랑스에서 가장 아름다운 마을이라는 '생폴 드 방스Saint Paul de Vence'는 16세기에 축조되었다. 경사지에 세워

남부 프랑스에서 가장 아름다운 마을 '생폴 드 방스' ©김광현

진 이 마을은 긴 골목을 자연스레 돌면서 올라가게 되어 있다. 두 팔을 벌리고 몸을 조금만 움직이면 좌우의 가게가 닿을 정도로 골목이 좁다.

같은 듯 다른 집들이 다닥다닥 붙어 있는 골목 풍경은 그 고장의 재료를 이용하여 같은 공법과 비슷한 스케일로 건물을 지었을 때 생겨난다. 프랑스의 '고르드Gordes'라는 마을에서는 이런 풍경도 보았다. 누군가 집을 수리하다가 경계를 넘어 다른 집 벽면까지 칠해놨는데, 그 집 역시 수리할 때 똑같은 실수를 하여 옆집 벽에 도료가 잘못 칠해져 있다. 하나의 돌벽을 두 집이 함께 쓰기 때문이다. 이렇게 해서 이웃은 서로 닮아가는 법이다. '집을 이렇게 지어야지' 하는 생각을 공유하고 있으니 집들이 비슷해지고, 그렇게 닮은 집들도 꽃과 담쟁이가 오랜 시간 벽을 타고 자라면서 조금씩 달라지고, 똑같은 벽에

벽을 함께 쓰며 서로 닮아가는 집들, 프랑스 '고르드' 마을 ⓒ김광현

소박하지만 질서를 가진 건물들. 프랑스 '르 퓌' 마을 ©김광현

간판 하나만 내걸어도 서로 구별해준다.

아름다운 마을은 시간이 오래되었다고 저절로 생겨나는 것이 아니다. 중요한 건 시간 속에서 형성된 조화로움이다. 집 하나하나를 떼어놓고 보면 허술하지만 한데 붙어 있고 엉켜 있을 때는 아름답게 보인다. 프랑스 남부 '르 퓌Le Puy'라는 작은 마을의 길가에 서 있는 건물들은 폭이나 높이가 엇비슷하고 아름답다기보다는 그저 소박하다. 그러나 모두가 길에 맞추어 서서 조화를 이룬다.

이런 풍경이 오늘날에만 존재하는 건 아니다. 지구상에서 가장 오래된 정주지인 터키의 차탈휘유크는 문이 없는 사각형의 집들이 서로 이어져 있다. 길도 없다. 이 집들의 평평한 지붕 위가 길이다. 자기 집으로 들어가려면 지붕에 뚫어놓은 구멍을 통해 사다리를 타고 내려

356

가야 한다. 이런 정주지에도 그들은 함께 기도하는 신전을 두었다. 각자 자기 집을 가지면서도 문이 없는 집을 짓기로 약속했고, 대신 모든 집의 지붕을 함께 쓰기로 했다. 이것이 마을이고 도시다.

에게 해Aegean Sea의 섬들은 마을이 모두 새하얗다. 길도 벽도 지붕도 모두 새하얗다. 산토리니Santorini 섬의 절벽 바로 위에 세워진 마을은 온통 눈으로 덮여 있는 것처럼 보인다. 길은 제멋대로 굽어 있고, 이 집의 좁은 마당은 저 집의 마당과 맞붙어 있다. 건물 바닥의 높이도 제각기 달라서 같은 레벨의 바닥이 하나도 없다. 길과 계단이 중간에 적당히 다른 집의 벽에 붙기도 하고, 남의 집 옥상을 지나 자기 집에 들어가기도 한다. 길이나 집의 바닥, 지붕이나 복도 그리고 발코니, 벽과 계단 등 건축을 구성하는 요소들 사이의 구분이 없다. 이것이 이 마을에서 집들이 집합하는 방식이다. 이와 같은 마을 풍경은 사람들이 사는 방식과 그들의 인격도 함께 나타낸다.

부산 감천동에 있는 태극도 마을을 '한국의 산토리니'라고 부르는 사람들이 꽤 있다. 바다가 내려다보이는 산자락을 따라 지붕 낮은 집들이 잇대어진 모습을 두고 하는 말이다. 이곳은 푸른 지붕, 붉은 지붕, 여러 가지 색깔의 물탱크가 어울려 기하학적인 풍경을 만들어낸다. 비좁은 골목에는 화분과 빨래가 나와 있고 제각기 다른 지붕과 벽, 문과 창문이 서로 얽혀 있다.

모여 있지 않고 한두 채씩 띄엄띄엄 있는 곳은 도시라고 부르지 않는다. 혼자 외톨이처럼 사는 사람이 대개 사회성이 부족하듯, 주변과 따로 떨어져 혼자 서 있는 건물들이 대세인 도시는 사회성이 부족한 도시다. 물론 도시에는 독립된 모뉴먼트가 있을 수 있다. 그러나 사람이 생활하는 일상의 건축물은 모뉴먼트가 아니므로 혼자 뚝 떨어져 있으면 곤란하다. 근대에는 로 코르뷔지에의 건축처럼 주변과 분리된 채 건물의 실루엣이 강조되는 것을 '공원 속의 도시(city in the park)'라고 불렀다. 뭔가 전원적이고 멋지게 들리지만, 실은 녹지 속에 독립적으로 지어져 주변과 따로 떨어진 건축을 말한다.

우리나라 도시는 불행하게도 건물이 도시의 공간을 만들지 못하고 있다. 건물이 벽을 잇대지 못하고 사이사이에 간격을 둔 채 따로 떨어져 있으며 모양, 재료, 표정, 공법도 제각각이다. 우리 도시에 지어지는 건축물 중엔 자기의 전체 형태를 드러내거나 과시하고 싶어 하는 것들이 참 많다. 사람으로 치자면, 남의 말에 귀 기울이지 않고 남의 눈도 의식하지 않은 채 지하철에서 화장하는 사람과 다를 바가 없는 건물들이다.

함께 산다는 관념이 없으니 함께 살아본 경험도 없고, 그런 경험이 없으니 무엇이 함께 살기에 더 좋은 공간인지 판별할 능력을 갖추지 못하는 것이 당연하다. 함께 살고자 하는 욕구와 요구가 거주자에게 없으면 설계자 역시 함께 사는 것의 중요함을 깊이 생각하지 않게 된다.

건축이 만드는 도시

건축의 가장 큰 힘은 사람을 모이게 하는 힘이다. 로마의 콜로세움도, 판테온도, 캄피돌리오 광장(Piazza del Campidoglio)도, 스페인 광장(Piazza di Spagna)의 '스페인 계단(Spanish steps)'도 사람을 모으는 마법 같은 힘을 갖고 있다. 그 어떤 정치가가 광장에 사람을 모아놓고 연설을 한다 하더라도 스페인 계단을 찾아오는 사람들만큼 많은 군중들 앞에 서기 어렵다. 수백 년째 그 자리에 그렇게 깔려 있을 뿐인 스페인 계단은 사람들에게 큰 소리로 말하지 않는다. 그런데도 전 세계의 수많은 사람들이 이 계단에 앉아 물끄러미 광장을 바라보고 싶어 한다. 〈로마의 휴일〉에서 오드리 헵번이 아이스크림을 먹는 장면이 계단에 겹쳐 떠오르기까지 하면, 스페인 계단이 하고자 하는 말은 세상 어느 정치가의 연설보다도 강한 힘을 갖게 된다.

스페인 광장은 도시의 뛰어난 무대장치다. 삼각형 두 개가 꼭짓점이 붙어 있는 모양의 이 광장에 길이 다섯 개나 나 있다. 스페인 계단은 이 광장에 면하면서 언덕 위에 있는 '산타 트리니타 데이 몬티 성당(Santa Trinita dei Monti, 언덕 위 삼위일체 성당)'으로 이어지는데, 그 종점에 오벨리스크를 세웠다. 총 137단인 이 계단은 전체가 무대이며 '계단 건축'이다. 계단에 앉아 있으면 마치 고대 극장의 관람석에 앉은 것 같고 무대가 나를 쳐다보고 있는 것 같다. 계단은 올라가고 내려오기 위해 만든 것인데, 이와 함께 도시의 경관을 바라보는 즐거움이 있다.

실제로 이 광장과 계단은 많은 사람들이 움직이며 함께 만들어내는 '극장'이다. 어떤 사람은 무언가 보여줄 것이 있어 앞으로 나서고, 어떤 사람들은 그걸 보는 것이 즐거워 한곳으로 모인다. 사람뿐만이 아니고 언덕 위에 있는 탑이 두 개인 성당, 그 앞의 오벨리스크, 광장에 있는 조각배 분수, 계단 좌우에 있는 건물들, 광장 한가운데로 나 있는 긴 길 등이 모두 어우러져 스페인 계단이라는 '극장'을 만들었다.

유럽에 가면 어느 마을에서나 흔히 볼 수 있어서 별로 대수롭지 않

사람들이 만드는 극장. 스페인 광장의 '스페인 계단'

게 느껴지는 풍경이 하나 있다. 어떤 집의 현관과 연결된 계단이 계단참으로 이어진다. 이 계단은 아래쪽이나 위로 올라가는 또 다른 계단과 이어져 있다. 그리고 골목으로 내려간다. 함께 살지 않으면 결코 만들어질 수 없는 마을의 고유한 풍경이 이렇게 이어진다. 모여 살지 않으면 건축물이 서로 어깨를 맞대고 모여 있을 이유도 없고, 내 집 문밖의 계단이 길에 이어질 이유도 없다. 이 집들은 계단과 길을 통해서 조금씩 바깥을 향한 도시가 되어가고 있는 중이다.

사람에게 얼굴이 있듯이 도시에도 얼굴이 있다. 도시의 얼굴을 만드는 것은 다름 아닌 건축이다. 〈걸어서 세계 속으로〉라는 방송 프로그램을 보면서 새삼 확인한 것은 어떤 도시를 가도 건물이 안 잡히는 화면이 한 군데도 없다는 것, 살 만하다 싶은 도시는 예외 없이 사람 냄새 물씬 나는 건물들이 쭉 이어진다는 것, 그 사이사이로 일상이 펼쳐지는 골목 같은 것이 잘 형성되어 있다는 것이었다.

우리가 사는 도시를 한번 둘러보라. 쳐다보는 각도에 따라 사람의 얼굴이 달리 보이듯 도시도 걷고 보는 곳에 따라 얼굴이 매번 달라진다. 멀리서 내려다보면 도시는 수많은 건축물로 꽉 차 있다. 내려와 골목을 지날 때도, 길을 거닐 때도, 사람들이 많이 모이는 광장에 갔을 때도 도시의 얼굴은 집들이 모여서 만들어낸다.

사람은 도시에서 살며 그 안을 걷게 되어 있다. 이때 도시의 표정은 따로따로 인식되지 않으며 건축물 전체가 연속으로 체험된다. 길양쪽의 건물, 벽, 길바닥, 맨홀, 창, 재료, 지붕의 형상, 전봇대, 전선, 차, 멀리 보이는 아파트와 주택들, 그리고 하늘. 이 모든 것들이 도시에 모여 사는 우리와 함께하고 있음을 무의식중에 체험한다. 그러다가 다른 길로 들어서면 또 다른 풍경이 눈앞에 나타난다. 이 모든 것들이 공간적인 변화를 일으킨다. 도시는 건물이 만들지만 길거리의 맨홀 뚜껑 또한 도시를 만든다.

1961년 영국의 건축가이자 도시설계가인 고든 컬렌Gordon Cullen은 도시의 시각적인 풍경을 설명하며 이렇게 말한 바 있다.

> "도시란 단지 사람들이 모이는 것 이상일 수 있다. 모여 살기 때문에 시각적인 관점에서도 즐거움이 더욱 커지는 법이다. 건축은 그 자체로 건축예술이 될 수 있을 것이다. 그러나 건축이 모여 군(群)을 이루면 그 이상의 것을 할 수 있다. 건축은 '상호관계의 예술'이며, 단지 건물만이 아니라 나무, 물, 교통, 광고물, 자연 등 모든 것이 그것을 만드는 요소가 될 수 있다."

베네치아는 도시계획으로 만든 도시가 아니다. 그래서 베네치아 지도에는 길과 건물이 함께 그려져 있다. 금방 눈에 띄는 큰길뿐 아니라 실핏줄처럼 사방에 뻗어 있는 작은 골목이나 저 유명한 산마르코 광장(Piazza San Marco)은 모두 건축물로 이루어져 있다. 소유한 사람이나 지어진 시기가 모두 다른데도 서로 이웃하는 건물이 길과 광장과 운하를 만들어냈다. 이 도시는 숱한 건축물들이 서로 부딪치고 피하면서 길을 만들고 생활을 드러내며 만들어진 도시다. 골목은 복잡하게 얽혀 있어서 걷다 보면 같은 길을 다시 걷는 경험을 하게 된다. 가려던 목적지가 저 앞에 보이는데도 가다 보면 다른 길을 걷게 되는 도시. 이런 도시에서는 모든 건물이 이웃의 건물과 길로 이어지고, 하나의 건축물이 더욱 넓은 공간 안에서 의식된다.

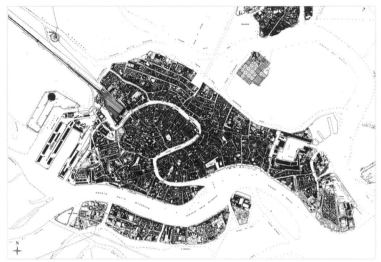
숱한 건축물들이 집적된 도시, 베네치아

　많은 건물이 묶여서 하나로 체험되고 하나의 공기처럼 느껴지는 도
시. 도시와 건축이 뚜렷하게 구분되지 않는 도시. 이런 도시는 도시계
획으로 만든 도시가 아니라 건축이 만드는 도시다. 건축물은 오늘 우
리가 경험하고 있는 도시를 과거에서 현재에 걸쳐 만들어왔고, 우리
다음 사람들이 경험하게 될 도시를 서서히 만들어간다.

2
길은 건물, 건물은 길

길은 모체다

길이 하나 났다. 그러자 어디선가 캐어 온 나물, 자기 집에서 만든 연장 같은 것을 팔기 위해 사람들이 길가에 물건을 펴놓았다. 길에다 주머니를 하나 붙인 셈이다. 지나던 이들이 이 물건에 관심을 갖기 시작했다. 그러자 길가에 이런저런 물건을 내놓고 파는 사람이 점점 많아졌다. 사람뿐만이 아니라 다양한 물자와 정보들이 길 위로 지나갔다.

그러다가 햇볕과 비를 막기 위해 무언가를 지었다. 주머니 같은 자리에 기둥과 보와 지붕으로 벽과 천장을 만들고 이것을 '건물'이라 불렀다. 머지않아 또 다른 길이 이 장소를 지나가게 되었다. 두 개의 길이 만나면서 이곳이 조금씩 번창하기 시작했다. 길이 도시를 만든 것이다. 처음부터 도시가 있었던 것이 아니라 길이 먼저 있었고, 그 길이 도시를 있게 하였다.

건축 또한 길에서 나왔다. 건축이 있고 나서 길이 생긴 게 아니다. 길이 모든 건축의 모체다. 길은 '잇는' 것이고 건축은 그것을 통해 '이어지는' 것이다. 잇는 역할을 하는 것이 먼저 있었고, 그다음에 이어지는 것이 나왔다는 뜻이다. 범위를 건물 내부로 좁혀보면 실(室)은 이어지는 것이고 복도, 홀, 계단, 마당 등은 잇는 것이다. 그런데 설계를 하다 보면 실(室)은 융숭한 대접을 받는 반면, 복도나 홀 등은 '공용공간'이라고 해서 있으면 좋고 예산이 부족하면 일단 먼저 줄이고 본다. 이어지는 것만이 목적이 되고 잇는 것은 수단이 된다. 이것이 근대의 기능주의적 태도다.

스마트폰 지도에서 출발지와 도착지를 설정하면 그다음엔 가는 방법을 정해야 한다. 자가용, 대중교통, 아니면 자전거나 도보. 대중교통을 이용하더라도 방법과 경로는 여러 가지다. 그중 무엇을 어떻게 타고 어디서 환승하여 어느 길로 갈 것인지는 내가 정한다.

그런데 목적지 근처의 역이나 정류장에 내려 걷다 보면 스마트폰이 알려준 루트대로 가지 못하고 다른 길로 조금씩 우회해서 갈 때가 많다. 목적지로 가는 길이 단 하나로만 정해지는 건 아니라는 얘기다. 게다가 사람이 반드시 목적지를 정해놓고 움직이는 것은 아니며, 돌아다니다가 목적지를 정하는 경우도 은근히 많다. 이어지는 것, 목적지, 또는 실(室)이 먼저가 아니라 잇는 것이 먼저라는 뜻이다. 이것이 "길은 모체다"라는 말로부터 배워야 할 바다.

여기서 말하는 '길(street)'은 도로(road)와는 다르다. 길은 주로 사람이 다니는 장소인 반면 도로는 자동차 같은 탈것이 다니는 장소를 가리킨다. 오래전에는 모든 길이 'street'였지만 마차가 생기면서부터 보

이것이 길이다.(버나드 루도프스키, 《인간을 위한 거리》, 1969)

도와 차도가 구별되었다. 걸어 다니는 사람이 주인공이었을 때의 길은 교통이나 운송을 위한 공간이 아니었다. 길은 사람이 지나다니는 곳, 그 위에서 쉬기도 하고 모이기도 하고 무언가를 즐기기도 하는 장소였다. 그러나 자동차가 많아지면서 길의 주인이 바뀌었고, 사람은 길에서 밀려나게 되었다. 그러니 길과 도로를 혼동해서는 안 되며 오히려 도로(road)를 길(street)로 바꾸어 해석할 수 있어야겠다.

버나드 루도프스키Burnard Rudofsky의 《인간을 위한 거리 Street for People》(1969)에 실려 있는 한 장의 사진은 사람이 모여 걷는 길이라는 것이 무엇인지를 정말 잘 나타낸다. 길에 사람이 많이 나와 있는데, 자세히 보면 두세 사람이 서로 이야기를 나누는 모습이 참 많이 눈에 띈다. 걷는 사람보다 길 위에서 이야기를 하는 사람이 훨씬 더 많다. 마치 길게 생긴 작은 광장 같다. 길이라는 것은 어딘가를 향해 바삐 지나가는 곳만이 아니다. 길은 만나고 교류하는 장소다.

이 책에서 루도프스키는 이렇게 말했다.

> "길은 아무것도 없는 장소로는 존재할 수 없다. 주위 환경과는 끊어질 수 없다. 길은 그곳에 늘어서 있는 건물의 동반자다. 길은 모체다. 길은 도시의 방이며 풍부한 토양이며 양육의 장이다. […] 둘러싸는 것이 아프리카의 카스바(casbah)처럼 거의 밀실과 같은 집이건, 아니면 베네치아의 섬세한 대리석 궁전이건, 중요한 것은 에워쌈의 연속성과 리듬이다. 길은 그것을 한정하는 건물이 있어야 비로소 길이다. 마천루와 공지로는 도시가 생기지 않는다."

이 말의 몇몇 문장들을 되짚으며 그 의미를 새겨보기로 한다.

① "길은 그곳에 늘어서 있는 건물의 동반자다."

건물이 없으면 길이 아니고 길이 없으면 건물이 아니라는 것인데, 이것은 "산은 산이요, 물은 물이다"라는 성철 스님의 말씀처럼 어렵고 심오한 것이 아니다. 길은 이어주고 건물은 닫아주는 것이지만, 길은 건물 안에도 있어야 하므로 길이 모체가 된다고 말한 것이다. 건물은 바로 그 바깥에 있는 도시와 결코 떨어져 있는 것이 아니다.

그리스의 미코노스Mykonos 섬에 가면 2층으로 올라가는 계단이 바깥에 붙어 있는 주택들이 긴 골목의 좌우에 늘어서 있다. 이렇게 하면 2층에 사는 사람도 1층을 거치지 않고 골목에서 직접 드나들 수 있다. 계단은 간단하지 않고 이리저리 꺾이는데, 2층의 몇 집이 같은 계단을 이용하는 경우도 흔하다. 이렇게 계단을 밖으로 빼고 길로 이어주니, 그것은 계단이라기보다 또 다른 '길'이다. 주택의 모든 방과 동선이 바깥 계단에 의존하므로 길도 활발한 생활공간의 일부가 된다.

② "길은 도시의 방이며 풍부한 토양이며 양육의 장이다."

옆의 그림은 미코노스 섬에 있는 어떤 집의 평면을 따로 그리지 않고 이 집들을 이어주는 길과 함께 그린 것이다.[58] 이 집의 방이 저 집의 일부가 되고 몇 개의 집들이 마치 한집처럼 보인다. 이때 길은 길

---

* 58. 출처:《エ-ゲ海・キクラデスの光と影》, 建築資料硏究社, 1990

그리스 미코노스 섬의 골목길. 계단은 또 하나의 '길'이다.

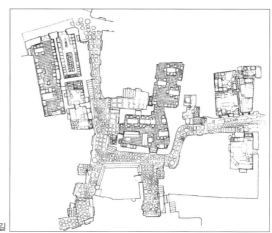

미코노스 섬의 집들과 길

이 아니고 여러 주택들의 복도다. 만약 방에 있는 가구를 그려 넣지 않았더라면 빈 방에 길만 이어져 있었을 것이다. 평면 안에 그려진 가구로 사람들의 생활을 표현하니 비로소 길이 집의 일부가 되었다. 그 결과 이 집과 저 집의 방들이 마치 한 가족이 사는 주택처럼 나타난다. 좁은 길이 작은 집을 이렇게 키워놓은 것이다. 주택을 개조한 홍대 앞의 상점들을 보면, 각 층으로 직접 올라갈 수 있는 계단과 문이 미코노스 섬의 주택처럼 길을 향해 촉수를 내밀고 있다.

③ "길은 연속성과 리듬이다."

바르셀로나의 '람블라스 길(Las Ramblas)'은 길게 휘어지며 바다를 향하는데 폭이 매우 넓어서 많은 사람들이 지나다니고 짙은 가로수가 건물을 따라 계속 나타난다. 이 길에 들어서면 똑바로 걸을 수가 없다. 왼쪽과 오른쪽을 번갈아 쳐다보고, 때로 멈추어 서기도 하고, 뛰어가기도 한다. 눈을 감거나 귀를 막거나 코를 막지 않으면 이 길을 계속 갈 수가 없다. 그만큼 볼 것이 많고 들려오는 소리도 많으며 온갖 냄새들이 끊임없이 유혹하는 까닭이다. 바로 이런 길이 도시에 꼭 필요한 길일 것이다.

람블라스 길은 그저 길기만 한 것이 아니다. 건물 옆에는 사람들이 걸어가는 보도가 있다. 보도 옆으로는 자동차가, 차도 옆에는 키오스크가, 키오스크 옆에는 중앙 산책로가 지나간다. 이런 방식으로 반대편 건물로 이어진다. 사람이 너무 많아서 나아가기가 힘들면 길거리 상점에 갔다가, 키오스크에 들렀다가, 마음에 드는 서점에도 자연스럽게 들르게 된다. 사람과 건물과 나무가 하나로 묶인 즐거운 길이다.

바르셀로나의 '람블라스 길' ⓒ김광현

④ "마천루와 공지로는 도시가 생기지 않는다."

논길은 논을 구획하고 관리하며 어떤 논이 누구의 것이지를 분명히 하는 데 그 목적이 있다. 논길에는 이름이 없으며, 길 위에서 이야기하고 물건을 사고파는 일이 일어날 수 없다. 논길은 토지의 면적과 그 안에서 생산되는 것에만 관련이 있을 뿐 그 길에서 일어나는 일과는 무관하다. 만약 도시의 길이 오로지 땅을 구획하고 관리하기 위한 것이라면 논을 나누는 논길과 다를 바가 없다.

내가 이사하기 전에 살던 아파트 단지에서는 아이들이 노는 모습을 1년 내내 본 적이 없고 노는 소리를 들어본 적도 없다. 죄다 아스팔트로 덮여 있어 길이 주차장이고 주차장이 길이 되어버렸다. 아이들의 수가 적기 때문이기도 하겠지만, 아파트 건물 주변이 대부분 주차장이어서 놀 만한 길이나 공터가 사라졌기 때문일 것이다. 도로(road)가 토지를 가로 세로로 구획하여 마천루가 지어질 땅과 빈 땅을 정확하게 규정하는 반면, 사람이 스쳐 지나가기도 하고 우연히 아는 사람을 만나기도 하는 길(street)은 점점 줄어들고 있다는 말이다. 이런 곳에서는 활기 있는 도시가 생겨나지 않는다.

길은 건물이 되고자 한다

"길은 건물이 되고자 한다(A street wants to be a building)."

건축가 루이스 칸의 말이다. 이 말을 처음 들었을 때는 아리송했

372

다. 길이면 길이지, 길이 무슨 건물이 되기를 바란다는 말인가? 얘기인즉 길이 주택이 되고 학교와 구 청사가 되었다는 것인데, 이 말을 뒤집으면 주택도 길이 되어 주변과 이어지도록 해야 하고, 학교도 닫혀 있게 내버려두지 말고 건물 안에 길(통로)을 내어 새로운 교육을 시도해야 한다는 의미가 된다.

건물과 길의 구분을 없애려는 시도는 우리 주변에 의외로 많이 있다. 서울 가로수길의 한 커피숍은 아예 문을 다 들어냈다. 1층에 앉은 사람들은 길에 앉아 있는 셈이다. 길과 별반 다를 바 없는 1층에 앉은 사람과 밖에서 길을 지나가는 사람을 굳이 구분할 필요가 없는 공간이다. 문제는 이런 일상의 장소를 "길은 건물이 되고자 하고 건물은 길이 되고자 한다"라는 관점에서 바라보는 안목이 있는가 하는 것이다.

칸의 말을 뒷받침하는 건축은 이미 오래전부터 있어왔다. 고대 그리스나 로마만이 아니라 르네상스 이후 바로크 도시에서는 '열주랑(列柱廊)'이라고 번역하는 콜로네이드가 다양하게 사용되었다. 일정한 간격을 두고 세워진 수많은 기둥 혹은 그것으로 이루어진 긴 복도를 뜻하는 콜로네이드는 건물이 된 길이었고 길이 된 건물이었다. 길로 보면 닫혀 있고 건물로 보면 열려 있는 열주랑에서 사람들은 지나가고, 쉬고, 모이고, 물건을 팔았다.

이탈리아 대학의 발상지인 볼로냐에 가면 계속 이어지는 길 위에 지붕을 쭉 얹어서 건물과 도시를 이어주는 풍경을 보게 된다. 이것을 포르티치(portici)라고 부르는데, 4장의 고대 그리스 건축 부분에서 얘기한 포르티코(portico, 주랑 현관)의 복수형이다. 즉, 포르티코를 계속 이어간 것이다. 이탈리아의 길을 알려면 포르티치를 따라 걸으라

도시 전체를 이어주는 볼로냐의 '포르티치'

는 말이 있다. 길이가 무려 6.5킬로미터나 되고 이를 받쳐주는 기둥
이 666개나 된다. 그리고 15개나 되는 교회를 하나의 길로 이어주고
있다. 계속 따라 걸으면 어떤 집으로든 갈 수 있을 정도로 도시 전체
가 포르티코로 이어져 있다. "길은 건물이 되고자 한다"는 말이 그냥
생긴 말이 아니다.

　루이스 칸은 이렇게도 말했다.

> "철도역은 건물이다. 철도역은 길이 되고자 한다(A railroad
> station is a building, it wants to be a street)."

　우리가 종종 이용하는 서울역이나 부산역이 '길'이 되고자 한다는
뜻이다. 이 말은 과연 무슨 뜻일까? 역은 철도가 닿는 곳이고 철도가
영어로 'railroad'이니까 이름 그 자체가 철로(鐵路), 곧 철의 '길'이 아
닌가?

　철도역에는 수많은 사람들이 모여든다. 그들은 계속 움직이고 있

런던 패딩턴 역은 내부에 길과 시민들의 생활을 품고 있다. ⓒ김광현

고, 역을 빠져나가면 버스나 택시가 이 흐름을 받아준다. 만일 철도
역의 지붕을 들어내고 위에서 관찰한다면 분주하게 움직이는 수많은
흐름이 교차하는 곳임을 알게 될 것이다. 이것이 "철도역은 길이 되고
자 한다"는 말에 담긴 의미다. 그러니까 서울역이나 부산역이 멋있는
건물로만 서 있는지, 수많은 사람과 물건의 흐름을 담는 길의 성질을
띠고 있는지 다시 살펴보자. 철도역은 건물이 되기 이전에 길이 되고
싶어 한다.

런던의 패딩턴 역(Paddington Station)은 19세기 중반에 생긴 역이
다. 옛 건물과 철로 사이를 유리로 덮었고, 그 안에는 열차를 기다리
거나 타려고 움직이는 사람들로 가득하다. 이곳은 꼭 열차를 타려는
사람만 오는 곳은 아니다. 길을 가다가 역 안에 있는 카페에 들어와
앉아 있는 사람들도 많다. 많은 사람들이 지나가는 철도역 안의 이
공간은 그저 커다란 복도가 아니다. 그 자체가 생기에 가득 찬 도시
의 길이다. 유리로 덮인 이 오래된 철도역은 그 안에 길을 품고 있을
뿐만 아니라 런던 사람들의 생활도 품고 있다.

"길은 건물이 되고자 한다"는 것은 현대건축의 중요한 개념 중 하나로 작동하고 있다. 건축가 렘 콜하스가 설계한 '맥코믹 트리뷴 캠퍼스 센터'는 미스 반 데어 로에가 설계한 IIT 대학 한가운데 있는 건물이다. IIT 대학 캠퍼스는 한 동 한 동 따로 떨어져 질서정연하게 배치된 대학으로 유명하다. 건물 하나하나는 직사각형의 기하학적인 건물이지만 전체적으로 서로 떨어져 있었다. 게다가 캠퍼스 한가운데로 고가철도가 소음을 내며 지나가게 되었다. 렘 콜하스는 이 자리에 캠퍼스 센터 건물을 짓고, 바로 위로 지나가는 고가철도의 소음을 막기 위해 철제 튜브로 철로를 감쌌다. 그리고 캠퍼스 센터에서 주위의 다른 건물들로 이어지는 여러 개의 선을 그대로 평면에 배치하여 건물과 건물을 잇는 통로로 만들었다.

그리하여 이 캠퍼스 센터는 따로 분리된 건물들을 하나로 연결하는 역할을 하게 되었다. 학생들은 각자의 목적지로 가는 중간에 이 센터를 통과하면서, 이 건물 안에서 진행되는 다른 학생들의 활동까지 함께 경험하게 되었다. 마치 철도역이 멀리 분리된 지역들을 철로를 통해 서로 연결함으로써 도시에 활력을 주는 것과 같은 개념이다.

이 캠퍼스 센터는 건물 안에 길을 놓아 사람들로 하여금 장소와 공간을 자유로이 선택하게 했지만, 달리 보면 길이 건물이 되도록 만든 것이기도 하다. 이렇게 생각해보니 루이스 칸의 말이 이해가 된다. 건물은 언제나 도시와 함께 있는 것임을 그렇게 쉬운 말로 표현했던 것이다.

3

건축은 지붕 덮인 공공공간

'놀리의 지도'와 광화문 앞

'놀리의 지도(Nolli Map)'라는 것이 있다. 1748년 놀리라는 사람이 그린 독특한 로마 지도다. 건물 등 사람들이 함부로 드나들 수 없는 곳은 검은색으로, 길과 광장처럼 언제나 자유로이 드나들 수 있는 곳은 흰색으로 구분했다. 이 지도를 보면 우선 길이 하얗게 보이고 광장이 하얗게 보인다. 나보나 광장(Piazza navona), 몬테카발로 광장(Piazza Monte Cavallo), 판테온 앞 광장 등도 하얗게 그려져 있는데, 이 길과 광장은 모두 검게 그린 건물로 에워싸여 있다.

흰 부분을 주목하면 이 지도는 혈관이 아주 섬세하게 연결된 것으로 보인다. 그런데 하얗게 그려진 곳 중에는 성당의 내부, 어떤 건물의 중정, 건물로 둘러싸인 정원도 있다. 판테온의 내부와 그 앞의 포르티코도 하얀색이다. 광장과 길뿐 아니라 포르티코와 판테온의 내부도 모두 하나로 이어진 공공공간임을 알 수 있다. 주택이 사적이고 길이 공적인 것은 사실이지만, 그렇다고 길이 주택이나 다른 건물들 사이에 있는 잔여공간인 건 아니다. 길은 건물을 보완하고 건물은 길을 보완해주는 것이다.

놀리의 지도를 보면 공공공간은 얼마든지 공공건축물에 담길 수 있으며, 또 이렇게 담겨야 제대로 된 공공건축물이 된다는 사실을 배우게 된다. 극장이나 음악당 로비는 공연 중간이나 공연을 마친 다음에 함께 공연을 본 사람들을 만나기도 하고 친숙한 대화를 나누기도 하는 장소다. 이런 건물의 로비는 도시에 면해 있으며 도시가 연장된 것이다. 따라서 이 극장에서 만난 사람들은 건물 안에서 만났으나 동시에 도시 안에서 만난 것이다.

서울 광화문 일대를 놀리의 로마 지도처럼 그린다면 어떻게 될까? 도로와 도로에 면한 공원 몇 개를 제외하고는 모두 검게 그려질 것이

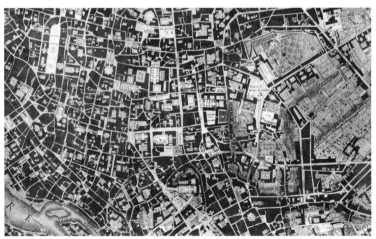

로마의 도시공간을 '공'과 '사'로 구분하여 그린 '놀리의 지도'(1748)

다. 정부종합청사의 앞뒤 공간도 출입이 제한되므로 모두 검게 그려진다. 그나마 희게 그려지는 것은 세종문화회관이다. 그러나 세종문화회관은 높은 계단 위에 놓여 길과 분리되어 있으므로 실제로는 앞마당과 계단을 제외하고는 검게 그려져야 한다. 만약 세종문화회관이 도시에 면하며 로비와 길이 연속되었더라면, 지금과는 달리 광화문을 향해 얼마나 공공적 성격이 강해졌을지 상상해볼 필요가 있다.

파리의 '팔레 루아얄(Palais Royal)'은 전혀 다르다. 한때 루이 14세가 잠시 기거하여 왕궁을 뜻하는 이름이 붙었으나 이후 파리의 시민들이 모여 토론을 벌인 장소로서, 프랑스 여론의 근원지라 여겨질 정도로 중요한 시민들의 생활공간이 되었다. 지금은 회랑으로 둘러싸여 있으며 방은 상점으로, 정원은 카페와 술집으로 사용되고 있다. 중앙 광장은 현대미술을 감상할 수 있는 곳으로 유명하고, 다니엘 뷔랑Daniel Buren의 작품 〈두 개의 고원 Les Deux Plateaux〉(1986)이 설치되어 있어서 시민들이 기둥 위에 올라가거나 앉아 쉴 수 있다.

흔히 건축물이라고 하면 도시의 한 부분을 차지하면서 건물의 목적을 위해 닫혀 있다고 생각하기 쉽다. 그러나 팔레 루아얄은 그런 고정관념을 보란 듯이 뒤집는다. 건물은 활짝 열려 있고 정원과 광장은 수많은 사람들이 즐겨 찾는 곳이다. 이 광장은 그냥 생긴 것이 아니다. 회랑도 되고 카페와 술집도 있고 사람들의 활기찬 생활이 있는 건물로 둘러싸여 있다. 건물의 이러한 공간은 도시 안에 있는 공원이나 넓은 광장과 하나도 다를 바가 없다.

이름만 들으면 무슨 궁전이 버티고 서 있나 싶지만 실은 이 건물 자체가 도시의 공공공간이다. 다른 공공공간들과 차이가 있다면 위에 지붕이 덮여 있다는 것뿐이다. 더구나 이 건물은 루브르 박물관과

파리 '팔레 루아얄' 광장에 설치된 '두 개의 고원' (다니엘 뷔랑, 1986)

국립도서관을 잇는 지름길 역할도 하고 있다. 만약 이 건물을 두고 놀리의 지도를 만든다면 대부분이 하얗게 그려질 것이다. 이 건물과 루브르 박물관과 국립도서관을 이으면 희게 보이는 면적은 더욱 크게 확장될 것이다.

지붕 덮인 공공공간으로서의 건축의 모습을 가장 간단히 그리고 뚜렷하게 보여주는 것은 시장이다. 유럽 도시의 시장들 중엔 기둥 위에 큰 지붕이 덮인 곳들이 많다. 그리고 벽이 없이 사방이 열려 있는 경우가 많다. 스페인 발렌시아의 번화가에 1914년에 지어진 콜론 시장(Mercado de Colon)이 있다. 정면은 앞뒤 두 곳이고, 단철의 기둥과 아치로 커다란 지붕을 받치고 있는 것이 마치 철도역과 같다. 좌우의 도로를 향해서는 Y자 지붕을 잇대어서 매우 개방적인 느낌을 준다. 지금은 단철 지붕은 그대로 둔 채 바닥을 뚫어 지하층을 만들었고,

발렌시아의 콜론 시장은 지붕 덮인 공공공간의 전형을 보여준다. ⓒ김광현

도로 밑까지 확장된 주차장도 만들었다. 이런 과정을 거쳐 옛것을 그대로 간직한 도시의 새로운 중심공간이 되어 있다.

시장은 흔히 생각하는 '건물'과는 여러 모로 다르다. 빈 공터에 모여 물건을 사고팔던 행위가 먼저 있었고, 그 위에 햇볕을 가릴 만한 천막이 쳐지면서 조금씩 건축화해간 곳이 시장이다. 주철의 지붕이 없더라도 시작부터 공공공간의 성격을 가진 곳이다. 만약 콜론 시장을 놀리의 로마 지도처럼 그린다면 벽이 없기 때문에 전체가 하얗게 칠해져서 광장과 다를 바가 전혀 없게 될 것이다.

덴마크의 심리학자 루빈Edgar Rubin이 그린 〈루빈의 화병 Rubin's vase〉(1915)이라는 그림이 있다. 한가운데에 흰색 화병이 그려져 있는데, 그 옆의 검은색 바탕에 주목하면 두 개의 검은 얼굴이 서로 마주보고 있는 것처럼 보인다. 하얀 화병을 '그림(figure)'으로 보면 검은색은 '바탕(ground)'이 되지만 검은 얼굴에 주목하면 하얀 '바탕'에 까만 '그림'이 그려져 있다고 지각한다.

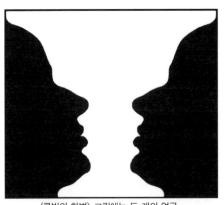

〈루빈의 화병〉 그림에는 두 개의 얼굴,
또는 하나의 화병이 있다.

놀리의 로마 지도에 흰색과 검은색을 칠한 것은 단순히 건물과 길과 광장을 알아보기 쉽게 해주기 위한 것이 아니다. 우리는 길은 언제나 '바탕'이 되고 건물은 그 위에 놓이는 '그림'과 같은 것이라고 생각하는 버릇이 있다. 그러나 놀리의 지도는 오히려 길이나 광장과 같은 공적인 공간의 형태를 성립시켜주는 것이 건물이라는 사실을 명징하게 보여준다. 달리 말하면 '바탕'이 '그림'이 되고 '그림'이 '바탕'이 되는, 곧 반전이 가능한 도시가 풍부한 도시라는 것을 알려준다. 도시와 건축은 이렇게 '바탕'과 '그림'의 관계에 놓여 있다.

그렇게 되면 도시의 길이 건축 내부에도 있을 수 있게 되고, 폐쇄된 방과 방을 이어주는 완충지대가 건물 안에 들어와 사람들의 활동으로 가득 찰 수 있게 된다. 도시 안에서처럼 '바탕'이 '그림'이 되는 장소가 건축물 안에도 만들어져서 결과적으로 도시와 건축의 중간 구조물이 생기게 된다. 한국의 도시가 반드시 이렇게 되어야 한다는 뜻은 아니다. 그러나 도시와 건축의 관계를 새로이 정립하고 도시를 내포한 건물을 상상하려면 '바탕'과 '그림'에 대한 고민이 반드시 필요하다.

건물의 외벽은 도시공간을 드나드는 관문이 된다. 가장 유명한 예는 밀라노의 '산탐브로조 대성당(Basilica di Sant'Ambrogio)' 외벽이다. 이것은 건물의 외벽인 동시에 도시의 외벽이다. 직사각형의 광장 중세 변은 모두 긴 건물이며 1층은 전부 아케이드로 되어 있다. 그리고 나머지 짧은 변에 놓인 이 성당의 입면은 마치 성당 안의 제단 뒷벽처럼 만들어져 있다.

그러나 이것은 단순히 건물의 외벽을 재미있게 곡면으로 만든 것이 아니다. 이 건축물을 지은 사람은 광장까지도 지붕이 없는 또 하나의 성당으로 만들고자 했다. 성당은 지붕이 덮인 내부공간이고 광장은 지붕이 없는 외부공간이다. 그러나 이 둘 모두 사람들에게는 방이다. 여기까지는 건축이고 여기서부터는 도시라는 생각을 하지 않고, 여기까지는 건축이지만 다시 여기서부터는 또 다른 지붕 없는 건축이라고 본 것이다. 광장은 빈터가 아니라 결국 건축이기 때문이다.

'우리'가 없는 공공건축물

우리나라 학생들이 12년간 공부하는 초, 중, 고등학교 교과서에서 건축에 대하여 가르치는 대목은 신기할 정도로 미미하기 짝이 없다. 초등학교 교과서에서 건축과 관련하여 다루는 내용은 부엌 싱크대 배열하기, 커튼 고르기와 벽지 고르기가 전부다. 대한민국의 국민이 되기 위한 건축적 소양으로 초등학생이 배워야 할 것이 커튼과 벽지 고르기라는 것인데, 이것이 그렇게 중요한지 되묻고 싶다. 예쁜 커튼이나 벽지를 고르는 것이 집을 단장하는 데 가장 중요한 것처럼 가르치니 어른이 되어도 건축에 대하여 아는 바가 없어지고, 주택 내부에만 관심을 갖게 되며, 오로지 내 것, 내 집, 내 취향만을 중시하게 되는 것이다.

정히 커튼을 소재로 삼고 싶다면 커튼을 젖히고 창문을 열었을 때 무엇이 보이냐고 물어야 마땅하다. 창문을 열고 마당을 볼 줄 알아야 하고, 마당 밖의 골목과 다른 집의 벽과 지붕에 관심을 두어야 하며, 앞집의 감나무가 우리 집에서도 보인다는 것을 가르쳐야 사물과 공간을 통해 함께 사는 공동체의 일원임을 배우지 않겠는가? 치안센터, 주민센터, 경로당, 도서관, 어린이집, 소방서, 경찰서, 슈퍼마켓, 학교, 병원이 어디에 있으며 언제 보았는지, 그 안에 들어가 보았는지, 이 동네에서 이런 여러 시설들과 함께 살아야 하는 이유가 무엇인지를 왜 안 가르치는가? 그것을 가르쳐야 사회가 무엇이며 내가 누구와 함께하는지를 깨닫지 않겠는가? 지금 우리나라 초등학교 교과서는 건축을 통해 '나'는 가르쳐도 '우리'는 가르칠 줄 모른다.

공공건축물에 대해 말하면 아마 대부분 재미없다 할 것이다. 왜 그럴까? 실제로 많은 공공건물이 딱딱하고 재미없게 지어졌고, 무엇보다도 공공건물은 내 집이 아닌 탓이다. 구 청사를 신축할 때는 '구민화합의 장'이니 뭐니 한껏 부풀리고 치장하지만, 막상 짓고 난 뒤에는 구민들이 어쩌다 한 번씩 들르는 곳이 되고 만다. 이렇게 내 생활과 실질적 관계가 그다지 없는데도 자꾸만 무언가 상징하려 하고 위엄을 갖추려 하는 건물이 공공건물이다. 공공건물이 무엇인지, 어떻게 지어지는지, 왜 지어져서 우리 곁에 있는지, 사람들이 잘 이용하고 있는지, 그 건축물을 통해 지역공동체를 어떻게 묶어낼 수 있는지를 아무도 물으려 하지 않는다.

전국에 공공건축물이 무려 15만 동이나 있다. 서울시만 해도 자치구당 1,200개나 된다. 매년 새로 지어지는 공공건축물이 14,000동이며, 해마다 한 자치구에 48개의 공공건물이 세워진다. 공공부문에 투자되는 건축공사비가 연간 20조 원이다.[59] 그런데도 건축물을 통하여 '우리'를 가르치지 않는다면 우리 국민은 문맹이 아니라 건물맹, 공간맹, 장소맹이 되고 만다.

예전에 국토교통부로부터 좋은 공공건축물에 대한 정의를 내려달라는 부탁을 받은 적이 있다. 그때 나는 이렇게 말해주었다.

"좋은 공공건축은 국민에게서 받은 예산으로 국민을 위해 지어지는 건축물이며, 그 안에서 사용하고 일하는 이들이 그 건물을 통해 공공에 봉사하는 가치를 더욱 깊이 인식하게 만드는 건축물이고, 나아가 앞으로 사용하게 될 미

* 59. 이영범 염철호, 《건축과 도시, 공공성으로 읽다》(auri 지식총서 05), 건축도시공간연구소, 2011, p.55

래의 시민을 위해 지어지는 건축물을 말한다."

세 가지 조건 중 첫 번째는 당연한 것이다. 두 번째는 가령 그 건물이 구 청사라면, 그 청사에서 하는 일이 얼마나 중요한가를 드러내는 건물이어야 한다는 것이다. 세 번째는 공공건축물이 오늘의 우리가 아닌 미래의 그들을 위해 지어진다는 생각과 기획으로 지어지는 건물이라는 뜻이다. 이런 조건들 없이 그저 잘 지어지기만 한 건물이라면 굳이 '공공'이라는 말을 덧붙일 까닭이 없지 않겠는가?

그런데도 우리는 좋은 공공건축물을 지으려 하기보다는 가장 싼 예산으로 가장 효율적인 건물을 만들려고만 해왔다. 어떤 수준으로 지어야 한다는 분명한 목표가 부족했고, 시민이 요구하는 바를 분명하게 들으려 하지 않았으며, 국민을 대신한 건축주로서 계획과 설계와 시공이 충분히 통합되도록 살펴야 할 책임을 방기하거나 외면했다. "시민에게 열린 건축"이라는 그럴싸한 슬로건을 내걸지만 속을 들여다보면 공사비, 효능, 성능, 기능, 예산, 공기, 품질, 관리 등이 늘 우선한다.

공공건축물이라고 하면 대개 정부 청사, 대법원, 예술의 전당 같은 권위적인 건축물을 떠올린다. 그러나 실제로는 일상에서 매일 접하는 건물들이 더 많다. 어린이집, 주민센터, 우체국, 파출소 등 작은 공공건물은 큰 공공건물보다 더 피부에 와 닿고 생활에 밀착되어 있다. 문제는, 이런 건물들이 전국 어디를 가나 똑같은 모양을 하고 있다는 것이다. 어디에 짓든 상관없이 늘 해오던 방식대로 지으며 공사비 절감만 생각하니 그렇다. 생활밀착형 공공건축물일수록 주민을 대하는 방식이 중요한데 이에 대한 감성이 없다. 주민들 또한 그러려니 하면서 별다른 기대를 하지 않는다. 설령 바라는 바가 있더라도 그것을 요구하고 전달하는 방법을 잘 모른다.

공공건축물을 짓는 데 아주 나쁜 제도가 있다. 전자입찰이라고 하여, 가장 설계비를 싸게 제출한 사람에게 작은 공공건축물의 설계를 맡기는 방식이다. 공공건축물의 80%가 설계안도 받아보지 않고 가격 경쟁만으로 설계자를 선정한다. 주민들이 늘 가까이 대하는 작은 공공건축물일수록 건축을 통해서 그들을 행복하게 해주어야 함에도 이를 완전히 무시하는 제도다. 요즘 대세인 '친환경'만 해도 그렇다. 친환경이라는 것이 기본적으로 내 몸에서 시작하는 환경을 말하는데, 에너지가 새지 않도록 담아두는 방법은 중시하면서 사람의 몸과 일상을 담는 방법을 소홀히 한다면 그 건축물은 '저비용'은 될지언정 친환경이 될 수는 없다. 주민들과 가장 가까운 작은 공공건축물을 이렇게 다루어서는 안 된다는 것을 모두 알아야 한다.

> "공공건물을 지어야 할 때 만일 우리가 모든 기회들을 이용하지 못하고 그들이 배우고 따라해야 할 모범을 보여주지 못한다면, 건축이라는 이 아름다운 예술에 들어 있는 취향이 우리 동포들 안에서 어떻게 형성될 수 있겠는가?"

건축가 출신이었던 토머스 제퍼슨의 말이다. 그가 이토록 힘주어 강조했던 것들이 우리나라에서는 200여 년이 지난 지금까지도 제대로 실천되지 않고 있다.

공공건축물의 가치

내가 생각하는 가장 감동적인 공공건축물 중 하나는 무주 공설운동장이다. 어느 날 무주 군수가 주민들에게 물었단다. "군내 공식행사를 하면 주민은 안 오고 공무원만 참석하는 이유가 무엇일까요?" 주민들의 대답은 단순명쾌하다. 본부석에 앉아 있는 당신은 햇볕도 피하고 비도 안 맞으면서 우리보고는 땡볕에 서 있으라고 하니, 이유도 없이 벌 받는 기분인데 누구인들 가고 싶겠냐는 것이다. 이에 군수가 주민들에게 시원한 그늘을 제공해줄 목적으로 운동장 주위에 등나무 240그루를 심었다고 한다.

등나무 스탠드를 설계한 이는 독립영화 〈말하는 건축가〉(2012)로 유명한 정기용 선생이었다. 당시 그는 내게 도면 한 장을 보여주며 이렇게 말했다. "어때, 좋지? 이 등나무 올라갈 구조물을 그리고 있으니 아주 통쾌해." 군수의 생각도 물론 좋았지만, 문제점을 제대로 짚은 주민들의 말이 좋은 공공건축물을 만들게 한 원동력이었다. 아주 간단한 방법으로 주민들 모두 행복해질 수 있었다.

'공공성'은 꼭 지켜야 할 규범만을 뜻하는 것이 아니다. 건축에서 공공성이란, 다들 내 것만을 소중히 여기는 이 도시에서 어떻게 하면 건축을 통해 서로 존중하고 존중받을 수 있을까를 생각하는 것이다. 정기용은 공공건축이 무엇인지를 아주 힘 있게 말해준다.

> "주민을 위한 군수의 생각은 식물을 위한 것으로도 연장되었다. 비로소 주민은 주인이 되었고 자연도 대접을 받은 것이다."[60]

주민이 주인이 되는 건축, 더불어 주민과 함께 있는 자연도 대접을 받는 건축, 그런 건축이 확산되도록 앞서서 보여주는 건축. 이것이 공공건축물이다.

'2011년 대한민국 공공건축상'을 받은 작은 건물이 하나 있다. 몇 년이 지난 지금도 그때 선정하기를 참 잘했다는 생각이 드는 곳. 부산 문현동의 '푸른솔 경로당'이다. 소방도로 개설공사를 하고 남은 구유지의 자투리땅 65㎡에 지은 정말로 작은 경로당이다.

심사를 위해 현장 방문을 해보니 꽤 높은 산동네였다. 건축적으로 보자면 재료도 고만고만하고 허점이 없지 않았지만, 이 작은 건물의 가치는 그런 것에 있지 않았다. 다른 곳에 짓지 말고 자기들이 즐겨 다니던 곳을 살려달라는 주민들의 요구도 강했거니와, 그들의 생각을 존중하고 그 작은 땅을 어떻게든 살려내려 동분서주했던 공무원의 의지가 없었다면 절대 가능하지 않았을 집이었다. 이 조그마한 집을 정감 있는 공간으로 만들고자 했던 건축가의 마음은 주민들에게 고스란히 전해졌다. 규모로는 보잘것없지만 이들에게는 세상에서 가장 아름다운 경로당이다.

공공건축물의 가치는 주민을 행복하게 만드는 것인데, 이를 두고 '장소의 가치'라고도 한다. 주민들에게 실제로 필요한 공간이 무엇인지 묻고 그것을 마련해주는 건축, 그리하여 주민들의 자긍심이 되고 지역의 정체성을 살려주는 건축. 이것이 지역에 세워지는 공공건축물의 본래 역할이다.

가령 도서관의 경우를 보자. 우리는 지하철 안에서 책을 볼 수도

---

* 60. 〈무주군 공공건축 프로젝트 1995-2006〉,《좋은 건축·좋은 도시를 만드는 건축정책》, 건축정책 국제컨퍼런스, 2007, p.88

'2011 대한민국 공공건축상'을 받은 부산 문현동의 '푸른솔 경로당' ⓒ김광현

있고, 거실 소파에 기대어 볼 수도 있고, 은행이나 북카페에서 볼 수도 있다. 책 읽기에는 이처럼 다양한 중간 단계들이 얼마든지 있을 수 있으니, 공공도서관을 지을 때도 이런 점을 충분히 감안해야 한다. 조용히 책을 읽고 공부할 수 있도록 언덕 위 전망 좋은 곳에 도서관을 지어야 한다거나, 공공도서관은 으레 구청이나 보건소와 같이 있어야 한다고 여기지 말아야 한다는 뜻이다. 독서가 자연스럽게 생활 속으로 들어오게 하려면 주민들의 일상과 이어지는 여러 가지 중간 행위에 주목해야 한다.

런던 외곽의 한 자치구에 '아이디어 스토어(Idea Store)'[61]라는 도서관 프로젝트에 의해 지어진 도서관들이 있다. 1999년에 시작하여 현재 5개가 만들어졌다. 제일 처음 지어진 것은 '아이디어 스토어 바우(Bow)'인데, 우리나라에서 흔히 보는 도서관과는 차이가 크다. 일단 들어선 자리부터가 다르다. 조용한 언덕은커녕 붐비는 도로에 인접한 상가들과 나란히 서 있다. 건물 너비도 비슷하여 도서관이라기보다는 그냥 상가로 보인다. 실제로 입구 가까운 곳에는 카페를 두고 그 안쪽에 서가를 두었다. 이것만으로도 파격이지만 이것이 다가 아니다.

상점 입구처럼 생긴 곳으로 들어오면 뒤쪽은 제법 큰 도서관으로 이어진다. 중간중간 학습실이 있고 서가 사이에 휴게공간이 마련되어 있다. 길에서 건물로 들어온 뒤에도 안쪽으로 길이 하나 더 나 있는 듯한 느낌이다. 도서관에 가면 대개 안내실이나 대출 창구가 제일 앞에 있는데 이곳은 인터넷 서비스센터, 카페, DVD 등 멀티미디어 자료실이 먼저 보인다. 이렇게 하여 이 건물은 도서관이라기보다는 다

* 61. 이에 대한 더 자세한 설명은 《슈퍼 라이브러리》(신승수 외, 사람의 무늬, 2014) 참조

런던 외곽에 세워진 신개념의 공공도서관 '아이디어 스토어 바우'(1999)

도서관이자 커뮤니티 센터인 '아이디어 스토어 화이트 채플'(2005)

양한 배움의 장소로, 책 관련 서비스만이 아니라 교육을 통해 이웃을 만나는 폭넓은 커뮤니티 활동의 장소로 쓰이게 되었다. 요즘엔 카페에서 오랜 시간 공부하거나 노트북으로 작업하는 사람이 어느 나라에나 많은데, 이 도서관 역시 내부에 좋은 카페 공간을 마련해두고 있다.

2005년에 지어진 '아이디어 스토어 화이트 채플(White Chaple)'도 인상적이다. 이 도서관은 아예 길거리의 시장과 대형 슈퍼마켓 주차장에 면해 있으며, 건물을 둘러싼 도로 쪽에서도 직접 들어올 수 있게 되어 있다. 전철역이 가까워 방문하기 쉽고, 시장이나 슈퍼에 쇼핑하러 왔다가 잠깐 들르거나 반대로 도서관에 왔다가 잠깐 쇼핑하러 가기도 수월하다. 어린이 도서관을 따로 두어 아이들과 함께 놀기도 하고 다른 사람들을 만나기도 하는 등, 도서관이면서 일상의 커뮤니티 센터 역할을 겸하고 있다. 그런가 하면 기다란 에스컬레이터를 타고 위로 자연스럽게 올라가도록 만들어 길과 도서관이 유연하게 이어지게 하였다.

르네상스 시대(14~16세기)의 건물은 기하학적이었고, 원을 사용하더라도 똑바른 원만을 사용하였다. 그러나 바로크 시대(17세기) 건축가들은 타원을 더 선호하였다. 이러한 바로크 건축을 두고 대부분의 건축 책들은 '운동하는 공간' '파동 치는 벽' '빛과 그림자의 교묘한 교차' 등을 위해 타원을 활용했다고 설명한다. 죄다 미학적인 설명뿐이다. 과연 그렇기만 할까?

바로크 건축이 타원을 택한 데에는 두 가지의 큰 이유가 있었다. 첫째, 17세기 초 케플러Johannes Kepler가 행성의 타원 궤도를 발견한 이후 바로크의 건축가들은 타원으로 건물과 우주의 하나됨을 표현하

고자 하였다. 둘째, 타원을 사용하면 원보다도 훨씬 사람의 움직임을
잘 담아내어 건물과 사람의 하나됨도 잘 표현할 수 있었다. 타원은
두 개의 초점을 가지고 있어서 사람을 좌우로 잡아당기는 효과가 있
다. 완전히 둥근 원형은 사람이 들어가 앉을 곳이 마땅치 않지만, 타
원은 공간을 동적으로 만들면서 사람이 어딘가에 앉을 수 있는 여유
를 만들어낸다.

  인간 행위의 다양한 중간 단계들을 반영하여 공공공간, 공공건축
물을 만들려 한 시도는 도서관에만 국한된 것이 아니었다. 베르니니
가 설계한 바티칸의 성 베드로 성당(San Pietro Basilica) 앞 타원형 광
장도 그중 하나였다. 혹시 광장 한가운데서 미사가 거행되고 있더라
도 거기에 참석하기를 원하지 않는 사람이 언제든지 와서 쉬고 거닐
수 있도록, 원형 광장과는 달리 사람을 한가운데가 아닌 옆쪽으로 끌
어당기는 편심형 공공공간을 만든 것이다.

로마의 '산 카를로 알레 콰트로 폰타네' 성당(프란체스코 보로미니, 1641)

4

존재와 욕망의 탑

실존적 공간의 두 요소

땅에 큰 나무토막을 세우면 그 주변으로 모종의 힘이 작용한다고 느낀다. 이런 힘을 표현하기 위해 그 주변에 '장(場)'이 생긴다고 말하기도 한다. 천 한 장을 잘라 바닥에 깔아도 마찬가지다. 모두 비슷한 '장'이 생긴다. 그리고 땅에다 새끼줄을 빙 둘러치면 이 새끼줄 하나로 간단하게 안과 밖의 영역이 생긴다. 무한히 펼쳐져 있는 땅을 무한공간이라고 한다면, 땅에 나무 한 그루를 심거나 기둥 하나를 세우고 무언가로 에워싸기만 해도 무한공간 안에 건축의 공간이 생긴다. 아주 간단하지만 건축을 만드는 가장 강력한 방식이다.

동굴에 살던 사람들은 하늘로 향하는 수직성을 알지 못했다. 그러던 인간이 어느 날 숲에 있는 나무를 쳐내고 숲 안에 빈터를 만들었다. 그리고 큰 돌을 땅에 세웠다. 수직으로 길게 서 있는 돌을 '입석

(立石)' 또는 '선돌'이라고 한다. 그 돌은 무언가를 상징하고 부족의 위엄도 나타냈는데, 이는 기둥이 '장'을 형성했고 일정한 영역을 느끼게 했기 때문이다.

건축으로 보면 이것은 정말로 중요한 사건이었다. 거대한 돌을 땅 위에 일으켜 세운다는 단순한 행위는 초월적인 것을 향한 인간의 강한 의지를 나타낸다. 이렇게 놓인 돌은 주변을 점령하고 이곳을 다른 곳보다 우월하게 만든다. 바닥에 천을 깔거나 새끼줄을 둘러치는 것은 이쪽이 저쪽보다 우월하다는 뜻이고, 외부의 무언가를 배제하는 것이다. 집을 짓는 것은 내가 그 안을 점령하고 주변을 배제하여 우월해지고자 하는 의지의 표현이었다. 대표적인 사례가 탑과 기둥이다.

노르웨이의 건축이론가 노베르크 슐츠Norberg-Schulz는 《실존·공간·건축 Existence, space & architecture》(1971)이라는 책에서, 사람이 이 땅에서 살고자 하여 생기는 공간을 '실존적 공간'이라고 했다. 이 개념

건축적 공간의 바탕이 되는 '실존적 공간'. (노베르크 슐츠, 《실존·공간·건축》, 1971)

을 설명하기 위해 그는 책의 첫 페이지에 한 장의 사진을 실었다. 어느 바닷가에서 한 아이가 모래를 모아 작은 담을 쌓고는 약간 우묵한 곳에 몸을 두고 앉아 있다. 단순하지만 아주 설득력이 있는 사진이다.

노베르크 슐츠는 이런 '실존적 공간'이 구체적인 물질로 만들어져서 건축이 된다고 보았다. 따라서 '실존적 공간'의 바탕 위에서 '건축적 공간'이 생긴다고 주장했다. 이와 같은 주장과 설명은 이후의 건축에 아주 큰 영향을 주었다. 그런데 이 아이를 둘러싸고 있는 것은 앞에서 내가 말한 새끼줄과 같은 것이고, 한가운데 아이가 앉아 있는 모습을 건축공간에서는 탑 같은 것이 대신하게 된다.

건축은 그것을 만드는 사람의 마음을 나타낸다. 옛날부터 건축은 하나의 세계였다. 건축에서 공간이란 본래 사람을 품고 몸을 지키며 사람과 사람의 관계를 잇기 위해 만들어졌다. 그러므로 건축의 구조는 사람을 닮았고, 그것이 곧 세계의 구조가 되었다. 주택도 교회도, 사원과 마을도 모두 하나의 세계였다.

건축을 짓는 두 개의 모티프가 있다. 하나는 '탑(塔)'이고 다른 하나는 '회랑(回廊. corridor)'이다. 주변보다 우월한 돌을 세우는 관념이 탑을 만들었고, 새끼줄을 빙 둘러치고 빈터를 만드는 관념이 회랑을 만들었다. 탑은 수직을 향하지만 회랑은 수평을 향한다. 탑은 땅 위에 선 인간이라는 이미지를 가지고 있으며, 탑을 쌓는 것은 곧 성장하는 것이다. 반면 회랑은 다른 방들을 잇고 감싸고 공존하는 이미지를 보여준다. 건축을 만드는 것은 크건 작건 하나의 '세계'를 만드는 것인데, 이 세계는 늘 탑과 회랑이라는 구조로 나타났다. 주택도 교회도 학교도, 모든 건축물은 아무리 우아하게 보이고 복잡하게 보여도 결국은 이런 공간의 구조를 반드시 지니게 되어 있다.

존재와 성장, 탑과 기둥

낮은 땅 위에 지어진 건물군 속에서 유난히 높이 솟아 있는 건조물을 올려다보면 사람은 강력한 정신적 긴장을 느낀다. 위로 솟아오른 공간은 중력을 벗어난 해방의 상징이다. 주변과 결별한 채 솟아오른 공간은 아무것도 잡을 것이 없는 망막(茫漠)한 공간에 방향성을 주고, 의미가 있는 공간으로 바꾸어놓는다. 탑과 기둥. 이 둘은 땅속에서 땅 위로, 그리고 다시 하늘로 이어지는 수직성을 가장 명쾌하게 드러낸다. 세우는 이들이 이 땅에 존재하고 있다는 근거를 수직의 기둥으로 표현한다. 오벨리스크도 마찬가지고 워싱턴 기념탑(Washington Monument) 또한 이와 같다.

탑은 기둥에서 나왔다. 미국 카호키아Cahokia에 있는 우드헨지(Woodhenge)는 1,000년도 훨씬 더 전에 이곳에 살던 사람들이 하지와 동지, 춘분과 추분을 관측하기 위해 만든 구조물이다. 두께 30센티미터, 길이 4미터인 둥근 막대를 땅에 꽂아 지름이 57미터인 원형을 만들고, 땅과 동서남북 네 방향 그리고 태양을 상징하는 나무를 정중앙에 세웠다. 이 수직 기둥은 존재의 의지를 드러내는 것이고, 주변을 제압하는 것이며, 주위에 자신들의 세계를 알리는 탑과 같다. 공동체가 일체화되어 있음을 그 기둥을 통하여 안팎에 증명했던 것이다.

고대 그리스인들은 우주의 생성 과정을 '카오스(caos: 혼돈)'와 '코스모스(cosmos: 질서정연한 우주)'라는 개념으로 설명했다. 카오스를 몰아

존재의 의지를 드러내는 수직의 기둥. 미국 카호키아의 우드헨지

내고 영역을 명확히 구획하여 만들어낸 코스모스, 즉 우주에 해당하는 것이 바로 도시였다. 이런 가운데서 무언가 삶의 근거를 얻으려면 하늘과의 교류를 보장받아야 했다. 그 일이 일어나는 곳이 '중심'이며, 중심인 자리에 기둥을 세우면 그것이 곧 '우주목(宇宙木)'이고 '세계축(世界軸)'이 되었다.

창세기의 야곱은 돌을 베고 자다가 땅에서 하늘에 닿는 층계로 천사가 오르내리는 꿈을 꾸었다. 잠에서 깬 그는 돌베개를 가져다 그 자리에 세우고 꼭대기에 기름을 부어 거룩한 '그곳'을 주위와 격리시켰다. 그리고 이렇게 말했다.

> "제가 기념 기둥으로 세운 이 돌은 하느님의 집이 될 것입니다."

야곱의 돌은 탑이었고, 돌을 세운 것은 주변과 구분되는 경계를 만든 건축 작업이었다. 하느님의 집은 기념 기둥과 격리된 영역으로 표현되었다.

탑은 숫아오름과 거룩함을 나타낸다. 탑은 탑 하나만으로도 나타나고 사원이나 대성당과 함께 나타나기도 하였다. 탑의 수직성은 인간의 척도를 훨씬 넘어섰다. 탑이란 위쪽을 지향하는 것이며, 수직으로 상승한다는 관념을 그대로 구현한 것이었다. 성당 내부에는 거대한 돔이 자리 잡고 있는데 이것은 "땅에서 하늘에 닿는 층계"를 상징한다. 탑은 외부를 향해 존재를 드러내지만, 돔은 탑이 지닌 성질을 뒤집어 내부에서 하늘을 향한 높이를 나타낸 것이다. 따라서 돔은 달아맨 탑이다.

마을은 예로부터 땅과 생산수단을 공유하며 공동체를 이루었다. 이들 공동체는 종종 탑과 같은 구조물을 세워 마을의 사회적 구조를 공간으로 표현했다. 나무가 부족한 사막 등지의 마을에서는 탑 대신 한 그루의 나무가 그 존재 자체로 마을의 중심이 된다. 이런 경우에는 나무의 고유한 영역을 보존하기 위해 건물이 뒤로 물러선다.

이란의 오래된 도시 이스파한Isfanhan에는 아주 큰 광장이 있고 주변에 거대한 모스크(mosque: 이슬람 예배당)와 높은 미나렛(minaret: 첨탑)이 서 있다. 이 도시의 어떤 건물도 모스크보다 높아서는 안 된다. 모스크의 돔과 미나렛 둘 다 함께 사는 이 도시의 탑이다.

유럽 중세의 도시상을 지배하는 것은 성당이었다. 신자들은 자기 건물도 물론 짓지만 신앙의 공동체를 상징하는 성당에 막대한 건설 자금을 투입하였다. 지방도시의 고딕 성당 첨탑은 아주 먼 곳에서도 보였으며, 도시에 들어서면 시가지에서는 첨탑의 아랫부분만을 볼 수

이스파한의 광장에 서 있는 거대한 모스크와 첨탑

있었다.

수직의 탑은 도시에 긴장감을 부여했다. 성당은 공동체의 공동 작품이며 신앙을 표현하는 행위였다. 이를 통하여 사람들은 사회의 연대와 평화를 기원하였다. 신화에서는 신이 인간사회를 감시하는 듯한 관계에 있었으나, 중세에는 성당을 세우는 헌신적인 행위 속에 신과 인간사회의 끈이 확보되었다. 하느님은 인간이 완성한 조형물에 만족하였고 이것은 사람의 마음속에까지 투과되었다. 반드시 완성하지 않아도 그 자체로 기쁨이 되었다.

이것으로도 부족하면 교회 건물을 산 위에 짓는다. 예전에 '그루지아'라 불리던 조지아Georgia의 스테판츠민다Stepantsminda 외곽에 '게르게티 마을'이 있다. 이 마을에서 바라다보이는 해발 2,170미터의 산 정상에 '게르게티 트리니티 교회(Gergeti Trinity Church)'가 서 있다. 바로 뒤쪽으로 코카서스Caucasus에서 가장 높고 아름다운 산의 하나인 카즈베기Kazbegi의 만년설 봉우리가 보이는 곳이다. 교회 자체는 아주

조지아의 '게르게티 트리니티 교회'. 건물과 산 모두 거대한 탑이다. ⓒ김광현

작다. 높은 산 위의 교회 건물은 밑에서 보면 마치 하나의 점처럼 보인다. 그러나 이곳 사람들은 거룩함의 극치를 건물이 아닌 산으로 표현했다. 교회 건물과 산은 하나이며, 함께 사는 마을을 향한 거대한 탑이다.

조지아의 므츠헤타Mtskheta에는 조지아 정교회의 정신의 샘이라 불리는 최고의 성지 '스베티츠호벨리 대성당(Svetitskhoveli Catherdral)'이 있다. '살아 있는 기둥'이라는 뜻이다(sveti = "pillar", tskhoveli = "life-giving" or "living"). 예수가 처형당한 뒤 이곳 출신 유대인 엘리야가 골고다 언덕에서 예수님의 성의(聖衣)를 가져왔는데 이것을 건네받은 여동생 시도니아가 충격으로 그만 사망했다고 한다. 이후 그녀의 무덤에서 거대한 향나무가 자랐고, 성당을 지을 무렵 이 나무를 베어 7개의 기둥을 만들자 그것들이 공중에 떠올랐다는 것이다. 그때부터 이 성당을 '살아 있는 기둥의 성당'이라 불렀다고 한다. 나무가 자라 기둥이 되었고 그것이 영원한 생명을 보장한다는 뜻이다. 땅에서 시작하여 하늘로 올라가는 수직성의 희망이 건축물에 그대로 담겨 있다.

사람은 탑 앞에서 말을 잃는다. 그 탑이 언제 어떻게 생겼는지, 무슨 양식이며 어떤 예술적 가치가 있는지 따위와는 아무런 관계가 없다. 탑은 단지 우뚝 솟음으로써 우리의 마음을 사로잡는다. "사람은 왜 탑을 세우는가?"라는 질문은 "사람은 왜 건물을 세우는가?"라는 질문과 똑같다. 그런데 탑은 개인이 세우는 것이 아니라 사회가 세운다. 그렇다면 "사람은 왜 탑을 세우는가?"가 아니라 "사회는 왜 탑을 세우는가?"가 된다.

탑은 어떤 장소에 세우더라도 중심을 차지하지만 용도가 없는 무용의 존재이며 완성되지 않는다. 탑은 영원한 미완성의 건축이다. 탑

조지아 정교회의 성지 '스베티츠호벨리 대성당'. ⓒ김광현

이 무엇인지 안다는 것은 인간이 무엇인지를 아는 것이다. 탑이 미완성이고 불완전한 것은 인간이 미완성이고 불완전하기 때문이다. 고딕의 대성당이 그리도 높은 이유는 인간이 탑을 세우는 이유와 본질적으로 같다. 중력이나 역학을 무시하고 하늘을 향하려는 탑의 본질은 물리학이나 미학의 차원을 뛰어넘는 종교적인 것이다.

탑이 없는 문화도 있다. 《탑: 상징과 경험 Der Trum als Symbol und Erlebnis》(1953)이라는 책의 저자는 "그리스 건축에는 왜 탑이 없는가?"를 물었다.[62] 저자의 의견에 따르면 탑은 자기 자신으로부터 나와서 그것을 넘어 무한한 공간과 결합하기 위한 도구라고 한다. 탑은 밖을 향하는 것인데, 그리스 사람들은 인간의 척도를 가지고 세계에 질서를 부여했으므로 자기충족적인 '외부'를 찾지 않았다는 것이다. 그러나 이들은 기둥을 발견했다.

건축물은 땅 위에 구축된다. 땅이 무르면 그 위에 지은 집이 기울어질 위험이 있으므로, 빈 땅이 생기면 일단 단단히 다진 후에 기단을 만든다. 기단은 본래의 효용성에서 한발 더 나아가, 있는 그대로의 빈 땅과 인간의 의지로 세워진 건축은 다르다는 것을 보여주는 기호가 되었다. 기단 위에 기둥과 보가 엮이고, 많은 기둥 위에 보를 얹음으로써 공간을 확장해나가기 시작하였다. 이집트 카르나크 신전(Temple of Karnak)의 다주실(多柱室)은 인간이 기둥과 기둥 사이의 얼마 안 되는 공간을 얻어가며 굵은 기둥을 얼마나 수없이 세웠는지 보여준다. 고전주의 건축이 이상적인 비례 체계로 기둥을 배열한 것도 건물 자체를 주변 세계와 구별하고 외부를 향한 공간을 획득하려는

---

* 62. Magda Révész-Alexander, 《Der Trum als Symbol und Erlebnis》, Springer, 1953

구축의 논리였다.

인류의 문화는 탑을 가진 문화와 탑을 갖지 않은 문화로 나뉜다. 그 정도로 탑은 도시의 중요한 요소였다. 이집트, 그리스, 로마, 이탈리아 르네상스는 탑이 없는 문화였다. 이집트 사람들이 탑을 갖지 않은 것은 그들이 '움직임'을 거부했기 때문이며, 고대 로마에서 탑의 형상을 가진 것은 모두 실용적인 목적으로 지어진 것이다.

이집트의 피라미드는 탑처럼 높게 쌓았으나 탑이 아니다. 그것은 왕의 유체를 보관하는 거대한 분묘이며 산이다. 높이 쌓아 올렸지만 본질적으로 아래를 향하며 지하의 세계에 속하는, 움직이지 않고 변하지 않는 것이다. 그러나 메소포타미아의 지구라트(ziggurat)는 탑이다. 그것은 위쪽의 하늘로 향하며, 신이 내려올 때 머무는 집을 그 꼭대기에 가지고 있다. 탑이란 높게 쌓은 형상만을 말하는 것이 아니며, 하나의 구조물이 탑인지 아닌지는 그것을 세울 때 하늘을 향한 인간의 열망이 개입되었는가 여부에 달려 있다.

이제 탑의 시대는 끝났다. 적어도 탑이 갖고 있는 압도적인 힘에 탄복하는 시대는 지나갔다. 오늘이라는 시대는 하나의 시간, 하나의 장소에 구속되지 않기 때문이다. 탑은 공동체의 이상을 집약했으나 오늘의 공동체는 이상을 가지려고 하지 않으며, 그것을 대변하는 탑을 더 이상 필요로 하지 않게 되었다. 그럼에도 탑의 사상을 대신할 다른 것을 마련하지 못하고 있는 지금, 과거의 탑의 사상을 폄하하거나 무시할 권리는 우리에게 없다.

바슐라르는 집을 지하실, 방, 지붕 다락방으로 구분하였다. 그리고 이렇게 말한다.

"집은 수직의 존재로 상상된다. 집은 우뚝 선다. 집은 수직 방향으로 자기를 구별한다. 그것은 수직성에 대한 우리의 의식을 불러일으키는 한 가지다."[63]

탑과 기둥 이야기는 결국 집 이야기이며, 이것은 지금도 계속되고 있다.

마천루, 욕망의 탑

바벨탑 이야기가 있다. 그들은 어떤 장소에 자리를 잡았다. 그리고 말하였다. "자, 벽돌을 빚어 단단히 구워내자." 그리하여 돌 대신 벽돌을 쓰고 진흙 대신 역청을 쓰게 되었다. 그들은 또 말하였다. "자, 성읍을 세우고 꼭대기가 하늘까지 닿는 탑을 세워 이름을 날리자. 그렇게 해서 우리가 온 땅으로 흩어지지 않게 하자." 그 결과 하느님께서 그들을 거기에서 온 땅으로 흩어버렸고, 그들은 성읍을 세우는 일을 그만두었다.(창세기 11:1-9)

성경 속 바벨탑은 하느님께 도전하는 인간의 오만함을 상징하는 것이지만, 잘 들여다보면 도시에 사는 사람들에게 탑이 존재의 근거가 되고 그들을 공동체로 묶는 기반이 되었음을 알 수 있다. 종교적으로는 욕망의 상징이지만, 인간에게 탑은 영원히 지어지지 않는 미완의 건축으로서 그들의 삶에 의미를 부여하는 '미래'와 같은 것이었다. 건

---

* 63. 가스통 바슐라르,《공간의 시학》, 곽광수 역, 동문선, 2003, p.53

축에서 보면 바벨탑은 도시의 근원이며 미래다.

중세에는 하느님이 모든 도시를 지배했을 것 같지만 그렇지 않다. 중세도시는 성당과 세속적인 권력이 대립하는 공간이었고 그 중심에 탑이 있었다. 도시의 유력자들은 너나없이 탑을 세웠으며 시 청사에도 높은 탑이 세워졌다. 이 탑들은 성당의 탑에 대항하는 세속적인 권력의 표현 수단이었다. 시청의 탑, 성당의 종탑과 첨탑이 3차원적으로 도시의 풍경을 통일하면서 중세도시 전체가 수직성의 공간으로 바뀌었다. 신은 성당의 벽 안에 유폐되어 있었고, 성당은 밖의 도시공간과는 대조적인 초현실적 공간으로 만들어졌다.

이탈리아 토스카나Toscana의 소도시 산 지미냐노San Gimignano의 언덕 위에는 '토스카나의 맨해튼'이라 불리는 이상한 탑들이 우뚝우뚝 서 있다. 각각의 높이가 70여 미터에 달하는 거대한 건축물들이다. 12~13세기 무렵 이 지역에서는 교황을 지지하는 가문과 신성로마제국 황제를 지지하는 가문이 서로 경쟁하며 끊임없는 분쟁을 일으켰다. 그들은 가문의 부와 권력을 과시하기 위해 경쟁적으로 초고층 구조물을 지어 올렸는데, 한때 72개였던 이 탑들 중 14개가 아직까지 보존되어 있다. 탑이라는 구축의 의지가 도시에서 경쟁의 수단으로 이용되었던 것이다.

1889년 파리박람회를 기념하여 세운 에펠탑은 당시로서는 전혀 새로운 공간으로 사람들 앞에 갑자기 나타났다. 그것은 기존의 종교적 상징성을 대신하는 19세기의 합리주의 세계관과 과학기술에 대한 신뢰감을 표현하는 것이었다. 1939년 뉴욕박람회의 공식 가이드북에 실린 '박람회 소사(小史)'에는 이런 문장이 있다.

"바벨탑을 빼면 이것이 아마도 세계에서 처음으로 마천루
(摩天樓. skyscraper)라 부를 수 있는 것이라고 생각한다."

여기에서 말하는 '이것'은 1853년 뉴욕박람회 때 세워진 높이 100미
터의 전망탑을 말한다. 그로부터 36년 뒤에 등장한 에펠탑의 높이는
320미터였다.

1906년, 뉴욕의 거창한 오락센터 코니 아일랜드(Coney Island)에 아
주 특이한 건축 모델이 나타났다. 에펠탑에 구(球)를 끼워 넣은 기상
천외한 구조물이었는데, 지상에서 떠오른 구가 탑 꼭대기에 도달한
듯한 형상을 하고 있었다. 구의 하부에는 극장, 무도회장, 레스토랑
등이 있고 최상부에서 1/3쯤에는 바빌론의 공중정원(Hanging Garden)
을 본뜬 것 같은 야자수의 옥상정원이 있었다. 공사 중 화재로 인해

'토스카나의 맨해튼'이라 불리는 거대한 중세의 구조물들(12~13세기)

코니 아일랜드의 '글로브 타워'(1906)는 탑과 구를 합친 세속적 유토피아였다.(왼쪽)
뉴욕박람회(1939)에 등장했던 지름 60미터의 거대한 구와 높은 첨탑(오른쪽)

결국 실현되지 못한 이 구조물의 이름은 '글로브 타워(Globe Tower)'였다. 세속적인 유토피아는 이렇게 탑과 구를 합친 형상으로 나타났다.

뒤이어 1939년의 뉴욕박람회에는 지름 60미터의 거대한 구와 아주 높은 첨탑이 등장했다. 이런 뾰족한 첨탑을 가리켜 '바늘'이라고 표현하기도 하는데, 지면을 가장 적게 소비하면서 내부는 없는 건물이라는 뜻이다. 구는 이와 정반대로, 외피를 최소한으로 하면서 공간은 최대한으로 하는 형태다.

이러한 흐름 속에서 렘 콜하스는 '욕망'이라는 말로 집약할 수 있는 근대사회의 또 다른 태도를 발견하였다. 그에 의하면 뉴욕은 자본주의의 총본산이고, 현대사회를 가장 활발하게 압축한 매력적인 도시이며, 인간의 온갖 욕망을 충족시키는 환경을 만들어내면서 발전해온 도시다. 이러한 현실을 그는 '맨해튼-이즘(Mahattanism)'이라고 불렀다. '탑'의 건축에 자본주의 사회의 경제적 효율과 욕망이 극대화되어 나타나고 있다는 말이다. 뉴욕을 비롯한 오늘날의 도시를 가득 메우고 있는 마천루는 인간의 욕망을 담은 것이지만 한편으로는 도시를 이루는 근간이고, 도시에서 살아가야 할 우리 삶의 일부이며, 미완성의 건축물을 품은 채 미래를 향해 계속 높아지고자 하는 도시의 원동력이기도 하다.

5

중정, 회랑, 광장

작은 우주, 중정과 안마당

고대 메소포타미아에 수메르Sumer인들이 세운 '우르Ur'라는 도시가 있었다. 성벽으로 둘러싸여 있는 1제곱킬로미터 정도의 면적 안에 업무지와 주택지가 있었고, 두 개의 항구도 있었으며, 약 35,000명이 살고 있었다. 성 밖에도 20만 명이 살고 있었다. 대단한 인구밀도다. 기원전 2,000년 무렵, 성경에 나오는 아브라함이 살았을 당시 이 도시 안에 있던 신전과 주거지 일부가 지금도 남아 있다.

벽들이 아주 두꺼워서 평면도의 선들이 아주 굵게 표현되어 있는데, 거실과 부엌 등을 제외하고도 방이 보통 10개 정도 있었다. 이렇게 많은 방의 벽이 복잡하게 얽혀 있으니, 한 채의 집이 어떤 구조를 갖고 있는지 확인하려면 골목에 있는 입구를 지나 방들을 따라가면서 찬찬히 잘 살펴보아야 한다. 이 주택들은 벽을 두고 이웃집과 바

싹 붙어 있었다. 이들의 법전(法典)에 따르면, 이렇게 인접한 집들 중 빈집이 생겨서 이웃에 도난 사고가 생기면 빈집의 주인이 손해를 배상하게 되어 있었다.

우르의 모든 집들은 중정을 두고 있었다. 중정을 중심으로 방들이 배치되어 있어 바깥에서 보면 폐쇄적이지만, 집 안에서는 중정이 빛과 공기의 원천이 된다. 중정은 또한 그 집에 사는 사람들에게 모여 살고 있다는 귀속감도 제공해준다. 무려 4,000년 전의 집인데도 평면을 보면 오늘날 중정을 둔 주택과 그다지 다를 게 없다. 그들은 어떻게 이런 중정을 생각해냈을까? 우르에서 현대도시까지, 중정이라는 공간은 까마득한 시간을 넘어 여전히 인간의 삶 한가운데 존재하고 있다.

이슬람 도시에서는 유럽의 도시와 같은 기념비적인 건물이 눈에

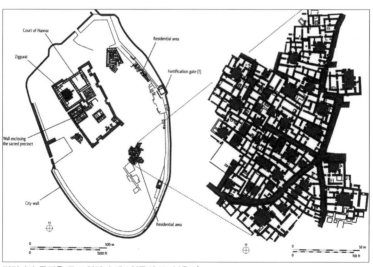

집집마다 중정을 두고 있던 수메르인들의 도시 '우르'

이슬람 도시의 상업공간 '바자르'(이스탄불)

띄지 않는다. 그 대신 아라비아 말로 '수크souk, suq'라 불리는 바자르 bazaar라는 상업공간이 활기를 띤다. 도심 주변에는 바자르와 명확하게 구분되는 차분한 주택지가 붙어 있다. 프라이버시를 중시하는 폐쇄적 구조여서 집 안으로 들어가려면 미로처럼 복잡한 골목을 통과해야 한다. 이 주택들 역시 중정을 두고 있는데, 주택 내부는 중정을 향해 열려 있는 반면 외부에 대해서는 폐쇄적으로 벽을 두른다. 그래서 건물 외벽에 면한 길에는 개구부가 별로 없고 가로(街路) 공간을 꾸미는 장식물도 없다.

알제리 음자브 계곡M'Zav Valley의 '엘 아테우프日 Ateuf'를 내려다보며 찍은 사진을 보면 '중정'이 인간에게 얼마나 깊이 박혀 있는 건축적 유전자인지 절감하게 된다. 크고 작은 무수한 집들이 엉켜 있는 와중에 집집마다 빠끔빠끔 뚫린 중정을 보며, 온통 벽투성이인 집에서 중정에 기대어 생명을 유지하고 있는 인간의 모습에 감동마저 느낄 정도다. 이슬람의 주택은 건조한 지역에 맞게 흙벽돌로 지어진 탓에 바

집집마다 숨구멍처럼 중정이 뚫려 있는 '엘 아테우프'(알제리 음자브 계곡)

깥쪽으로는 창을 별로 내지 않아 무표정하게 보인다. 그러나 이들의 집에는 중정 속에 감추어진 푸르른 공간이 있다. 이슬람 주택처럼 철저하게 외관을 버리면서까지 중정을 집 안에 포함시키는 예는 어디에도 없을 것이다.

사람이 모여 사는 데에는 두 가지 형식이 있다. 마당을 안에 두거나, 아니면 밖에 둔다. 우리나라 주택은 대부분 전자에 속한다. 북촌 한옥마을에는 1930년대 중반에 지어진 ㄱ자 집, ㄷ자 집 등 많은 한옥이 모여 있는데 모두 중정이라고 할 안마당을 두고 있다. 한 채 한채 따로 보면 작고 눈에 띄지 않지만, 이렇게 작은 집들이 한데 모여서 살아가는 방법을 안마당을 통해 보여주고 있다. 촘촘히 붙어 있는 한옥'마을'의 모습은 사실 안마당이 만들어낸다.

주변의 자연이 집을 막아주지 못하고 먼 곳까지 훤히 보이는 건조지역에서는 주택으로 외적을 방어했다. 강한 바람과 극심한 일교차를 극복하기 위해 집을 폐쇄적으로 만들고, 대신 안마당을 두어 일상

북미 푸에블로 인디언들의 중정 딸린 원형주택 '키바'

　의 공간으로 활용했다. 그러나 숲이나 바다 등으로 둘러싸이면 외부 생활이 융화적이어서 자연에 몸을 맡기고 생활하는 주거가 된다. 이 때의 마당은 바깥에 위치한다. 극장에서 무대를 중심으로 관객들이 모이듯, 주택에서는 마당을 중심으로 사람들이 모여 산다.

　세계의 거의 모든 민속무용은 원을 그린다. 거석문화 시대에는 스톤헨지나 에이브베리Avebury의 '환상열석(環狀列石)'처럼 큰 돌을 모아 원을 둘렀다. 이 형상이 주택으로 옮겨가면 북아메리카 푸에블로 Pueblo 인디언들의 '키바(Kiva)' 주택처럼 원을 이룬다. 이러한 원의 내부를 비우고 그 주위에 방들을 두르면 가운데의 비어 있는 부분은 중정이 된다. 이것은 사람들이 함께 모여서 살고 있음을 표현하는 가장 기본적인 건축형태다.

폼페이 주택의 중정 '아트리움'과 '페리스틸리움'

스페인 주택의 중정 '파티오'(코르도바) ⓒ김광현

2,000년 전의 고대 로마에서는 내향적인 중정을 '아트리움(atrium)'이라고 불렀다. 주택들이 단층이었고 길에 면하는 벽에는 창을 두지 않았기 때문에, 집 안에 빛과 공기를 끌어들이고 빗물을 받기 위해 중정을 만든 것이다. 폼페이의 주택에는 아트리움과 조금 더 안쪽에 있는 '페리스틸리움(peristylium)'까지 두 개의 중정이 있었다. 아트리움에는 손님을 맞이하는 용도의 방이, 페리스틸리움에는 사적인 생활을 위한 방이 배치되어 있었다. 아트리움까지는 누구라도 들어올 수 있게 하였으니 절반쯤은 공적인 공간이었던 셈이다. 두 개의 중정은 사람이 다니는 동선이 되고, 통풍과 채광과 빗물을 조절하며, 방과 방 사이에서 발생하는 사람들의 시선을 조절해주는 역할을 한다. 바닥은 햇볕에 건조시킨 벽돌이나 프레스코(fresco painting) 또는 모자이크로 아름답게 장식했고 주변의 벽에도 프레스코를 그려두었다.

중정은 자연적이면서도 인공적인 외부공간이다. 스페인의 파티오(patio), 이탈리아의 코르테(corte), 중국의 사합원(四合院) 등은 모두 중정의 다른 이름이며, 그 공간적 기능에는 아무런 차이가 없다.

중정에서 분화하는 주택

스페인 안달루시아 지방의 작은 마을인 아르코스Arcos의 매력은 지형이 짜놓은 풍경이다. 깎아지른 절벽 위에 줄지어 서 있는 이 마을은 가톨릭과 이슬람의 경계 지점에 위치한 천혜의 요새였다. 그래서 이름도 '아르코스 데 라 프론테라(Arcos de la Frontera)'다. 경계선상의 아르코스라는 뜻이다. 급한 경사지에는 이리저리 굽은 골목과 파티

안달루시아 아르코스 주택의 중정(파티오) ⓒ김광현

오(중정)를 둘러싼 하얀 주택군이 밀집해 있다. 하얀 벽은 건축 자재가 직접 비바람에 노출되지 않게 막아주고, 지중해의 강한 빛을 반사하여 주위 온도가 올라가지 않도록 한다.

아르코스의 주택은 '파티오의 보고'라고 할 만큼 다양한 방식으로 중정을 품고 있다. 입구를 지나 집 안으로 들어가면 간소한 외관과는 대조적으로 아름다운 파티오가 나타난다. 식물을 키우는 정원이자 사적 생활의 중심이 되는 공간이다.

이베리아 반도, 특히 스페인 남부의 안달루시아 지방은 과거 수백 년간 무어인Moors들의 지배를 받았던 터여서, 이곳의 집들은 이슬람의 주택과 공통점이 많다. 이탈리아의 주택은 일반적으로 길에 면한 건물의 정면을 당당하게 장식하고 입구를 두며 주층을 2층에 두지만, 이슬람의 주택은 어느 것이나 외관이 간소하고 아르코스와 마찬가지로 1층을 주층으로 삼고 있다.

그 집에 사는 사람의 계급을 외관으로 드러내지 않는 것도 내면을 중시하는 이슬람적 가치관의 표현이다. 어떤 집도 중정을 훤히 보여주지 않고 통로를 꺾어서 내부를 감춘다. 입구도 사람이 덜 다니는 곳에 둔다. 이슬람 세계에서는 혈연관계에 있는 대가족이 파티오를 중심으로 생활하는 것이 일반적이기 때문이다.

중정은 우리나라 흰옥의 안마당처럼 방과 방을 분리시켜주고 공간을 이어준다. 그런데 지금의 아르코스에서는 혈연관계가 없는 여러 가족이 하나의 파티오를 둘러싸고 함께 생활하고 있다. 그 결과 이곳의 집들은 중정을 중심으로 하는 집합주택으로 변해가고 있는 중이다. 2층에 사는 가족이 전용으로 사용하는 계단이 따로 설치되어 있는가 하면, 길 양쪽의 높은 집과 낮은 집이 지형을 활용하여 마치 한

집처럼 살아가기도 한다. 이렇듯 경사지의 오래된 마을을 집합주택으로 바꾸어가는 건축적 지혜가 중정을 중심으로 발휘되고 있다. 경사지가 많은 우리나라에서 한옥의 안마당을 활용한 새로운 집합주거를 모색해볼 수 있는 단서를 아르코스 데 라 프론테라에서 보게 된다.

폼페이 주택의 중정은 2,000년이 지났는데도 오늘날의 중정과 다를 바가 없다. 공간은 적절한 비례로 분절되어 있고 크고 작음, 안과 밖, 어두움과 밝음이 뒤섞인 여러 방들이 중정 주변에 배치되어 있다. 이러한 아트리움 주택을 오늘날에는 '코트 하우스(court house)'라고도 부르는데, 이름은 바뀔 수 있어도 그 본질은 변함없이 예전 그대로이다.

중정은 벽으로 둘러싸인 내부이지만 지붕이 없으므로 동시에 외부이기도 한 공간 요소다. 중정 바닥에 나무나 푸른 잔디를 심어 친밀한 조경공간으로 만들 수도 있고, 바닥에 아무것도 심지 않은 채 하늘만을 잘라내는 경우도 있을 것이다. 중정을 1층에 두지 않고 위층에 두면 중정인 동시에 옥상정원이 된다.

사람의 생활은 2,000년 동안, 또는 4,000년 동안 얼마나 많이 변했는가? 전화나 자동차 같은 산업디자인의 관점에서 보면 50년은 고사하고 10년만 지나도 어느새 옛것이 되어버린다. 그러나 사람의 생활이라는 관점에서 보면 기나긴 세월에도 불구하고 여전히 변하지 않는 것들이 있는데, 그중 하나가 바로 중정이다. 시대가 아무리 바뀌어도 중정은 계속 존재하며 인간의 생활을 담게 되어 있다. 중정은 주택 속의 작은 우주다.

회랑, 공동생활의 장

　사람이 모여 사는 방식에 대한 아주 흥미로운 사례 중 하나는 중세 때부터 생겨난 수도원이라는 시설이다. 수도원은 산과 숲으로 둘러싸인 고요한 환경에서 일생토록 하느님께 헌신하고 기도하며 살기 위해 지어졌다. 그 안에는 성당, 숙소, 식당, 도서관 등 수도사들이 생활하는 데 필요한 여러 기능을 담은 건물과 방이 갖춰져 있다. 그러나 어떤 수도원이든지 회랑(回廊)이 빈 공간을 둘러싸며 여러 방들을 이어준다.

　회랑은 한쪽에 일렬로 세운 기둥이 있고 다른 한쪽으로는 건물의 벽을 따라 사각형의 마당을 둘러싸는, 지붕이 있는 긴 통로를 가리킨다. 방이 마당에 직접 면하는 중정과는 다른 개념이다. 고대 폼페이의 주택에 있었던 페리스틸리움이 변하여 이와 같은 수도원의 회랑이 되었다.

　회랑은 사람과 방을 수평으로 이어가는 통로 공간이다. 사람들은 이곳에서 서로 교류하기도 하고, 생각하기도 하며, 편안하게 자연을 느끼기도 한다. 회랑에는 어디서 출발하여 어디까지 간다는 식의 직선 운동이 없다. 중심이 안에 있고 나는 그 주변에 있다는 느낌을 준다. 그리고 계속 돌게 만든다. 그러면서 집단을 하나로 이어준다.

　중세 유럽의 대학에도 대부분 회랑이 발달한 중정이 있었다. 옥스퍼드대학의 여러 단과대학 건물들은 중정이 가장 특징적이다. 중세 수도원의 회랑을 모델로 삼은 것인데, 커지면 건물로 둘러싸인 중정이 되기도 한다. 이런 중정을 사각형 모양의 안뜰이란 뜻에서 '쿼드랭글(quadrangle)'이라 부른다. 토머스 제퍼슨이 설계한 미국의 버지니아

일반적인 수도원 회랑의 모습 ⓒ김광현

대학은 가운데에 정원을 두고 위층의 교수 주거, 아래층의 교실, 그리고 기숙사가 정원 주위를 도는 회랑에 붙어 있어서 모든 요소들이 하나의 스케일을 형성하고 있다.

우리의 전통건축에도 회랑이 있기는 하다. 한국건축의 회랑은 궁궐이나 사찰의 주요 전각을 열 지어 두른 건물을 가리키며 '월랑(月廊)'이라고도 한다. 그러나 이것은 제법 멀리 떨어진 건물을 이어주는 통로의 성격이면서 주변과 분리하는 경계로 작용하는 것일 뿐, 방과 방을 이으며 사람들이 교류하는 적극적인 의미의 회랑은 아니므로 여기에서는 논외로 한다.

회랑을 영어로는 클로이스터(cloister)라고 하는데, 여기엔 '지붕 덮인 통로로 둘러싸인 사각형의 열린 공간'이라는 뜻 외에 '수도원 생활'이

중세 대학의 중정 '쿼드랭글'

라는 의미도 함께 담겨 있다. 클로이스터는 '클라우스트룸(claustrum)'에서 나온 말로서 본래는 '둘러싸여 있는 것'을 가리켰지만 뜻이 차츰 변하여 수도원의 구역이나 경계를 의미하게 되었다. 회랑이 수도원의 심장과 같은 곳이었기 때문이다.

수도원 생활은 네모난 회랑에서 이루어진다. 성당과 수도자실, 식당 등으로 둘러싸인 회랑은 종교공간이자 생활공간이고, 거룩한 장소이면서 인간의 일상이 교차하는 장소다. 주택으로 치면 거실과 같은 곳이고, 사본 작업을 하는 작업장이며, 담화하는 곳이기도 하다. 따라서 건축적으로는 회랑이 없는 수도원은 있을 수 없다.

수도자들은 매일 회랑을 통해 성당에 갔다. 큰 축제날에는 수도자들이 줄을 지어 오른쪽으로 돌았다. 회랑에는 반드시 물이 나오는 곳을 두어 이곳에서 얼굴과 발을 씻고 면도를 했다. 회랑을 걸으며 묵상을 하거나 성서를 읽기도 했다. 그러나 이들이 꼭 지키는 원칙이 하나 있었다. 절대 안마당을 가로지르거나 함부로 그 안에 들어가지 않는다는 것이다. 수도원을 방문하는 사람들 또한 회랑 안쪽으로는 출입이 엄격히 금지되었다. 회랑이라는 건축적 요소는 이렇게 수도원 평면의 보이지 않는 경계로 작용함으로써 수도원의 공동생활을 뒷받침했다.

수도원 회랑의 벽에 기대어 그것이 둘러싸고 있는 안마당을 보면 실로 깊은 적막감이 젖어든다. 다른 곳과 차별된 거룩한 공간이면서도 수도원에 모여 사는 수도자들의 생활 영역을 모두 아우르는 곳이 바로 이곳, 회랑과 안마당이다.

루이스 칸이 설계한 '소크 연구소(Salk Institute, 1965)'는 실험동에 회랑이 붙어 있다. 그 벽 한쪽에는 칠판을 걸어놓았고 의자도 마련되어

루이스 칸이 설계한 '소크 연구소'(1965) ©김광현

있다. 거닐다가 좋은 생각이 떠오르면 곧바로 칠판에 옮겨 적으라는 뜻이다. 설계를 의뢰한 미국의 의학자 소크Jonas Salk는 1954년 이탈리아를 여행하던 중 13세기에 지어진 아시시Assisi의 성 프란치스코 수도원(Abbey Church of San Francesco)에 들렀는데, 이곳의 회랑에서 생명에 대해 깊이 묵상하였다고 한다. 이 중세 수도원의 회랑은 단순히 형식으로서만이 아니라 그곳에 담긴 정신으로서 21세기 소크 연구소의 회랑으로 이어지고 있다.

길이 연장된 중세 광장

사람이 모이기에 좋은 공간이 되려면 다수가 모였을 때 좁게 느껴지지 말아야 하고 혼자 있을 때 쓸쓸하지 않아야 한다는 말이 있다. 몇몇 집이 마당을 에워싸도록 만든다면 그 크기는, 그곳에 사는 이들이 모였을 때 좁지 않아야 하고 아무도 없을 때 쓸쓸하지 않아야 한다. 인간은 한곳에 모여 살기 시작하면서부터 필요에 따라 다양한 건축물을 만들었고, 도시에 대해서는 광장을 만들었다. 광장은 많이 모일 때도 좋고 혼자 있을 때도 좋다.

광장이 가장 먼저 나타난 곳은 것은 고대 그리스 세계였다. 처음엔 의식(儀式)이나 집회 장소로 시작하였으나 점차 도시의 장이 되어 사람들이 이야기를 나누고 토론하고 정치를 결정하는 단계로 발전해갔다. 그리스의 아고라(agora)는 로마의 포룸(forum)으로 변했다. 포룸은 신전의 앞마당이자 개선하는 군대를 맞이하는 의식의 장소로서, 그 안에서는 시민들의 생활이 다양하게 펼쳐졌다. 오늘날 공개적으

광장의 원풍경. 일본 그림책 《타비노에혼》

로 여는 집회나 공개토론을 가리키는 '포럼'이라는 말이 여기에서 나
왔다.

이러한 시민의 요구가 자연스럽게 받아들여진 것이 중세 유럽의 광
장이었다. 광장의 양대 핵심은 시청과 교회였다. 중앙집권화 과정에
서 광장은 가로로 이어지는 거점이 되었으며, 17세기에는 군주의 궁전
이나 기념 건축물을 돋보이게 하고 군대를 열병하는 바로크 광장이
생겨났다. 광장의 중요성은 시대가 바뀌어도 계속되어 근대 이후까지
이어졌다.

광장을 스페인어로는 'plaza', 이탈리아어로는 'piazza', 프랑스어로
는 'place', 독일어로는 'platz'라고 하는데 이 모두가 큰길을 뜻하는 라
틴어 'platea'에서 나온 말이다. 즉, 광장은 길이다. 로마시대의 건축가
인 비트루비우스는 《건축십서》에서 포룸을 공공건축과 똑같이 설계
하는 방법을 설명하고 있는데, 여기에서도 platea를 '큰길'이라는 뜻으
로 사용하고 있다.

길을 중심으로 형성된 중세도시는 위에서 내려다보는 도시가 아니다. 그것은 이리저리 꺾이는 길을 걸으며 체험하는 도시다. 기하학적인 형태를 배제하고 형식보다는 내용을 중요하게 여겼기 때문에 도시 형태가 복잡하고 유기체처럼 보인다. 길도 매우 다양해서 일단 주요 도로가 있고 작은 길들이 단계적으로 이어진다. 중세도시의 광장은 길에서 독립한 채 건물로 둘러싸여 있지 않으며, 여러 길이 합쳐져서 확대된 곳과 밀접한 관련을 맺고 있다.

라트비아의 수도이면서 유럽의 대표적 중세도시인 리가Riga가 그렇다. 카페는 길이 만나는 곳에 있다. 너무 복잡해서 길을 잃을 듯하지만 군데군데 높은 성당이 보여서 방향을 잡아 다른 곳으로 이동하기가 아주 편하다. 다층인 건물은 길과 광장을 정면으로 마주하고 있다. 중세도시에는 중정이나 정원 같은 내부공간을 가진 공공건축이나 개인의 건축이 종종 맞붙어 있어서, 공용과 사용(私用)이 서로 얽혀 타협하며 공유하는 공간이 많았다.

《타비노에혼 たびのえほん》이라는 일본 그림책이 있다. 번역하면 '여행 그림책'인데, 35년 전 유학할 때 사둔 그림책이다. 사람과 건축과 도시를 나타내는 아주 아름다운 그림책으로 글이 하나도 없다. 그러나 그 어떤 유식한 건축 책보다 훨씬 좋다. 그중에서도 각기 모습을 달리한 건물들로 둘러싸여 있는 광장 그림은 내 마음속에 있는 '광장'의 원풍경과 같은 그림이다. 책을 보면서 광장에 모여 있는 사람 사이에 끼어보기도 하고 지나가는 사람에게 말을 걸고 있노라면 한 시간이 금방 지나간다. 이 그림은 문자 그대로 '도시의 거실'이다. 마치 라트비아의 중세도시 리가와 같다.

16세기 스페인 사전에서는 plaza를 "마음 안에 넓게 열린 어떤 장소. 그곳에서는 상인과 마을 사람들 사이에 물건이 매매된다"라고 정의하였다고 한다. 이런 설명에 비추어보면, 중세 유럽 도시에서 광장이 형성된 것은 도시의 경제적 발전과 깊은 관계가 있으며 '큰길'에 상업 활동을 위한 건물이 함께하고 있었음을 알 수 있다.

중세에는 교역의 장으로서 가로를 넓힌 시장이 생겨났다. 이 지역들은 영주의 보호를 받으며 상업도시로 성장하였다. 일단 시장이 중심이 되고 그 주변에 상인회관과 같은 공공건물, 시 청사와 같은 자치 시설이 배치되었다. 이런 경우 성당은 부차적인 핵이 되어야 했고, 가로망의 중심에서 조금 떨어진 곳에 성당이 세워졌다. 생업과 신앙은 별개였다.

교역은 도시의 평면형을 결정하고, 신앙은 도시의 입면형을 결정하였다. 도시생활의 중심은 분산되어 있었으며, 도면상으로도 중심은 분명하지 않았다. 제각기 성격을 달리하는 중심 시설들은 길에서 파생된 각각의 광장을 가지면서 도시 여기저기에 분산되어 설치되었다. 작은 도시에서는 정치 중심, 신앙 중심, 교역 중심이 같은 장소에 있었고, 시 청사와 성당과 상인회관이 하나의 광장을 둘러싸며 세워지기도 했다. 이처럼 광장도 길에서 나왔고 길의 일부였다.

유럽에서는 흔히 광장을 '도시의 거실'이라고 부른다. 주택은 곧 도시이고 도시는 곧 주택이라는 생각의 다른 표현이다. 실제로 유럽의 작은 마을에 있는 작은 광장 중에는 주택의 거실과 같은 이미지를 가진 곳이 많다. 햇볕을 쬐기 위해, 혹은 동네 사람들과 이야기를 나누려고 작은 광장에 모인다. 우리나라에는 광장의 문화가 없었으므로 광장과 함께하는 삶에 익숙하지 못하지만, 유럽의 풍경을 생각할 때면 으레 주변에 가게가 있고 가게 밖에는 커다란 나무 밑에 테이블과

시에나 캄포 광장의 '팔리오' 경기

의자가 나와 있는 작은 광장의 정겨운 풍경을 떠올리게 된다.

그러나 광장은 이것 이상이다. 그저 넓은 터에 사람이 모이기만 하는 곳이 아니다. 전형적인 중세도시공간인 이탈리아 시에나Siena의 캄포 광장(Piazza del Campo)은 해마다 '팔리오(Palio)'라는 지구 대항 경마 경기가 열리는 것으로 유명하다. 광장 주위를 말이 달린다. 이 광장은 커다란 조개껍데기 같은 부채꼴 모양을 하고 있고 또 어떻게 보면 반원형 극장처럼 가운데가 움푹 들어간 형상이다. 얼핏 보면 부정형(不定形)인데, 잘 보면 초점을 가지고 통일된 공간 구성을 갖고 있다. 집과 집은 조금씩 엇갈려 있으면서도 길을 따라 연결되어 있다.

광장 정면에는 시청인 '팔라초 푸블리코(Palazzo Pubblico)'의 높은 탑이 우뚝 서 있다. 그러나 이 탑이 광장의 중심은 아니다. 이곳의 중심은 조개껍데기 안쪽을 타고 들어오는 빗물이 모이는 지점이다. 프랑스 같으면 광장 한가운데 오벨리스크를 세웠을 터인데 캄포 광장에는 전혀 그런 것이 없다. 바닥은 트래버틴(travertine)[64]으로 만든 띠가 방사형으로 모여들게 만들었고, 그 사이에 벽돌을 깔았다. 이 광장의 물매는 아주 미묘한데, 광장을 향한 도로가 조금씩 꺼지면서 광장까지 이어지고 있기 때문이다. 자세히 보면, 광장과 연결된 길에 서 있는 건물들이 지면에 닿는 부분이 조금씩 경사져 있다. 그러니까, 이 광장은 길이 흘러들어온 것이고 길이 연장된 것이다.

캄포 광장을 둘러싸는 건물들의 벽면선은 어떻게든 광장의 중앙을 향하며 연결되어 있지만, 어느 하나도 작도하여 그려진 선이나 면이 없다. 건물을 빼고 나면 길과 광장만이 남게 되는데, 이것은 건축물이 도시를 직접 만들고 있다는 증거다. 주어진 조건에 일률적으로 맞춘 것이 아니라, 건물이 세워질 때마다 제각기 자기 형편에 맞추면서 광장을 만드는 데 모두 동참하였음을 말해준다. 지붕, 벽, 돌, 바닥을 만든 저 무수한 집합체는 이 도시에 함께 사는 사람들이 만들어낸 것이다.

그런가 하면 광장에 직접 면해 있는 건물들의 벽면선은 마치 칼로 자른 듯이 앞줄을 잘 맞추고 있다. 어떻게 이렇듯 질서정연하게 정비될 수 있었을까? 중세 이탈리아에서 번성했던 자치공동체를 '코무네(comune)'라고 하는데, 시에나의 코무네에서는 이미 1262년에 도시정비 조례를 최초로 제정하여 시민들이 준수해야 할 사항들을 체계화했다. 캄포 광장에 면하는 집은 파사드(façade)[65]를 시 청사와 맞추고, 창의 멀리온(mullion)[66]도 가늘게 만들고, 발코니 등도 붙여서는 안 된다고 규정되어 있었다. 1370년에 이 조례를 어기고 광장 쪽으로 50센티미터 튀어나온 집을 코무네 위원들이 딱 그 길이만큼 잘라낸 것은 유명한 이야기다. 이탈리아의 도시가 아름다운 것은 이렇듯 건물에 대한 실질적인 규정이 있었기 때문이다.

이렇듯 광장은 마치 필름과 인화지의 관계처럼 언제나 건물과의 관계 속에서 생기는 것이다. 벌판의 빈터는 광장이 될 수 없으며, 도시 안에서 건물로 둘러싸여 있어야 비로소 광장이 된다. 어렵게 이야기할 것 없이 영화 〈시네마 천국〉을 보면 이런 사실이 아주 잘 나타나 있다. 이탈리아 시골 마을에 작은 영화관이 있었다. 마을 사람들이 자기 집만큼이나 자주 들르던 곳이다. 그러나 사람들이 그토록 좋아하던 이 영화관은 폐쇄되고 만다. 영화관 앞에 있던 광장은 자동차로 메워진 주차장으로 변한다. 이 영화는 광장이 점차 사라지는 오늘날 우리의 도시를 생각하게 한다. 사라진 건물 하나가 광장의 활기를 완전히 잃게 만든 것이다.

광장의 생명은 건물에 있다. 광장이 사라진다는 것은 건물이 생명을 잃고 공동성의 풍경이 우리 주변에서 점차 사라지고 있다는 가슴 아픈 증거다.

* 64. 대개 백색이나 우윳빛을 띠며 동심원상의 구조를 지닌 석회암
　65. 건축물의 주된 출입구가 있는 정면부
　66. 사각형의 창틀 안쪽에 유리 보호를 위해 세로로 덧댄 틀

신체의 감각으로 물질을 느끼면
오래전 이 건축물에 몸을 맞대었던 사람과도
시공을 뛰어넘어 공감할 수 있다.

6 / 신체와 장소

1

아잔타 석굴에 몸을 댈 때

건축은 내 신체로 경험된다

이슬람 도시의 바자르에서는 사람 냄새나 시끌벅적한 소리, 이상한 향신료의 냄새, 엉성한 지붕 덮개 사이로 내려오는 빛 등이 도시에 대한 감각을 이끌어낸다. 도시는 이렇게 사람의 신체감각에 호소한다. 무엇보다도 도시는 특유의 냄새로 구별된다. 다른 나라 도시의 공항에 내리면 제일 먼저 공항 안의 냄새로 그 도시를 느낀다. 도시마다 냄새가 다르고 공기가 다르다. 서울 지하철에서 나는 사람 냄새는 도쿄의 그것과 다르다.

도시의 소리도 다르다. 중세 유럽 도시에서는 하루의 마디마디를 종소리로 알렸다. 종소리는 도시가 살아 있음을 알리는 신호였다. 베네치아 산마르코 광장의 종탑에는 서로 다른 다섯 개의 종이 매달려 있는데 제각기 일을 시작할 때와 마칠 때, 시 의회가 소집되었을 때,

정오의 시보, 상원의 소집 등을 알려주었다. 이슬람 도시에서는 하루에 다섯 번 모스크에서 코란을 읽는 소리가 들린다. 환경은 냄새나 공기 또는 소리로 느껴지고 공간은 현상으로 지각된다.

영화 〈노트르담의 꼽추 The Hunchback Of Notre Dame〉(1956)의 마지막 장면에서는 남자 주인공이 교회의 종탑에 올라가 오랫동안 억압되어 있던 자신이 해방되었음을 온 도시에 격하게 알렸다. 그러나 중세 유럽 도시에서 종소리가 도달하는 범위는 겨우 몇 킬로미터밖에 안 된다. 오늘날의 도시는 종소리를 알아차릴 수 있는 도시가 아니다. 런던의 빅벤(Big Ben)에서 울리는 종소리는 공기를 통해서가 아니라 방송을 통해 전 세계로 전해진다. 그뿐인가? 우리 도시는 소음으로 가득 차 있어서 정작 중요한 소리를 듣지 못하고 산다.

"위대한 건물을 실감하는 가장 좋은 방법은 그 건물 안에서 졸다가 잠에서 깨는 것이다. 건물마다 그 안에서 잠깐 졸다가 잠에서 깨면서 '아아!' 하는 기술을 몸에 익힌다. 그리고 온 세계의 건물에 가서 낮잠을 잔다. 그리고 눈을 뜬다. 그때의 그 느낌! 그것을 느끼고 싶다."

건축가 찰스 무어Charles Moore의 말이다. 이것이 가능할까? 내 집도 아닌 곳에서, 게다가 유명한 집이라면 사람도 많을 터인데 어떻게 조용히 낮잠을 청할 수 있을까? 이것은 그만큼 온몸으로 건축을 체험하라는 말이다. 관광 가이드의 설명이나 책에 있는 내용을 복습하듯이 건물을 볼 것이 아니라, 내가 그 안에서 몸으로 느끼는 정황과 공간을 체험하라는 뜻이다.

체험이란 말 그대로 몸을 통한 경험이다. 로마의 판테온을 다녀온 사람들은 같은 요소들을 나눌 수 있지만, 다녀오지 않은 사람에게 사진 한두 장으로 판테온 전체를 설명할 수는 없다. 사진이나 영상은 건축을 이해하는 데 간접적인 도움은 되지만 건축물을 둘러싼 다양한 요소들을 체험할 수는 없다. 사진은 내부의 투시도적인 표현과 빛은 담아내지만 소리와 냄새, 사람들의 동작은 담아낼 수 없다. 음악당에서 음악을 들을 때 직접 들려오는 소리와 반사해서 들려오는 소리가 적절한 간격을 유지해야 듣기에 아름답듯이, 건축물도 그 안을 직접 걷고 생활해보아야 전체를 알 수 있다. 이것이 바로 '공간 감각(sense of space)'이다.

사람은 걸을 때 바닥을 보고 바닥에 신발이 부딪치는 소리를 듣고 바닥을 밟으며 몸을 움직인다. 중량감, 촉각적 감각, 거리감, 리듬감, 따듯함과 차가움을 몸이 동시에 경험하는 것이다. 마찬가지로 건축은 오직 내 신체로만 경험된다. 건축이란 어떤 특정한 장소에 돌이나 콘크리트 같은 구체적 물질로 지어진 구축물이기 때문이다. 문의 손잡이는 다른 세계로 들어가는 특별한 기호다. 발밑에서 들리는 자갈 소리, 왁스로 칠한 계단실에서 반사된 어슴푸레한 빛, 어두운 복도, 문이 닫히는 무거운 소리 등은 모두 신체가 경험하는 것들이다.

물질에는 항상 감각이 따라다닌다. 물질에는 감정이 담겨 있다. 폐허의 이미지는 돌이나 벽돌 건물에 어울리며, 이런 물질은 풍화를 일으키는 기나긴 시간의 힘을 표현해준다. 건물에 쓰이는 재료마다 특유의 모양이 있고 느낌이 있으며, 둔탁하게 보이는 것도 있고 반사하는 것도 있다. 부드러운 재료도 있고 단단한 느낌을 주는 재료도 있다. 공간 안을 걸어보면 밟을 때 나는 소리와 촉감으로 그 공간을 만든 재료를 알 수 있고, 그 공간이 얼마나 큰지 혹은 어떤 냄새를 지니고 있는지도 알 수 있다. 건축물이 물질을 통해 현상하는 것을 신체는 감각을 통해 지각한다.

물질로 지어진 것이 아니라면 건축이 사람의 몸과 관계를 맺을 일이 별로 없다. 집 안에 몸을 두고 사는 이상, 나의 신체는 건축물을 구성하고 있는 물질에 반응한다. 방문을 열 때면 손잡이의 감촉과 문의 무게를 느끼고, 삐걱대는 바닥을 발과 귀로 느끼며, 난로가 뿜어내는 열기에 따뜻함을 느낀다. 같은 건물이라도 사람마다 서로 다른 감각으로 그것을 경험한다. 이것이 건축이다.

사람은 오래전부터 물질을 매개로 서로 교류하였다. 그리고 다양한 노동을 통해 물질의 효용을 높이고 사물에 가치를 부여했다. 사물은 기능을 갖고 있을 뿐 아니라 마음을 이어주는 힘 또한 가지고 있다. 그 힘은 사람의 신체가 직접 사물에 관계하는 데서 비롯된 것이다. 사물에 둘러싸인 어떤 공간이 자기 생활의 중심이 되면 그 안에서 편안함을 느낄 수 있다. 해가 지고 어두워지면 집 안에 등불이 켜지고, 사람들이 모여 앉고, 밤의 불빛은 사람들을 더욱 가깝게 해주지 않는가? 신체는 감각의 인터페이스(interface)다. 옷이 내 몸과 바깥세상을 이어주듯이, 신체를 감싸는 집은 내 집과 바깥세계를 이어준다. 집은 내 몸을 에워싼 옷만큼이나 나와 가까워진다.

감각이 없으면 세계도 없다. 사람은 감각기관을 통해 시간이 흐르고 있음을 느끼고, 빛과 그림자를 보며, 사물의 색채나 질감을 파악한다.

그래서 스티븐 홀은 이렇게 말한다.

"건축은 그 어떤 예술 형식보다도 감각기관이 지각하는
데 직접 관여하고 있다. 시간의 경과, 빛, 그림자와 투명성,
색채 현상, 질감, 재료와 디테일까지 이 모든 것이 건축을
전체적으로 경험하는 데 관여하고 있다."[67]

회화는 2차원 평면 안에 모든 것이 다 들어 있지만 건축은 눈에 보이는 모든 것이 전체의 일부분이다. 건축을 설계한다는 것은 이런 경험을 설계하는 것이고, 건축을 공부한다는 것은 이런 경험을 공부하는 것이다.

일상은 주위의 사물로부터 온다. 집과 내가 얼마나 깊은 관계에 놓여 있는지 알려면 사물을 눈으로만 바라보지 말고 물질로부터 느끼는 감각으로 다가가야 한다. 내 몸을 통해 사물의 본질을 천천히 그리고 깊이 지각할 때, 집은 단지 객관적인 물질이 아니라 하나의 시적(詩的) 대상으로 내게 다가오게 된다.

시각과 촉각, 만지면서 보다

아잔타Ajanta에는 350개의 석굴이 있다. 이 석굴은 2세기부터 만들어졌다. 왜 그들은 이곳에 이토록 많은 석굴을 파고 사찰을 만들었을까? 아잔타의 석굴이 있는 지층은 데칸Deccan 고원이 있는 곳이다. 6,700만 년 전에 형성된 데칸 고원은 지구상에서 가장 오래된 태고의

* 67. Steven Holl, 《Questions of Perception: Phenomenology of Architecture》, William
K Stout Pub, 2007

지형이다. 2,000년 전에 이런 사실을 알았을 리는 없으나, 석굴을 만든 이들은 태고의 지형 감각을 가진 이들이었다.

이곳의 석굴은 그저 바위를 파고들어간 것이 아니다. 그 안을 마치 기둥과 보로 이루어진 축조물처럼 파내고 깎아서 만든 것이다. 천장도 바닥도 모두 돌인 내부공간! 불탑은 대지에서 깎아낸 것이니 불탑과 대지는 한 몸이고, 대지의 내부인 석굴 안에 있는 사람은 대지의 태내에 있는 것과 같다. 대지의 표면이 공간의 경계다. 바닥에 앉은 사람은 대지 밑 무한함에 몸을 맞대고 있다. 아잔타 석굴은 공간 속에서 무한과 유한이 만나는 곳이다. 이곳의 암석은 무한한 시간을 나타내고, 수행자는 무한과 유한을 감득(感得)한다.

물론 이것은 내가 혼자서 상상해본 장면이다. 이런 상상이 유의미한 것은 우리의 신체도 그럴 수 있기 때문이다. 즉, 상상 속의 누군가

350여 개에 이르는 아잔타의 석굴들(2세기) ⓒ김광현

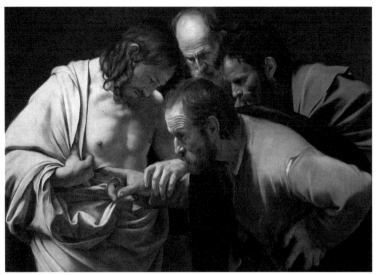
카라바조의 그림 〈의심하는 토마스〉(1602)

와 똑같은 느낌을 아잔타에서 받을 수 있기 때문이다. 아잔타 석굴
은 신체와 물질과 건축의 관계를 직관적으로 보여준다. 신체의 감각
으로 물질을 느끼면 오래전 이 건축물에 몸을 맞대었던 사람과도 시
공을 뛰어넘어 공감할 수 있다.

　카라바조Michelangelo da Caravaggio의 그림 〈의심하는 토마스 The
Incredulity of Saint Thomas〉(1602)는 보는 것보다 만지는 것이 더 확실
함을 보여준다.[68] 제자 토마스(도마)는 부활하여 다시 나타난 예수를
보지 않고서는 믿지 못하겠다고 한다. "다른 제자들이 그에게 '우리
는 주님을 뵈었소'라고 말하였다. 그러나 도마는 그들에게 '나는 그분
의 손에 있는 못 자국을 직접 보고 그 못 자국에 내 손가락을 넣어보
고 또 그분 옆구리에 내 손을 넣어보지 않고는 결코 믿지 못하겠소'
라고 말하였다."(요한복음 20 : 25) 카바라조의 그림은 토마스가 자기 앞

에 나타난 예수의 상처에 실제로 손가락을 넣어보는 장면을 그리고 있다. 손가락에 피가 묻어 있는 것으로 보아 최소 한 번은 넣었다 뺀 것으로 보인다.

가우디가 설계한 '바트요 주택'에는 지금은 쓰지 않는 난로가 있다. 좌우에 두 명씩 네 사람이 몸을 덥히는 이 난롯가는 그 자체가 하나의 작은 '방'이다. 갈색의 타일을 붙인 이 작은 방 내부는 난로의 모양과 재료만으로도 이미 온기가 가득 찬 느낌을 준다. 불을 때는 것도 아닌데, 게다가 만지지도 않고 단지 눈으로 보기만 하는데도 실제로 불을 쬐는 듯한 촉각적 경험을 하게 되는 것이다. 차갑게 보여야 할 이 난로는 대체 왜 따뜻하게 보이는 것일까?

'피셔 주택(Fisher House. 1967)'의 건축주 피셔 부부는 루이스 칸이 설계하면서 들려준 이야기를 이렇게 전했다.

> "준공하고 나서 몇 년 지난 다음의 일입니다만, 칸이 놀러왔을 때 이 집의 설계를 어떻게 시작했느냐고 물었습니다. 칸은 이렇게 말했습니다. '구조에서 시작했습니다. 방으로 지어진 장소에 몸을 두고 있을 때 어떤 빛이 들어올까 생각했습니다. 어떤 간격으로 어떻게 기둥을 배치할 것인지는 머릿속에 없었습니다. 그 장소에 빛을 가져다주는 구조가 어떤 것인지, 그것만 생각하고 있었습니다.'"[69]

* 68. 유하니 팔라스마, 《건축과 감각》, 김훈 역, 시공문화사, 2013. 그런 이유에서 유하니 팔라스마가 지은 《피부의 눈 The eyes of the Skin》이라는 책의 표지가 이 그림으로 되어 있다.
69. Norman and Doris Fisher, 〈Seven Years with Louis I. Kahn〉, 《Louis I. Kahn Houses》, TOTO Shuppan, 2003

시각을 통한 촉각적 경험, '바트요 주택'의 난로 (가우디, 1907) ⓒ김광현

창가의 방, '피셔 주택' (루이스 칸, 1967)

장소에 몸을 두고 있을 때 방에 들어올 고유한 빛으로 방의 고유한 정황을 느끼게 해주는 것이 설계의 출발이었다는 뜻이다. 이때의 빛은 눈으로 '보는' 밝고 어두운 빛이 아니다. 창가에 앉아 있을 때 따뜻한 느낌을 주는 빛, 아침에 찾아오는 신선하고 서늘한 빛, 석양에 드리우는 깊고 진한 빛이다. 눈만이 아니라 온몸의 촉각까지 동원되는 빛이다. 칸이 말하는 '구조'란 그러한 빛을 생산하는 물질의 조합과 체계를 의미한다. 그러니까 피서 부부가 전해준 바는 빛과 물질, 사물과 신체가 생활 속에서 만들어내는 정황 전체라고 이해해야 하겠다.

돌로 쌓은 벽에서는 힘이 느껴지고 땅이 느껴진다. 하지만 돌을 쌓지 않고 붙이면 이런 느낌이 사라져버린다. 그나마 느낌을 살리려면 돌의 모양과 크기를 달리하며 붙여야 한다. 돌의 줄눈을 맞추어 붙이면 질감이 줄어들고, 줄눈을 어긋나게 하더라도 규칙성이 보이면 돌의 거친 맛이 제대로 나지 않는다. 하지만 크기가 다른 돌을 불규칙하게 붙이면 훨씬 거친 맛이 난다. 돌을 어떻게 붙이는가에 따라 질감이 크게 달라진다는 것은 시각적인 요소가 촉각에 호소하고 있다는 뜻이다.

최근에 많이 쓰이는 개비온(gabion)은 철망에 돌을 넣은 것이지만 아무렇게나 넣는 것이 아니다. 바깥으로 드러나는 돌은 표면을 만드는 것이므로 정성스럽게 쌓지만, 안쪽에는 표면과 무관한 돌을 넣는다. 촉각적인 돌의 집적인 개비온이 시각적 느낌을 불러일으키는 재료가 되는 것이다.

서울 북촌의 한 카페에 앉아 누군가를 기다리던 때의 일이다. 내 의자 앞에는 테이블이 있고, 테이블 앞에는 큰 유리창이 있으며, 유리창 너머로는 가로수와 도로가 보였다. 길 건너에는 문이 열려 있는 또 다른 카페가 보이고 그 안에서 아주머니 몇 명이 커피를 마시며 환담을 하는 모습이 보였다. 아주 가까운 거리이기 때문에 가능한 지각 경험이었다. 나의 시각은 눈앞에 전개되어 있는 사물의 형태와 질감, 심지어는 길 건너 테이블에 놓인 커피의 따뜻함과 들리지도 않는 정겨운 웃음소리까지 경험하게 해주었다.

시각과 촉각은 완전히 다른 것이 아니다. 무언가를 눈으로 보고 있으면 마치 내가 그것을 만지는 듯한 느낌이 든다. 이런 것을 '시각적 촉각'이라고 한다. 반가운 사람을 만나면 얼굴만 멀뚱멀뚱 쳐다보다가 헤어지지 않는다. 악수도 하고 서로 껴안기도 한다. 이것은 시각보다 촉각이 훨씬 친밀하고 더 많은 감각을 동원하고 있음을 말해준다. 조금 달리 설명하면, 촉각이란 물체가 있는 이 장소에 대한 감각이다. 모든 사물은 장소 안에서 존재한다.

사람의 눈은 두 개의 시야를 갖고 있다고 한다. 하나는 '중심시(foveal vision)'라는 것인데, 어떤 물체를 집중해서 바라볼 때의 시각적 작용이다. 중심시는 대상에 집중은 하지만 그 대신 보는 사람을 관찰자로 만들어 공간 밖으로 나가게 한다. 그런데 내가 무언가를 집중하여 바라볼 때 나의 망막에는 비록 희미할지언정 그 주변의 것들도 함께 나타난다. 책을 보고 있는 순간에도 오로지 책의 활자만을 응시하지는 못한다. 책 주변의 여러 사물들이 동시에 시야에 들어오기 때문이다. 이것을 '주변시(peripheral vision)'라고 한다. 주변시는 해상도는 낮지만 주변 배경에 대한 정보를 끊임없이 받아들이고 대상의 움직임에 민감하게 반응한다.

포르투갈의 건축가 알바루 시자Alvaro Siza는 방에 있는 책장과 벽과 바닥을 그리면서 그것을 그리고 있는 손과 자기 신체의 일부인 다리

446

까지 그렸다. 그리고 창밖으로 보이는 풍경까지 그렸다. 마치 광각렌즈로 방 안을 촬영하듯 눈에 보이는 모든 것들을 그림 속에 담아낸 것이다. 신체는 환경의 일부이며, 그림을 그리고 있는 나 또한 환경의 일부이지 환경을 조정하는 자가 아니다.

이런 스케치도 있다. 그림을 그리고 있는 시자 자신이 그 종이 위에 그려져 있는 것이다. 내 신체는 보는 신체이기도 하지만 동시에 보이는 신체이기도 하다. 알바루 시자는 '중심시'를 여기저기에 맞추면서 자신이 볼 수 있는 범위 전체를 그리고자 했다. 그러다 보니 그것을 그리고 있는 자신의 몸까지도 그려야 했던 것이다. 나는 결코 눈앞에 놓인 물체 하나만을 대할 수 없다. 그것이 포함되어 있는 전체를 통해, 곧 풍경을 통해 그 물체를 본다.

알바루 시자가 바닷가에 설계한 주택(Casa de Chá. 1963)에서 바닥은 지붕에 대응하고 바닥과 지붕은 해안과 바다와 하늘을 잘라낸다. 그리하여 그 사이에 선 사람의 신체를 덮어주는 방이 된다. 그가 바닷가에 지은 수영장 '레샤 데 팔메이라(Leça de Palmeira. 1966)'는 사람들에게 수영장을 곧바로 보여주지 않는다. 긴 벽으로 막힌 통로가 수영장을 가로막고 있고, 탈의하는 동안 파도 소리와 바람 소리가 들려온다. 사람들은 이 소리만으로 이제 곧 가게 될 수영장의 크기와 모양을 상상한다. 벽과 탈의실은 인공적이다. 그러나 일단 이 벽을 통과해서 나가면 그곳은 수영장이라기에는 너무나도 자연스러운, 있는 그대로의 바닷가와 같다.

시자는 바닷가의 바위들을 그대로 놓아둔 채 최소한의 벽으로 수영장을 만들었다. 수영장의 벽 안쪽은 신체와 오감을 통하여 또 다른 공간감을 유발시키는 아주 큰 '방'이다. 드로잉 중인 자신의 모습

바닷가에 지어진 수영장 '레샤 데 팔메이라' (알바루 시자, 1966) ⓒ김광현

을 그린 그림에 빗대어 말하자면 그림을 그리는 신체는 아직 탈의실에 있고, 종이 위에 그려진 신체의 일부는 벽에 막힌 채 파도 소리로 수영장을 상상하고 있다.

메를로 퐁티Maurice Merleau Ponty는 이렇게 말한 바 있다. "몸을 통해서 우리는 세계를 선택하고, 세계는 우리를 선택한다." 그는 우리의 신체가 보는 주체이면서 보이는 대상이라는 것, 따라서 내가 사물을 보고 있을 때 내 몸 또한 그 사물과 함께 보인다는 것을 가르쳐주었다. 알바루 시자 또한 이러한 생각을 그림으로 나타냈던 것이다. "세계는 내 주변에 있는 것이지 내 앞에 있는 것이 아니다"(《눈과 정신 L'oeil et l'esprit》)라는 퐁티의 말처럼, 인간은 바깥에서 세계를 의식하는 존재이기 이전에 세계와 함께 있는 존재임을 알아야 하겠다.

건축은 신체감각을 되찾는 것

우리는 건축과 도시를 우리의 신체로 충분히 지각하지 못하며 살고 있다. 이유는 속도다. 현대도시에서는 다들 빠른 속도로 움직이며 환경을 폭넓게 경험하는 것처럼 보이지만, 실제로는 환경에 대한 감각을 점점 잃어가고 있다. 특히 가장 크게 잃고 있는 것은 촉각이다. 거리와 시간을 줄여 전류의 흐름으로 소식을 주고받으니 다른 사람과 만날 기회가 적고, 누군가와 악수하고 포옹하고 헤어질 기회도 크게 줄어들었다.

건축가는 물질을 접할 기회가 많은 사람이고 신체의 감각을 믿어야 하는 직업이다. 재료는 각각의 특성에 따라 사람의 감정에 여러 모로 호소하는 바가 있다. 건축가가 재료의 촉각을 강조하는 것은 넓게 해석하면 우리의 삶 속에서 촉각의 세계, 접촉의 세계를 넓히자고 말하는 것이다. 건축과 공간을 한 사람 한 사람이 최대한 잘 느낄 수 있게 만듦으로써 감각에 호소하는 건축을 새로이 구축하는 것이 앞으로의 과제다.

물질의 감각과 현상으로 건축을 만드는 것은 인간 생활의 근저와 밀접한 관련이 있다. 건축가는 건강한 어른뿐 아니라 '작은 사람'까지도 염두에 두어야 하는데, 그럴수록 감각의 건축은 아주 중요해진다. 소리를 듣지 못하는 청각장애 어린이들의 학교는 어떻게 설계해야 할까? 이 아이들에게 필요한 것은 시각과 촉각을 통한 공간 지각과 수업, 그리고 친구들과의 의사소통이다. 시각장애 어린이들의 학교는 이것과는 또 다르다. 볕이 잘 들어오는 방에 앉아 햇볕의 따뜻함을 통해 자연을 알게 하는 것, 창을 통해 들어오는 소리를 눈으로 보게끔 하는 것, 손으로 벽을 만지며 스스로가 보호받고 있음을 느끼게 하는 것이 중요하다. 대부분의 학교에서는 식당에서 나는 냄새가 다른 곳으로 퍼지지 않게 하지만, 시각장애아들의 학교 식당에서 나는 냄새는 정보를 전해주는 하나의 매체다.

어디 그뿐이겠는가? 책상을 탐색하는 도구로 만들고 선반을 대화하는 도구로 만들어주는 설계, 유리창에 손가락으로 글을 써서 의사를 전달할 수 있게 해주는 설계가 뒤따라야 한다. 아이들이 만지는 모든 재료는 건축의 재료인 동시에 그들을 위한 교육의 재료인 까닭이다. 따라서 장애아들의 학교뿐만 아니라 어린이 교육시설 전체에 감각적 요소에 대한 고려가 반드시 필요하다. 이것은 학교라는 빌딩 타입의 습관적 재현을 통해서는 절대 이루어질 수 없다. 건축이란 물질의 감각과 현상에 근거하는 것임을 온전히 이해할 때, 비로소 '작은 사람'에게 절실한 건축을 마련하는 눈을 얻게 된다.

감각은 인간이 타고난 능력이지만 한편으로는 인간 스스로에 의해 약화된 능력이다. 정보통신 기술은 시각과 청각 정보에서 시작되었다. 다양한 영상과 음향 정보가 20세기 인간의 시각과 청각을 확대했다. 오늘날 인터넷이 전해주는 정보 또한 시각 정보와 청각 정보 그리고 텍스트뿐이다. 이처럼 영상과 음향에 편향된 정보는 인간으로 하여금 종합적인 신체감각을 잃게 만들었다. 그러나 촉각을 포함한 야생적인 신체감각에는 시각과 청각을 뛰어넘는 예민함이 숨어 있다. 장인(匠人)의 손 안에 뇌가 있다고들 하지 않는가? 손 안의 뇌는 모든 것을 직감적으로 판단한다. 머릿속의 뇌처럼 무언가를 분석하고 추리하여 판단하지 않는다.

건축은 기계로 하는 작업처럼 보이지만 사실은 사람의 손과 몸이 만든다. 마지막 단계에 이를수록 사람의 손이 많이 가는 것이 건축물이다. 설계와 시공이 정밀해질수록 현장에서 예측할 수 없는 일들이 더 많아지고, 솜씨가 뛰어난 장인과 건설노동자의 손을 더 많이 필요로 한다. IT가 주도하는 21세기 정보화사회에서도 건축은 여전히 종래의 '신체성'을 유지하고 있다. 높은 강도의 구조체, 초고층에서 진행되는 고도의 용접 기술, 똑같은 데가 거의 없는 복잡한 창호를 제작하고 이것을 고공에서 결합하는 것, 첨단의 디테일과 정밀한 마감에 이르기까지, 건축은 장인들의 손을 빌리지 않고서는 결코 만들어낼 수 없는 고도의 수제품이다.

짓는 과정만 그런 것이 아니다. 지어지고 난 뒤에는 건축물을 이용하는 사람들이 자신의 신체로 물질을 지각한다. 모니터 속의 가상공간이 아닌 이상, 집에서 느끼는 일상적 감각이 시각과 청각에만 국한 될 리 없다. 그러므로 건축가는 설계에 앞서 신체와 감각 그리고 물질의 긴밀한 관계를 깊이 이해하고 있어야 한다. 건축가를 위해서도 아니고 건물을 위해서도 아니다. 현대인이 잃어버린 신체감각을 되찾게 하기 위함이다.

건축은 여러 사람이 함께 사용하고 생활하기 위한 것이라고 앞에서 여러 차례 강조한 바 있다. 그런데 사람들은 모두 동일한 감각기관을 가지고 있고 그것을 통해 느끼는 것도 비슷하다. 그렇다면 건축은 신체감각을 공유하는 장치라고 할 수 있다. 그리고 사회는 공통의 감각을 가진 수많은 신체의 집합체이자 커다란 몸이라고 할 수 있다. 이런 사실을 분명히 인식할 때 비로소 한 사람 한 사람의 신체가 느끼는 바가 그대로 전해지고 느껴지고 공유되는 도시를 만들 수 있을 것이다.

이를 두고 건축을 공연히 철학적으로 말하는 것이라 여겨서는 안 된다. 이 점에서는 오히려 철학이 건축을 배워야 한다.

2

롱샹 성당이
최고의 성당이 아닌 이유

경험이 '텅 빈 공간'을 채울 때

고딕 대성당은 어떻게 경험되는가? 멀리서 높이 치솟은 첨탑을 보면 그것이 이 도시의 중심부임을 알게 된다. 이 대성당은 가까이 가지 않더라도 도시의 일상 속에서 얼마든지 경험된다. 대성당 앞 광장에 이르면 높은 첨탑에 압도되고, 정면의 수많은 조각물과 함께 복잡한 구조를 읽게 된다.

그러나 그 안에 들어가면 내부는 어둡고, 밖에서는 느끼지 못했던 거룩한 공간이 나타난다. 그리고 아름답게 채색된 스테인드글라스를 통해 빛이 쏟아져 들어온다. 내부의 구조는 하늘을 향해 높이 솟아 있고 기둥과 벽은 리드미컬하게 반복되며 우리를 이끌어준다. 넓게 펼쳐진 바닥도 마찬가지여서 내가 걷고 있는 바닥을 자세히 보면 아름다운 꽃과 풀이 그려져 있다. 나아가는 발걸음의 앞쪽에는 성스러운 제대가 놓여 있고, 그 뒤로 초월적인 빛과 공간과 여러 이미지들이 공간 안에 있는 모든 사람을 감싸준다. 수많은 사람들이 지나쳐 갔을 바닥의 돌을 밟으면 그들의 발자국에 내 발자국을 포개는 듯한 느낌을 받는다. 이 모든 것은 건축의 현상에 대한 체험이다.

미사가 바쳐지면 웅장한 오르간과 성가대의 청명한 노랫소리가 공간을 가득 메운다. 건축공간이 내는 소리다. 라스무센Steen Eiler Rasmussen은 이렇게 말한다.

> "건축은 들리는 것일까? 아마도 대부분의 사람은 건축은 소리를 내지 않으니 들릴 수 없다고 말할 것이다. 그러나 건축은 빛을 내지 않는데도 보일 수 있다. 우리는 그것이 반사하는 빛을 보고 형태와 재료가 주는 인상을 받는다. 이와 마찬가지로 우리는 건축이 반사하는 소리를 듣고 그 소리가 내는 형태와 재료에 대한 인상을 받게 된다. 방의 모양이 다르거나 재료가 다르면 소리도 다르게 울린다."[70]

루이스 칸도 어느 음악학교의 강연에서 "음을 듣는 것은 공간을 보는 것과 같다"고 말한 바 있다. 눈을 감고 건축공간 안에서 울리는 소리를 들어도 그 공간의 특성을 알 수 있다는 말이다. 그런데 건물 안의 소리는 하루 종일 나는 것이 아니다. 대개는 시간이 정해져 있어서, 어떤 소리가 특정한 시간을 나타내기도 한다. 더욱이 이런 경험마저도 이른 아침이 다르고 낮이 다르며 해 질 무렵이 다르다. 대성당에도 마찬가지로 시간이 개입한다. 대성당의 건축공간은 늘 똑같이 보이거나 들리는 것이 아니고, 흐르는 시간 속에서 매번 다르게 나타난다.

대성당의 건축적 현상은 이것으로 끝나지 않는다. 한가운데서 미사가 진행되고 웅장한 파이프오르간과 성가대의 노래가 온 성당 안에 울려 퍼지면 사람들은 내가 아닌 '우리'라는 감각을 의식과 소리로 확인하게 된다. 성당이라는 건물의 진수는 신도들이 찬미하고 기도하는 행동과 소리와 감정이 '텅 빈 공간'을 가득 채울 때 나타난다. 건축물의 목적에 부합하는 구체적인 행위가 있을 때, 성당을 비추는 빛과 사제가 성체를 들어 올릴 때 나는 종소리와 오르간에 맞추어 사람들이 부르는 노랫소리가 합쳐질 때, 지붕과 천장과 바닥과 벽이라는 건축적 요소로만 이루어진 건축물은 비로소 생명력을 얻는다. 이런 공간을 가리켜 '현상하는 공간' 또는 '공간의 현상'이라고 한다. 이렇게 건축 안팎에는 수많은 신체의 경험들이 얽혀 있다.

고트프리트 뵘Gottfried Böhm이 설계한 프랑크푸르트 암마인am Main의 '성 이그나치오 성당(Pfarrkirche St. Ignatius. 1965)'에 간 적이 있다. 경사진 예각의 노출 콘크리트가 천장에서 복잡하게 만나고 있지만 붉은 장미가 크게 그려진 창이 내부의 중심을 잡아주었다. 그러나 이 성당에서 가장 인상적인 것은 무릎 틀이 있는 긴 의자였다. 견고하고 차분하고 바닥과 호흡을 같이하며 기도하는 사람의 자세를 바로 해주는 의자. 사람들끼리 몸을 맞대고 앉는 이 긴 의자가 성당의 거룩한 공간에 대하여 참으로 많은 것을 이야기해주고 있었다. 예각의 천장은 마음을 높은 곳으로 고양시켜주고, 붉은 장미를 그린 커다란 창은 마음을 넓혀주며, 침착하고 엄정한 의자는 내 몸과 마음을 아래로 가라앉혀주었다.

---

* 70. Steen Eiler Rasmussen, 《Experiencing Architecture》, MIT Press, 1973, p.224

'이그나치오 성당'의 긴 의자 (고트프리트 뵘, 1965) ⓒ김광현

롱샹 성당의 큰 실패

르 코르뷔지에가 설계한 롱샹 성당[71]은 참으로 아름답다. 언덕 위에 홀로 서 있는 자태가 아테네 아크로폴리스의 파르테논을 보는 듯한 느낌을 줄 정도로 아름다워서, 성당이라고 하면 건축하는 사람들은 으레 롱샹 성당을 첫 번째로 꼽는다. 이 성당의 정식 명칭은 '노트르담 뒤 오 성당(Chapelle Notre-Dame-du-Haut de Ronchamp. 1954)'이며 프랑스 동부의 벨포르Belfort에서 20킬로미터 떨어진 작은 마을에 있다.

건축가에게 요구된 것은 아주 단순했다. 미사 중에도 계속 쓰일 수 있는 경당(經堂: 기도하는 방) 3개를 두는 것, 비가 드문 이곳에서 비를 모아 방화수로 쓸 수 있게 하는 것, 그리고 순례 기간 중에 대규모의 야외 미사가 가능하게 하는 것이 전부였다. 게 껍데기 모양에서 영감을 얻었다는 지붕이 벽체 위에 날아갈 듯 얹혀 있고, 벽면에는 크고 작은 둥그스름한 입체가 독립되어 있다. 내부는 콘크리트를 자유자재로 다루었고, 다양한 모습의 창으로 들어오는 빛을 통해 신비로운 하느님의 공간을 독창적으로 창조해냈다. 눈이 부시도록 아름다운 저 거룩한 공간은 콘크리트와 땅과 빛으로 빚어낸 것이었다. 전쟁 때 파괴된 석조 예배당의 돌을 다시 사용하여 그 위에 모르타르를 뿜고 흰색을 칠했다.

이 성당은 작은 입체이지만 어디에서나 잘 바라다보이는 언덕 위에 서 있어서 주위를 완전히 압도한다. 평야와 고원으로 펼쳐져 있는 언

---

* 71. 흔히들 롱샹 성당이라고 부르지만 '롱샹 경당'이 더 정확한 표현이다.

덕 정상은 마치 아주 오래전부터 이 성당을 위해 마련된 듯 평평한 땅을 이루고 있다. 훌륭한 건축물은 언제나 땅에서 비롯되는 법이다. 건물이 지어질 자리, 그 자리에 이르는 땅의 물매, 그리고 그 땅에 이어지는 또 다른 풍경들. 이 모든 것이 올바른 집을 짓게 해주는 단서가 되기 때문이다.

그렇게 롱샹 성당은 땅 위에 지어진 인간의 작품을 훌쩍 뛰어넘어, 땅에 내려와 자리를 잡고 있는 천상의 공간이 되었다. 건물 외관은 어디 하나 흠잡을 데 없이 완벽한 조형을 과시하며, 내부공간은 그야말로 신비의 장막 속에 들어와 있는 듯한 느낌을 자아낸다. 이런 까닭에 롱샹 성당은 20세기 건축의 최고봉이며 현대건축사의 선구적 전환점이 되는 건물로 평가되고 있다.

그런데 이상한 사실이 하나 있다. 이 마을의 가톨릭 신자들은 이제는 이 성당을 다니지 않고 그 밑에 있는 또 다른 '롱샹 성당'에 다닌다는 것이다.

나는 건축하는 사람들과 함께 롱샹 성당을 두 차례 찾아간 적이 있다. 이 세계적인 건축물이 가까워지면 다들 설레는 표정으로 카메라를 장전한다. 그리고 멀리 언덕 위로 성당의 모습이 보이면 "아! 롱샹이다" 하며 육중한 망원렌즈로 그 모습을 열심히 찍는다. 도착해서도 마찬가지다. 어느 방향에서 보아도 아름답고 놀라운 조형을 하고 있어서, 함께 간 사람들은 이 성당의 안팎을 돌아보는 동안 서로 이야기도 하지 않는다. 이야기할 시간마저도 아까운 건물이기 때문이다.

건축가나 건축교수가 이 성당에 가서 하는 일은 오직 사진 촬영뿐이었다. 성당에 들어서면 책에서만 보았던 아름답고 놀라운 남쪽 벽의 창과 빛이 눈과 마음을 사로잡는다. 나 역시 사진작가가 찍었던

완벽한 조형을 과시하는 롱샹 성당의 외관 (르 코르뷔지에, 1954) ⓒ김광현

롱샹 성당의 내부 (르 코르뷔지에, 1954) ⓒ김광현

유명한 사진들과 최대한 비슷한 사진을 찍느라 이곳저곳을 바쁘게 다녔다. 눈으로만 공간을 지각하는 것은 오늘날의 건축이 지니는 가장 근본적인 약점 중 하나라는 사실을 잠시 잊고 있었다.

장소란 모든 감각으로 파악될 때 의미가 있다. 자연 속에 있는 어떤 장소에 대해서든 경험이 집중되고 투명해지려면 우리의 모든 감각을 다 사용해야 한다. 그 장소가 지상에 하나뿐이어서가 아니다. 설령 다른 곳에 얼마든지 있는 장소라 할지라도, 내 몸에 영향을 미치고 개인적인 세계 속의 무언가와 관련을 맺을 때 그곳이 기억되는 법이다. 장소나 공간은 내 몸과 의식의 일부가 될 때 비로소 나의 장소가 된다. "사람과 공간을 말할 때는 마치 사람이 한쪽에 있고 공간이 다른 쪽에 있는 것처럼 들린다. 그러나 공간은 사람을 마주하고 있는 그 무엇이 아니다. 그것은 바깥에 있는 대상도 아니고 내 안에 있는 경험도 아니다"라는 하이데거의 말은 이 둘(사람과 공간)이 서로 합쳐지는 것이라는 뜻이다.

이렇게 말하면 너무나 당연하여 그냥 지나쳐버리기 쉽지만, 그래서는 안 된다. 장소가 이러해야 하는 이유는, 장소를 이렇게 경험해야만 나 자신의 경험이 되고 자아의 경험이 될 수 있기 때문이다. 건축물에서 침묵을 느끼는 순간은 주변에 잡음이 없고 조용할 때가 아니라 그 공간 안에서 의도적으로 나 자신에게 귀를 기울일 때다. 건축 공간과 함께 나 자신을 발견하기 위해서, 나의 모든 경험을 통해 장소를 지각하려 하는 것이다. 바슐라르가 "주택은 사람이 우주를 대면하는 도구"라고 했다는데, 이는 우리가 짓는 건물과 도시가 우리가 누구인지를 이해하게 해주고 기억하게 해준다는 뜻이다.

몇 년 전, 나는 세 번째로 롱샹 성당을 방문하여 20여 명의 한국

신부들과 3명의 평신도와 함께 아침 미사를 올렸다. 그날 아침에도 롱샹 성당의 빛과 공간은 참으로 눈부셨다. 우리는 미사를 통해 기도하였고 성가를 불렀으며 성체를 모셨다. 소리를 들었고, 빛과 공간과 물체를 보았으며, 빵과 포도주를 받는 양형영성체를 위해 제대에도 올라갔다.

그런데 가까이에서 집전하는 사제는 내부가 너무 어두워서 미사 경본을 읽을 수가 없었고, 그토록 짧은 거리인데도 신자들은 사제가 강론에서 무슨 말을 하는지 알아들을 수가 없었다. 독서대는 형태만 봐서는 아주 멋있게 내부 높은 곳에 조형되어 있다. 하지만 그 위에서 읽는 소리는 불과 10미터 정도 떨어진 이에게도 잘 들리지 않을 정도다. 성가를 부르는 소리는 허공에서 엉켰는데, 만약 오르간 반주까지 있었더라면 그 엉킨 소리는 내부를 비추는 찬란한 빛과는 전혀 다른 체험을 선사했을 것이다.

그날 나는 롱샹 성당을 물체와 공간으로서가 아니라 빛과 소리가 현상하는 공간으로서 체험하였다. 물체와 공간으로서는 20세기 최대의 걸작인 곳에서 제대 위의 어두움을 보았고, 소음처럼 엉키며 감도는 어수선한 소리를 들었다. 근대건축에서 현대건축으로 넘어가는 획을 그은 건물로 평가받는 성당에서 이런 있을 수 없는 상황을 겪으면서, 대체 '작품'이라는 것이 무엇이며 우리는 무엇을 두고 '걸작'이라고 말해왔는지 커다란 반성을 하지 않을 수 없었다.

이날 여러 신부들과 함께 미사를 드리면서 나는 예전에 건축하는 사람들과 함께 갔을 때는 도저히 알 수 없었던 롱샹 성당의 결함을 생생히 체험하였다. 그리고 크게 낙심했다. 이 작은 마을 사람들이 왜 이 세기의 걸작인 롱샹 성당에 오지 않고 저 아래의 이름 없는 또 다른 '롱샹 성당'에 다니는지 그제야 이해하게 되었다.

　카메라를 들고 와서 숨을 죽인 채 이 걸작의 모습을 찍어 남들에게 보여주려 했던 사람들. 눈으로 보기에 아름다운 건축만을 중시하는 그들은 좋은 사진을 찍고 돌아갔으니 이런 현상을 알 수가 없다. '살기에 좋고 일하기에 좋으며 배우기에 좋은 장소'를 '방'이라고 한다면, 성당이라는 곳은 '말과 소리와 빛과 몸으로 미사를 드리기에 좋은 장소'여야 마땅하다. 그럼에도 이 유명하기 이를 데 없는 롱샹 성당이 결코 그런 장소가 아니라는 사실을, 이 마을 사람들은 진작부터 알고 있던 그 자명한 사실을 건축하는 사람들은 왜 모르고 지내는 것일까?

빛과 소리로 탁월한 두 성당

　내가 본 가장 탁월한 성당 건축은 르 코르뷔지에의 롱샹이나 '라 투레트 수도원(Couvent de La Tourette. 1960)'이 아니라 멕시코의 건축가 루이스 바라간이 설계한 '카푸친파 수녀원 성당(Chapel for the Capuchinas Sacramentarias. 1955)'이었다. 롱샹 성당은 아름다운 곡면의 형체가 공간을 메우고 있고 눈부신 빛이 영감을 불러일으키는 듯하지만 오래 앉아 있으면 바로 그 형체와 빛이 마음을 산란하게 한다. 이곳은 조형적으로 너무나 아름답고 눈이 보고 싶어 하는 곳이 많아서 자꾸만 공간 여기저기를 살피게 된다. 성모상, 제단 오른쪽에 난 가늘고 긴 창의 빛, 허공에 떠 있는 듯한 성가대와 독서대, 그리고 저 유명한 남쪽의 벽면에서 여러 종류의 빛들이 분산되는 것을 부정할 수 없다.

이에 비하면 바라간의 카푸친파 수녀원 성당은 작지만 극히 밀도 있는 공간을 만들고 있다. 이 공간에서 빛은 반사되거나 벽과 바닥을 비추며 그림자를 만들어내지 않는다. 빛은 거친 벽면 재료 속에, 공간 전체의 분위기 속에 고요히 스며들어 있다. 제단의 감실을 에워싸는 금빛의 패널만이 성체(聖體)의 존귀함을 홀로 드러낼 뿐이다. 제단은 소박하고, 벽은 거칠지만 겸손하다. 이 예배당은 이러저러한 형체나 현란한 빛을 드러내지 않고, 공간 전체가 기도하는 자의 마음 깊은 곳으로 스미고 있다. 눈은 성체에만 집중되고 마음은 거룩한 하느님으로 수렴한다. 이 작은 자리에 앉아 있으면 공기가 꽉 차면서 밀려오는 느낌을 받는다.

만약 롱샹 성당 근처에 세워졌더라면 롱샹 성당을 그저 하나의 에피소드로 만들었을 법한 건물이 하나 있다. 루돌프 슈바르츠^{Rudolf} ^{Schwarz}가 설계한 독일 뒤렌^{Düren}의 '성 안나 성당(church of Saint Anna)' 이다. 이 성당은 롱샹 성당(1954)과 비슷한 시기인 1956년에 완성되었다. 르 코르뷔지에의 롱샹 성당은 정말 많은 사람들이 알아주지만, 루돌프 슈바르츠의 대표작인 성 안나 성당은 건축하는 사람들도 잘 모르고 어딘가에 소개되는 경우도 극히 드물다.

그런데 이게 웬일인가? 성 안나 성당에 들어서는 순간, 마치 롱샹 성당과 비교라도 해보라는 듯이 육중한 파이프오르간이 연주되고 있었다. 나는 성당에 머무는 내내 이 소리를 듣고 있었는데, 육중하고 골고루 퍼지는 오르간 소리는 이 성당의 건축공간이 내는 소리였다. 고백하건대 나는 이토록 잘 지어진, 아니 잘 지어졌다기보다 '정성을 다해 바친' 성당을 그 전에도 그 후에도 본 적이 없다.

성 안나 성당(루돌프 슈바르츠, 1956) ⓒ김광현

독일의 작은 도시 뒤렌은 제2차 세계대전으로 거의 폐허가 되다시피 했다. 가장 큰 손실은 중세에 지어진 성 안나 성당이 파괴된 것이었다. 지금의 성당은 종전 후에 새로 지은 것이다. 사람들은 옛 성당의 부서진 돌무더기에서 골라낸 돌을 한 장 한 장 맞춰가며 새 성당의 안과 밖에 정성스럽게 쌓았다. 공동체의 아픈 기억이 담긴 이 돌벽은 성당 전체를 깊은 침묵으로 이끌며, 육중한 돌벽과 빛의 극적인 대비를 만들어내고 있다.

나르텍스(narthex)[72]에 들어서는 순간, 중후한 건축공간 속에서 나 자신이 사라져버리고 마음은 찬찬히 제대를 향하게 된다. 낮아진 제대와 두 방향으로 이어지는 회중석은 전례 공간에 대한 혁명적 구성이었다. 이 성당은 장방형의 긴 회중석을 가지고 있으나 또 다른 작은 회중석을 포함하고 있어서 신자들을 균등하게 분포시킨다. 측면 통로도 없고 기둥도 없어서 공간이 분단되지 않는다. 천장이 높은 회중석의 L자 평면은 긴 방으로 나뉘어 있고 교차하는 회중석은 제대 쪽으로 넓혀져 있어서 성당 어디에서든 제대가 보인다. 기둥이 가로막고 있는 낮고 어두운 나르텍스에서도 마찬가지다. 슈바르츠는 제대와 회중석을 가깝게 놓고 열린 평면에서 제대를 막힘없이 바라볼 수 있게 하였는데, 이것은 '전례운동(Liturgical Movement)'[73]의 중요한 조건이었다. 즉, 이 성당은 롱샹 성당과 같은 건축가의 개인적 표현이 아니라 새로운 전례를 깊이 해석한 건축이었다.

---

* 72. 교회건축에서 정면 입구와 중앙 통로 사이에 마련된 홀. 거룩한 공간으로 들어가기 전에 거치는 참회의 장소
* 73. 19세기 말 베네딕도 수도회에서 시작되어 20세기 초중반에 유럽 전역으로 확산된 예배 갱신 운동. 가톨릭교회의 전례 예식에 신도들이 능동적으로 참여함으로써 교회를 쇄신하고 활성화하는 것을 목적으로 한다.

좋은 성당의 요건은 극적이거나 아름답거나 건축적으로 의미가 깊은 공간 구성에 있지 않다. 이보다 더욱 중요한 것은, 어떻게 하면 하느님께 불림을 받은 이들이 모여 마음 깊은 곳에서 우러나오는 올바른 '전례'를 드리게 할 것인가에 집중한 성당이어야 한다는 사실이다. 어디 성당뿐이겠는가. 모든 건축은 제각기 목적을 갖고서 사람들을 그곳에 오게 하고, 모인 사람들을 하나로 감싼다. 주택은 살기 위해서, 학교는 가르치기 위해서, 도서관은 책을 모아두고 읽기 위해서 지어진다. 빛과 물체와 감각은 바로 이 목적을 위해 현상한다. 바라간과 슈바르츠의 저 성당들처럼.

3

건축은 바로 이 장소에 선다

건축은 이미 있는 것에 의존한다

건축은 '사람'이 사는 근거지를 땅에 만드는 일이요, 건축가는 그러한 일을 실천하는 사람이다. 그런데 그 건축물이 세워지는 땅은 세상에 오직 하나밖에 없다. 땅 조각의 모양이 다르고, 위치도 다르며, 햇빛을 받는 각도도 다르기 때문이다. 땅 위에서 살아가는 인간들에게 건축이 유일한 근거지가 되는 이유다.

건축의 아주 중요한 특징은 그곳에 이미 있던 것을 사용한다는 것이다. 모든 건축물은 이미 있는 것에 의존하며 세워진다. 그러지 않고서는 지어질 수 없다. 무엇보다도 땅이 있어야 하고, 땅 위의 무언가가 있어야 한다. 어항의 물을 갈아줄 때 새 물만 넣지 않고 이전에 담겨 있던 물을 섞어주듯이, 건물은 이미 거기에 있던 것에 필연적으로 의존하게 되어 있다. 건축물에게 '장소'란 어항의 새 물에 섞어주는 헌 물과 같은 것이다. 이런 의미에서, 영국의 건축교수 사이먼 언윈Simon Unwin이 학생들을 위해 쓴 책에서 언급한 이 표현이 참 좋다.

"건축은 언제나 이미 거기에 있는 것에 의존한다."[74]

땅이며 나무며 먼저 있던 건물까지, 이미 거기에 있는 것에 늘 구속되는 것이 건축물이다. 인간은 집을 만들 줄 몰랐을 때도 동굴 등 이미 있는 것을 알아서 사용했다. 나무가 있으면 그늘 밑에서 쉬고, 동굴이 있으면 그 안에 숨고, 언덕이 있으면 올라가서 주변을 살폈다. 성은 높은 지대에 지어졌고, 터키 아나톨리아에 있는 '괴레메 (Göreme)'처럼 자연적 지형과 암굴을 그대로 사용하기도 했다. 경주 양동마을에 가보면 바라보기에 좋은 언덕도 있고 바람을 막아주는 능선도 있으며, 사시사철 햇볕이 잘 드는 지형을 선택하였다.

그러나 이미 있던 것들을 완전히 남겨두고 집을 지을 수 있는 경우는 없다. 건축은 이미 있는 무언가를 부수며 세워진다. 오래전부터 있던 집을 부수어야 하고, 지하층을 위해 땅을 새로 파야 하며, 주변에 있던 나무나 인공 구조물을 치워야 한다. 이렇듯 한편으로는 거기 있던 것에 의존하면서 또 한편으로는 거기 있던 것을 지워야 하는 것이 건축의 숙명이다.

회화나 조각은 원래 전시되어 있던 미술관이 아니더라도 특별전을 위해 다른 곳으로 운송될 수 있다. 그러나 건축은 그렇지 않다. 건축물을 보려면 그것이 서 있는 곳까지 가야 한다. 예전에 인상적이었던

---

* 74. Simon Unwin, 《Analysing Architecture》(2nd edition), Routledgep, p.62

곳을 다시 찾아갔다가 완전히 달라져버렸다고 아쉬워할 때도 많다. 건물을 보호한다고 펜스를 친 경우, 옆에 있던 나무가 잘려 나간 경우, 건물 뒤로 다른 고층건물이 들어섰거나 눈에 거슬리는 간판이 많아진 경우, 수더분하던 지역민들이 상업적으로 바뀐 경우 등등. 이 모든 것들이 건축물을 변하게 만드는 요인들이다. 건축물의 장소란 그것이 놓인 바로 그 자리만이 아니라, 그 장소를 둘러싼 여러 환경을 모두 아우르는 개념인 것이다.

나무와 집은 땅에 심긴다는 점에서 비슷한 데가 있다. 그러나 나무는 옮겨 심어도 시간이 지나면 자리를 잡고 뿌리를 내리는 반면, 건물은 일단 장소를 바꾸면 아무리 시간이 흘러도 자기 자리를 잡지 못한다. 수몰될 마을을 통째로 옮겨 민속촌을 만들겠다며 집만 들어내서 다른 장소로 옮기는 것을 본 적이 있다. 하지만 구조와 재료와 모양이 똑같다고 해서 그 집이 예전과 똑같다고 생각하면 큰 오산이다. 이런 집은 화분에 옮겨 심은 나무와 똑같다. 나무는 화분이 아니라 땅에 심어야 한다.

건축이 이미 있는 것에 의존한다는 사실을 어떻게 이해하고 받아들여야 하는가? 이것은 자기가 집을 설계할 대지 안에 있는 오래된 나무 한 그루를 어떻게 할 것인지 묻는 것과 같다. 건축주를 대신하여 이 나무를 자르는 일에 나선다면 그는 건축가가 아니다. 건축가는 이미 있었던 한 그루의 나무를 자르지 말아야 한다는 쪽에 굳건히 서야 한다.

건축을 건축이게 해주는 가장 큰 조건은 지구 위 어딘가의 한 점에 위치한다는 사실이다. 하나마나한 소리 같지만 그렇지 않다. 건축의 가치는 바로 이 사실에서 시작하고 건축의 모든 노력은 이 사실로 되돌아온다. 이 사실에 마음이 움직이는 사람은 건축을 소중하게 여기는 눈이 열리지만, 이 사실을 가볍게 여긴다면 제아무리 세계여행을 많이 하고 훌륭한 건물들을 둘러보았다 해도 건축과 인간의 가장 진지한 대목을 알지 못한다. 광대한 지구의 땅, 그중에서도 바로 이곳에 자리를 잡고 있음! 이것이 건축에서 가장 중요한 가치다.

노르웨이 건축가 스베레 펜은 자연적인 바위의 갈라진 틈 사이에 작은 갤러리를 짓는 계획안(1988)을 설계한 적이 있다. 거대한 바위가 이미 벽체가 되어 있으니 거기에 기둥 몇 개만 더해서 건물을 만든다는 게 그의 생각이었다. 이 거대한 바위가 벽면으로 나타났다면 저 거대한 자연 속에서 살아가는 우리 인간의 모습을 겸허히 돌아보게 해주었을 것이다.

갤러리의 위치는 노르웨이 툰스버그Tønsberg에 있는 작은 섬의 최남단인 '베르단스 엔데Verdens Ende'라는 곳이다. 우리말로는 '땅끝'인데, 사람과 자연이 만나는 경계선이라는 뜻이 담겨 있다. 이 건물은 인간

노르웨이의 땅끝 바위 틈새의 갤러리 계획안 (스베레 펜, 1988)

이 자연 속에서 구축하는 존재임을 보여주는 좋은 사례이다. 이 건물이 서는 오슬로 피오르(Oslo Fjord)의 바위는 동일한 자연 속에서 살고 있는 노르웨이 사람들의 공동체적 삶을 드러낸다. 장소란 건축물을 통해 사람과 공동체와 자연의 정체성을 표현해주는 것이다.

물론 우리 주변에 이와 같은 극적인 장소가 흔한 것은 아니다. 분명한 것은, 장소는 건물을 통해서 드러나고 건물은 장소를 통해서 의미를 갖게 된다는 점이다.

장소와 건축의 사이좋은 대화

노련한 건축가일수록 좋은 장소를 발견하여 사람을 편안하게 해주며, 장소의 질서를 만들어가는 것을 자기 작품의 원점으로 생각한다. 좋은 건축가와 그렇지 못한 건축가는 바로 이 지점에서 갈라진다. 건축가로서의 경험이 많든 적든, '좋은 건축가'는 자기와 건축주가 좋아할 장소를 찾아내는 그 순간부터 재료, 형태, 크기, 빛과 바람, 물과 녹지, 흙과 돌 등을 어떻게 배치할지 고민하며 그 장소에 질서를 주려 한다.

건축가가 아닌 비전문가가 배우는 입장에서 건축을 볼 때도 마찬가지다. 맨 먼저 건물과 그것이 서 있는 땅을 함께 보아야 한다. 물론 지구의 땅 위에 건물만 있는 것은 아니다. 그러나 건축이 땅 위에서 살아가는 인간의 삶에 질서를 주는 것임을 감안하면, 땅과 관련하여 건축만큼 인간에게 실천적인 학문은 달리 없다. 건축을 생각하고자 하는가? 그렇다면 먼저 장소를 생각하라. 건축을 통해 무언가를 배우려

하는가? 그렇다면 장소를 통해 배우라. 건축물 짓는 것을 배우고 싶은가? 그렇다면 장소를 짓는 것이 곧 건축을 짓는 것이라고 생각하라.

장소의 고유한 재료, 기술, 생활과 함께하는 건축을 생각하는 건축가는 좋은 건축가다. 그러나 법규만 맞추고 사용할 수 있는 면적이 얼마나 나오는지만 따지는 건축가는 건축가라고 불리기에는 부족하다. 건축이 공장에서 생산되는 사물이라면 그렇게 하는 게 맞다. 그러나 건축은 장소에 놓인다. 건물의 사용 면적만 따지는 것은 사물이 놓이는 장소를 볼 줄 아는 눈이 없다는 뜻이다. 건축가에게 제일 중요한 것은 건물이 장소 안에 어떻게 놓이는가, 장소의 가능성을 어떻게 해석할 것인가, 어떻게 그곳에 새로운 활기를 줄 것인가이다. 여기에 설계의 거의 모든 의미가 달려 있다.

장소와 건축물은 서로 대화함으로써 사물의 가치를 높이고 내가 그 안에서 어떻게 이어지는지를 결정한다. 그런데 장소와 건축물의 대화가 가능하려면 전제가 필요하다. 그 건축물이 다른 곳이 아닌 바로 그 자리, 즉 고유한 '장소'에 존재하지 않는다면 그곳에서 생활하는 '나'도 없다는 인식이 있어야 한다. 나, 장소, 건축. 이 세 개의 관계가 어떻게 절실한지를 알아야 좋은 건축가고 좋은 건축주다. 단어는 아는데 이에 대한 깊은 인식이 없고 단지 미사여구로만 여긴다면 아무리 건축 공부를 열심히 해도 좋은 건물을 지을 수 없다.

어떻게 해야 건물과 장소의 사이좋은 대화가 가능해질까? 건물 설계가 진행될 때마다 건축가는 그것에 적절한 모형을 만든다. 모형은 설계를 마친 뒤에 만드는 것이 아니다. 설계가 시작될 때부터 끝날 때까지 모형은 늘 설계 작업에 붙어 다닌다. 좋은 건축가는 주변 지형이 함께 표현된 모형을 가지고 건물을 어떻게 배치하면 좋을지 멀리서도 보고 가까이에서도 보면서 계속 고민하고 검토한다. 건축가는 모형으로 장소와의 대화를 시작한다.

건축에서 말하는 '땅'은 아주 큰 땅이 아니다. 군데군데 존재하는 작은 기복을 육안으로 관찰할 수 있는 미세한 지형을 다루는 경우가 대부분이다. 이런 것을 '미지형(微地形)'이라고 하는데, 1/50,000이나 1/25,000 정도의 지형도로는 알 수 없는 작은 지형이다. 이런 땅은 사람이 손대기 쉽고 주거에 적합하며 땅의 표정이 있다. 때로는 땅의 역사성이 뚜렷한 경우도 있다. 이런 땅을 건축에서는 '다른 곳이 아닌 바로 그 자리', 곧 '장소'라고 말한다.

건축은 예술이 아니지만 굳이 예술이라고 부른다면, 이 세상에 하나밖에 없는 장소에 속하고 그 장소에 구속되는 예술이다. 이전부터 있던 장소 안에 새 집을 넣어 서로 대화하게 만드는 것은 절대 쉬운 작업이 아니다. 건물만 따로 놓고 궁리하면 잘 만들 것 같지만 막상 주변 환경이 포함된 '그 자리'에 올려놓고 보면 들어맞지 않는 것이 한두 가지가 아니다. 경사진 길과도 안 맞고, 이웃하는 건물에서 흘러나오는 사람들의 흐름을 자연스럽게 받아들이게 하고 싶은데 그게 잘 안된다. 건축가들 중에서 '거장'이라 불리는 이들은 건물 자체를 잘 설계했다기보다 장소를 탁월하게 해석하고 더 좋은 장소로 만든 사람들이다.

'나'의 장소는 어디에 있는 것일까? 나의 장소는 위도 몇 도, 경도 몇 도인 곳에 있지 않으며, 대한민국 서울특별시 관악구 안에 있는 관악로 1의 여러 건물 중에서 공과대학 안에 있는 39동, 그 안의 528호라는 곳에 있지 않다. 이런 방식으로는 내가 있는 장소를 말할 수 없다.

내가 있는 장소가 이 세상의 중심이라고 지각할 때 비로소 '나'의 장소가 있다. 나의 감각이 그렇게 알려준다. 아침에 집에 있을 때에는 주변의 모든 것이 내 신체를 둘러싸고 있다고 인식하지만, 학교에 가서 내 연구실로 들어가 자리에 앉으면 그때는 다시 내 책상, 내 의자가 있는 곳이 세상의 중심이다. 돌을 던진 수면에 파문이 일어나듯 내가 있는 장소를 따라 중심이 이동한다. 이것은 세상 누구에게나 해당되는 사실이다. 만약 우주선을 타고 무한한 우주공간을 여행한다면 내가 있는 자리가 우주의 중심으로 인식될지도 모르겠다. 당연해 보이는 이 생각이 방의 존재방식, 건축물의 존재방식, 도시의 존재방식, 환경의 존재방식을 결정한다.

장소는 나에게 말을 걸어온다. 공학적인 관점에서 보면 하천은 어디에서나 똑같을 수 있다. 그러나 늘 그곳을 거니는 사람에게는 자신에게 말을 건네는 하천일 수 있다. 무심히 지나치면 장소는 침묵할 것이고, 어떤 장소도 다 고유하고 의미가 있다고 여기면 그 장소는 나에게 유익한 말을 걸어올 것이다. 건축물은 결코 전문가만이 알아들을 수 있는 언어로 말을 걸지 않는다. 건축은 그 장소에서 받은 느낌을 그대로 전해주기 때문에 누구나 건축이 걸어오는 말을 들을 수 있다.

장소와 관계를 맺지 못하면 풍토와도 무관해지고 무수한 사건들이 얽혀 있는 역사와도 무관해진다. 세상에는 정말로 많은 장소가 있다. 그 장소들마다 토양이나 기후 등 제각기 고유한 조건이 있고 문화가 있으며 역사가 있다. 이런 요소들에 관심을 갖고 따라가다 보면 가까이에 있는 돌이나 나무를 사용하여 그 장소에 맞는 건물을 만들게 되어 있다. 장소를 강조하면 건축을 상대적으로 보는 눈이 생긴다.

장소는 개인이 발견한 것이 아니다. 그 집이 주택이라면 가족이, 마을의 집회소라면 마을 사람들이, 지역 문화회관이라면 그 지역 사람들이 공동의 의지로 발견한 것이다. 장소의 힘은 저절로 생겨나는 것이 아니라 크고 작은 인간 집단이 공동으로 작업한 결과 얻어지는 것이다. 시간의 흐름 속에서 여러 사건들이 행해지고 누적되면 장소는 서서히 그 집단을 통합되는 기반이 된다. 이렇게 인간의 공동성과 공통감각을 자라게 하고 확인해가는 것이 바로 건축의 장소이다.

장소는 공간이 아니다

'낙수장(Falling Water, 1936)'이라는 유명한 주택이 있다. 미국의 거장 프랭크 로이드 라이트가 백화점 경영자인 에드가 카우프만Edgar Kaufman의 의뢰를 받아 설계한 집이다. 'Falling Water'는 이 집이 계곡 사이를 흐르는 물이 만들어낸 작은 폭포 위에 얹혀 있기 때문에 붙은 이름이다.

이 주택의 결정적인 매력은 작은 폭포다. 야커게이니Youghiogheny 강의 지류인 베어 런Bear Run의 물줄기가 큰 바위 사이를 흐르면서 두 단, 세 단의 폭포가 생기는 것에 카우프만은 큰 매력을 느낀 것 같다. 그리고 아름다운 자연 속에서 살고자 하는 대다수 미국인들의 꿈을 실제 생활로 구현해보고 싶었던 것 같다. 그러니까, 이 주택은 작은 폭포에 손을 적시는 생활을 꿈꾼 건축주의 별장이다.

이 주택은 공간적으로도 아름답다. 그러나 더 큰 아름다움은 장소에 있다. 공간을 새롭게 만든 것보다 더 중요한 것은 이 주택이 장소 그 자체를 만들어내고 있다는 점이다. 원래 근대건축은 건축물이 놓

장소에서 비롯되는 건축, '낙수장' (프랭크 로이드 라이트, 1936)

이는 장소의 고유성을 고려하기보다는 무한히 자유롭게 확장하는 공간을 만드는 것을 주된 목적으로 삼았다. 그런데 낙수장은 다르다. 이 주택의 생명은 공간이 아니라 그것이 놓인 장소에서 나온 것이다.

공간과 장소. 비슷하게 들리지만 아주 다른 것이다. 어떤 차이가 있을까? 공간은 모형을 만들어서 보일 수 있지만 장소는 그럴 수 없다. 공간은 사진으로 보여줄 수 있지만 장소는 어떤 사진으로도 충분히 보여줄 수 없다. 장소의 고유함은 다른 것으로 대신 표현할 수 없으며, 오직 자연이 만들어준 그 자리에만 존재하기 때문이다.

흔히들 공간과 장소를 동의어로 생각한다. 건축을 웬만큼 공부했다는 사람들도 둘을 잘 구별하지 못하고, 공간을 장소라고 하고 장소를 공간이라고 한다. 그런데 건축을 생각할 때 가장 중요한 것은 "내가 다른 사람들과 함께 어떤 '장소'에 있다"라는 것이다. 생각해보라. 공간은 사람이 없어도 존재한다. 공간은 본래 사람과 무관하게 이 세상에 있는 것이다. 공간이란 비어 있는 것이며 그 개념에는 사람이 끼어들 여지가 없다. 그러나 장소는 다르다. 장소는 사람과 함께 나타나는 것이다. '어떤 일이 일어나다'를 영어로 'take place'라고 하듯이, 사람이 하는 일은 반드시 장소를 취해야 한다. 굳이 공간과 관련지어 말하자면, '사람'이라는 개념 속에 있는 공간이 바로 '장소'다.

공간과 장소는 펼쳐지는 방향이 반대다. 공간은 밖을 향하여 펼쳐지려 하지만 장소는 내 쪽을 향하여 움츠리며 닫히려고 한다. 공간은 이미 주어져 있는 것이지만 장소는 내가 찾고 만들어가는 것이다. 공간은 자연의 움직임에 따라 변하지만 장소는 사람의 움직임에 따라 변한다. 있다가도 없어지고 없다가도 생기며, 사람의 생활에 깊이 작용한다. 그래서 광장이나 시장은 사람과 사람이 만나는 장소, 생각과 물건을 교환하는 장소라고 하지 만나거나 교환하는 공간이라고 하지 않는다.

공간은 하늘과 땅이라는 구체적인 조건과 무관하다. 그러나 장소는 아주 구체적인 자리여서 시대에 따라 하늘과 별이 만드는 지붕을 가진 곳으로, 어떤 땅에서 특정한 시간 사이에 일어나는 사건으로, 또는 그 위에 선 건축물로 장소가 정해진다. 장소는 시간에 닻을 내리고 땅의 한 점에 닻을 내린다. 그래서 광장이나 시장은 시간이 되면 깨어났다가도 시간이 되면 다시 잠들어버린다.

지금 내가 살고 있는 장소가 있다. 매일 가야 하는 장소가 있고, 다른 사람들과 함께 생활하는 일상의 장소도 있다. 또 과거의 기억 속에 있는 장소도 있다. 오래되어서, 많은 기억이 축적되어 있어서, 유서가 깊어서, 기념할 만한 곳이어서, 장소가 근거가 되어 역사가 되어버린 곳이 있다. 그런가 하면 앞으로 무언가 일어날 것이라고 기대하고 있는 장소도 있다. 이 모두가 '나'와 연관된, '사람'과 연관된 '장소'들이다.

'site specific'이지 않은 장소

고대 동양에서는 동서남북 네 방향에 우주를 다스리는 제왕과 그 밑에서 사방을 수호하는 신수(神獸)가 있다고 여겼다. 동방의 청룡, 서방의 백호, 남방의 주작, 북방의 현무가 제각기 네 개의 방위를 지키는 신이었다. 도시가 세워질 땅도 여기에 잘 맞게 골라야 했다. 이것은 집이 설 터에 고유한 힘이 있다는 것과 동일한 믿음에서 나온 것이다.

고대 로마 사람들도 마찬가지였다. 도시가 들어설 땅을 정하려면 신의 계시를 받아야 했으며, 신령하다고 여기는 새가 어떻게 움직이는가에 따라 신의 뜻을 판단하였다. 그리고 그 땅 위에 신전을 세웠다. 지금의 관점에서 보면 미신에 불과하다고 여길 수 있지만 이것은 늘 있어왔던 곳에 건축물을 세움으로써 인간의 삶이 어떻게 연속적으로 이어지는지를 확인하고자 한 옛사람들의 방식이었다.

그리스어로 장소를 '토포스(topos)'라고 한다. 이 단어는 원래 논거를 발견하고 이야기를 만들어가는 데 쓰이는 말들의 터전을 뜻했다. 아리스토텔레스의 '토포스'는 본래 장소를 나타내는 말은 아니었으나, 말들의 논거를 장소에서 찾았기 때문에 후에 토포스가 장소와 관계를 맺게 되었다. 아리스토텔레스는 우주에 여러 개의 토포스가 있고, 토포스마다 각각의 원리와 법칙이 있으며, 토포스마다 물질이 달리 작용한다고 생각했다. 그는 그런 장소가 사물을 직접 감싸고 움직인다고 보았다. 즉, 토포스는 장소의 힘을 의미한다.

나무는 그늘을 만들지만 이것만으로 장소가 되지는 못한다. 이 나무가 다른 것보다 잘생겼거나 더 좋은 조망을 얻게 해주거나 하여 주위와 구별될 때, 그리고 이 나무 밑에 되풀이하여 사람들이 모일 때 비로소 장소가 된다. 그래야 토포스가 되고, 나무와 그것이 있는 자리를 감싸는 장소의 힘을 발휘한다.

건축에서는 도시공간 안에 건축물이 놓이는 장소를 어떻게 정의하는가가 늘 중요한 문제가 된다. 이때 제일 먼저 등장하는 개념이 '게니우스 로키(genius loci)'다. '게니우스'는 본래 낳는 사람, 특히 부성(父性)을 뜻하였으나 후에 사람을 수호하는 정령이라는 뜻으로 바뀌었다. '로코(loco)' 또는 '로쿠스(locus)'는 장소, 땅을 뜻한다. 그러니 '게니우스 로키'는 우리말로 '땅의 혼' 정도가 될 것이다. 고대 그리스나 로마에서는 많은 신들이 특정한 성지나 숲, 샘물과 관련이 있다고 여겼다. 하나하나의 땅에 제각기 '땅의 혼'이 숨어 있다는 것인데, 그런 혼이 솟아 나와 이루어진 것이 가장 바람직한 건축물이라는 뜻이 이말 속에 담겨 있다. 결국 어떤 장소에 어떤 의미를 가지고 그것에 맞는 건물을 세우느냐가 건축의 핵심이라는 것이다.

오늘날에는 이런 혼이 존재한다고 보는 이는 없을 것이다. 그러나 중요한 것은 그것의 실재 여부가 아니다. '게니우스 로키'는 땅이 지니는 잠재적인 가능성, 또는 장소에 담겨 있는 역사적 배경이나 문화적 축적 등을 함축적으로 표현한 개념으로 이해해야 한다. 그 장소에만 가능한 건축! 이는 그 땅의 가능성이나 개성을 잘 읽고 지은 집, '바로 그 장소에만 성립하는' 집을 말한다. 고대인들의 이러한 생각은 어디를 가나 똑같은 모양으로 만들어진 오늘날의 도시와 장소를 잃어버린 오늘날의 건축을 깊이 반성하게 만든다.

그리스에서 신전(temple)은 시간을 관장하는 곳이었다. 신전은 이곳과 저곳을 분리한 성스러운 장소에 세워졌고, 확연하게 구분되는 장소 속에 기하학적인 대조를 이루는 형태로 축조되었다. 로마의 판테온이 하늘의 돔이고 중세 성당이 하늘의 도시를 나타내는 것이었다면, 그리스 신전은 땅 위의 주거에 신의 이미지를 담는 것이었다. '바로 그 장소에만 성립하는' 건축을 짓고자 하는 생각이 그 어떤 시대보다 잘 드러난 것이 그리스 건축이었다. 흔히 그리스인들이 자연과 대립되는 건축을 만들어낸 것으로 생각하지만 그것은 큰 잘못이다. 그리스의 땅과 풍경은 인간의 도구이기는커녕, 오히려 세상을 지배하는 신의 권능을 구체적으로 드러내 보이는 것이었다. 그렇게 지어진 그리스 신전은 주위의 풍경과 합쳐져서 건축적인 전체를 만들어냈다.

그리스의 수니온 곶Cape Sounion은 에게 해를 향해 고개를 쑥 내밀고 있다. 고대 아테네의 배가 출항할 때면 마지막으로 고국을 보는 곳이요, 입항할 때면 처음으로 그리운 고국을 보게 되는 장소였다. 바다의 신 포세이돈Poseidon에게 바쳐진 신전은 이 특별하고 거룩한 장소에 세워졌고 지금도 여전히 서 있다. 우뚝 선 언덕의 끝자락에, 바람이 세차게 몰아치다가도 어느 순간 귀가 멍하리만큼 고요하게 펼쳐지는 저 광대한 풍경 속에, 투명하리만큼 하얀 대리석이 폐허가 된 채로, 바다를 내려다보며 서 있다. 그래서인가, 바이런은 이 신전을 찾아와 이렇게 노래한 적이 있다.

> "수니온의 가파른 대리석 언덕에 나를 올려다주오. […] 그
> 곳에서 내가 백조처럼 노래 부르며 죽게 해주오."

그런데 잊지 말아야 할 것이 하나 있다. 건축물이 있어서 그 장소가 의미를 갖게 된 것이 아니라, 그 장소가 이미 있었고 이미 의미가 주어진 곳이었기 때문에 거기에 포세이돈 신전을 지었다는 사실이다.

'site specific(장소 특정적)'이라는 말이 있다. 다른 곳이 아닌 '바로 그 장소에만 성립하는'이라는 뜻인데, 본래는 건축에서 나온 말이 아니고 'site specific art'에서 나온 말이다. 근대의 예술작품들은 대부분 이 전시장 저 전시장을 돌아다녔다. 그러나 1960년대 이후 몇몇 예술가들이 현장에 구속되고 그 환경에서만 가치를 갖는, 그래서 이동할 수도 없고 크기를 바꿀 수도 없는, 그야말로 그 장소가 아니고서는 성립할 수 없는 예술작품을 추구하였다. 이른바 '장소 특정적

예술'이다.

그런데 이 말은 건축가에게 더 호소력이 있다. 그래서 그런지 최근에 이런 말을 하는 건축가가 많이 생겼고 자신의 건축을 설명할 때도 곧잘 인용한다. 건축에서 'site specific'은 이 장소가 아닌 곳에서는 존재할 수 없는, 즉 지금 여기에만 있는 건축을 만들자는 뜻이다. 이런 관점에서 건축물을 설계하면 장소나 대지의 특성에서 출발하는 건축이 되고, 대지와 건물은 서로 떨어질 수 없는 관계에 놓이게 된다. 포세이돈 신전도 다른 곳이 아닌 '바로 그 장소에서만 성립하는' 것이므로 'site specific'한 장소에 서 있는 건축물이라고 할 수 있다.

그런데 한 가지 의문이 생긴다. 각 건물의 독특한 개별성이 오로지 대지로부터 비롯되는 것일까? 뭔가 특이하거나 특별한 대지만이 의미가 있는 것은 아니지 않은가? 건축의 가치는 그 건물의 목적과 용도가 대지와 잘 맞아떨어질 때 생겨나는 법이다. 쓰임새와 무관하게 대지의 특성만으로 건물의 개별성이 발현되는 것은 아니지 않은가? 처음에는 인식하지 못했던 대지의 특이성을 건물이 그곳에 세워진 뒤에야 발견하게 되는 사례는 무수히 많다. 이러한 특이성이 대지의 문맥에 전혀 들어 있지 않을 수도 있다. 설령 특이성을 발견했다고 하더라도 건축가의 개인적인 해석에 의존하는 경우도 많다.

'site specific'이라는 관점에도 이러한 허점이 있다. 그런데도 우리나라 건축가들은 자기 건축이 매우 특별한 것인 양 '장소 특정적'이라 말하며 자신 있게 설명하는 모습을 종종 보이곤 한다.

조각가 로버트 언윈Robert Irwin은 리차드 세라Richard Serra로 대표되는 '장소 특정적(site specific)'이라는 개념을 벗어나기 위해 '장소 결정적(site determined)'이라는 개념을 사용하였다. 대지 그 자체에는 별다른 특이성이 없지만 예술작품이 놓임으로써 장소의 의미를 알게 되는, 그러한 조각을 하겠다는 것이다. 이 개념 역시 건축에 똑같이 적용될 수 있다. 'site specific'이 장소가 건축물의 고유성을 정해준다는 수동적 생각이라면, 'site determined'는 반대로 건축물을 만들어가는 과정 속에서 주변의 지형이나 공간이 재발견되고 이로써 장소의 고유성을 결정해간다는 능동적인 생각이다.

이것은 그렇게 어려운 이야기가 아니다. 집 지을 땅을 보고 왔다고 해서 이제부터 설계해야 할 건물의 고유성이 모두 결정되는 것은 아니다. 장소 역시 한 번에 정해지지 않는다. 대지의 조건을 고려한 여러 개의 모형을 만들어 땅 위에 건물을 얹어보고 거리를 떼어보고 붙여보고 하면서 비로소 구체적인 장소를 결정하게 된다. 건축설계를 하는 사람이라면 누구나 이렇게 하고 있으며, 이것이 어떤 뜻인지 금방 안다.

보성 차밭은 경사지에 조성한 밭이다. 엄밀히 말하면 차밭은 있는 그대로의 자연이 아니다. 경사진 지형을 효율적으로 이용하여 차를 따는 사람이 신속하게 일할 수 있도록 적당한 간격과 높이를 계산한 결과다. 그렇다고 해서 이 차밭이 기능과 효율 위주로 만들어진 것이라고 비난할 수는 없다. 오히려 그렇게 함으로써 자연에 가까운 독특한 풍경을 만들어내고 있기 때문이다. 요컨대 '장소 특정적'이 아니라 '장소 결정적'이다. 건축 역시 '바로 그 장소에 맞는 건축'에 구애받을 것이 아니라, 적극적으로 장소를 결정하고 만들어나가는 건축을 지향해야 한다.

4
장소를 없애는 몇 가지 방법

땅을 마구 깎고 재개발하라

건축에서 장소는 소중한 것이라고, 그래서 장소와 대화를 해야 한다고 아무리 말해도 대부분의 사람들에게는 따분한 훈계처럼 들릴 것이다. 그러나 땅을 잃어버린 건물, 인간의 삶이 사라진 건물, 의존해야 할 주변 환경이 사라진 건물을 보면, 즉 장소를 잃어버린 건물을 보면 장소가 참 소중한 것임을 새삼 알게 된다. 오늘날 장소는 너무나 쉽게 사라지고 있다. 그런데도 그런 사실을 잘 못 느낀다.

장소를 없애는 제일 쉬운 방법은 땅을 마구 깎는 것이다. 아파트 단지를 짓겠다고 작은 불도저 몇 대로 며칠만 일을 하면 근교나 지방 소도시의 산은 순식간에 평탄해진다. 개인주택을 지을 때도 사정은 똑같다. 자기 집 한 채 짓겠다고 도시 근교의 아름다운 경사지를 케이크 썰듯이 잘라낸 광경을 심심찮게 발견한다. 그러니 '장소 특정적'

이라는 건축가의 주장은 얼마나 먼 곳에 있는 것일까?

우리나라에는 경사지가 많아서 대규모 아파트 단지도 경사지에 지어지는 경우가 많다. 부지 안에 여러 개의 단을 조성하여 건물을 배치하려면 설계가 복잡해지고 토목공사가 어려워지기 때문에 건설사에서는 단수를 최소한으로 줄이려 한다. 그래서 땅을 조성할 때 토목공사를 통해 땅의 높이를 조정한다. 그러다 보니 평평하게 깎아낸 부지와 바로 옆 가파른 지형의 경계면에 토압(土壓)을 막기 위한 커다란 조경석을 3단, 4단으로 심하게 쌓는 사례를 많이 보게 된다. 그러면 주변과의 관계가 끊어지고 사람이 사는 환경도 메마르게 된다. 이 또한 땅을 마구 깎아서 생긴 결과다.

고(故) 김기찬의 사진집《골목 안 풍경》에 마포 도화동의 재개발 현장 사진이 실려 있다. 이미 주변의 땅이 거의 다 정리가 되었는데, 미처 깎아내지 못한 땅에 집 한 채가 오래된 나무와 함께 남아 있는 것을 어느 주민이 쳐다보고 있는 사진이다. 의존할 환경도, 외부와 연결되는 통로도, 함께하던 이웃도 모두 잃어버린 채 집은 마지막 처단을 기다리고 있다. 장소는 이렇게 우리 곁에서 사라져간다. 집의 외형만 옛 모습으로 남아 있

사라져가는 장소들. 도화동 재개발 현장
(김기찬, 《골목 안 풍경》) ⓒ김기찬

으면 뭐하겠는가? 새 건물이 지어지고 자기 책임을 다한 건물이 부서지는 것은 사람이 태어나고 살아가고 세상을 떠나는 것과 같다. 아이가 태어나면 주위에서 축복을 보내듯 집이 새로 지어지면 조촐하게나마 준공식을 한다. 그러니 낡은 건물을 그냥 부수어버리는 것은 죽은 사람을 장례식도 없이 저세상으로 보내는 것과 다를 게 없다.

종로의 큰길 뒤편에는 곧 헐릴 것 같은 집들이 많고 골목길이 꼬불꼬불한 블록은 어김없이 '재개발' 대상이 되어 있다. 재개발은 도시의 오래된 환경을 어느 정도라도 담아서 끌고 가겠다는 의지가 전혀 없이 죄다 헐어서 도로를 내고 최대의 바닥 면적을 가진 건물을 높이 짓겠다는 생각만 있는 사업이다. 600년 가까이 이어져온 종로 피맛골은 단순한 골목길이 아니라 수많은 사람들이 무수히 겹쳐 남긴 손때와 흔적으로 다져진 길이었다. 낡은 밥집의 식탁이나 생선 굽는 석쇠 하나에도 수십만 마리를 구워야만 생길 수 있는 기름때가 묻어 있었

사라져버린 종로 피맛골의 옛 풍경 ⓒ김광현

고, 주점 벽면마다 빼곡하던 낙서는 서울이라는 도시의 삶의 기록부
였다. 2003년 이후 피맛골은 결국 철거되었고 그 대신 번듯한 현대식
건물 안에 '새 피맛골'이 만들어졌다. 그러나 이곳은 새로 만든 아케
이드지 피맛골이 아니다. 장소란 옛것의 형태를 조금 본떴다고 해서
쉽게 생겨나거나 옮겨질 수 있는 것이 아니다.

지금은 해제되었지만 한때 창신동 일대에 거대 아파트 단지를 건설
하는 '창신·숭의 뉴타운 계획'이 추진되어 수많은 봉제공장들이 동네
를 떠나야 했다. 이 지역은 언덕도 많고 골목도 복잡하며 지형의 단
차가 몹시 심한 곳이다. 그러나 뉴타운 계획 입안자들은 창신동 봉제
공장들의 생존을 전혀 고려하지 않은 채 어디에서나 동일하게 적용
되는 방식으로 이 오래된 풍경을, 이 오래된 장소를 깎아버리려 하였
다. 어쩌면 지금도 그 계획이 무산된 것을 아쉬워하고 있을지도 모르
겠다.

장소를 지워버리는 근대건축을 추종하라

사람이란 그저 어딘가에 '있는' 것만으로 족한 존재가 아니다. 땅과
무관하게, 장소와 무관하게 '내'가 있다는 것은 생각해보면 슬픈 일이
다. 그런데도 이런 것이 이상하다고 느끼지 않고 산다. 이렇게 된 가
장 큰 원인은 자본주의다. 도시의 땅도, 가게도, 그 안에서 파는 물건
도, 모든 것이 시장의 논리에 따라 움직이고 시장의 결정에 따라 유지
되거나 소멸된다.

더 이상 땅에 근거하며 살지 않게 된 근대 이후의 생활방식도 장

소를 사라지게 만들었다. 근대화는 사람들이 땅에서 떨어져 나와 도시에 모여 살게 만들었고, 땅을 중심으로 하던 공동체는 해체되었다. 그 대신 도시민이라는 유목민이 아파트와 같은 도시의 주거를 선호하게 되었다. 마을공동체가 해체되고 대가족이 핵가족으로 분해되면서, 생활방식이 지속되는 장소는 대부분 사라지게 되었다.

근대건축은 그 어떤 용도나 기능이라도 다 만족시킬 수 있는 공간을 구상하였다. 효율을 위해서라면 가깝게 두어야 할 것도 멀리 두고, 멀리 두어야 할 것도 가깝게 두었다. 알루미늄 새시와 큰 유리창, 콘크리트 벽, 얇아진 창대 등 세심한 디테일로 벽면은 편평해지고, 비슷비슷하게 생긴 건물들이 도시와 마을을 다 메워버리게 되었다. 건축주들은 건물이 놓이는 장소에는 아무런 관심이 없다. 중요한 건 어떤 임차인이든 받아들일 수 있는 '일반적인' 건물을 짓는 것이었다. 그 결과 대도시의 풍경은 어디를 가나 똑같아졌고 지역의 개성은 찾아볼 수 없게 되었다. 학교가 평준화되듯이 도시의 장소도 평준화되어버린 것이다.

아폴로 우주선은 달에 착륙했을 때 땅에 다리를 내렸다. 장소 이동이 가능한 우주선의 다리는 건축물의 기둥과 같지 않다. 그런데 우주선의 다리와 비슷하게 지어진 근대건축은 땅에 구속되지 않고 세계 어디에서도 성립하는 건축을 추구했다. 20세기 초중반을 풍미한 '국제주의 양식(International style)'의 핵심 단체였던 '근대건축국제회의(CIAM)'는 장소의 질곡에서 벗어나는 건축을 목표로 삼았다. 한마디로 '장소를 초월하는 건축'이다.

근대 이래로 건축가 스스로도 건축에서 장소성을 지워버렸다. 르코르뷔지에는 본인이 제시한 '근대건축의 5가지 요점(five points of modern architecture'중 하나인 '필로티(pilotis)'[75]로 건물을 땅에서 들어 올리고, 땅에 구속된 건축이 아닌 가벼운 이미지의 건축을 만들고 싶어 했다. 그의 가장 중요한 작품인 '사보아 주택'의 필로티가 그렇다. 그에게 땅의 고유함은 중요하지 않았다. 그는 고대 그리스의 파르테논 신전, 고딕의 아미앵 대성당, 르네상스의 산타마리아 델 피오레(Santa Maria del Fiore) 성당, 그리고 자기가 제안하는 필로티 위에 선 건물이 평탄한 땅 위에 놓여 있는 스케치를 그렸다. 자기가 설계한 필로티 건물은 어디에서나 자연스러운데 나머지 세 건물은 그렇지 않다는 것이다. 땅의 구속을 받지 않는 건물은 근대건축 이전에는 없었으며 본인의 건물이 최초임을 과시하는 거만한 스케치였다.

도시 전체를 테마파크로 만들어라

교통과 통신의 발달은 장소의 특성을 소멸시켰다. 도시의 물자와 정보는 대단한 속도로 움직이고, 사람들은 일상적으로 이동을 경험한다. 체류보다는 이동이, 내밀함보다는 유동이 훨씬 익숙하다. 대량생산 기술과 미디어 덕분에 똑같은 물건을 어디에서나 구입할 수 있고, 어디에서나 이동하며 전화를 걸 수 있다. 예전에는 어떤 지방의 특산품을 사려면 그곳까지 가야 했지만 이제는 손 안의 스마트폰으로도 얼마든지 구입이 가능하다. 똑같은 대상, 똑같은 이미지 앞에서 장소의 차이는 의미를 잃었고, '바로 이 자리, 바로 여기'라는 관념이

* 75. 본래 의미는 건축물을 떠받치는 말뚝. 근대건축에서는 벽으로 막지 않은 1층의 기둥을 뜻한다.

사라지게 되었다.

어디나 비슷하고 어디에서나 거주할 수 있으니 이사도 그만큼 잦아진다. 미르체아 엘리아데는 "당신은 자전거나 냉장고, 자동차를 바꾸듯이 당신이 거주하는 주택이라는 기계를 바꿀 수 있다. 또한 당신은 기후의 차이처럼 어쩔 수 없이 이사해야 하는 특별한 이유 없이도 도시나 지방을 바꿀 수 있다"[76]고 했는데, 이것은 오늘의 우리를 그대로 말해주고 있다. 서울 한복판에서 본 풍경은 전국 어떤 지역에서나 비슷하게 반복된다. 그 하나하나가 장소에 뿌리를 내리지 못한 탓이다. 에드워드 렐프Edward Relph는 이를 '무장소성(placelessness)'[77]이라 부르고 있다.

지하철의 이동 속도는 매우 빨라서, 하차하거나 환승할 때를 제외하면 내가 지금 어디를 지나고 있는지 별로 관심이 없다. 이런 생활 속에서 역은 하나의 점이며, 도시는 점과 점의 네트워크로만 인식된다. 서울의 지하철 노선도를 보라. 역과 역의 관계만 알 수 있도록 노선을 직선 위주로 그려서 실제의 지형과 아무런 공통점이 없다.

몇 년 전부터 우리나라에서는 지역 이름이 담겨 있는 지번 주소를 없애고 도로명 주소를 사용하고 있다. '무슨 무슨 동 몇 번지'로 불리던 곳이 '무슨 길 몇 번지'로 바뀌었다. 지역성에 기반한 '동네'라는 개념이 가뜩이나 희미해졌는데, 위치정보의 체계를 위해 마련된 새로운 주소 표기법 때문에 우리의 의식 속에서 동네가 더 빨리 사라져가고 있다. 이런 상황에 매스미디어, 대중문화의 디즈니화, 세계화가 가세하여 우리의 생활세계를 더더욱 균질하게 만들고 있다.

＊76. 에드워드 렐프, 《장소와 장소상실》, 김덕현 김현주 심승희 공역, 논형, p.185에서 재인용
  77. 같은 책, p.197

장소를 없애는 또 하나의 유력한 방법은 테마파크를 닮아가는 것이다. 테마파크에 가보면 세계의 유명한 건물들이 한곳에 모여 있다. 조금 전에 템스 강변을 걸으며 빅벤을 보았는데 금방 에펠탑이 나타난다. 일종의 축지법이다. 공원을 한 번 둘러보는 것은 곧 세계를 돌아보는 것이 된다. 그 건물들이 있는 저 먼 곳까지 갈 필요가 없다.

　아닌 게 아니라, 요즘엔 도시 전체가 건축의 테마파크가 되어가고 있다. 신랑과 신부가 왕자와 공주가 되는 웨딩홀의 외관처럼, 이 나라에 있지도 않은 건축의 문화를 마구 들여와 적당히 흉내 내고 있는 것이다. 현대건축에 고전건축의 기둥을 갖다 붙이고 국적이 모호한 지붕을 덮어 '이국적' 분위기를 만들어내는 건물들. 이 모두가 도시에서 장소를 지워버리는 주범들이다.

5
장소를 살리는 몇 가지 단서

장소가 없는 기억은 없다

누구에게나 자기만의 장소가 있다. 이미 없어졌지만 지금이라도 찾아가면 왠지 그대로 있을 것만 같은 곳. 시간이 지나도 여전히 어제처럼 또렷한 곳. 바로 기억 속의 장소들이다.

다섯 살 때쯤인가, 매일 나랑 같이 놀던 여자 친구가 유치원에 다니기 시작했다. 나는 그 아이가 다른 남자 아이들과 함께 율동을 배우는 모습을 유치원 철망 사이로 보았는데, 지금도 그 자리에 가면 그 여자 친구와 오래전에 없어진 그때의 유치원이 눈앞에 겹쳐진다. 서울시립대학교에 근무할 때 철길 위 다리를 건너다니며 보았던 굽은 철길과 그 위를 덮고 있던 고압전선, 철길 주변의 축대도 마찬가지다. 이 다리에 서 있으면 30년 전의 내 모습만이 아니라 그때 했던 생각까지도 생생하게 기억해낼 수 있다. 이 자리는 어디에도 없는 내 생활공간의 일부였으며, 기억 속에 깊이 박힌 나만의 장소다.

누구인들 그렇지 않을까. 장소가 없는 기억은 없다. 모든 기억은 장소와 함께 나타난다. 그곳의 지형이 특이해서도 아니고 풍경이 특별해서도 아니다. 그때 그 장소에서 무언가 깊은 체험을 했기 때문이다. 갑작스럽게 맞닥뜨린 사건보다는 매일 되풀이되던 일상 속의 한 장면이 선연한 기억을 만들어내는 경우가 많고, 그 기억은 반드시 어떤 장소 안에 있다. 즉, 장소는 생활 속에서 생겨난다. 이것이 어떤 한 사람이 아니고 많은 사람, 더 나아가 모든 사람의 생활 속에서 생긴 것이라면 장소의 의미는 점점 더 공동의 것이 된다.

노르웨이 오슬로에 '그랜드 카페(Grand Cafe)'라는 곳이 있다. 겉보기에는 그저 유럽에서 흔히 보는 평범한 카페인 이곳이 유명해진 건 《인형의 집 Et Dukkehjem》의 작가인 입센Henrick Ibsen 덕분이다. 그는 자신의 아파트에서 도보로 10분 거리인 이 카페를 즐겨 찾았는데, 자주 오는 정도가 아니라 10년간 거의 매일 들렀다고 한다. 그는 매일 오전 9시에 일을 시작했고 11시 반이 되면 무조건 이 카페로 왔다. 그러나 사람들과 어울리지는 않고 그저 사람들을 구경하면서 신문만 읽었다. 이 카페에는 당시 입센이 머물던 낡은 바닥과 그의 '지정석'이었던 창가 구석자리의 테이블이 보존되어 있으며, 테이블 위에는 그의 모자가 얹혀 있다. 얼마나 이 자리를 좋아했는지, 어쩌다 다른 이가 앉아 있으면 주변을 초조하게 서성거리며 계속 흘끔거렸다고 한다.

입센이 한 일이라고는 매일 이 카페의 창가에 앉아 지나가는 사람과 세상을 관찰하면서 신문을 읽은 것뿐이다. 그토록 자주 이곳을 찾은 이유는 물론 집에서 가까웠기 때문이기도 하지만, 웅성거리는 손님들 틈에서 커피를 마시며 사람 구경을 하기 위해서였을 것이다.

사람 만나기를 몹시 꺼렸다는 그도 사람들 속에 앉아 있는 것 자체
는 싫어하지 않았던 것 같다. 집에 있거나 카페에 나와 있거나 모두
평범한 일상이다. 그러나 카페에 앉아 관심이 없는 척하면서 사람을
관찰하는 것은 입센에게는 하루의 일상 속에 들어 있는 특별한 사건
이었다.

그렇게 해서 이 카페는 '입센의 장소'가 되었다. 그리고 지금은 모든
사람들이 그를 떠올리는 장소가 되어 있다. 19세기에 이곳을 찾던 입
센은 "다른 사람들과 함께 어떤 장소에 있다"는 것을 즐거워했고, 오
늘 이 카페를 찾는 사람들은 "내가 세계적인 작가 입센과 함께 어떤
장소에 있다"는 사실에 일종의 귀속감을 느낀다. 도시 안에서 장소는
이렇게 만들어지고 얻어진다.

그런데 〈시네마 천국〉을 보면 실제로 존재하는 장소만이 장소가 되
는 것은 아닌 것 같다. 영화 속 장면이 너무나 강렬해서 극중의 장

오슬로 '그랜드 카페'의 입센의 자리

소와 그것을 촬영한 장소를 구별하지 못하는 경우다. 〈시네마 천국〉은 1940~50년대 이탈리아 시칠리아 섬을 배경으로 주인공 토토와 영사 기사 알프레도의 우정을 그린 영화다. 극중 장소인 '장 카르도Jean Cardo'라는 마을의 광장에 영화관이 있었다. 건물의 벽면을 이용한 거대한 스크린에 영상이 비치면 마을 사람들은 무척이나 행복해했다.

이 영화가 촬영된 곳은 팔레르모Palermo 인근에 있는 '팔라초 아드리아노Pallazo Adriano'라는 작은 마을이다. '장 카르도 영화관'은 이곳 광장에 만들어진 가설 세트였다. 주인공 토토 역을 맡았던 아역 배우는 이 마을에 사는 아이였고, 엑스트라 역시 마을 사람들이었다. 영화가 히트하자 전 세계에서 많은 관광객들이 이 마을을 찾아오게 되었다. 그렇지만 여기에는 장 카르도 마을은 없다. 그곳은 스크린 속에만 존재했던 가공의 마을이니까. 이곳에 있는 것은 그때나 지금이나 변함이 없는 팔라초 아드리아노 사람들의 생활이다.

〈시네마 천국〉의 장 카르도 극장

495

장 카르도는 영화를 본 사람들의 마음에 그려지는 마을이다. 이곳을 통해 사람들은 토토와 알프레도를 기억하고 그리워한다. 이 마을은 영화 속에만 있다. 그런데도 이 마을의 모습을 팔라초 아드리아노 광장에 덧씌워 기억한다. 허구의 장소가 실제의 장소 속에 녹아든 것이다. 그리하여 이 두 개의 마을은 팔라초 아드리아노에 사는 사람들과 영화를 본 우리에게 언제까지나 살아 있는 장소가 되었다. 영화 〈시네마 천국〉을 통해서 이런 소중한 사실을 배운다.

일상의 작은 장소들

《비밀기지 만들기》[78]라는 흥미로운 책이 있다. 제목을 풀이하면 '다른 사람이 모르는(=비밀) 활동의 거점이 되는 장소(=기지)'가 된다. 어렸을 때 모두 함께 나와서 놀던 놀이터의 감각을 유지하면서 나만의, 또는 친구들만의 장소를 만드는 법을 알려주는 어린이용 책이다. 비밀기지는 남의 눈치를 보지 않고 친구들과 어울리는 놀이터이자, 부모님의 손길이 닿지 않는다고 굳게 믿는 도피처가 된다. 자신만의 공간이기도 하면서 친구들과 공동작업을 하는 곳이고, 함께 놀면서 사회성을 배우는 곳이다.

비밀기지를 만드는 첫 번째 단계는 장소를 찾는 것이다. 이 책에서 알려주는 장소는 방 뒤의 벽장, 소파 뒤, 책상이나 침대 밑 등 평소에 잘 사용하지 않는 곳들인데, 공통점은 무언가의 '틈새'라는 점이다.

---

* 78. 오가타 다카히로(일본기지학회), 《비밀기지 만들기》, 임윤정 한누리 공역, 프로파간다, 2014

방의 틈새, 건물의 틈새, 도시의 틈새, 자연의 틈새, 공터나 폐허 등등. 이런 곳에 마련한 비밀기지는 그 누구도 아닌 내가 만든 곳이기 때문에 나에게 소중한 장소가 된다.

이것은 어린이들에게만 해당되는 이야기가 아니다. 적당한 틈새나 적당히 작은 장소는 일상의 풍경을 바라보는 곳이 될 수 있고, 친한 사람들끼리 자신들만의 상상력으로 주변을 구축해가는 근거지가 될 수 있다. 바로 이런 이유 때문에, 장소를 살리고 간직하는 방법으로서 매일매일의 일상생활이 일어나는 작은 장소에 주목하는 것이다.

서울 성벽이 마주보이는 이화마을의 한구석에 이런 빈터가 있다. 누구나 앉을 수 있는 널찍한 평상이 놓여 있고, 주변에는 아담한 텃밭이 있어서 소박하게나마 농사도 이루어진다. 바로 밑으로는 아랫마을로 내려가는 골목이 이어지고 작은 구멍가게도 하나 있다. 사람과 땅과 주변 환경의 긴밀한 관계가 생생하게 살아 있는 곳이다.

사실 우리가 그리 대단한 장소를 옆에 두고 살아가지는 않는다. 우리 주변은 작고 약한 것들로 가득하고, 골목길에는 그런 것들이 서로 기대며 줄지어 있다. 작은 집과 가게, 나무, 문패, 화분, 낡은 배관……. 작고 약한 것은 서로 얽혀 있어야 하므로 골목의 풍경은 늘 안에서 흘러나온 사물과 사람들로 촘촘하게 채워진다. 삶이 깊이 배어 있을수록 이곳은 세상에서 오직 여기밖에 없는 장소가 된다. 다행스러운 것은, 하루가 다르게 균질화되어가는 도시의 공간 안에서도 작은 장소에 기대어 살아가는 생활방식과 감각이 담긴 곳을 발견할 수 있다는 점이다. 그곳은 버스 정류장이나 지하철역일 수도 있고, 학교 교실이나 시장일 수도 있다.

세상은 놀랄 만큼 빠르게 변하고 있지만 바뀌지 않는 것들은 여전히 남아 있다. 생활의 일상성은 고도로 발달한 현대 산업사회의 특징이어서, 산업화된 도시일수록 일상성이 더 두드러지게 나타난다. 매일 똑같이 되풀이되는 생활이 지겹다고 여기며 그러한 일상에서 벗어나고 싶어 하지만, 그 일상이 갑자기 바뀌는 것을 두려워하는 존재가 사람이기도 하다. 늘 만나던 사람과 오늘도 만나야 하고, 도로에는 어제처럼 차와 사람이 잘 다녀야 하며, 열차나 지하철이 제시간에 오지 않으면 초조해한다. 일상이란 이런 것이다. 딱히 마주치는 사람이 없더라도, 지하철 입구에서 플랫폼까지 이어지는 통로는 우리의 일상이 전개되는 중요한 생활공간이다.

지속해서 한 자리에 있는 장소에는 그것이 주는 기쁨이 있다. 뉴욕 맨해튼의 '하이라인(High Line)'은 철로변 교통사고를 줄이기 위해 1930년대에 만든 고가철도였는데, 자동차가 교통의 중심이 되면서 차츰 쇠락하여 오랫동안 방치되어 있었다. 그런데 그 폐선 철로가 공원으

공원으로 되살아난 폐선 철로, 뉴욕 맨해튼의 '하이라인'

로 되살아났다. 오래된 구조물 사이에 끼어든 새로운 구조물, 녹슨 레일 사이에서 피어나는 꽃과 풀, 그리고 공중에서 만나는 건물들이 어우러져 옛 정취를 유지하면서도 새로움이 가미된 공간으로 탈바꿈한 것이다. 이전에는 지역을 갈라놓았던 철로가 오히려 주변 지역과 사람들을 연결해주는 수단이 되었고, 시민들은 아주 좋은 장소를 얻게 되었다. 일상 속에서 오래 지속되어온 환경은 거기 사는 사람들의 자부심과 호기심을 모두 만족시키는 편안한 장소가 될 수 있다.

몇 년 전 중앙일보에 "편의점이 없으면 우리는 시민도 아니다"라는 제목의 기사가 실렸다. 그때 실린 한 장의 사진이 있는데, 장소란 무엇인가를 가르치는 강의 시간에 자주 인용하곤 한다. 사진 밑에는 이렇게 쓰여 있다.

> "이제 한국문학의 성소(聖所)는 지리산이나 섬진강이 아니다. 비디오방, PC방, 편의점, 호텔, 야구장 등 인공 공간이 문학의 고향이다."

이 말을 바꾸면 이렇게 된다.

> "이제 우리 삶의 환경을 이루는 핵심은 빼어나게 아름다운 건축물이 아니다. 비디오방, PC방, 편의점, 호텔, 야구장 등 인공 공간이 생활의 장소다."

장소라는 것은 미리 정해져 있는 것이 아니라 우리의 일상이 펼쳐지는 곳에서 서서히 나타나고, 살아가는 사람과의 깊은 관계 속에서 자리를 잡는다. 오늘날의 도시에서 편의점만큼 이런 조건에 부합하는 곳이 또 있을까? 편의점은 도시 어디에서나, 마치 콘센트에 줄줄이 꽂힌 플러그처럼 일정한 거리를 두고 촘촘하게 분포해 있다. 그나마 남아 있던 작은 슈퍼들도 대부분 편의점으로 바뀌어가는 중이다. 똑같은 간판과 똑같은 진열 방식을 지닌 획일적인 가게들이 우리의 생활공간에 깊이 들어와, 어느새 일상과 밀접한 작은 장소가 되어버린 것이다. 장소는 이렇게 다양한 방식으로 생겨난다. 사회가 유동적일수록 사람들은 장소에 더 많은 애착을 갖게 된다. 사라지는 장소의 반대편에는 새롭게 나타나는 장소가 있다.

얼마 전 세르비아 출신의 건축가이자 지도 디자이너인 유그 체로비츠Jug Cerovic가 국내 포털업체 네이버와 함께 만든 지하철 노선도가 화제가 된 바 있다. 서울의 중심인 남산을 가운데 두고 한강을 곡선으로 표현했으며 여의도도 섬으로 그려 넣었다. 기존의 노선도에 담겨 있던 추상적인 점과 점의 관계가 서울의 실제 지형을 반영하여 다시 배치된 것이다. 구체적인 장소들이 첨가된 이 새로운 지하철 노선도를 보면서, 평준화되고 균질화되는 오늘의 도시에서도 지형, 풍경, 장소는 여전히 힘을 가질 수 있음을 배우게 된다.

'테란 바그(terrain vague)'[79]라는 말이 있다. 공지(空地)라는 뜻인데 "무언가 일련의 사건이 일어난 후에 포기된 공허한 장소"를 가리킨다. 도시의 잔여 공간, 생동적이지 않고 폐기된 공간, 개발이 중단된 대지 등 비생산적이고 비활동적이며 아무도 없는 주변부의 풍경이 여기에 해당한다. 아직 건축이 점거하고 있지 않은, 또는 한때 건축에 점거되

---

* 79. 스페인 건축가 이그나시 데 솔라 모랄레스가 1995년에 쓴 논문에서 사용한 용어

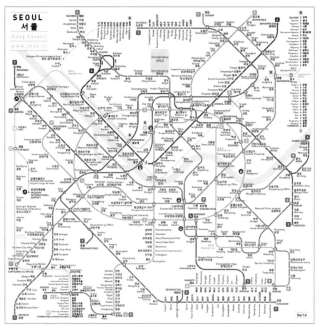

서울의 지형과 장소가 담긴 지하철 노선도 (유그 체로비츠, 2015)

어 있었던 이 지역들은 도시 내부에서 타자의 공간이 되어 있다. 예를 들면 한산한 공업지대, 오래된 철도역과 항만, 위험한 주택지구, 오염된 장소 등이 그렇다. 한때 번성했다가 이제는 쇠락하여 제 기능을 발휘하지 못하는 영등포 일대의 대규모 공업단지는 서울의 대표적인 테란 바그다. 이런 곳이 주변에 있으면 동네가 낙후되고 범죄가 일어날 가능성도 많아진다. '땅의 혼'이니 마음이 머무는 장소니 하는 생각이 끼어들 틈이 없다. 문제는, 우리 도시에 이와 같은 테란 바그가 아주 많다는 것이다.

그런데 이 개념을 처음 사용한 스페인 건축가 이그나시 데 솔라 모랄레스Ignasi de Solà-Morales Rubió는 조금 다른 해석을 내린다. 테란 바그는 "건물의 건조나 도시에 어울리는 정확하게 구획된 토지"를 말하지만, "더 넓고 그다지 엄밀하게 확정되어 있지 않아서 이용의 가능성이 있다"고 주장한다. 'vague'는 '비어 있고 점유되지 않은' 상태를 뜻하는 바, 선약이 안 되어 있고 개방되어 있으므로 추후에 장소로 이용될 수 있는 땅이라는 것이다.

테란 바그를 영어로는 '어반 보이드(urban void)'라고 한다. 그런데 우리나라에서는 이것을 '건물과 건물 사이의 틈(void)'으로 받아들이고 '건물이 앞의 가로를 독점하지 않고 뒤를 터놓는 것'이라고 멋대로 해석하고 있다. 그래서 많은 사람들이 테란 바그의 의미를 잘못 이해하고 있다. 전문가라는 사람들이 특정 용어를 자기의 주관적 관념에 꿰어 맞추기 때문에 생기는 현상이다. 이론적 오류는 곧바로 현실로 이어져서, 지금은 비어 있지만 앞으로 새로운 장소가 될 수 있는 가능성을 가진 곳들을 아무도 눈여겨보지 않게 된다. 이 점이 분명하게 지적될 필요가 있다.

헬싱키 '창고'의 힘

헬싱키에 '마카시니트(Makasiinit)'라는 장소가 있다. 핀란드 말로 '창고'라는 뜻이다. 철도역의 화물 보관소였던 이곳은 1987년 국철이 사라진 이후 문화예술공간으로 바뀌었고, 1990년대에는 시민들에게 가장 인기 있는 장소로 떠올랐다. 생태적인 가게들과 밴드 리허설 스튜디오가 들어오고 정기적인 콘서트도 열렸다. 다양한 이벤트가 활발하게 펼쳐졌고 시끌벅적한 벼룩시장도 생겨났다. 변방에 있던 건물이 중심으로 나와 사람들의 주목을 끌게 된 것이다.

이 자리는 아주 독특하다. 창고 바로 앞에는 국회가 있었다. 이런 권위적이고 엄숙한 건물에 어울리는 건 문화시설이나 업무용 빌딩, 공원 등이지 허름한 창고가 아니다. 그러나 이 창고는 바로 그런 이유 때문에 도시의 자유로움을 상징하는 공간이 되었다. 시민들이 이곳을 즐겨 찾은 것은, 공적인 구역 안에 자리 잡은 낡은 창고가 대중적이고 서민적인 이미지로 다가왔기 때문이다.

그런데 이 창고를 부수고 그 자리에 관공서와 공원을 지으려는 도시계획이 추진되었다. 헬싱키 음악센터 콘서트홀을 만들고 주변에 공원을 조성하면서, 창고 부지의 일부를 파빌리온(pavilion) 타입의 카페로 사용하겠다는 것이었다. 그러자 2000년 가을에 8,000명이나 되는 사람들이 인간띠를 두르고 창고 건물을 지키려 하였다. 그럼에도 불구하고 2002년에 결국 새로운 도시계획이 확정되었다. 2006년 5월,

불타오르는 시민의 공간, '마카시니트'

시 당국이 시민들의 요구를 끝내 외면하고 공사를 강행하려 하자 시민들은 건물에 불을 질렀다. 폐허가 불타는 장관을 통하여 자신들의 강력한 저항 의지를 드러낸 것이다. 시민들의 사랑을 받던 창고는 그렇게 시민들의 손에 의해 파괴되었다. 그러나 시 당국은 불타버린 그 창고를 고쳐 시민들이 다시 쓰게 해주었다.

시민들은 왜 이 장소를 그토록 남기고 싶어 했을까? 제일 중요한 것은 '창고'라는 장소가 지니고 있는 표상적 의미였다. 창고 건물 특유의 거친 아름다움, 오랜 시간이 흐르면서 생긴 흔적들, 철로에서 풍겨 나오는 나무와 타르 냄새, 손으로 만든 벽돌, 철골 트러스 등은 이곳의 또 다른 매력이었다. 이렇듯 하나의 장소는 그 자리, 그 위치만으로 완성되지 못한다. 건물을 이루는 물질과 그것을 바라보고 체험하는 사람들의 삶이 '창고'라는 독특한 공간을 의미 있는 사회적 장소로 만든 것이다. 구조물과 사람들의 삶이 일치를 이루었다는 사실에 특히 주목해야 한다.

시민에게 도시의 장소란 어떤 것일까? 잘 이용하다가도 없어지면 그만인 곳, 누가 다른 데로 옮겨주면 그리로 따라가면 되는 곳 등은 도시의 장소가 아니다. 내가 헬싱키의 '마카시니트'에 감동했던 이유는, 비록 자기 것은 아니지만 자기가 귀속되어 있다는 느낌 하나로 장소를 사랑하고 지키려 했던 사례를 잘 보여주기 때문이다. 건축물이 놓인 자리뿐만 아니라 이제까지 사용되어 온 내력, 그 과정에서 맺어진 인간적 관계들, 재료와 구조, 건축물의 냄새까지도 장소를 창출하는 중요한 요인이라는 사실을 새삼 인식하게 된다.[80]

* 80. Panu Lehtovuori, 〈Artefaten, Oeuvre en Atmosfeer〉, OASE 77, NAi Uitgevers

앙리 르페브르가 말한 '공간의 생산'은 결국 이런 것이다. 그는 "도시란 사람이나 물건이 동시에 집합함으로써 예기치 않은 만남이나 교류로 창발(創發)을 이루게 되는 장"이라고 했다. 나아가, 이런 것들로부터 소외되지 않는 것이 "도시에 대한 시민의 권리"라고 강조했다. 장소는 단지 아름답게 가꾸는 곳이거나 낭만이 깃든 곳이거나 조용하고 편안한 자연 속의 한 곳이 아니다. 도시에서 장소는 예기치 않은 만남과 교류가 중시되는 곳이고, 그것을 지키려는 공동의 노력을 통해 유지되는 곳이다. 이것이 헬싱키 '창고'의 힘이었다.

그러니 다시금 생각해보아야 하지 않겠는가? 종로 피맛골과 같은 우리의 장소들이 어떤 곳이었는지, 무엇이 그곳을 도시의 장소로 만들어주었는지, 그리고 어떤 경로를 거쳐 사라졌는지. 아직 남아 있는 장소들을 지키기 위해서라도 말이다.

음표와 음표 사이가 음악을 만들듯
건물과 건물 사이가 환경을 만든다.
건축가는 몸과 옷 사이, 옷과 벽 사이, 벽과 방 사이,
방과 건물 사이, 건물과 건물 사이에 연속되는
환경을 만드는 사람이다.

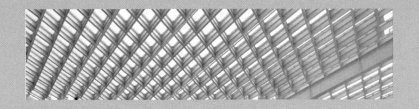

7

오늘의 건축을 만드는 힘

1

환경은 나와 무엇 사이

환경은 경계로 구분되지 않는다

흔히 '자연'과 '자연환경'을 구분 없이 사용하지만 둘은 같은 말이 아니다. 산이나 강, 식물과 동물, 땅과 공기 등은 인간이 없어도 그대로 존재한다. 그래서 '자연(自然: 스스로 그러함)'이다. 하지만 '자연환경'은 다르다. 자연에 인간의 행위가 개입할 때 비로소 자연환경이 된다. 다시 말해서, 인간과 자연 사이에 생명의 관계가 맺어질 때 자연은 자연환경이 된다.

자연이나 사람이나 모두 '스스로 자(自)'라는 글자를 갖고 있다. 자연은 한자로 '自然'이라 쓰고 자기는 '自己'라고 쓴다. 자연이나 사람이나 제각기 스스로의 힘으로 움직이는 고유한 특성이 있다는 뜻이다. 환경이란 이러한 자연과 사람이 만남으로써 이루어지는 것이다.

건축물은 땅과 하늘과 물과 바람과 나무와 사람이 만든 구조물로

서 있다. 건축물은 환경에 놓인다. 동시에 환경을 만들기도 한다. 건축물이 새로 들어서면 이전과는 또 다른 새로운 환경이 조성되기 때문이다. 환경에 놓이고 환경을 만드는 건축. 그런데 이러한 건축물이 가장 앞장서서 환경을 파괴하고 있다.

요즘 '친환경'이라는 말을 많이 쓰는데, 친환경이란 에너지 절감이나 옥상 녹화를 뜻하는 것이 아니고 환경과 조화를 이루도록 배려한다는 말이다. 환경을 배려하려면 어떻게 해야 할까? 일단 환경을 저 멀리 있는 것으로 여기지 말아야 하고, 토막 내어 생각하지 말아야 한다. 예전에는 환경이라고 하면 국토계획이나 지역계획처럼 거창한 차원의 것, 또는 아주 먼 곳에 있는 산이나 바다에서 시작하는 것으로 여겼다. 그러나 환경이란 나와 가까운 것에서 시작하며 중간에 끊임이 없이 연속되는 것이다.

환경을 뜻하는 영어 'environment'에서 'environ'은 감싼다는 뜻이고 'environment'는 '감싸인 상태'를 말한다. 사람의 신체를 감싸고 땅을 감싸며 동네를 감싸는 것이 환경이다. 나를 비롯한 '사람의 주변'을 감싸는 것! 이것이 가장 중요하다.

환경은 내 몸과 나를 감싸는 옷 사이에서 시작한다. 그 사이에는 공기가 있다. 다음으로, 옷과 가구 사이가 두 번째의 환경이다. 이때도 그 사이에는 공기가 있다. 그리고 가구와 방 사이가 세 번째의 환경이다. 거기에도 역시 공기가 있다. 환경은 이렇게 계속 나를 에워싼다. 방을 집이 감싸고, 집은 마당이나 집 밖의 무엇이 감싸고, 그다음에는 동네가, 도시가, 더 나아가서는 자연이, 지구의 대기가 이를 감싼다. 따라서 내 몸은 지금 입고 있는 옷 말고도 가구와 방과 마당과 건축물과 동네와 도시와 지구의 대기라는 옷을 겹겹이 입고 있는 것이다.

음과 음 사이가 툭툭 끊어진 음악은 없다. 악보에는 음표가 그려져 있지만 음악은 음표와 음표 사이에서 만들어진다. 작곡한다는 것은 음을 만드는 것이 아니라 음과 음 사이에 다리를 놓는 것이다. 음표는 도시에 있는 낱개의 건물과 같다. 음표와 음표 사이가 음악을 만들듯 건물과 건물 사이가 환경을 만든다. 건축가는 몸과 옷 사이, 옷과 벽 사이, 벽과 방 사이, 방과 건물 사이, 건물과 건물 사이에 연속되는 환경을 만드는 사람이다.

집 안에 있을 때는 옷을 벗어두지만 외출할 때는 옷을 한두 개 더 걸치고 집을 나선다. 몸과 옷 사이로 공기가 통과하므로 여름에는 얇고 성긴 옷을 입고 겨울에는 두껍고 촘촘한 옷을 입는다. 옷과 방 사이에도 공기가 통과하므로 여름에는 창문을 열어놓고 겨울에는 창문을 닫아둔다. 이처럼 우리의 몸은 '사이'라는 공간을 몇 겹씩 끼어 입고 있다. 그리고 건축물은 몇 겹의 '사이'를 만들어내는 공간적인 구조물이다. 그러한 '사이'의 총체가 바로 '환경'인 바, 건축과 환경을 따로 떼어놓고 생각해서는 안 되는 이유가 바로 여기에 있다.

환경을 배우며 얻는 가장 큰 덕목은 주변의 사물을 나누어 보지 않는 것에 있다. 온실가스와 대기오염이 지구환경에 심각한 영향을 미치고 중국에서 불어오는 황사와 미세먼지가 우리의 코앞에 와 있다는 것은 환경이 지역이나 국가에 따라 나뉘어 있지 않다는 뜻이다. 물은 어떤가? 주택 싱크대에서 버린 물은 당연히 주택이 지어진 대지의 경계를 넘어 단지로 흐른다. 그리고 도시를 거쳐 강으로 바다로 흘러간다. 싱크대에서 출발한 물은 사람이 그어놓은 경계를 모른다. 끊임없이 연속하여 바다로 흘러갈 따름이다. 그런데도 우리는 물이 인위적인 경계를 지날 때마다 싱크대에서 버린 물, 주택에서 버린 물, 아파트 단지에서 버린 물로 이름을 달리 부른다. 관리를 위해 붙인 이름이다. 그러나 물은 그러한 제도나 관리방식 따위를 알지 못한다.

환경은 인위적인 경계로 구분되지 않는다. 사람의 생활 역시 마찬가지여서 건물의 벽이나 대지의 경계 같은 인위적 구조물에 의해 분리되지 않는다. 환경이란 무엇과 무엇의 사이이므로, 사이가 풍부하고 서로 의존도가 높은 주거지가 좋은 주거다. 건물과 건물 사이, 건물과 길 사이, 건물과 토목 구조물 사이, 건물과 조경 사이 등 도시에도 무수한 사이가 존재한다. 도시란 그러한 사이의 총체이며, 건물과 그 사이의 집합이 도시를 만든다.

근대건축은 건축을 환경과 구분하여 바라본 근대라는 시대가 낳은 것이었다. 이러한 관점에서 도시를 계획하고 관리하다 보니 싱크대에서 주택까지, 주택에서 단지까지, 단지에서 도로까지 하는 식으로 자꾸만 경계를 구분하게 되는 것이다. 하천 주위를 보면 냇물, 둑, 둑 옆의 도로, 건물이 모두 나뉘어 있고, 주변을 잠깐만 다녀보아도 건축물, 담장, 전신주, 인도교 따위가 복잡하게 끊겨 있으며, 이로 인해 도시환경 전체가 경직되어버렸다. 땅은 지역에 따라 도시지역, 농림지역, 자연환경보전지역 등으로 나뉘고 도시 안에서는 다시 용도에 따라 주거지역, 상업지역, 공업지역, 녹지지역으로 나뉜다. 그리고 각 지역마다 허용되는 용도의 건물과 금지된 용도의 건물이 정해져 있다. 토지의 효율적 관리를 위한 이러한 구분을 '지역지구제'라 하고 영어로는 '조닝(zoning)'이라 하는데, 도시환경에서 '사이'를 무시한 가장 근본적인 배경이 되었다.

우리나라에서 건물을 규정하는 건축법의 가장 중요한 원리는 '대지

하나에 집 하나'라는 근대적인 태도다. 건축법에 보면 "떼라"는 규정이 참 많다. "건물을 대지 경계선으로부터 얼마를 떼어라" "북쪽에 있는 건물의 일조권을 위해 대지 경계선으로부터 얼마를 떼어라" "앞을 지나는 도로의 반대쪽 경계선에서 일정한 비율로 그은 사선 안에 건물을 지어라" 같은 규정이 그것이다. 대지에 건축물이나 공작물을 설치할 수 있는 건축선, 연속적인 형태를 유지하려는 건축지정선, 특정 층의 벽면 위치를 정하는 벽면지정선, 일조권이나 건축물의 높이를 정하는 사선제한 등이 있어서 건물은 대지 안쪽으로 자꾸만 밀려들어간다. 건물이 도시환경을 저해하면 안 된다는 이유에서 생겨난 이 규정들은 대지의 경계선을 기준으로 건물을 대지 안으로 밀어 넣고 각설탕처럼 옆 건물과 따로 떨어지게 만드는 원인이 되고 있다.

건축설계 도면을 보면 맨 앞에 '건폐율'과 '용적률'이 적혀 있다. 건폐율은 건물이 대지 면적을 어느 정도 덮고 있는가를, 용적률은 대지 면적에 대하여 건축물 각 층의 바닥 면적의 합계가 어느 정도인가를 나타낸다. 그런데 건폐율이 좀 이상하다. 모든 건물은 정해진 건폐율에 따라 대지 면적을 덮게 되는데 그렇다면 덮지 않는 면적에 대해서는 어떻게 하라는 것인지, 또는 어떻게 하겠다는 것인지 아무런 방침도 없이 그저 덮지 말라고 한다. 건축물을 어떻게 이을 것인가를 도외시한 채 건축물 낱개에만 초점을 두고 있기 때문이다.

건축과 도시의 구분은 없다

오래되고 아름다운 마을과 도시는 지금처럼 분단되지 않았다. 도로로 땅을 나누지 않았고, 구분된 대지에 건물을 하나하나 떨어뜨려 짓지 않고 서로 연결되도록 이어서 지었다. 건물의 크기는 작지만 용도는 서로 얽혀 있어서 사람의 생활이 자연스럽게 펼쳐져 있는 도시였다. 베네치아는 도시계획이나 지역지구제로 만들어진 도시가 아니다. 수많은 건축물이 서로 부딪치고 피하면서 길을 만들고 생활을 드러내며 만든 도시다.

이런 도시에서는 길이 서로 얽혀 있어서 걷다 보면 같은 길을 다시 걷는 경험을 하게 된다. 건축물이 혼자 있지 않고 이웃의 건물과 길로 이어지며, 하나의 건축물이 더욱 넓은 공간 안에서 인식된다. 많은 건물이 묶여서 하나로 체험되고 하나의 공기처럼 느껴지는 도시. 예전부터 있던 것들 안에서 내가 존재하고 다시 내 다음 사람이 태어나는 도시. 물론 대도시 전체를 이렇게 만들 수는 없을 것이다. 그러나 아무리 효율과 경제만을 앞세우는 현대의 대도시라 할지라도 오래된 도시의 특성들을 마냥 무시해서는 안 된다.

건축이 도시를 어떻게 만드는가를 이해하려면 어려운 책 볼 필요 없이 스마트폰의 지도를 잠깐만 써보면 된다. 지도를 두 손가락으로 오므리면 지도가 작아지면서 나타내는 범위가 넓어지고, 손가락을 반대 방향으로 벌리면 지도가 확대되면서 건물의 형상이 더 크게 나타난다. 그런데 만일 '여기까지가 건축이고 그 바깥은 도시'라는 기준을 정한다면 손가락을 어디에서 멈추어야 할까? 대답은 간단하다. 어디까지가 건축인지 정할 수 없다는 것이다.

손가락을 오므리거나 벌릴 때마다 지도의 항공사진이 작아졌다 커졌다 하는 것은 건축의 경계가 정해져 있지 않다는 뜻이며, 내가 수많은 '사이'로 겹겹이 둘러싸여 있다는 뜻이다. 만일 지도를 계속 확대하여 건물의 윤곽을 확인하고 더 나아가 집 속까지 들여다볼 수 있게 만들었다면 방 안의 가구가 방으로, 방이 건물로, 건물이 단지로, 단지가 도시의 일부로 확장되는 모든 과정 속에 건축이 존재한다는 것을 직관적으로 이해할 수 있게 될 것이다. 이런 의미에서 스마트폰 지도는 참 좋은 도시건축 이론서다. 그런데도 도시와 건축을 분리하여 도시는 굉장히 크고 건축은 그 안에 작게 놓인 것이라고 생각할 수 있겠는가?

도시는 건축 다음에 나타나는 것이 아니라 건축에서 출발한다. 방이 모여 건물을 이루고, 건물이 모여 도시의 블록을 이루며, 다시 이것들이 길과 광장을 이루며 도시가 만들어진다. 이런 도시가 자연스러운 도시이고 사람이 자신의 존재를 확인할 수 있는 도시다. 이런 이야기가 그저 이상적으로만 여겨진다면 그것은 건축이 만드는 도시에 살아본 경험이 없기 때문이다. 빈Wien을 위에서 내려다보면 건축 자체가 도시 블록을 만들고 길을 만들고 광장을 만들고 건축물 안의 중정도 만든다. 건축이 직접 도시 안의 공간과 형태를 결정하고, 건축의 표정이 도시공간의 표정을 만든다. 이제 우리도 "건축이 도시공간을 완성한다"는 쪽으로 사고를 전환해야 할 때다.

지금까지 우리는 주소를 쓰듯이 도시를 생각해왔다. 내 연구실의 주소는 '대한민국 서울시 관악구 관악로1 서울대학교 공과대학 39동 건축학과 528호'다. 국가라는 가장 큰 단위에서 출발하여 도시로, 시에서 구로, 그리고 길로 조금씩 작아진다. 오늘날의 도시계획에서 생각하는 방식이다. 우리는 이런 식으로 도시를 만들어왔고, 건축은 도시를 이루는 부품이라 여기고 있다. 그러나 영어로 주소를 쓰면 방향이 반대가 된다. 'Room No. 528, Building 39, College of

Engineering, Seoul National University, 1 Gwanak-ro, Gwanak-gu, Seoul, Korea.' 이런 식으로 도시를 만들어가면 도시는 나의 방에서, 건축에서 시작한다. 스마트폰 지도는 이 두 가지 방식을 모두 표현하고 있다.

서울대 후문을 지나 퇴근할 때면 늘 보던 건물, 나무, 가로등 사이로 건축가 임재용 씨가 설계한 한유빌딩이 멀리서도 잘 보인다. 이 건물이 세워지기 전에는 아파트 단지와 함께 늘어선 건물들이 겹쳐 보였지만 지금은 그때보다 풍경의 밀도가 더욱 높아졌다. 예전에는 눈여겨보지 않았던 이 건물 뒤편의 작은 건물들이 눈에 함께 들어온다. 이 건물은 주유소가 있던 땅에 지어져서 좁고 길지만 길에서는 의외로 크게 펼쳐져 보인다. 저 멀리 높은 지대에 즐비하게 늘어선 아파트들과 작은 임대건물 그리고 주홍색의 교회 첨탑까지, 모두 각자의 한계를 넘어 서로 부딪치고 겹치며 도시의 풍경을 만들어낸다.

흔히 도시는 크고 건축은 작다고 여긴다. 그러나 건축은 대지 경계보다 훨씬 큰 존재다. 아무리 작은 땅에 지어지는 건물이라도 일단 들어서고 나면 훨씬 큰 존재로서 도시에 개입한다. 건물은 도시 안에 놓이지만 도시 안에서 현상한다. 도시를 계획할 때 그리던 선과 면은 이 풍경에서는 보이지 않는다. 건축은 경계 안에서 선(line)으로 그려지지만, 일단 지어지고 나면 화선지에 떨어진 물감처럼 번져 나가는 얼룩(stain)과 같은 존재다.

환경이 '사이'라는 것은 그리 새로운 개념이 아니다. 1960년대 건축은 'in-between'에 매력을 느꼈다. 이 말은 '중간에, 사이에 끼어, 틈에'라는 뜻이다. 이 '사이'는 이쪽에서 저쪽으로 또는 저쪽에서 이쪽으로 넘어오는 경계이고 문지방이다. 내가 누군가와 대화를 할 때 말이 오고 가는 곳이 나와 그의 사이이듯이, 건축에도 만남이 있고 질서가 다른 구역 사이의 대화가 있다. 한쪽으로는 길, 다른 한쪽으로는 나의 사적인 영역 사이에 있는 집의 입구는 'in-between'의 성격을 가장 잘 나타낸다고 보았다.

건축가 헤르만 헤르츠베르허는 자신의 책에서 아주 인상적인 사진으로 이 '사이'를 설명해주었다.[81] 한 아이가 자기 집 문간의 단에 앉아 있다. 이 아이는 엄마에게서 충분히 떨어져 있으며 자기가 잘 모르는 것에 관심을 두고 있지만, 그럼에도 엄마는 자기와 가까이 있고 곧 집에 들어갈 것을 느끼며 이 자리에 있다. 사람은 이쪽 아니면 저쪽에만 있지 않으며, '밖'과 '안'이라는 두 세계가 겹쳐지는 곳에서 대부분의 생활이 이루어진다. 그래서 1960년대의 건축가들은 문간 또는 문간의 계단을 뜻하는 'doorstep'을 키워드로 삼아 건축을 생각하였다.

"엄마가 가까이 있다"는 것은 집 안의 난로가 표상하는 중심과 같다. "엄마에게서 충분히 떨어져 있다"는 것은 문간의 단으로 표상되는 주변과 같다. "엄마가 가까이 있다"는 것은 집의 고유한 안심감이고 "엄마에게서 충분히 떨어져 있다"는 것은 사회적 연대감을 나타낸다. 이런 '문간'은 건축물을 설계하는 데 그대로 적용된다.

어린아이들이 다니는 어린이집 입구는 아침에 엄마와 헤어지고 공부를 마치면 엄마를 만나는 '문간'이다. 이곳은 엄마에게 속하는 안심감과 엄마에게서 떨어져 다른 아이들과 함께하는 사회적 연대감이 서로 만나는 곳이다. 그런가 하면 이 '문간'은 엄마가 아이를 기다리는 동안 다른 엄마들과 이야기를 주고받으며 공통의 관심사를 이야

---

* 81. Herman Hertzberger, 《Lessons for Students in Architecture》, 010 Uitgeverij, 2009, p.32

'사이'를 설명해주는 헤르만 헤르츠베르허의 사진.

기하는 곳이기도 하다. 즉, 엄마에게도 아이에게 속하는 안심감과 다른 엄마들을 만나는 사회적 연대감이 동시에 느껴지는 곳이다. 베트남 하노이의 어떤 성당 유치원은 늘 한산해 보이지만 시작 시간과 끝날 시간이 되면 오토바이를 타고 온 어머니들로 앞마당이 가득 찬다. 성당 앞마당은 유치원과 길 '사이'에 존재하는 '문간'이 된다.

사이와 문간을 어떻게 바라볼 것인가에 대해 네덜란드의 건축가 알도 반 에이크Aldo van Eyck는 이렇게 말했다.

"주택이 있다. 그리고 그 안에 내가 있다. 그러나 내가 아닌 너는 주택 밖에 있다. 주택이라는 세계만을 놓고 보면 나는 안에 있고 너는 밖에 있다. 반대로 주택이 아닌 길 쪽에서 보면 길에 있는 너는 안에 있는 것이고, 집에 있는 나는 밖에 있는 것이다."

여기에서 주택은 개체, 길은 집합이다. 개체는 집합이 있어야 존재하고 집합도 개체를 전제로 성립한다. 그는 또 이것을 바다와 땅 사이인 바닷가에 비유했다. 건축과 도시 사이의 '문간'이라고.

기계는 오직 목적을 위해서만 존재하고 불필요한 것은 버려야 하므로 주변이라는 것이 없다. 기계가 주도하는 시대였던 20세기의 건축은 기계를 모델로 했다. 이 시대의 건축은 합리적인 목적만을 중시했고 인간과 사물을 기능으로 분류했다. 그리고 주변을 생각하지 않았다. 20세기에는 나무 한 그루 한 그루가 중요했고 나무의 분류가 중요했다. 그러면서도 세상 전체는 단일한 하나의 종(種)이었다.

21세기는 달라졌다. 이제는 다양한 나무, 서로가 서로에게 주변이 되는 나무들이 모여 있는 숲과 같은 시대가 되었다. 이러한 생태적 사회에서 건축은 다양하게 나타나는 장소들을 새로이 발견한다. 지금 이 순간만으로 판단하지 않고, 다른 때 다른 사람에게 이 장소가 어떻게 나타날까를 염두에 두어야 한다. 어떤 장소이건 그곳에는 아직 발견되지 못한 다른 역할들이 잠재되어 있기 때문이다.

2

정경을 갈아입는 건축

정경, 정황과 사물이 합쳐진 것

몇 년 전 동해 울릉도와 남해 사량도에서 열린 피아니스트 백건우의 섬마을 콘서트를 담은 다큐멘터리 〈피아노의 섬〉이 방영된 적이 있다. 생전 피아노 연주라고는 들어본 적이 없는 섬사람들을 찾아가서 연주하는 거장의 손길을 보고 적지 않은 감동을 받았다. 부둣가에서 연주를 들은 주민들은 처음에는 생소한 피아노 소리를 어색해하더니 점차 그의 연주에 매료되었고, 그 음악에 자신의 몸을 맡기게되었다. 이 방송을 보고 나는 예술을 하는 이유가 어디에 있으며 예술이 무엇을 위해 존재하는지를 새삼스레 깨달았다. 음악이란 무엇인가라는 '관념'을 넘어, 사람이 깊이 경험하고 기억하게 될 음악의 '질'이 바다와 사람과 하늘 속에 녹아 있었다. 아름다운 정경이었다.

여섯 평쯤 되는 내 연구실에도 당연히 정경이 스며들어 있다. 창문 바깥으로는 관악산의 푸름이 가득하다. 앞쪽 길에서는 버스와 오토바이 소리가 드문드문 들린다. 그리고 천장에서는 에어컨 돌아가는 소리도 들린다. 가끔 학생들이 찾아와 함께 대화하다 보면 바깥쪽 녹음(綠陰)이나 오토바이 소리는 전혀 신경이 안 쓰인다. 밤늦게까지 있는 날이면 주변은 깜깜해지고 내 연구실에만 불이 켜져 있는 것처럼 느껴지기도 한다. 이처럼 이 작은 방에서는 여러 종류의 정경이 옷을 갈아입는다.

여행을 갔을 때 현지의 작은 식당에 들르면 오래된 식탁, 바깥쪽 나무와 그늘, 주인장이 건네는 말투, 식사하는 사람들의 웅성거림, 레스토랑 안에서 흘러나오는 음악 소리 등이 그 작은 식당의 공간을 풍부하게 만들어준다. 여행을 마치고 집에 돌아와서도 벽과 지붕으로 둘러싸인 공간과 그때 느꼈던 감정이 함께 떠오르곤 한다.

어떤 집단의 마음에 스며들어 있는 심적인 풍경, 매일매일 벌어지는 일상생활 안에서 펼쳐지는 심적인 풍경을 건축물의 안과 밖에 만들어낼 수 있다. 사건은 정황(情況)을 만들어내는데, 이러한 정황이 나와 나를 둘러싼 물리적 사물의 관계인 경(景)과 합칠 때 나타나는 것이 '정경(情景)'이다.

비가 갠 하늘에는 가끔 무지개가 나타난다. 무지개는 비가 그친 뒤에 공중에 남아 있던 미세한 물방울에 햇빛이 반사되어 우리 눈에 보이는 것이다. 더 정확하게는 하늘 한편에 해가 빛나고 있어야 하고, 반대편 하늘에는 물방울이 있어야 한다. 그리고 그것을 바라보는 내가 있어야 한다. 모든 물리적 조건이 갖춰지고 햇빛의 입사각과 내 시선이 맞았을 때 비로소 그 자태가 드러난다. 정경이란 사람들의 행위가 더해져서 바닥, 벽, 나무, 사람, 그늘, 빛 소리와 일체가 될 때 나타나는 것이다. 즉, 건축에서 정경이란 물방울과 빛과 내가 만날 때 나타나는 무지개와 같은 것이다.

건축에서 공간은 그저 물리적으로 벽이 있고 크기와 부피만 있는 것이 아니다. 건축의 공간에는 사람과 자연과 빛과 그늘 등이 함께 존재한다. 아지랑이나 안개나 무지개가 물의 공간적 상황에 따라 나타나는 현상인 것처럼, 건축에서도 사람이 함께할 때 그것에 고유한 공간적인 상황이 따로 있다. 이런 감정이 그곳에 사는 사람이나 그 건물을 이용하는 사람에게 지속적으로 나타나면 그것이 건물의 분위기, 마을의 분위기, 길의 분위기가 된다.

정경은 공기와 같다

황혼 무렵의 땅과 하늘을 관찰해본 적이 있는가? 이때의 구름은 실제의 구름이 아니고 마치 안개를 통해서 보는 것 같다. 황혼이란 해가 지평선 아래에 있어서 직접 보이지 않을 때, 아래쪽에서 비추는 빛이 위쪽 공기에서 산란될 때 생긴다. 그러니까, 황혼녘의 땅이나 나무나 돌은 그 자체의 모습이 아니라 공기를 통해서 보이는 땅이고 나무이며 돌이다. 객관적으로 보면 물질인 것도 공기를 통해서 보면 절반은 물질이고 절반은 물질이 아닌 것으로 지각된다. 황혼은 나무와 땅과 하늘이 따로 떨어져 있지 않고 서로에게 녹아 있는 상태다.

모네Claud Monet의 그림 중에 〈생 라자르 역 La gare Saint-Lazare〉(1877)이라는 작품이 있다. 박공지붕이 철도역을 덮고 있고 그 아래 공간은 증기로 가득 차 있다. 습한 공기, 증기와 연기가 뒤섞여 움직이는 모

근대 도시공간의 정경을 표현한 모네의 〈생 라자르 역〉(1877)

습, 개방적인 원경, 유리 지붕으로 투과되는 몽롱한 빛……. 생겨난
지 얼마 되지 않아 당시로서는 아직 익숙하지 않았던 철도역을 그린
것이지만, 이 그림에는 빛, 증기, 연기라는 현상을 품고 있는 도시공간
의 정경이 일찌감치 표현되어 있다.

　하이데거도《예술작품의 근원》에서 그리스 신전을 '대기의 공간'이
라 부르며, 건축은 그 신전이 서 있는 곳을 둘러싼 대기의 공간도 눈
에 보이게 해준다고 말했다.

　　　"신전이 거기 있음으로써 신은 신전 가운데 현존한다. 신
　　　의 이러한 현존(Anwesen)은 그 자체가 성스러운 영역의
　　　확장이자 동시에 경계 지움이다. […] 신전은 그곳에 선 채
　　　바위 위에서 인식한다. […] 또한 신전은 거기 우뚝 서 있음

으로써 보이지 않던 대기의 공간을 보이도록 한다."[82]

여기에서 "보이지 않던 대기의 공간"이란 현존하는 신과 건축물을 포함한 풍경 모두를 나타내는 말이다. 그러니까 건물을 짓는 행위는 건물만을 짓는 것이 아니다. 그것은 대기까지도 건축의 공간으로 만드는 것이 된다.

중세에는 도시가 자유로운 생활을 갈구하는 사람들에게 동경의 대상이었다. 거주와 이주의 자유가 보장되고 재산과 물건을 마음대로 사고팔 수 있는 사회, 노예 노동에 의존하지 않고 스스로 생산활동을 꾸려나가는 사회가 중세도시에서 꽃을 피운 것이다. 일거리가 마땅치 않은 농촌 사람들은 다들 중세 초기의 성채 도시인 '부르(bourg)'에서 살고 싶어 했다. "도시의 공기는 인간을 자유롭게 한다"는 것은 중세의 도시를 두고 한 말이었다. 도시의 가장 큰 매력은 인간을 자유롭게 하는 공기였다.

도시의 공기란 수많은 사람들이 모여 사는 가운데 무수한 것들이 겹치고 공존하고 충돌하는, 때로는 불편함까지도 포함된 도시의 복잡한 다양성을 말하는 것이다. 단숨에 지어지지 않은 수많은 집들이 늘어서 있고, 오랜 세월 속에서 누적되어 있다. 게다가 지금도 집은 계속 지어지고 있다. 그래서 도시는 진행형이고 늘 '공사 중'이다. 그러나 도시에는 주인이 없다. 모두가 사용자들뿐이다. 이렇게 끊임없이 움직이고 변하고 덧씌워지는 것이 '도시의 공기'다.

대기의 공간은 엄숙한 신전에만 있는 것이 아니다. 스페인의 건축

* 82. 마르틴 하이데거, 《예술작품의 근원》, 오병남 민형원 공역, 예전사, 1998, p.49

도시의 공기를 담은 방.
PKMN 아키텍처스의 1:1 주택 평면도

디자인 그룹 'PKMN 아키텍처스'는 길바닥 위에 1대 1의 스케일로 주택 평면도(Tirando la Onda [1/1 SCALE])를 그렸다. 평면에는 방과 부엌이 있고 소파도 놓여 있다. 그런데 길바닥에 그려진 이 도면은 종이에 그려진 도면과는 전혀 다르다. 이 도면은 공간도 담고 있고 공기도 담고 있다. 실제로 지어진 집이 100의 공간을 담고 있다면, 바닥에 그려진 이 집은 공간이 10 정도이고 나머지 90은 '도시의 공기'로 차 있다. 그렇다면 이 도면에 그려진 방은 '도시의 공기'를 담고 있는 방이 아닌가?

'공기' '대기' '분위기'라는 것은 지어진 형태나 색깔 또는 빛에 관한 것이 아니다. 벽돌의 재질이나 찻잔의 형태가 자아내는 것도 아니다. 그것은 오래 사용되어온 건물이 풍기는 재료의 냄새, 오래된 벽돌 벽 틈새로 흘러들어오는 나지막한 소리, 데크 위에서 가족과 함께 마시는 차의 향기 등이 합쳐진 것이다. 물방울과 빛과 내가 만나 무지개가 생기듯이, 정경은 언제나 사람들의 행위와 사물 사이에서 나타난다. 정경은 물체와 공간과 장소와 사람의 행위가 하나로 엮이는 상태다.

건축가 페터 춤토르는 사물세계 안에서 사람을 움직이고 감성적인 반응을 즉각 불러일으키면서 우리 안에 있는 것을 직접 말할 수 있게 하는 건축의 질(質)을 'atmosphere'라고 불렀다.[83] 대기, 공기, 특정한 기운이 도는 장소라는 뜻이다. 흔히 이 단어를 '분위기'라고 번역하지만 원래는 물질적인 몸을 둘러싸는 기체의 겹이라는 말이다. 그러므로 'atmosphere'를 '분위기'로 번역하더라도 중심이 되는 것은 그곳의 '공기'이지 사람들의 기분이 아니다. 본래의 느낌에 가깝도록 '공기와 같은 느낌' 또는 '공기감(空氣感)' 정도로 번역하는 것이 더 나을 듯하다.

정경이니 공기감이니 하는 얘기가 좀 어렵게 들릴지 모르겠으나, 이것은 현대건축을 이끄는 중요한 개념들 중 하나다. 따지고 보면 이것 역시 주변의 무엇을 '건축으로 만든다'는 것의 다른 표현이다. 사람의 행위는 공간의 '상태'를 결정하는 중요한 요인이며, 바닥과 벽과 기둥 같은 건축의 사물들은 오직 사람에 의해서만 특정한 상태를 부여받을 수 있다.

이를테면 어떤 학교가 기하학적으로 매우 아름답게 시공되었고 복도와 중정에 우아한 빛이 드리운다 해도, 걷거나 뛰어놀거나 공부하는 학생이 한 명도 안 보인다면 그것은 공간의 '상태'가 사라진 학교다. 아름다운 건물이라면 더욱 좋겠지만, 설령 덜 아름답더라도 활기에 가득 찬 학생들의 움직임을 제대로 담아내는 것이 학교 건축의 핵심이다. 이런 입장에 서면 건축설계는 벽과 기둥을 그리는 일을 넘어 사람과 함께하는 상태를 그리는 일이 된다.

* 83. Peter Zumtor,《Atmospheres》, Birkhäuser, 2006

정경이나 공기감은 일시적인 사용을 '건축으로' 만드는 것이 중요하다는 사실을 우리에게 일깨워준다. 공간이나 장소를 일시적으로 사용한다는 것은 그곳의 용도로 규정되지 않는 중간적인 놀이나 자발적인 참여와 같은 것이다. 여기에는 큰 면적이 필요하지 않으며, 작은 장소를 짧은 시간 동안 사용하면 그것으로 족하다.[84]

설계 수업에서 일고여덟 집이 모여 있는 마당을 만든 한 학생에게 이 마당에서 무엇을 하느냐고 물었다. 그랬더니 이 집에 사는 아이들이 나와서 놀면 좋겠다고 대답하였다. 나는 계속 물었다. 이 마당 어디에서, 몇 명이, 어떤 놀이를 할까? 중간에 놀이에서 빠져나와 쉬려면 어디에서 쉴까? 특정 놀이를 하고 싶으면 곧바로 할 수 있도록 바닥에 미리 놀이판을 그려놓으면 어떨까? 부모들은 어디에서 아이들을 바라보게 될까? 이런 질문들을 통해 마당과 벽과 주택을 배치해가게 하였다. 학생과 나는 마당의 정경을 하나하나 그리며, 그것을 근거로 설계를 완성해나갔다.

설계자가 염두에 두어야 할 상황은 아이들의 놀이에서 끝나지 않았다. 아이들이 쉬는 곳에서 부모들도 나와 앉아 이야기할 수 있는지, 아이들이 놀지 않을 때 이 마당은 또 어떤 장소가 될 수 있는지, 아이들의 놀이가 다른 집들에 방해가 되지 않으려면 벽을 높게 세울 필요가 있는데 이 벽이 서향의 햇빛도 함께 가려줄 수 있는지를 물었다. 그리고 이 집에 사는 사람들이 원한다면 그 벽에 기대어 식물을 키울 수도 있고 함께 벽화를 그릴 수도 있게 하였다.

다양한 정경들을 거듭 가정하고 예상하고 상상해가는 동안 이 학

* 84. Florian Haydn & Robert Temel, 《Temporary Urban Spaces: Concepts for the Use of City Spaces》, Birkhauser, 2006, pp.9-17

생의 건축설계는 차츰 구체적으로 변해갔다. 미리 정해져 있지 않은 다양한 활동이 일어나는 장소를 이렇게 '정경'과 함께 생각하고 설계하면 내가 살고 있는 공간을 깊이 이해하고 그곳에 생기를 불어넣게 된다. 건축설계는 특별한 정경 안에 놓이는 구조물을 그리고 고치는 것임을 학생에게 알려주고 싶었다.

건축가는 크게 두 가지 타입으로 나뉜다. 하나는 논리를 구성하고 그 논리에 따라 표현하며 개념적인 접근을 중요하게 여기는 건축가이고, 다른 하나는 상황적으로 접근하고 주어진 장소와 조건이 드러내는 정경을 중시하며 건물을 만들어가는 건축가다. 이러한 건축가는 머리보다 몸으로 장소에 접근하는 것을 더 좋아한다.

3

건축'으로' 만들기

행위가 도시를 건축으로 잇는다

'행위'라고 하면 단지 먹고 마시고 잠자고 쉬는 것이라고 여기기 쉽지만 행위의 의미는 그렇게 편협하지 않다. 사람에게 행위는 수단이 아니라 목적이다. 누군가와 말을 주고받는 것, 자신의 생각과 창조성을 표현하는 것, 학문과 정치 등에 대해 토론하는 것, 조용히 머물며 사색하는 것, 그다지 큰 목적 없이 이리저리 산보하는 것, 그저 들어갔다 둘러보고 지나가는 것, 이 모든 것들이 행위다. 행위는 누가 대신해줄 수 없으며 하나로 묶어 추상화할 수 없다. 행위는 한 사람 한 사람이 주체가 되어 정하는 것이다.

행위는 어디에서 일어나는가? 현행 도시계획과 도시설계에서 다루고 있듯이 건축의 외벽과 외벽 사이에 놓인 길에서만 일어나는가? 그렇지 않다. 사람의 행위는 건축과 도시 전체에서 일어난다. 그러므로 모든 행위에 장소를 제공해주는 건축, 행위를 새롭게 해석하여 이를 도시와 연결해주는 건축이 절실하게 요구된다.

큰 집단보다는 가능한 한 작은 집단, 소수의 사람들, 한 사람 한 사람의 구체적인 행위, 특히 어른이 아닌 아이들의 행위를 염두에 두어야 한다. 사람들이 원하는 행위를 가능하게 해주는 장소를 어떻게 도시 안에 만들 수 있을지에 대하여 1961년에 알도 반 에이크는 이렇게 말했다.

> "큰 눈이 온 뒤에 무엇이 나타날까? 어린아이의 천국이다. 이 아이들은 한때나마 도시의 지배자가 된다. 아이들은 움직일 수 없는 자동차 곁에서 눈을 뭉치고 제멋대로 뛰어다닌다. […] 그러나 이제는 어린아이들을 위해 고려해야 할 것은 눈보다도 훨씬 오래가는 것이다. 그것은 아이들에게 눈만큼 충분한 것은 아닐지 모르지만, 눈과는 전혀 달리 다른 도시 기능을 방해하지 않고 아이들의 행위를 활발하게 해주는 것이다."[85]

그가 어린이의 행위에 주목하는 것은 도시 안에서 자유로운 사람들의 행위를 담는 작은 장소가 그만큼 중요하기 때문이다. '부분'에 해당하는 이 작은 장소들이 모여서 건축과 도시를 만든다.

어떤 공원 안에 근사한 레스토랑이 있고 조깅 트랙이 이곳을 관통한다고 하자. 그러면 아침에 조용히 식사하는 사람들 사이로 누군가

※ 85. Alison Smithson(ed.), 《Team 10 Primer》, The MIT Press, 1974, p.47

가 뛰어가거나, 숨을 헐떡이며 식탁 옆을 지나가거나, 아니면 조깅을 멈추고 레스토랑에 앉아 식사를 하게 될 것이다. 기존과는 전혀 다른 종류의 조깅 코스가 생겨난 것이다. 반대로 생각해볼 수도 있다. 아침에 잔잔한 음악을 들으며 식사를 하고 있는데 느닷없이 조깅하는 사람이 뛰어들면, 조용하던 레스토랑은 잠시 또 다른 종류의 레스토랑이 된다.

오늘날 건축과 도시가 명확하게 구분되지 않는 것은 건축이 거대해지면서 현실의 도시공간이 힘을 잃어가기 때문이다. 이제 젊은이들은 광장 대신 거대한 컨벤션 센터로 모여든다. 도시가 도시의 역할을 하지 못한다는 것은 건축이 도시는 아니지만 도시와 같은 공간이 되고 있음을 의미한다.

도시의 공원을 담은 건축물. 시애틀 중앙도서관

시애틀 중앙도서관(Seattle Central Library)처럼 건물의 바닥을 아주 넓게 만들어서 도시의 거실처럼 사용하면 건축물은 공원이나 광장과 같은 역할을 함으로써 도시의 일부가 된다. 사람들은 거대한 지붕 아래의 동일한 평면 바닥에 앉기도 하고 책을 찾아 읽기도 하지만, 필요하면 언제든 다른 층으로 이동이 가능하다. 책과 상관없이 그냥 안팎의 공간을 구경하러 온 사람들도 얼마든지 같은 바닥에서 함께 있을 수 있다. 건축물의 바닥이 내부화된 공공공간이기 때문이다. 이때 중요한 조건은, 식탁이 크면 음식을 많이 올려놓을 수 있듯이 건물의 바닥을 최대한 넓게 만들어 많은 사람들이 다양하게 사용하도록 하는 것이다. 그리고 이 넓은 바닥을 지면과 맞닿아 있게 하거나 에스컬레이터로 쉽게 접근할 수 있는 층에 둔다.

꼭 이런 건물이 아니더라도 건축은 이미 도시 안에 분산되어 있다. 주택에서 담당하던 기능이 대도시 안으로 하나둘씩 빠져나갔기 때문이다. 옛날에는 주택 안에서 관혼상제가 다 이루어졌고, 어른이 아이들을 훈도하는 것도 대개 집 안에서였다. 하지만 지금은 찜질방이나 호텔에서도 잠을 잘 수 있고 음식점에서 삼시 세 끼를 먹을 수도 있다. 거실이나 사랑채에서 맞이하던 손님을 이제는 인근 카페에서 만난다. 교육은 학교와 학원에서, 공부는 독서실이나 스터디 룸에서 이루어진다.

사무소는 일을 하기 위해 만든 건물이다. 그러나 공업사회에서 지식사회로 옮겨가면서, 지적인 작업을 하는 사람들은 전통적인 사무소 건물을 더 이상 필요로 하지 않게 되었다. 일할 수 있는 조건만 갖추어지면 카페에서도, 차 속에서도, 자기 집에서도, 호텔이나 공공공간 등에서도 얼마든지 작업이 가능하다. 게다가 이러한 작업공간들은 차츰 네트워크화되고 있다. 그렇다면 도시공간이 곧 사무소다.

사무소 자체도 달라지고 있다. 창조적인 작업은 사람들 사이의 정보 공유와 다양한 커뮤니케이션에서 생겨난다. 따라서 이러한 만남을 가능하게 해주는 큰 장소와 공간이 요구된다. 결국 사무공간은 점점 더 넓어지고, 다양한 생각을 가진 사람들이 모여 일하며 대량의 물자와 정보를 생산하고 소비하는 곳으로 바뀌어간다. 그리하여 사무소 건물이 곧 도시가 된다.

도시는 어떤 생김새를 갖고 있을까? 도시는 똑바로 펴져 있지 않고 언제나 접혀 있다. 일부는 바깥으로 드러나 있지만 일부는 접혀 있는, 부채나 아코디언의 주름과도 같은 공간이 바로 도시다. 내가 필요하다고 생각하면 쉽게 펼쳐서 이용할 수 있어야 한다는 것이 도시의 가장 중요한 조건이다. 그만큼 여러 가능성이 촘촘하게 접혀 있는 곳이 도시라는 것이다.

초등학교를 공원으로

친구를 사귈 때 상대가 완벽하게 내 마음에 들 필요는 없다. 어딘가 좋은 점이 조금이라도 보이면 그를 친구'로' 만들면 된다. 건축 또한 마찬가지다. 건축물을 설계하고 지으려 할 때 그 주변이 건축물에게 좋은 조건만을 주는 경우는 별로 없다. 땅을 둘러싼 환경, 이미 주어진 주변의 공간, 흐름의 힘, 그곳에 심긴 나무와 지형, 바람, 도로와 그 옆을 지나는 사람들……. 모두 건축'으로' 받아들이고 번역하고 해석해야 할 것들이다. 어떤 조건은 겉보기에 미미할 수도 있고 또 어떤 조건은 까다로울 수도 있지만, 결국에는 건축물에 생기를 줄 만한 조건으로 바뀔 수 있다.

사진을 찍을 때 줌렌즈를 이용하면 피사체의 주변에 있는 것들이 가까이 다가오거나 멀리 밀려난다. 광각으로 주변을 넓히면 조금 전의 화각에서는 보이지 않던 나무가 나타나고 전신주도 보이며 멀리 있던 동네의 계단까지도 같은 화면 속으로 들어온다. 광각렌즈가 나무와 전신주와 동네 계단을 하나의 화면'으로' 만든 것이다.

반대로 망원으로 당겨보면 피사체가 성큼 다가오며 아까는 보이지 않았던 작은 스케일의 주변 환경이 자세히 보이기 시작한다. 작게 보이던 나무가 크게 보이고 가지와 잎이 보이며 전신주의 전깃줄도 화면 속에 나타난다. 보이지 않던 사물들이 망원렌즈에 의해 화면'으로' 만들어졌다. 주변을 이렇게 줌렌즈처럼 인식하면 작은 주택 주변의 사소한 가능성까지도 모두 건축'으로' 만들 수 있게 된다.

'책을 만든다'는 것은 책이라는 물건을 만든다는 뜻이다. 그러나 '책으로 만든다'고 하면 원래는 책이 아니던 것을 책의 성질로 바꾸는 것을 뜻한다. 이런 생각을 건축에 대입하면, '건축을 만든다'는 것은 돌, 벽돌, 철근 콘크리트라는 재료로 새로운 건물을 짓는 것을 뜻한다. 그러나 '건축으로 만든다'고 하면 주변의 나무든 도로든 다른 건물이나 분위기든 이미 있는 것들을 새로운 건물로 바꾸고 포용한다는 뜻을 지니게 될 것이다.

대형 할인매장에서 카트를 끌고 다니며 쇼핑을 하는 것은 자기의 조건과 필요에 맞게 물건을 선택하는 것이지 물건을 만드는 것이 아니다. 책의 편집자는 종이와 잉크로 책을 제조하는 사람이 아니고 누군가의 글과 지식과 자료를 가공하여 책이라는 물건에 담아내는 사람이다. 편집은 출판에만 필요한 것이 아니다. 건물에 사는 사람, 건물을 짓고자 하는 사람, 건물을 설계하는 사람은 모두 상황을 건물로 만드는 편집자(editor)들이다.

옛날 선조들은 여러 조건들을 꼼꼼하게 따져가며 좋은 땅을 찾아서 집을 지었지만, 오늘 내 주택이 그런 땅에 지어질 가능성은 전혀 없다. 어떤 대지든지 집이 지어질 땅 주변에는 어려운 조건들이 많다. 주변에 쓸모없는 잡목이 있는가 하면, 별로 보고 싶지 않은 옆집의 긴 담장이 보이고, 쓰러진 돌담이 바로 옆에 있고, 집 앞으로 흐르는 개천은 차라리 없는 게 더 나을 것 같기도 하다.

그러나 쓸모없는 잡목은 나무를 더 많이 심어서 내 집을 위한 차폐 장치로 바꿀 수 있다. 쓰러진 돌담은 다시 세우거나 아예 그 돌을 옮겨 달리 사용할 수도 있다. 앞쪽의 개천은 윤곽을 키워서 새 집의 친구로 만들 수 있고, 옆집의 긴 담장은 덩굴식물을 키우기에 좋은 설치물이 될 수도 있다. 땅에는 늘 다양한 가능성이 존재하고, 주변의 조건은 늘 좋은 것과 나쁜 것 사이에 있다.

이미 많은 집이 지어져 있는 대도시 주택가의 대지는 이보다 훨씬 조건이 나쁠 것이다. 밀집된 환경에 수세적인 입장에서 대응하자면 보기 좋은 곳에는 창을 열고, 보기 싫은 곳은 벽을 치거나 아니면 루버(louver)나 펀칭 메탈 스크린(punching metal screen)으로 막으면 된다는 식으로 따로따로 설계할 수도 있다. 그러나 집이 작으면 담장을 없애는 식으로, 작은 건물일수록 도시환경이 그 건물에 직접 흘러들어오게 하는 것이 낫다. 대지 안에 큰 나무들이 많을 경우 그것을 함부로 베지 않고 오히려 지붕을 뚫어서 큰 나무둥치를 실내에 그대로 두기도 한다. 이것은 그 나무를 건축'으로' 만든 것이다.

건물을 지을 때는 건물의 내적인 논리가 있다. 이 내적 논리는 주변 환경이라는 외적 조건과 필연적으로 부딪치게 되어 있다. 중요한 것은 그러한 충돌에 내재해 있는 작은 가능성들을 탐색하고 끄집어내는 것이다.

작은 주택에서 전면 도로에 주차공간을 만들면 그 위에는 필요한 욕실 발코니를 둘 수 있다. 에어컨 실외기는 대개 계단실이나 발코니에 두지만, 이것을 지면 가까이에 두면 그 위쪽으로는 실외기의 깊이만큼 주택의 평면을 키울 수 있다. 혹시 대지 남쪽에 감나무가 심겨 있으면 그 방향으로 큰 창을 내어 그것을 바라보게 한다. 그러면 창 너머 보이는 옆집의 감나무는 내 방을 위한 좋은 조경이 되고 나무 그늘이 내 방을 찾아올 것이다. 바닥 면적이 작은 협소주택일 경우엔 비록 마당은 없지만 바닥이 연속해 있어서 하늘이 바닥에 직접 면하는 집이 될 수 있다.

전면 주차는 새 주택의 정면을 방해하는 요인일 것 같았지만 그 위가 욕실이 될 가능성을 가지고 있었다. 지면 가까이 설치한 실외기는 그 위의 평면을 확장할 가능성을, 앞집의 나무는 내 것은 아니지만 내 방에 그늘을 드리워줄 가능성을 가지고 있었다. 건축이란 이렇게 두 개의 가능성 사이에서 일어나는 행위다. 달걀이 그 내부에 앞으로 병아리가 될 가능성을 갖고 있듯이, 즉 달걀이면서 달걀이 아닐 가능성을 동시에 간직하고 있듯이[86], 집을 짓는 행위는 언제나 집이 될 가능성과 집이 안 될 가능성 사이에 있다.

땅과 주변이 갖고 있는 가능성이란 구체적으로 어떤 것일까? 좋은

---

* 86. 조성오, 《철학에세이》, 동녘, 1993, p.83

예가 많이 있겠지만 당장 떠오르는 것은 건축가 알레한드로 자에라
폴로Alejandro Zaera-Polo의 '다운스뷰 파크(Downsview Park)' 계획안이다.

그는 먼저 지형을 크게 손상하지 않겠다는 원칙을 세웠다. 지형
에 유리한 바람, 소음, 태양의 각도, 녹지를 체크하고 여기에 걷기, 달
리기, 자전거 타기, 크로스컨트리 스키에 적합한 각각의 땅의 경사
를 대입했다. 걷거나 달리기는 연속적으로 이루어지고 속도도 다르
므로 여러 개의 순환 동선이 서로 겹치지 않게 지형을 이용했다. 그
결과 본래의 지형을 거의 손상하지 않으면서 운동과 랜드스케이프
(landscape)의 관계를 조정할 수 있었다. 건축물을 만들기 위한 것은
아니었지만, 이 계획은 땅에 잠재된 가능성이 어떤 것이며 어떻게 땅
을 풍부한 공간'으로' 만들 수 있는가를 잘 보여준다.

지금까지의 건축에서는 초등학교는 초등학교 대지에, 도서관은 도
서관 대지에 따로 지어왔다. 그런데 만약 '초등학교의 공원화'나 '도서
관의 공원화'라고 이름을 붙여 생각하면 무엇이 달라질까? 문자 그대
로 받아들이면 초등학교나 도서관에 나무를 심어 누구나 드나들게
만드는 작업이 될 것이다. 좀 더 나아가 '초등학교를 공원으로 만든
다' '도서관을 공원으로 만든다'라고 생각하면? 그러면 초등학교나 도
서관을 공원에 연접시킴으로써 관습적인 초등학교나 도서관이 아닌,
지역사회에 더욱 가까워지는 새로운 초등학교나 도서관을 만들겠다
는 것이 된다. 뿐만 아니라 '공원을 초등학교로 만든다' '공원을 도서
관으로 만든다'라는 정반대의 의미도 되어, 특정 기능과 용도로 분화
하지 않은 새로운 도서관이나 미술관을 만든다는 생각을 낳게 한다.

주변과 상황을 '건축으로 만든다'는 것이 무엇인지를 이해하는 데
가장 좋은 예는 도서관에 대한 루이스 칸의 생각일 것이다. 그는 도

서관이란 단순히 사람이 책상을 떠나 서고에 들어갔다가 책을 꺼내서 다시 자기 책상으로 돌아오는 곳이 아니라고 생각했다.

> "도서관이란 파일이나 목록을 급히 훑어보고 책을 찾는 곳이 아닙니다. [···] 건축가는 목록을 보고는 좀처럼 참을 수가 없습니다. [···] 이제 아주 넓은 책상을 가진 도서관이 있다고 생각합시다. 아주 넓은 책상. 그렇지만 이 말은 그 책상이 크다는 뜻이 아닙니다. 책상이란 아마도 중정이 될 겁니다. 이 책상은 그저 단순히 책상이 아니라는 말입니다. 이 책상은 그 위에 책이 놓여 있고 책들이 펼쳐져 있는 일종의 평평한 중정입니다. [···] 이렇게 하여 그저 길기만 한 책상이 있어서, 노트와 펜을 들고 한쪽에 앉을 정도로 여유가 제법 있고 책이 한가운데 있는 도서관이 생긴 셈입니다."

도서관에서 수많은 학생들이 책을 읽고 있다. 거대한 책상 위에는 책이 놓여 있다. 도서관이란 자기가 읽고 싶은 책을 그 자리에서 읽고 생각하는 곳이므로, 어떤 학생이 책상에서 책을 읽고 있는 상황을 그대로 연장하여야 한다고 상상한 것이다. 책과 사람의 직접적인 관계가 책상에 그대로 잘 나타나 있기 때문이다. 그래서 "이런 책상이 점점 더 커지고 그 위에 책이 얹혀 있다고 생각하자"고 했고, 도서관은 "거대한 책상"이며 "책상은 코트(court)다"라고 한 것이다. 루이스 칸이 말한 도서관은 이러한 상황을 그대로 확장하여 '건축으로 만든 것'이었다.

이음매 없는 건축

"하느님은 세부(細部)에 존재한다(God is in the detail)"라는 유명한 말이 있다. 건축하는 사람들에게는 미스 반 데어 로에가 지은 말로 알려져 있다. 그러나 이 말은 독일의 예술사학자 아비 바르부르크Aby Warburg가 한 말이다. 글자 그대로 보면 이 말은 하느님이라는 위대한 존재가 아주 사소하고 미소한 존재 안에 계신다는 뜻이다. 그런데 하느님을 무언가 큰 전체로 바꾸어보면 이 말은 "도시는 건축에 존재한다"로도 바꿀 수 있다. 건축이 대면하고 있는 도시라는 큰 환경이 건축의 세부에 존재한다는 말이다.

디테일도 풍경을 건축'으로' 만드는 데 한몫한다. 파사드의 유리면을 전동으로 열고 닫히게 하여, 어떤 때는 열어서 바람이 통하게 하고 어떤 때는 닫아서 실내 기후를 조절하게 만든다고 하자. 그리고 이 창이 각도를 달리하며 여닫힐 때 시시각각으로 변하는 하늘과 구름이 그 유리면에 반사되게 설계한다고 하자. 그러면 이 건물의 디테일은 무엇을 위한 것일까?

그것은 통풍과 실내 기후 조절을 위한 디테일인 동시에 반사되는 풍경 속에 존재하는 디테일이다. 디테일이란 건축이 풍경 안에 존재하게 해주고 풍경이 건축 안에 존재하게 해주는 것이며, 좋은 설계란 이렇게 건물이 풍경과 디테일 사이에서 대화하게 해주는 것이다.

설계를 할 때는 전체적인 건물의 구상에서 시작하여 형태와 배치를 결정한 다음 점차 세세한 부분의 형상을 결정해간다고 흔히들 생각한다. 그러나 반드시 그렇지만은 않다. 디테일이 전체를 결정할 수도 있고, 세부적인 디테일이 건물의 전체 모습을 바꿀 수도 있다. 설계는 대개 큰 것에서 작은 것으로 수렴해가는 과정을 밟는 것이어서, 디테일이 건물 전체를 결정한다는 말이 쉽게 납득되지 않을 수도 있다. 하지만 건축이란 부분에서 전체로 순서에 맞게 차근차근 정해지는 것이 아니다.

르 코르뷔지에 밑에서 건축설계를 하고 있던 작곡가 야니스 크세나키스Iannis Xenakis는 '라 투레트 수도원(Monastery of Sainte Marie de la Tourette)'의 통로에 있는 창문과 창살을 자기가 작곡한 곡에 바탕을 두고 설계했다고 한다. 음악과 건축의 차이에 대해 그는 이렇게 말했다.

> "건축에서 내가 얻은 단 하나의 교훈은 건축에서는 디테일에서 전체로, 또 전체에서 디테일로 일이 진행될 수 없다는 것이었다. 모든 것을 '동시에' 생각하지 않으면 안 됐다. 그런데 음악에서는 […] 주제부터 작곡을 시작하고 법칙이나 증폭의 규칙을 운용해간다. […] 건축에서는 대지라든가 프로그램이 주어지므로 모든 것을 동시에 생각해야 한다."[87]

미국의 가구 디자이너 임스 부부Charles and Ray Eames는 〈10의 힘 Powers of 10〉(1977)이라는 영상을 통해 이음매 없는 환경을 보여주었다. 피크닉을 즐기고 있는 두 사람의 모습에서 시작하여 10씩 곱해가면서 촬영 거리를 늘린다. 첫 장면은 10의 1제곱, 즉 10미터 상공에서 찍은 것이다. 그다음은 100미터, 그다음은 1,000미터……. 계속 10을

* 87. Sergio Ferro, 《Le Couvent de la Tourette: Le Corbusier》, Parenthèses, 1987, p.94

곱해갈 때마다 카메라는 공중으로 점점 높이 올라가고 두 사람의 모습은 보이지 않게 된다. 하지만 10미터 위에서 찍은 사진에서는 누워 있는 사람의 시계, 그가 보는 책, 가지고 온 음식의 모양에 심지어는 그 재료도 알 수 있다.

10미터 상공에서 보기만 해도 돗자리는 화면의 10분의 1 정도로 축소되고 공원의 푸른 잔디가 훨씬 많이 보인다. 여기에 10을 곱하여 100미터 상공에서 이들이 누워 있는 돗자리를 보면 그저 작은 점보다는 조금 큰 정도이고, 공원이 사방으로 펼쳐진 것이 아니라 4차선 도로와 요트가 정박한 해안 사이에 있음을 볼 수 있다. 다시 10을 곱한 1,000미터 상공에서는 돗자리도 사람도 모두 사라지고 공원은 넓은 도시의 한 조각 땅에 지나지 않는다. 그리고 계속 올라간다. 10의 8제곱이 되면 지구도 하나의 점일 뿐이다.

그러다가 카메라가 하강하여 다시 10의 1제곱의 거리로 되돌아온다. 돗자리 위의 음식이 보이고 두 사람의 얼굴 표정이 드러난다. 10의 0제곱, 곧 1미터에서는 낮잠 자는 사람의 손이 보이고 10의 -1제곱에

'이음매 없는 환경'을 보여준 임스 부부의 영상 〈10의 힘〉 (1977)

서는 손의 털이, 10의 -2제곱에서는 피부조직이 보이기 시작한다.

건축은 이런 연속적인 환경의 어떤 범위 안에 있다. 임스 부부가 보여준 일련의 장면 중 돗자리를 건물이라고 본다면 건물의 시작은 사람, 손목시계, 사람의 피부, 커튼, 식기 등이다. 화면의 범위가 점점 넓어지면서 돗자리가 점으로 보이듯이 건물이 점으로 보일 때, 이 건물은 주변의 더 넓은 조건과 함께 있게 된다. 건물의 크기만 보면 하나의 점에 지나지 않지만, 건축과 관계하는 것들에 주목한다면 어떤 범위에 속하는 사물, 상황, 주변 등을 모두 건축으로 만드는 것이 아니겠는가? 건축에는 사람의 피부에서 시작하여 도시적인 크기에 이르기까지 바뀌는 건축 특유의 렌즈 배율이 있다. 바로 이것이 임스 부부의 〈10의 힘〉이 주는 교훈이다. 사람의 피부는 건물의 디테일이고, 대략 100미터 상공에서 본 것이 건축에서 말하는 풍경 또는 랜드스케이프가 될 것이다.

방 안에 가구가 있다. 그러나 이 가구는 혼자 있는 것이 아니다. 가구는 방 안의 다른 것과 함께 있다. 방 또한 혼자 있는 것이 아니다. 다른 방과 창, 그리고 그 창 너머로 보이는 바깥과 함께 있다. 바깥마당은 혼자 있지 않다. 더 넓은 곳에 있는 다른 건물이나 도로와 함께 있다. 이렇듯 처해 있는 상황을 상대화하여 생각하다 보면 가구 하나가 저 바깥의 도로와 함께 있게 된다.

'건축을 만든다'는 관점에서는 공간이 건축의 본질적인 요소일 수 있다. 그렇지만 '건축으로 만든다'는 관점에서 보면 건축 자체가 공간이다. '건축을 만든다'는 말은 무언가 특권적인 입장에 서서 작품을 만든다는 뉘앙스를 풍긴다. 그러나 실제로는 건물을 세우면 좋은 결과든 나쁜 결과든 주변에 영향을 미치게 된다. 새로 지어진 건물이 길의 풍경을 바꾸어놓고, 길 건너편에 사는 사람에게 피해를 주기도 한다. 그러나 '건축으로 만든다'라는 관점에 서면 적어도 주변에 이런 부정적인 영향을 끼치는 것을 방지할 수 있고, 사람이 영위해가는 생활에서 출발하여 변화하는 공간을 만들게 된다.

무언가를 '건축으로' 만든다는 것은 기능을 생각하기에 앞서 사람의 행위 안에 있는 연속적인 상황을 들여다보는 것이다. 즉, 건축을 생성적인 입장에서 바라본다. 하천이라고 여기기 전에 강물이라고 생각하고, 도로라고 생각하기 전에 길이라고 생각한다. 또 대지라고 생각하기 전에 땅이라고 생각하며, 인간이라고 생각하기 전에 신체라고 생각한다. 이렇게 사물 그 자체에 얽매이기보다 그 사물을 둘러싸고 있는 수많은 상황들을 '건축으로' 만드는 것이다.

이탈리아 건축가 카를로 스카르파Carlo Scarpa가 설계한 '브리온 가족 묘지(Brion-Vega Cemetery, 1972)'의 모습을 보면 건물 옆에 연못이 하나 있고 그 안에 사각형의 돌이 하나 놓여 있다. 이 돌은 뚜렷한 윤곽을 지닌 채 그 옆에 있는 물과 연꽃의 일부가 되어 있다. 또 이 연못은 그 옆에 있는 풀 덮인 마당과 같이 있다. 건물의 벽면과 담장은 따로 지어진 것이지만 이 담장은 건물 벽면의 부속물이 아니다. 멀리 작게 보이는 교회 탑도 이 풍경의 주인공처럼 보인다. 꽃도 돌도 벽면도 교회도 저 멀리 있는 산과 함께 보이고, 결국 건물과 함께 있는 이 모든 요소들이 산에 속해 있다.

스카르파는 설계하기 이전부터 주변에 있던 수많은 것들을 자신의 건축'으로' 만들었다. 저 바깥에 있는 마을이 먼저 지어졌는지 이곳에 있는 집이 먼저 지어졌는지 분간이 되지 않는 상태, 벽면이 풍경이 되고 따로 떨어진 연못이 먼 산으로 펼쳐지는 공간의 일부가 되는 것

풍경은 이어져 있다. '브리온 가족묘지' (카를로 스카르파, 1972) ⓒ김광현

등은 그가 건축을 만든 게 아니라 주변의 상황을 건축으로 만들었음을 보여준다. 서로 다른 요소와 풍경이 건축으로 만들어져 있는 것! 이것이 브리온 가족묘지의 매력이자 가르침이다.

브리온 가족묘지에서 창문이나 재료를 다루는 방식이 저 넓은 풍경의 일부로서 만들어진 것처럼 전체에서 디테일로, 디테일에서 전체로 오고 갈수록 설계의 완성도는 높아진다. 이런 의미에서 건축은 디테일로 마무리되는 것이며, 건축은 풍경과 디테일 사이에 있다. 창호의 디테일만 디테일이 아니다. 건축물도 환경 안에 놓이며 그 자체가 또 다른 디테일이다. 건축은 물리적인 환경 전체 속에 있는 디테일인 것이다.

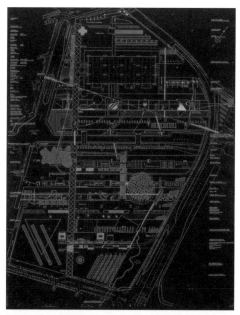

랜드스케이프 건축의 전환점이 된 '라 빌레트 공원 계획안' (렘 콜하스, 1984)

이런 관점에 서면 가구가 배열되는 방식을 해체하고 건물의 레벨로 직접 이어지는 방식, 나아가 건축과 도시의 경계 또는 건축과 조경의 경계가 이음매 없이 하나로 이어질 가능성을 발견하게 된다. 이런 것을 통틀어서 '랜드스케이프 건축(landscape architecture)'이라고 한다. 사전에는 '조경'이라고 풀이되어 있지만, 건축의 이런 상태를 말할 때는 우리말로 번역하지 않고 그냥 '랜드스케이프 건축'이라고 표현한다.

랜드스케이프 건축은 1982년 파리의 '라 빌레트 공원(La Parc de la Villette)' 현상설계를 기점으로 건축, 도시, 대지예술 등의 분야를 횡단하는 중요한 개념이 되었다. 여기에서 말하는 '랜드스케이프'는 자연이나 외부공간만을 의미하는 것이 아니다. 대지의 문맥, 풍토, 지역의 역사성, 주변 도시의 여러 상황, 나아가 계획을 변화시키는 시간이라는 개념까지도 포함하는 포괄적인 방법론이다. 특히 렘 콜하스가 이끄는 '메트로폴리탄 건축사무소(OMA)'가 제출한 '라 빌레트 공원 계획안'(1984)은 1990년대 이후의 건축에 커다란 영향을 끼쳤다.

이런 방식의 건축은 토목이 분할한 대지 위에 건물을 짓고 그 안을 다시 벽으로 분할한 다음 그 안에 가구나 다른 것을 배치하는 식으로 진행되지 않는다. 건물이 바깥쪽으로는 토목과 조경을 만나고 안쪽으로는 가구와 직접 만나게 함으로써, 사람의 행위에서 시작하여 대지의 형상에 이르는 여러 단계를 하나로 통합하려 한다. 이전의 건축은 작은 것부터 또는 큰 것부터 시작하였지만, 종횡으로 각 단계가 이어져야 하는 이음매 없는 '랜드스케이프 건축'에서는 어떤 스케일에서 시작하는가가 더 이상 중요하지 않다.

도시를 건축한다

건축은 도시가 될 수 있을까? 크기로만 따지면 건축은 작고 도시는 크기 때문에 건축은 도시가 될 수는 없다. 그러나 알라딘의 램프 안에는 거대한 정령 지니가 들어가 있다. 마법의 램프를 문지르면 지니가 나타나 알라딘의 청을 들어주고는 다시 램프 안으로 들어간다. 작은 램프 안에 거인이 숨어 있는 것이다. 건축 역시 마찬가지다. 램프는 건축이고 지니는 도시이므로 건축은 도시를 품고 있다.

밀라노에 있는 '비토리오 에마누엘레 2세의 갈레리아(Galleria Vittorio Emanuele II)'[88]는 건물과 건물 사이에 거대한 천창을 씌워 만든 초대형 아케이드다. 이 길의 길이는 215미터, 폭은 14.5미터고 건축물의 높이는 25미터, 유리 볼트의 꼭대기까지가 30미터다. 중앙의 교차부에는 지름 40미터인 거대한 돔이 얹혀 있는데 높이가 47미터나 된다. 양쪽의 건물이 이 거대한 유리 지붕의 지주 역할을 하고 있다. 건물은 본래 6층으로 되어 있으나 겉보기에는 4층으로 구성하였다. 1층과 2층엔 다양한 점포와 식당이 늘어서 있고 천장이 높은 3층은 클럽, 스튜디오, 사무실로 사용되며 그 위는 주택이다. 방은 모두 1,300개가 있는데 모든 방이 갈레리아 쪽으로 창을 두고 있다. 서로 떨어져 있는 건물과 건물을 천창으로 연결하여 거대하고 복합적이며 입체적인 도시건축을 만든 것이다.

건축이 도시가 되는 것은 이렇게 건물과 건물 사이에 지붕을 덮었

---

* 88. '갈레리아(galleria)'는 일종의 아케이드이며 대개 유리 천장으로 덮여 있다. 16세기에 메디치 가의 방대한 소장품을 전시했던 우피치 미술관 4층의 회랑 이름에서 유래한 이 단어는 이후 '화랑'을 뜻하는 '갤러리(gallery)'의 어원이 되었다.

도시가 된 건축. 밀라노의 '비토리오 에마누엘레 2세의 갈레리아' ⓒ김광현

기 때문만은 아니다. 건물은 원래 도시 안에서 도시를 건축하고 있다. 다만 이렇게 지붕을 덮으니 그 본래의 성격이 확연하게 드러났을 뿐이다. 밀라노의 갈레리아에서 보듯이 도시를 이루는 것은 가로와 천창과 건물의 외벽이 아니다. 점포나 식당이나 사무실이나 스튜디오라는 구체적인 용도, 그 안에서 일어나는 사람들의 모든 행위, 1,300개나 되는 건물 속의 방들이 도시를 이룬다. 만일 이런 것 없이 그저 건축의 외벽과 그 사이의 길만이 도시이고 도시공간이라면 그런 도시는 허무하다. 이런 사고방식이 만연한 것은 근대의 도시계획과 근대 건축이 도시와 건축을 분리하여 생각했기 때문이다. 그러나 건축 안에는 커다란 도시가 들어 있다.

"도시는 커다란 주택이고, 주택은 작은 도시다."

르네상스 시대의 건축가이자 건축 이론가였던 알베르티^{Leon Battista}
Alberti의 말이다. 현대에 이르러 알도 반 에이크 같은 건축가도 이 말
을 강조했다. 커다란 주택으로서의 도시는 개개의 작은 집에서 이미
시작되고 있다는 뜻이다. 도시의 길은 주택의 복도와 같은 것이고 광
장은 도시의 거실이다.

요즘 '도시건축'이라는 용어를 많이 사용한다. 하지만 농촌에 지어
졌다는 이유로 농촌건축이 아니듯이 도시에 지어졌다는 이유만으로
도시건축이라고 부를 수는 없다. 도시건축은 도시의 제어를 잘 받아
들이고 도시계획이 하는 말을 잘 들어주는 수동적인 건축이 아니다.
도시건축이란 도시를 만드는 건축이며, 크건 작건 도시를 만들어내고
재구성하는 건축, 곧 '도시를 건축하는 건축'이다.

따라서 도시건축은 대규모의 건물보다는 도시의 대부분을 점유하
고 있는 다종다양한 중소건축물, 오랫동안 누적되어 작은 도시의 지
역성을 불러일으키는 건축물을 가리킨다. 이렇게 하여 도시에 활기
를 불러일으키는 건축을 만드는 것이 현대건축의 주요 관심사다. 이
런 도시건축이라야 '도시의 공기를 담은 건축'이라고 부를 수 있을 것
이다. 그것은 도시에서 경험할 수 있는 공간적인 특성, 도시에서 생활
하며 느끼는 매력, 이쪽은 건물이고 저쪽은 도시라고 구분되지 않는
일체감을 담고 있는 건축이다.

건물의 내부를 외부처럼 만들고 외부를 내부처럼 만들면 건축과
도시라는 물리적인 경계도 사라진다. 19세기에 왕성하게 나타났던 파
리의 파사주에서는 길을 사이에 두고 줄지어 있는 건물들 사이에, 즉
길 위에 유리 지붕이 덮였다. 그러자 좌우에 늘어선 상점들의 창과
벽이 사람들이 다니는 외부공간의 창과 벽이 되었다. 안팎을 향한 시

선이 그 창을 통해 교차하였다. 길에 지붕이 없었을 때는 밖에 서 있는 내가 쇼윈도를 통해서 상점 내부를 들여다보았는데, 길에 지붕이 덮이자 안에 있는 내가 쇼윈도를 통해서 밖에 있는 상점을 보는 것처럼 지각되었다. 안이 밖으로 느껴지고 밖이 안으로 느껴지게 된 것이다. 이렇게 해서 상점(건물)은 길(도시)이 되고 도시는 건물이 되었다.

건물의 1층이 툭 터져서 길을 가던 사람이 들어왔는데도 아직 건물 안에 들어온 것이 아니고, 더 걸어 들어가도 건물의 일부라기보다 도시를 연상케 하는 길과 공간이 쭉 이어진다면 사람들은 무엇을 느낄 수 있을까? 그것은 자유로움이다. 프랑스의 오딜 데크Odile Decq가 설계한 '로마 현대미술관(Museo d'Arte Contemporanea di Roma, MACRO, 2000)'은 두 개의 가로가 만나는 모퉁이를 터서 사람을 맞아들인다. 그 위로는 유리 벽면이 이웃하는 건물을 반사한다. 이렇게 반사된 건물들은 미술관의 긴 외벽을 이루고 있는 오랜 건물과 하나가 된다. 건물 안쪽에도 이런 길이 나 있구나 하고 느끼는 순간, 길에서는 보지 못하던 많은 나무들이 위로 툭 터진 공간 아래에서 이어져 있다. 이 길이 조금씩 좁아지며 미술관의 입구로 이어진다.

문을 열고 들어가면 커다란 홀이 나타나는데, 그 한가운데 빨간색을 칠한 커다란 볼륨이 있고 바닥에서 조금 떨어져 강당이 있다. 이 강당 볼륨 주변으로 브리지가 떠 있다. 길에서 들어온 사람들의 발걸음은 붉은 볼륨 주위로 계속 움직인다. 홀의 천장에서는 자연광이 비추고 있어서 실제로는 내부인데도 조금 전 가로에서 느끼던 외부공간이 계속되고 있는 듯한 느낌을 준다. 건물 바깥의 도시적인 느낌이 안쪽으로 길게 침투해 들어오도록 설계된 것이다.

바닥과 이어지는 1층 창 전체를 투명하게 하면 건축은 그대로 도

건물 속으로 들어온 도시, 로마 현대미술관(오딜 데크, 2000)

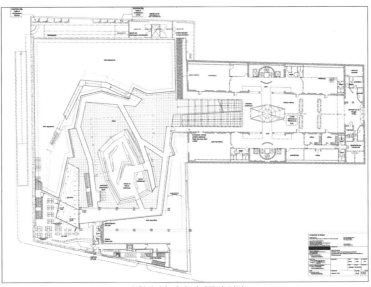
로마 현대미술관의 전시공간 평면도

시에 이어진다. 렘 콜하스가 설계한 미국 댈러스의 '월리 극장(Wyly Theater, 2009)'은 공연장을 1층에 놓고, 층고가 높은 1층의 3면을 모두 투명한 유리창으로 만들었다. 창문을 거두면 객석은 외부공간과 도시로 확장된다. 이를 위해 기둥을 최소화하여, 3면에는 기둥이 한 변에 두 개씩 모두 6개뿐이다. 시각적으로도 투명하고, 행위라는 측면에서도 건축은 도시의 일부가 되고 있다.

건축이 도시가 되는 또 다른 방법은 건물이 주변과 함께 풍경이 되는 것이다. 프랑스 마르세이유 항구에는 기둥에 지지되며 반사도가 높고 아주 넓은 스테인리스 스틸 지붕이 떠 있는 구조물이 있다. 그 안을 걸으며 지붕을 올려다보면 나를 포함하여 함께 걷는 사람들을

도시로 확장되는 건축. 댈러스의 '월리 극장' (렘 콜하스, 2009)

볼 수 있다. 지붕의 형체가 사라지고 사람들과 항구의 바닥이 반사된다. 이와 마찬가지로 건물의 창을 최대한 키워서 건물 전체를 투명한 유리로 덮는다면, 주변의 나무나 건물이나 사람의 움직임이 건물 표면에 비치고 건물은 반사를 하게 된다. 그러면 건물의 윤곽은 약해지고 주변의 풍경이 건물을 감싸게 되어 건물은 형태적으로나 현상적으로 도시의 일부가 될 수 있다.

세상이 갈수록 '글로벌'해지고 온 세계가 연결되어 있는데 이런 생각이 과연 맞느냐고 반문할지도 모르겠다. 그러나 세상이 균질해질수록 도시의 고유함이 중요해진다. 그래서 나온 개념이 '글로컬(glocal)'이다. 글로벌(global)과 로컬(local)을 합친 말이다. 세상은 글로벌(전체, 세계)해지지만 그것은 동전의 양면처럼 로컬(부분, 지역)을 늘 전제로 하고 있다는 뜻이다.

도시는 계속 확장되고 있고 균질해져서 이러다가 건축은 힘을 잃는 것이 아닌가 하는 우려도 있지만 그렇지 않다. 도시가 확장될수록 실체적인 존재로서 고유함을 다시 정의해주는 건축의 역할이 예전보다 점점 더 커진다. 글로벌해진 현대에서 새로운 지역과 장소는 더욱 중요하게 여겨질 것이며, 이것이 오늘날 건축의 과제가 되고 있음을 잘 알아야 하겠다. 그러니 도시가 거대해진다고 초고층 건물만을 생각할 것이 아니라 이미 있는 건축물, 이미 있는 도시의 공간을 다시 생각해볼 필요가 있다. 바로 이것이 지속가능한 21세기 도시를 위한 건축의 핵심이다.

어떻게 해야 현실감이 있고 생생하며 실감 나는 건축물을 지을 수 있을까? 방법은 의외로 단순하다. 그 출발점은 손에 닿는 곳, 가까운 곳, 주변, 많이 보는 것, 허름하지만 늘 대하는 것, 낡은 건축물을 재

풍경이 된 건축, 마르세이유 항구의 스테인레스 스틸 지붕 구조물 ⓒ김광현

생하는 것의 가치를 충분히 이해하는 것이다. 이미 있는 건축물의 스토크(stock. 재고)가 수요를 웃도는 상태에서는 투자도 줄고 수익도 감소하기 때문에 무언가를 새로 짓기보다는 기존의 건축물을 최대한 활용하게 되고, 그것의 운용을 건물 사용자의 입장에서 바라보게 된다. 이를 약간 학술적으로 표현하면 지역적인 장소와 지속가능한 장소에 충실해진다는 것이 된다.

이제까지 우리의 도시는 근대 도시계획의 영향 아래 있었다. 마치 기계부품을 모으면 기계가 되듯이 따로 떨어진 건물들을 효율적으로 배치하면 좋은 것이라고 믿어왔다. 그러나 오늘날에는 도시를 그렇게 보지 않는다. 지금은 도시를 하나의 옷감처럼 바라본다. 도시는 기계처럼 조립되는 것이 아니라 씨줄과 날줄의 섬세한 교차를 통해서 만들어지는 것이고, 그래야 문양도 아름답게 살아난다. 그래서 현대건축에서는 '옷감'을 뜻하는 'fabric'이라는 말을 곧잘 사용한다.

찢어진 옷감을 고치는 것을 '짜깁기'라고 한다. 직물의 올을 살려 원래대로 흠집 없이 짜서 깁는 작업이다. 도시 안에서 용도를 잃고 버려져 있거나 제대로 작동을 못하고 비어 있는 땅은 옷감의 찢어진 부위와 같다. 그러므로 그 땅의 주변에서 흘러나온 올을 살려 원래대로 흠집 없이 짜서 기워야 한다. 이렇게 옷감을 다루듯 환경을 대하며 손에 닿는 작은 부분에서 시작하면 이제까지 알지 못했던 도시와 건축의 장소를 새로이 만들어낼 수 있다.

건축은 순수한 두부와 같고 도시를 담은 건축은 추어두부와 같다. 추어두부는 이름 그대로 두부 속에 잘 익은 미꾸라지 숙회가 촘촘히 박혀 있는 요리다. 생두부와 미꾸라지를 솥에 넣은 채 불을 때면 미꾸라지가 뜨거워진 물을 피해 두부 속으로 파고들게 되어 있다. 건축은 건축이요 도시는 도시라는 생각은 이미 오래전부터 있었고, 이런 사고가 오랫동안 도시환경을 피폐하게 만든 주요 원인이었음은 이미 잘 밝혀져 있다. 그렇다면 미래의 새로운 건축도 추어두부를 닮아가야 하지 않겠는가?

4

B급 건축, 작은 건축

건축가 없는 건축

  건축가의 역할에 대하여 좀 색다른 질문을 해보자. 이 세상에 사람이 살게 되면서부터 지금까지 무수한 집을 지어왔다. 평지에도 짓고 산에도 짓고, 석기시대에도 지었고 오늘날에도 짓고 있다. 그 수많은 집들 중에서 건축가가 지어준 집은 과연 몇 채나 될까? 그리고 몇 퍼센트나 될까? 오늘 우리 땅에 지어져 있는 집은 얼마나 되며 건축가는 그중 몇 채를 지어주었을까? 남산에 올라가 서울을 내려다보라. 저 헤아릴 수 없는 건축물 중에서 '작품'인 건물은 과연 몇 개나 되는 것일까?

  물론 '건축사 제도'가 생긴 이래 지어진 집들은 모두 건축 허가를 받았을 테니 누군가의 이름이 적혀 있긴 할 것이다. 그러나 내가 말하는 '건축가'는 서류상의 이름이 아니라, 건축을 통해 어떤 가치를 실현하고자 하고 자기가 설계한 건물을 '작품'이라고 여기는 이들을 말한다. 그 작품들 중에서 이런저런 수상작으로 선정되거나 당선된 고귀한 작품은 얼마나 되며 사회에 무슨 이득을 그리 크게 줄 수 있을까? 그리고 그런 작품에만 최고의 가치를 두도록 교육을 받고 있는 미래의 건축가들은 또 무슨 일을 할 수 있을까?

도시설계의 고전인 《도시 디자인 Design of Cities》(1967)이라는 책이 있다. 에드먼드 베이컨Edmund Bacon이 지은 명저다. 이 책의 도판은 시원시원하다. 도시의 얼굴이 된 몇 개의 건축물을 초점으로 하여 도시를 크게 관통하는 노란색 축선이 명쾌하게 도시의 구조를 설명하고 있다. 그런데 잘 들여다보면 그 밖의 모든 건물들은 아예 도판에서 삭제되어 있다. 유명한 교회와 궁전과 광장만이 관심거리다. 그에게는 '질서'가 가장 중요했는데, 그래서인지 도시의 질서에 기여한 특정 건물들만이 선택되어 있다. 문제는 우리의 도시와 건축이 오랫동안 이런 생각에 바탕을 두고 만들어져왔다는 것이다. 과연 도시란 이렇게만 만들어지는 것일까?

또 다른 질문을 해보자. 엘리트 건축가들이 별로 달갑게 여기지 않을 건축 유형인 코스트코(COSTCO) 매장은 누가 고안하였을까? 이케아(IKEA) 매장은 누가 그렇게 만들자고 했을까? 시내 곳곳에 있는 저별 볼 일 없어 보이는 편의점은 과연 누가 제안하고 개발하였을까? 도시의 몇몇 거리나 건물이 '먹자 골목'이나 '먹자 빌딩'으로 바뀌게 만든 이는 누구였을까? 'YES24'와 같은 정보와 유통 우선의 건물을 짓자고 제안한 사람은 누구였을까? 농촌주택개량사업이나 '농어촌 뉴타운 조성사업'에 적극적으로 참가하여 이러저러하게 건축해야 한다고 제대로 제안하고 있는 건축가는 누구일까? 저 이상한 러브호텔은

이케아 광명점 ⓒ김광현

대체 누가 설계해주기에 저토록 많이 지어져 있는 것일까?

사람들이 도시에 모여 사는 이유는 공간과 환경과 시설, 주택, 광장, 길, 물건, 교통, 교육 등을 자기가 원하는 곳에서 이용하기 위해서다. 도시는 다양한 사람들의 활동을 담는 다양한 기회, 다양한 건축과 환경을 갖추고 있어야 한다. 다양성이란 균질하지 않다는 뜻이며, 따라서 도시는 균질하지 않아야 정상이다. 그러니 건축을 시각적인 아름다움으로만 판단하거나 지금 우리가 살고 있는 도시를 토막토막 끊어내어 바라보는 것은 위험한 일이다. 도시에 '명작'만 있을 수는 없고, 신문이나 잡지에 소개되는 유명한 건물로 도시를 모두 메울 수도 없다. 작고 아름답지 못한 건물이라도 그것을 만든 이유가 있고, 그 이유를 만든 사회가 있다.

모든 건축물은 누군가가 소유한다. 그러나 도시는 사용하는 사람이 있을 뿐 소유한 사람은 없다. 따라서 누구에게나 열려 있고 누구라도 '이용할 수 있는, 이용 가능한' 곳, 영어로 'available'한 도시가 좋은 도시다. 서점에 재고가 있어야 책을 구입할 수 있는 것처럼, 나무 밑 그늘에 가고 싶을 때 가까이에 큰 나무가 있고 집을 얻고자 할 때 적당한 집을 찾을 수 있는 도시라야 한다는 뜻이다. 'availability(이용 가능성)'는 루이스 칸이 말년인 1970년경에 도시에 대하여 말할 때 강조한 개념이다. 처음에는 왜 이런 표현을 사용했는지 선뜻 이해가 안 되었는데, 오늘에 와서 생각해보니 혜안이란 바로 이런 것임을 알게 된다.

《건축가 없는 건축 Architecture Without Architects》. 이것은 비평가이자 수필가였던 버나드 루도프스키가 1964년에 쓴 책의 제목이다. 이 책은 뉴욕 현대미술관(MoMA) 전시회의 도록으로 간행된 것이었다. '건축가 없는 건축'이란 전문가가 설계하지 않은 건축을 말한다. 이를테면 마을이 그렇다. 사람들이 모여 사는 오래된 마을은 일단 아름답고, 무엇보다도 인간이 영위하는 생활의 진정성을 느끼게 해준다. 사람과 사람이 함께 살기 위해 만들어내는 건축을 마을은 잘 보여준다. 그런데 부제가 재미있다. 'A Short Introduction to Non-Pedigreed Architecture.' 번역하면 '족보에 없는 건축에 대한 짧은 소개' 정도가 될 것이다. 은근히 통쾌한 느낌을 주는 부제다. 이 책에는 주로 위에서 조감한 사진이 많고, 당시로서는 별로 중요하게 여겨지지 않던 건물을 찾아 그 속에 숨어 있는 빛나는 지혜를 발견하게 해주었다. 지혜의 주인공은 말할 것도 없이 그 건물을 지은 사람들의 것이다.

이 전시회를 기점으로 사람들은 풍토적인 것, 이른바 '버내큘러(vernacular)'에 주목하게 되었다. 버내큘러는 특정 지역이나 집단에서 쓰는 말, 토착어, 방언을 의미하는 동시에 특정 지역의 일반적인 주택 양식을 의미한다. 다양한 지역의 다양한 토착건축을 가리키는 이 단어는 '뿌리를 내리고 있는 것'과 '거주'를 의미하는 말에서 나왔다.

비전문가가 만들어낸 풍토적 건축에도 첨단에 버금가는 기술과 발명이 들어 있다. 루도프스키의 책을 읽다 보면 벽과 기둥과 보 같은 건축부재(建築部材)의 규격화, 이동 가능한 구조체, 바닥 난방, 지역적인 공조 설비 등이 건물에 적극적으로 반영되어 있는 것에 새삼 놀라게 된다. 이제까지 무관심하였고 은근히 낮추어 보았는데, 알고 보니 토착건축이야말로 온갖 지혜의 보고였던 것이다.

《건축가 없는 건축》이 보여주는 적확한 사진 도판은 많은 설명을 필요로 하지 않는다. 이 사진들을 통해 더 크게 읽어야 할 부분은 '브리콜라주(bricolage)'의 건축이다. 프랑스어로 '수리'를 뜻하는 브리콜라주를 인류학자 레비스트로스Claude Levi Strauss는 《야생의 사고 the savage mind》(1962)에서 '다양한 재료를 활용하여 조각과 단편을 짜 맞추는 행위'라는 의미로 사용했다. 오늘날에는 '손에 닿는 대로 아무것이나 이용하는 예술 기법'을 가리키는 말로 쓰인다. 그렇다면 브리콜라주 건축은 '여러 재료를 즉흥적으로 사용함으로써 수리되고 유지되는 건축'이라는 의미가 된다.

루도프스키의 책은 이러한 건축의 의미와 가치를 다시 생각해보게 만든다. 그는 이런 건축이 "유행에 걸리는 것도 없고, 완전히 목적에 맞기 때문에 거의 불변하고 개선의 여지가 없다"고까지 말한다. 이 속에는 건축의 보편적인 원리도 있고 보편적인 표현도 있다. 지역에 뿌리를 내린 건축의 모습도 있고, 그 안에서 가능성을 찾아야 하는 지혜도 있다. 도시와 사회와 건축의 관계에서 바라보면, 오늘날 우리의 현대판 토착건축에도 이런 지혜가 없을 리 없다.

이 도시의 토착건축

미국이나 유럽을 여행할 때는 어쩌면 저렇게 아름다운 건물이 있을까 감탄하며 돌아다닌다. 그러다가 우리나라에 돌아오면 혼잡한 건축과 도시의 모습에 새삼 실망한다. 도시 곳곳에 고가도로가 복잡하게 얽혀 지나가고, 온갖 간판들이 덕지덕지 붙은 건물들은 왠지 거칠고 조화롭지 못하다. 거대한 건물이 아주 작은 건물들과 나란히 서 있고 오래가는 건물과 그렇지 못한 건물이 혼재되어 있다. 단독

주거 옆에 아파트가 들어서 있고, 오피스 빌딩 옆에 작은 구멍가게가 붙어 있고, 그 사이사이에 전신주가 솟아 있고 전깃줄이 늘어져 있다. 규모도 다르고 수명도 다르며 지어진 시대와 재료도 모두 제각각 인 건물들이 같은 지역공간 안에 동시에 존재하고 있다. 이것이 우리 나라 건축과 도시의 특징이다.

서울 창신동은 우리 도시의 토착건축(vernacular architecture)인 작은 건물들이 수없이 밀집해 있는 동네다. 주택인데 공장이고 공장인데 주택인 건물들이 복잡하게 붙어 있다. 작품이라고 할 건물은 전혀 보이지 않지만, 모든 토착건축이 그러하듯이 건물마다 사람들의 삶이 그대로 배어 있고 창신동의 지역성을 고스란히 나타내고 있다. 이곳은 '평화시장'으로 상징되는 동대문 봉제노동자들의 주거지이자 동대문 의류산업의 배후 생산기지였다. 현재는 서민들의 주거지와 무수한 가내수공업 공장들이 공존하고 있는 곳이다.

현대건축의 첨단기술은 이곳에 아무런 답을 주지 못한다. 이런 건물을 만드는 기술은 이 지역 사람들의 생활과 밀접하게 관계를 맺고 있다. 비록 허술하지만 이 건물들은 지역공동체를 이루기에 충분한 오랜 시간에 걸쳐 집합한 것들이다. 버려진 것처럼 보이는 환경일지라도 그 안에는 뛰어난 잠재력이 깃들어 있다. 아름다워서가 아니라 사람의 행위나 여러 가지 사연 때문에, 이 동네는 누구라도 '이용할 수 있는, 이용 가능한' 곳으로 바뀌어갈 수 있다. 문제는 이곳을 바라보는 관점이다.

서울 문래역 부근에 '문래동 창작예술촌'이 있다. 이 일대에 밀집해 있던 800여 개의 철공소들이 수도권 밖으로 이전하면서 쇠락한 공장지대였는데, 임대료가 싼 작업공간을 얻으려는 작가들이 모여들면서

쇠락한 공장지대에서 문화지대로 변신한 문래동 창작예술촌 ⓒ김광현

새로운 문화공동체로 변신했다. 덕분에 지금은 시민들과 함께하는 '문래 아트 페스티벌'이 열릴 정도로 분위기가 활발해졌다. 그러자 서울시에서도 인근에 지원센터를 설립하여 이들의 창작활동을 지원하게 되었고, 실험적인 문화 명소를 조성하기 위한 '아트 팩토리' 사업도 전개하고 있다. 이곳은 토지주택공사의 전신인 조선영단주택이 1940년대 초에 문래공원 근처에 지은 노동자 집합주거단지가 원형을 잘 보존하고 있는 곳이기도 하다.

'홍대 앞'으로 불리는 서교동과 상수동 일대는 도시계획이나 도시설계의 개입 없이 오직 건축물의 변화만으로도 독특한 특성을 갖는 지역으로 변하고 있다. 옛 주택가의 작은 골목들이 하나의 상업공간으

건축물이 거리의 질서를 만든다. 홍대 앞 풍경 ⓒ김광현

로 이어져가고, 다세대주택이던 건물의 위층이 도로와 연결되는 입체적인 길로 사용되기도 하고, 그 밖에도 건물과 건물 사이를 어떻게든 활용하기 위하여 다양한 시도를 하고 있다. 이 지역에서는 파사드가 멋있는 건물이 그다지 필요가 없다. 작은 수많은 가게들, 여기저기 위치를 잡지 못한 입간판들, 거리를 메우는 물건들, 공조실외기와 설비관이라는 작은 스케일의 사물들이 얽혀서 건물의 원래 형태가 지워진다. 안마당을 가게의 중심으로 바꾸거나 주차장을 가게로 만들거나 건물 주변 담장 위에 공사장 비계를 두고 메탈 패브릭을 매다는 등, 외부를 향한 건물의 촉수를 최대한 확장하면서 기존의 벽을 넘어 환경을 포섭하려는 움직임이 흥미롭다. 단독주택이 사라져간다는 문제점은 있지만, 그리고 기호적으로나 생태적으로 다소 혼란스럽긴 하지만, 생생한 용도로 건물을 다시 만들고 서로 다른 질서가 겹쳐지면서 거리의 새로운 질서를 모색하고 있다.

영등포 쪽방촌 지역에서는 주거환경 개선을 위한 리모델링을 진행하면서 임시 거주시설과 커뮤니티 시설을 고가도로 아래에 마련하였다. 선박용 컨테이너를 조합하여 사회적 배려 계층에게 최소한의 주거를 제공한 것인데, 고가도로 밑의 사용하지 않는 땅을 활용하여 도시의 주거문제를 해결할 수 있는 새로운 가능성을 보여준 사례이기도 하다. 쪽방촌의 주거 개선을 위해 고안한 컨테이너 주거가 '사람이 사는 곳과 그렇지 않은 곳을 뚜렷하게 분리한다'는 기존의 생각에서 벗어나는 계기를 마련해준 것이다. 고가도로 밑에 건축물을 지을 수 없다는 현행 법규가 바뀐다면 공원이나 주차장, 상점가나 체육시설이 들어와서 고가도로 하부의 빈 땅을 도시의 복합건물로 만들어낼 수도 있지 않겠는가?

영등포 쪽방촌의 임시 거주시설과 커뮤니티 시설

도시의 가로에는 간판이 무수히 붙어 있는 매력 없는 건물들이 계속 이어져 있다. 이런 풍경이 우리의 엄연한 현실인데도 그냥 무심히 지나치거나 부정의 대상으로 취급하고 만다. 정말로 저 건물들은 피해야 할 건물들인가? 그렇다면 우리는 과연 어떤 건축을 높게 평가하고 매력을 느끼는 것일까? 이 질문은 내가 '지금 여기'의 건축과 도시에 대해 어떤 가치관을 가지고 있는가를 묻는 것이다.

자칭 엘리트 건축가의 작업에는 지적인 매력이 있는 것이 사실이다. 대학의 건축학과에서는 깔끔한 조형의 엘리트적인 건축을 어떻게 만드는가에 모든 관심을 쏟고 있다. 교과서로 세계적인 건축을 배우고 각종 강연회와 건축잡지를 통해 새로 지어진 최신작을 배운다. 그러나 유감스럽게도 우리가 살고 있는 도시는 그런 건축물로 채워져 있지 않다. 일부러 찾아가야만 볼 수 있는 그런 건물이 우리의 도시 전체를 대변해주지는 않는다. 지적인 매력이 있는 건축이 우리 건축의 전부는 아니라는 얘기다. 이런 건축물만을 최고로 치는 엘리트적 안목으로 도시의 건축을 바라봐서는 그리 좋은 것을 발견하기 어렵다. 이제 '명작'을 찾아다니는 건축 공부에서 벗어나 현재 우리의 도시를 채우고 있는 건축으로 시선의 방향이 바뀌어야 한다.

잠시 눈을 들어 그런 건물들 중 하나를 바라본다. 맨 위층에 교회가 있고, 중간쯤에 에어로빅 학원과 한의원이 있고, 1층에는 화장품 가게가 있다. 원룸텔도 있고 노래방도 있으며 제과점도 있다. 생각보다 훨씬 복잡하다. 에어로빅 학원, 한의원, 원룸텔, 노래방, 교회는 모두 등가다. 건물 밖으로 제각기 자기 간판을 내걸고 있다는 점에서도 그렇고, 이들 모두가 이 도시에 필요한 장소라는 점에서도 그렇다. 이렇게 하나의 구조물 안에 다수의 업종이 혼재되어 있는 건물을 '잡거

(雜居) 건물'이라 부르기도 한다. '잡것들'이 한데 섞여 있는 건물이라는 뜻이다. 그다지 듣기 좋은 이름은 못 되지만 오히려 이런 식의 건물이 우리 시대의 토착건축 아니겠는가?

B급 건축의 가능성

미술관, 극장, 아파트, 도서관 등은 대학의 설계 스튜디오에서 공통으로 많이 내는 과제다. 쓰레기 소각장을 설계하라든지 자주식(自走式) 주차장이 있는 할인판매장을 설계해보라는 과제를 냈다는 얘기는 들어본 적이 없다. 그러나 우리의 일상은 정반대다. 아파트, 다세대주택, 노래방, 음식점, 주차장, 편의점 등은 거의 매일 접하는 반면, 미술관이나 극장은 어쩌다가 한 번씩 찾아가는 곳이기 때문이다.

별로 유명하지 않은 감독이 만든 비주류 영화를 흔히 'B급 영화'라고 부른다. 마찬가지로 유명한 건축가가 지은 유명한 건물은 'A급 건축'이지만 그렇지 못한 건물은 'B급 건축'이 된다. 미술관은 A급으로 치지만 간판이 즐비한 임대건물은 B급이고 준공업지역의 작은 공장건물은 C급 정도로 여긴다. 사정이 이런데 골프연습장이나 주차장, 운전연습장 같은 'D급 건축'을 유명한 건축가가 지었다는 말은 거의 들은 바가 없다.

이상한 것은, 다양한 건축물들 중 'A급 건축'만을 건축문화라 부른다는 점이다. 나머지는 천박한 건축, 경제적인 효율만을 생각한 건축이라며 낮추어 부른다. 그렇지만 내가 가르치는 제자들 중에도 A+를 받는 학생이 있는가 하면 C0를 받는 학생도 있다. 그들 모두가 내 학생이며 지금 이 과목에서는 C0를 받았다 해도 시간이 지나면 A+인 일을 얼마든지 해낼 수 있듯이, 'A급 건축'만 건축으로 여기는 태도는 옳지 못하다.

라스베이거스라는 도시에 나타난 간판 건축에 주목하면서 과연 근대주의적인 도시관(都市觀)만이 유일무이한 척도일 수 있느냐고 반문한 이들이 있었다. 미국의 부부 건축가인 로버트 벤투리Robert Venturi와 데니스 스콧 브라운Denise Scott Brown이다. 그들은 현대도시에서 눈으로 보는 환경의 의미를 다룬《라스베이거스에서 배우는 것 Learning from Las Vegas》(1972)이라는 책을 썼다. 호텔이나 카지노의 화려한 간판과 전광판이 도로변을 가득 메우고 있는 라스베이거스는 미국 지방도시의 풍경을 대표하는 곳이다. 이곳은 속된 곳이며, 순수한 입체로 도시를 만들던 근대주의자의 눈에는 자본주의의 어두운 이면과도 같은 곳이었다. 근대주의적 관점에서 보면 이런 도시는 깨끗이 정리되어야 마땅하다. 그러나 이 부부의 생각은 달랐다. 그들은 현대의 도시가 광장처럼 닫힌 공간이 아니라 도로를 질주하는 자동차에서 지각하는 도시로 바뀌었다고 주장했다.

그들은 라스베이거스의 큰길인 '스트립(the Strip)'에 즐비한 간판과 전광판들이 보행자를 위한 것이 아니라 자동차를 타고 지나가는 사람들을 위한 것임에 주목하였다. 심지어 간판이 건물보다 더 큰 경우도 있었다. 건축가는 건물에 이런 간판이 붙는 것을 싫어한다. 평면이 명쾌하면 누구든 가야 할 장소를 잘 찾을 것이라고 생각한다. 이들은 구조와 형태와 빛이라는 건축의 세 가지 요소로만 공간을 잘 정리하면 좋은 건물을 얻을 수 있다고 믿는다. 그러나 이렇게 만든 건물에도 간판은 넘쳐난다.

라스베이거스 '스트립' 거리의 거대한 간판과 전광판들

암스테르담 중앙역의 자전거 보관소

도로를 향해 간판을 내거는 건물에서는 상품을 쇼윈도에 진열하지 않는다. 그 대신 그날 싸게 파는 상품을 선전하는 피켓을 걸어놓는다. 건물이 도시에서 한 걸음 물러나 있기 때문이다. 전광판과 간판이 행인들과 의미를 주고받는 도시, 그런 정보들로 둘러싸인 도시야말로 오늘 우리가 사는 도시다. 대도시 어디에서든 길을 나서면 이런 '상업적 버내큘러'는 금방 내 옆에 와 있다. 이 흔해빠진 건물들은 근대건축이 추구한 '공간의 건축'이 아니다. 그렇지만 무언가를 말하려 하고 의미를 전달하려 하는 '커뮤니케이션의 건축'의 전조가 되는 건물들이다. 로버트 벤투리 부부는 이것이 현대판 '토속건축'이며, 이로부터 현대건축의 의사소통을 배울 수 있다고 주장한다. 라스베이거스의 화려한 간판이 그들에게 선사해준 가르침이다.

'이비스 스타일 암스테르담 센트럴 스테이션(ibis Styles Amsterdam Central Station)' 호텔 앞 운하 위에 2,500대의 자전거를 보관하는 100미터 길이의 임시 자전거 보관소가 'VMX Architects'의 설계로 지어졌다. 임시로 값싸게 지으면서도 운하를 방해하지 말아야 하고 빠른 속도로 지어야 하는 건물이었다. 자전거 보관소는 건축계획 각론에도 나오지 않는 단순한 건물이고, 경우에 따라서는 주변 환경에 좋지 않은 영향을 미치는 유형의 건물이다. 그럼에도 넓은 시점에서 보면 이 자전거 보관소는 암스테르담 역, 도로, 운하 등 도시의 중요한 운송 흐름 위에 선 것이었다.

건축가는 역설적이게도 '여기 있어서는 안 되는(I-shouldn't-be-here)'이라는 개념을 드러냄으로써 이곳을 일시적이지만 도시에서 가장 활기 있는 즐거움을 경험하는 장소로 만들어놓았다. 그 결과 이 임시 자전거 보관소는 암스테르담에서 관광객들이 가장 사진을 많이 찍는 건물 중 하나가 되었다. 하나의 건축물이 도시의 어떤 환경과 문맥 속에 놓이는지에 따라, 그리고 사람들이 그것을 얼마나 유용하게 사용하는가에 따라 작고 사소한 건물도 얼마든지 도시의 활기를 만들어내는 주인공이 될 수 있음을 보여준 사례이다.

'A급 건축'은 아무것도 없는 곳에 만드는, 질서가 강한 건축이다. 그러나 'B급 건축'은 허술하지만 이미 그곳에 존재하는 환경에 개입하는 경우가 대부분이다. 그러다 보니 'B급 건축' 중에는 그것이 놓여 있는 장의 현실과 사회적 임무를 나름대로 반영한 재미있는 디자인이 많다. 'B급 건축'에 대한 관심은 어떤 대지에도 주변 환경이 있으며 그 대지도 거칠기는 하지만 이미 어느 정도는 설계가 되어 있다고 여기는 데에서 나온다. 이런 건축은 현실의 도시환경을 면밀히 관찰하게 만든다. 또한 지금 설계하는 건물은 언제나 이미 있는 그곳에 '접붙이기'하는 것임을 자각하게 함으로써, 건물 하나하나가 도시환경에 공헌하는 방식을 깨닫게 해준다. 그런 의미에서 'B급 건축'은 오늘날의 건축가가 해결해야 할 임무가 많은 곳이며 주목해야 할 시장이다.

유명한 건축가 밑에서 수련을 하면 자기도 그렇게 되는 줄 알았던 때가 있었다. 큰 건축사무소에 들어가서 대형 프로젝트를 많이 다루다 보면 자연스럽게 경쟁력이 생기던 때도 있었다. 그러나 이제 대형 건축물의 시대는 지나가고 있다. 지금은 오히려 이제까지 무시하거나 무관심하거나 가망성이 없다고 보거나 으레 그런 거라고 여기던 저 'B급 건축'에 매달려 그에 대한 해법을 구체적으로 보여주어야 하는 시대가 되었다. 더구나 이것은 건축가만의 일도 아니다. 도시에 사는 사람들 또한 크고 넓고 화려한 곳보다는 작고 좁고 북적거리지만 내 신체에 맞는 곳을 선호하는 경향이 훨씬 강해졌다.

도시란 본래 다종다양한 건물이 생겼다가 사라지는 곳이다. 도시 풍경 속에서 이질적인 것들이 동거하고 있는 것을 건물의 사회성으로 해석해보면 어떨까? 대지도 다르고 기술적인 조건도 다르며 관리하는 방식 또한 다른 저 무수한 건물들은 제각기 다른 사회성을 가진 것이다. 의복이나 식사나 주거에 대해 취향을 달리하는 사람들이 여러 그룹으로 나뉘듯이, 건물들 또한 서로 다른 규범에서 만들어졌을 뿐이다. 그러므로 'B급 건축'에 대해서도 그저 혼돈스럽다거나 무질서하다고만 여길 일은 아니다.

서고는 서버로 바뀌고 건물의 파사드는
인터페이스가 되며 갤러리는 버추얼 뮤지엄이 된다.
건물을 향해 차를 타고 오가던 모습은 사라지고,
그 대신 네트워크로 엮인 '비트의 도시'가 나타난다.

정보가 건축을 바꾼다

1

위키피디아가 건축을 만든다면

대성당과 시장

《대성당과 시장 The Cathedral and the Bazaar》(1999)이라는 책이 있다. 제목만 보면 건축 책처럼 보인다. 그러나 이 책은 에릭 레이먼드Eric Raymond라는 엔지니어가 오픈 소스 개발 방식의 유효성을 밝히기 위해서 쓴 것이다. 소프트웨어에 대해 논하면서 대성당과 시장이라는 건축 유형을 동원한 것이 흥미롭다. 자기가 말하고자 하는 내용은 설명하기가 어려운 데 반해 '대성당과 시장'이라는 제목은 무언가 이미지가 확실하게 다가온다고 판단했던 것 같다.

'대성당'은 수많은 부분이 하나의 커다란 전체로 통합된 모습을 상징한다. '시장'은 많은 사람과 물건이 쉼 없이 복잡하게 교환되는 모습을 나타낸다. 그의 의도는 두 가지 방식의 소프트웨어 개발 모델을 대조하여 보여주는 것이었다. 이 글이 주장하는 바는 명확하다. 그가 리눅스(Rinux) 운영체제를 만든 리누스 토발즈Linus Torvalds의 이름을 따서 '리누스 법칙(Rinus's law)'이라고 이름 붙인 "보는 눈만 많다면 어떤 버그라도 쉽게 잡을 수 있다(Given enough eyeballs, all bugs are shallow)"라는 명제처럼, 많은 사람이 훑어보고 테스트하고 실험해볼 수 있도록 코드가 공개되어 있으면 프로그램 오류도 빨리 해결된다는 것이다.

'대성당 모델'은 소스 코드를 소수의 개발자들만 볼 수 있으므로 버그를 잡는 데에 엄청난 시간과 노력이 드는 방식이다. 이것은 출시할 때만 소스 코드를 공개하고 그 전까지는 접근을 제한하는 방식으로, 마이크로소프트가 영리를 위해 상품을 개발할 때 사용한다. 반면 '시장 모델'은 소스 코드가 처음부터 인터넷을 통해 공개된 상태로 개발되는 방식이다. 이와 같은 대성당과 시장의 예는 소프트웨어 프로젝트에만 있는 것이 아니다.

대성당은 만드는 원칙이 뚜렷하게 서 있고 모든 부분이 큰 전체 속에 위계적으로 포함된다. 도시 안에 우뚝 선 대성당은 도시의 중심이며 모든 예술이 이 성당 안에 집결된다. 시점과 종점이 뚜렷하고 내부와 외부를 명확히 구분한다. 이 안에 들어온 사람은 오직 한 가지의 목적을 위해 행동한다. 대성당에서는 전체를 이루는 모든 부분이 완벽하다. 그러나 어떤 부분에 조금이라도 하자가 생기면 막대한 손실을 입을 수도 있다.

건물은 어떤 의미에서는 매우 고전적인 것이다. 건축의 역사는 곧 인간의 가치관의 역사라고 할 정도로 과거지향적인 측면이 많다. 어떤 건물이든 여러 개의 방으로 나뉘어 있고, 사람들의 활동을 여러 방법으로 분산시키고, 집중이 필요할 때는 거실 같은 곳으로 모이게도 해준다. 이러한 공간들은 그곳에서 살아가는 사람들의 가치관과 직접적인 관계를 가진 것이다. 그러나 현대사회는 이와 같은 건축의 고전적 개념을 크게 흔들어놓고 있다. '네트워크 사회' 또는 '정보사회'라고 부르는 지금의 사회에서는 과거와 전혀 다른 공간의 배열이 요구되고 있는 것이다.

건축이 사회에 대하여 갖는 가장 큰 역할은 사회에 내재하는 질서나 권력을 공간으로 바꾸어내는 일이다. 이집트의 피라미드와 같은 거대한 분묘, 판테온과 같은 고대 로마의 정치적인 신전, 중세의 대성당, 근대의 장려한 궁전에 이르기까지 역사를 상징하는 건축은 모두 그 사회의 질서와 권력을 물체와 공간으로 표현해왔다. 이것은 우리나라의 옛 건축에서도 예외가 아니다.

오늘날에도 건축은 사회의 질서와 권력을 표현한다. 그리고 건축가는 이것을 기획하고 설계하며 건설하는 사람이다. 이런 측면에서 보면 건축가란 예술가나 문화의 구도자 같은 고상한 직업이 아니라, 권력에 유착하여 그것을 공간으로 표현해주는 이들이라고도 말할 수 있을 것이다. 중세의 대성당을 설계하고 지은 건축가들이 그러했듯이 말이다.

한편, 시장은 대성당과 달리 어디서든 들어올 수 있고 어디로든 나갈 수 있다. 상인들은 자기 가게의 영역을 넘어서 기둥도 세우고, 끈을 매서 텐트를 치며 장을 넓혀나간다. 시장 안을 걷는 사람은 물건을 살 수도 있고 안 살 수도 있다. 모든 것이 본인의 선택이다. 구매자는 판매자와 협상을 통하여 물건의 가치를 결정한다. 가격이 마음에 들지 않으면 다른 가게로 이동해서 값을 비교한다. 이 안에 들어온 사람은 저마다 다른 목적을 가지고 행동한다. 부분이 부분으로 이어지고, 서로 겹치고 참여하며 공동으로 전체를 형성해가는 방식이다.

위키피디아 식의 건축

정보라는 것이 오늘날에만 존재하는 것은 아니다. 긴급한 일이 벌어졌을 때 봉화대에서 피어오르는 연기도 정보였고 파발로 장궤를 올리는 것도 정보였다. 정보에는 본래 축적, 전달, 처리라는 세 가지의 기능이 있었다. 그러니까 인터넷에서 얻는 것만이 정보가 아니다. 책처럼 오래된 것, 건축과 도시처럼 익숙한 것도 기능이라는 측면에서 본다면 모두 정보에 해당한다.

도시는 사람이 모이고 물건이 모일 뿐 아니라 정보도 모이는 정보의 집적지다. 예나 지금이나 도시를 걷는다는 것은 거대하게 집적되어 있는 정보 속을 걷는 것이다. 그러므로 정보를 어떻게 만들고 전하는가 하는 것은 건축을 도시 안에서 어떻게 만들고 전하는가 하는 문제와 다르지 않다.

이상도시의 입법자인 플라톤은 "도시의 규모는 법률이나 명령을 전하는 목소리가 도달하는 거리로 결정된다"고 말한 바 있다. 오늘날의 도시와 비교하면 어림도 없는 말이다. 그러던 도시가 차츰 확대되면서 건축 또한 확대되어갔다. 군주의 관저인 레지덴츠(residenz)를 중심으로 한 바로크의 종교도시에 이르러서도 오랫동안 군대나 행정의 중추부는 건축물을 통해 한눈에 인식할 수 있었다.

도시의 팽창은 두 가지로 이루어져왔다. 하나는 '도심'과 '교외'라는 기능적 분화였다. 사는 곳과 일하는 곳이 달라지면서 사람들은 매일 열차를 타고 양쪽을 오가게 되었고, 도시의 범위는 그 두 지역 사이의 거리로 결정되었다. 공간이라는 것은 결국 거리다. 도시가 팽창하고 매체가 발달하기 이전에는 도시의 얼굴이 되는 중심이 있었고, 대성당이나 성 위에서 도시를 내려다볼 수 있었다.

그러나 산업혁명 이후 도시가 팽창하면서 수도, 전기, 도로 등의 에너지 네트워크가 도시를 관통하였다. 라디오와 텔레비전이라는 매스미디어가 똑같은 정보를 수많은 사람들에게 동시에 전달하면서 세계는 눈에 띄게 좁아졌다. 매스미디어의 발달로 사람들 사이에 비슷하고 획일적인 정보가 만연하게 되었고, 정보의 역할과 영향이 막대해졌다.

그래도 1960년대까지는 매스미디어가 전하는 정보를 내가 보고 듣는 것으로 족했다. 근대 산업사회에서는 엘리트가 정보의 발신을 독점해서 모든 정보가 중앙에 집중되어 있었고, 시민들은 다만 그것을 받아들일 뿐이었다. 그렇지만 정보사회의 매스미디어는 산업사회의 정보와는 성질이 전혀 다르다. 수동적으로 보고 듣기만 하는 것이 아니라 내가 의견을 달아 정보를 변형하기도 하고, 정보 생산에 직접 참여하기도 한다. 이처럼 오늘날에는 누구라도 정보의 생산자가 되어 그것을 대량으로 발신할 수 있다. 정보가 들어오고 나가는 지점도 예전과 달리 분산되어 있다.

인터넷은 모든 영역에서 종래의 패러다임을 크게 바꾸어놓았다. 물류나 금융도 크게 변했고 소비 행태도 변했다. 내가 학부생일 때에는 외서 한 권을 사려면 서울에 하나밖에 없는 광화문의 서점에 들러야 했다. 그나마 늘 같은 책뿐이었고 새로운 건축 책은 구경하기도 힘들었지만 이제는 클릭 몇 번이면 아마존닷컴의 창고에서 내 연구실까지 며칠 안에 배달된다. 국내 서적은 더 빨라서 서점에 가지도 않았는데 이튿날이면 책이 와 있고, 책값을 내 신체가 전달하지도 않았는데 이미 판매자에게 입금되어 있다. 엄청나게 빨라진 세상의 속도에 현기증이 생길 정도다.

그러나 정보사회의 이러한 특성은 인간과 인간의 마주침이 사라지게 만들었다. 가까운 이웃과 물리적 공간에서 정보를 전달하고 공유하며 협동할 수 있는 기회는 줄어들고, 버추얼(virtual)한 공간에 있는 이웃과는 멀리서도 직접 연결되는 것을 당연하게 여기게 되었다. 정보공간 속에서 우리는 남에게 노출되지 않는 익명적인 자신을 일상적으로 경험한다.

이렇게 되면 근대 이후 도심과 교외를 이어온 원거리 교통망의 도시구조도 바뀌고, 시설에도 당연히 많은 변화가 일어난다. 예전에는 터미널마다 여행사가 많이 있었다. 그러나 인터넷이 일상화된 지금은 굳이 여행사를 경유하지 않고도 여행지의 호텔을 예약하고 항공권도 직접 구입한다. 불필요한 이동이 그만큼 줄어든 것이다. 그러면 교통과 정보와 시설이 집중되어 있던 터미널은 그 역할이 바뀌게 되고, 도심도 '도시의 중심'이라는 의미를 잃게 된다. 오늘날의 도심이란 새로운 콘텐츠가 개발되는 곳이며, 물리적인 도심이 아닌 다른 지역에도 얼마든지 나타날 수 있다.

정보는 건축의 공간을 배제하고 있다. 회의실이나 포럼, 광장이라는 공간을 사람들이 더 이상 필요로 하지 않게 된 것이다. MIT 교수였던 윌리엄 미첼William Mitchell은 은행을 대표적인 사례로 꼽는다. 30년 전만 해도 은행 건물은 금융의 중요한 요소였으며 은행 기능의 대부분이 건물 안에 있었으나, 현금자동지급기(ATM)를 은행 앞에 두면서부터는 은행 문이 닫힌 뒤에도 24시간 내내 영업이 가능해졌다. 지금은 ATM이 놓인 장소가 더욱 확장되어, 현금을 필요로 하는 사람이 있는 곳이면 학생회관이든 편의점이든 공항이든 상관이 없어졌다. 따라서 은행은 더 이상 주요 도로에 있지 않아도 된다고 윌리엄 미첼은 말한다. 이렇게 되면 종래의 건축가가 전혀 관여할 수 없는 곳에서 새로운 건축이 나타나게 될 수도 있다.

그뿐만이 아니다. 서고는 서버로 바뀌고 건물의 파사드는 인터페이스가 되며 갤러리는 버추얼 뮤지엄(virtual museum)이 된다고 윌리엄 미첼은 말했다. 이제까지 늘 있어왔던 건물을 향해 차를 타고 오가던 모습은 사라지고, 그 대신 네트워크로 엮인 '비트(bit)의 도시'가 나타난다고 예견하였다. 물론 과거에도 철도 네트워크나 자동차 도로망이 있었다. 그러나 이런 근대적 네트워크와 달리 정보 네트워크 속에서는 회사 안과 밖의 구분이 사라지고, 장소를 공유하지 않고도 대부분의 작업이 이루어진다.

전통적인 의미에서 정보는 건축에게 강력한 적이다. 건축이 정보화된다는 것은 건축이 땅에서 벗어나 땅과 무관한 존재가 된다는 뜻이다. 건축을 이루는 불변의 요인인 '장소'조차도 의미를 잃게 된다. 게다가 정보사회에서는 건축을 형태 우선으로 바라보지 않게 되었다. 외적 형태를 중요시하는 기존의 건축은 주변 환경과 구분되는 독립적인 대상이 되고자 했다. 반면 정보사회에서는 누구라도 접근이 가능한 건축, 이용하기에 편리한 장소, 사람들의 움직임이 자유로운 지표면의 건축을 중요하게 여긴다. 건축에 IT 테크놀로지가 개입함으로써 더욱 넓은 영역에서의 공간적인 체험이 가능해졌다.

이것은 마치 누피디아(Nupedia)와 위키피디아(Wikipedia)의 차이와

도 같다. 누피디아는 '대성당형'이고 위키백과는 '시장형'이다. 누피디아는 누군가가 내용을 작성하면 다른 전문가들이 그 내용을 검토하고 감수·편집하게 하는 시스템이었다. 그러나 2000년 3월부터 2003년 9월까지 누피디아에 게재된 주제어는 고작 24개였고, 74개의 주제어는 계속 검토 중인 채로 끝내 완성되지 못했다. 이와 달리 위키피디아는 누구나 글을 작성해 올리고 아무나 감수·편집할 수 있도록 개방하고, 전문가 저자들에 국한되었던 권한들을 일반 대중에게 대폭 위임했다. 지식 생산의 패러다임을 근본적으로 바꾼 것이다.

위키피디아와 같은 방법으로 건축을 만든다면 어떻게 될까? 이 물음에 대한 답을 가장 잘 보여주는 것은 네덜란드의 보험회사 인터폴리스(Interpolis)일 것이다. 이 회사에서는 어떤 직원도 고정된 작업 장소가 없다. 직원들은 자기에게 가장 맞는 장소를 골라 일을 한다. '클럽 하우스'라는 이름이 붙은 특별한 분위기의 장소에서 일을 하거나 회의를 할 수도 있고, 쉬거나 음식을 먹는 장소로 사용할 수도 있다. 일을 집에서 할지 사무실에서 할지를 직원 스스로 정할 수 있기 때문에 출근카드 같은 건 애초에 필요가 없다. 위키피디아의 편집자가 따로 정해져 있지 않듯이 인터폴리스 직원은 사무실이라는 고정된 장소와 고정된 책상에 구속되지 않는다. 직원 모두가 어디에 있건, 또는 무엇을 하건 결과적으로 회사가 추구하는 목표에만 충실하면 된다.

이제까지 대부분의 기업에서는 윗사람만이 전체를 알고 있고 결정권도 소수가 쥐고 있었다. 무언가를 계획하는 부서와 그 계획을 실행하는 부서가 따로 있어서 그들끼리의 교류도 크지 못했다. 그런데 이제는 사정이 바뀌었다. 많은 사람이 전체를 알고 있어야 하고, 현장에 있는 사람이 즉석에서 방침을 결정할 수 있게 되었다. 계획하는 사람이 실행하고 실행하는 사람이 계획하게 되었다. 그러면서도 다른 분야와 협동해야 한다는 인식이 확고하게 자리를 잡았다. 기업 문화의 변화는 당연히 업무공간의 변화로 이어지게 되는 바, 건축 또한 이러한 변화에 적절히 대응해야 한다는 건 말할 나위도 없다.

경계가 없는 연속 공간

과거에는 누군가에게 정보를 전하려면 상당한 거리를 이동해야 했다. 고대 그리스에서 마라톤의 사자는 정보를 들고 뛰었고, 신드바드 Sindbad는 양탄자를 타고 정보를 옮겼다. 정보는 사람의 몸이나 양탄자라는 물질을 타고 전달되었고 그만큼 시간이 걸렸다. 그러나 오늘날 마라톤의 사자는 이메일에 들어 있고 신드바드의 양탄자 역시 인터넷으로 날아오고 있다. 네트워크에만 접속해 있으면 어떤 장소에 있어도 생활하는 데 불편이 없다고 느끼게 된 지 이미 오래다.

과거에는 신문이 배달되려면 종이에서 윤전기로, 도로 위로, 다시 자전거나 오토바이로 계속해서 여러 물질을 거쳐야 했다. 신문을 만든다는 것은 종이라는 물질 위에 활자로 정보를 표시하여 구독자에게 전달하는 일련의 과정을 의미하는 것이었다. 이처럼 예전에는 정보의 흐름과 물질의 흐름이 함께하고 있었다. 그러나 인터넷으로 전파되는 오늘날의 정보에는 물질이 개입하지 않는다. 디지털 정보는 종래의 아날로그 정보와는 달리 매체 물질에 거의 제약을 받지 않고 자유로이 축적되며 전달된다. 정보의 흐름과 물질의 흐름이 완전히 분리되어 있는 것이다. 이것이 오늘날의 정보가 갖는 가장 큰 특징이다.

과거 같으면 공동체는 어딘가 물리적인 장소에 모여야 하고, 학생은 학교라는 물리적 시설에서 공부해야 하며, 수도자가 되려면 수도원이라는 물리적인 공간에 들어가야 했다. 그러나 이제는 굳이 학교에 가지 않더라도 배울 수 있는 기회가 많아졌다. 이제는 더 이상 정보가 땅에 구속되거나 물질로 만들어진 건축을 통해 '배달'되지 않게 되었다. 사회의 질서가 물리적인 공간에서 벗어나 정보공간에 흡수되고 있는 것이다.

현대 정보사회에서 많이 사용하는 용어들 중 정보공간(information space)은 정보에 '공간(space)'을 합친 말이고, 웹사이트(website)는 웹에 '장소(site)'를 합친 말이고, 홈페이지(homepage)는 '홈(home)'에 페이지를 붙인 말이다. 모두 '공간' '장소' '홈'이라는 물리적인 조건을 은유적으로 사용한다. 예전에는 파사주의 창(window)으로 상품을 보았으나 이제는 마이크로소프트의 윈도우즈(Microsoft Windows)를 통해 대부분의 정보를 입수하고 있다.

정보공간의 가장 큰 특징은 분절을 배제하고, 위계적인 질서나 구획을 극복하고, 공간을 하나로 연결하려 한다는 점이다. 그 영향으로 건축에서도 분절과 구획의 요소인 벽이 사라지고 유동적 공간이 확대된다. 공간 감각이나 거리 감각도 예전과는 달라진다. 중심성이 강하고 사람의 행위를 고정하는 완결적인 건물이 사라지고, 각 부분이 등가(等價)인 장소를 만들게 된다.

종래의 기능주의에서는 관리자와 이용자를 구분하였다. 그러나 이제는 서비스를 하는 사람과 서비스를 받는 사람이 구분되지 않는 건축으로 바뀌었다. 은행의 창구를 보라. 예전에는 은행에 가면 창구에 앉아 있는 직원 앞에 선 채로 일을 보았지만 이제는 서로 앉아 대면하며 업무를 볼 수 있다. 이처럼 오늘날의 건축은 이용자를 적극적으로 참가시키는 쪽으로 변해가고 있다. 과거처럼 폐쇄적인 방을 배열하지 않고, 연속되는 인간의 행위에 주목한다.

서울역에 가보면 개찰구라는 장애물이나 매듭 같은 물리적 경계가 언젠가부터 사라져버렸다. KTX 개찰구였던 자리에는 영어로 'paid area'라 적혀 있고 노란색 운임경계선이 그어져 있다. 이 선을 넘어서면 요금이 요구되는 지역이 시작된다는 뜻이다. 승객이 발권을 분명히 했을 것이라는 신뢰도 있지만, 인터넷으로 구입한 표를 스마트폰으로 전송해주기 때문에 개찰구에서 일일이 검표할 필요가 없다. 예전 같으면 직원이 일일이 표를 검사하고 가위 같은 것으로 표시를 해주었을 텐데 말이다. 지하철역의 경우엔 교통카드를 대고 들어가야 하므로 이쪽과 저쪽의 경계선이 좀 더 분명하다. 그러나 이것은 IT 기술이 적용된 것이긴 해도 정보사회의 산물이라고 보기는 어렵다. 유럽의 작은 역에서는 아예 개찰도 하지 않는 경우가 많기 때문이다.

이런 경계선들은 도시를 여러 지역으로 나누고 각 지역마다 일정한 용도를 규정해놓은 현재의 도시계획 방식과 맥락이 같다. 그러나 정보통신이 계속 발달하면 머지않아 실제의 선, 벽, 경계 등이 사라질 것임을 쉽게 예측할 수 있다. 지금은 이쪽에 커피숍, 햄버거 집, 백화점 등의 상업시설이 배치되고 저 안쪽으로는 플랫폼, 철로 등 철도시설이 놓이지만 앞으로는 상업시설과 철도시설의 경계가 사라지고 이쪽의 상업시설이 저쪽 플랫폼까지 접근할 것이다. 그러면 플랫폼에서 식사도 할 수 있고 배웅 나온 사람과 열차 바로 옆에서 이야기하다가 헤어질 수도 있다. 실제로 런던의 팬크라스 역(St. Pancras station)에는 열차 바로 옆에서 식사할 수 있게 식당이 근접해 있어서, 열차가 떠나려는 바로 그 시간까지 느긋하게 식사를 하며 담소를 즐길 수 있다.

전자화된 정보는 거리(distance)의 장애를 극복한다. 종래의 조직에서는 정보를 공유하기 위해서 회의실에 모였으나, 정보화가 진행되면서 SOHO(Small Office Home Office)가 널리 보급되어 굳이 출근할 필요가 없어졌다. 회사에 나가지 않고도 집이나 집 근처 사무실에서 회사 일을 할 수 있고, 병원에 가지 않아도 진료가 가능하다. 깊은 산골에 있어도 세계가 돌아가는 형편을 알 수 있고, 상점에 가지 않아도 물건을 살 수 있다.

이렇게 하여 이제까지 확고하던 경계와 틀이 사라지게 되었다. '공'과 '사'의 경계, 중심과 주변의 경계, 앞과 뒤의 경계, 전문가와 아마추어의 경계, 일상과 비일상이라는 틀이 무너지고 용해되어버렸다. 생각해보면 실로 엄청난 변화다. 사회나 문화가 규정하던 수많은 틀이 해체되고 사람들의 행동을 규정하던 규범까지도 바뀌었으니 말이다.

그런데 이로부터 가장 큰 영향을 받은 것은 움직이지 않는 건축이었다. 전혀 그럴 것 같지 않지만 분명한 사실이다. 틀, 경계, 규범이라는 형식에 근거한 건축은 정보사회의 대척점에 서 있다. 건축가는 전통적으로 장소를 만드는 사람, 지역을 형성하는 사람이라고 여겨졌으나 오늘날 물리적인 공간은 사이버 공간으로 빠르게 대체되고 있다. 이로써 물리적인 공간만을 생각하는 건축물과 건축가상(像)은 크게 흔들리게 되었다.

네트워크와 흐름의 건축

정보가 어떤 경로를 거쳐 전달되는가를 결정하는 것은 그 시대의 문화였다. 이것을 물리적으로 견고하게 감싸는 곳이 학교이고 도서관이고 극장이었다. 그러나 정보혁명을 거친 후 정보는 아주 '얇은 벽'으로 싸여 있다는 인상을 주게 되었다. 그리고 특정한 경로가 아니라 다양한 루트로 사방으로 연결되어 네트워크를 이루게 되었다. 지금의 정보는 어디에서 출발하여 어디를 거쳐가는지 보이지 않고, 정보가 들어오는 지점과 나가는 지점이 다르다. 정보의 경로와 공간이 일치하지 않는 것이다.

이 현상은 도서관에 그대로 적용된다. 도서관은 책을 빌리고 반납하는 기능을 가진 곳이므로 오래전부터 도서관의 출입구를 통제해왔고, 대출계가 서고와 열람자 사이에서 책을 주고받아왔다. 그런데 IC 태그가 생기면서 이러한 관리체계가 무용해졌다. 이제는 대출 카운터에 갈 필요 없이 아무 때나 지정된 장소에 책을 반납하면 된다.

대형 할인매장에서 우유나 과일을 사서 카트에 넣는 것처럼, 도서관에서도 지금 필요로 하는 책이나 비디오 자료나 음악 CD 등을 자유로이 다니며 선택할 수 있다. 여기는 열람실, 저기는 서고라는 식으로 경계를 둘 필요가 없고, 책 따로 CD 따로 보관할 필요도 없다. 오히려 열람자가 자기 주제에 맞게 다양한 매체를 선택하도록 벽 없이 한 공간 안에 보관해야 한다.

그리하여 건축의 기본적인 요소였던 벽이 사라지고 사람들이 자유로이 유동하는 공간이 새롭게 생겨난다. 이렇게 되면 도서관의 입구가 하나일 필요가 없다. 대학 캠퍼스 한가운데 도서관이 있다면 자기가 소속되어 있는 단과대나 학과와 가까운 입구로 출입하면 된다. 서고는 철도역의 플랫폼과 같고 열람실은 철도역의 상업시설과 같다.

요즘에는 각 지역의 'U-도서관'을 이용하면 가까운 지하철역에서 무인 도서대출 서비스를 받을 수 있다. 굳이 도서관을 가지 않고도 홈페이지나 스마트폰을 통해 지역 내 다른 공공도서관의 소장 도서를 본인이 원하는 지하철역에서 빌릴 수 있게 되었다. 2005년부터 스페인 마드리드 지하철역 구내에 설치된 '비블리오 메트로(Bibliometro)'는 출근 시간에 쫓겨 책을 가까이 하지 못하는 사람들을 위해 시청과 지하철 회사가 함께 진행하는 도서관 프로젝트다. 예전에는 멀리 있던 도서관이라는 건축을 IT가 사람에게 더욱 가깝게 변화시키고 있는 것이다.

스페인 마드리드 역 구내의 도서관 '비블리오 메트로'

정보사회의 건축에서는 무엇이 바뀌었을까? 일단 시간이 압축되었다. 내가 그곳까지 가지 않고서도 정보를 얻고 커뮤니케이션을 이룰 수 있으니 그만큼 시간이 줄어든 것이다. 또한 정보가 교신되는 시간이 줄다 못해 아예 시간을 느끼지 못할 정도가 되었으니 공간 또한 그만큼 압축되었다. 거리가 의미가 없어졌고, 내가 여기에 있는지 저기에 있는지가 중요하지 않게 되었다. 건축에서는 시간을 압축하는 것이 곧 공간을 압축하는 것이다.

컴퓨터로 제어되는 거대 물류센터는 단조로운 벽으로 둘러싸여 있지만 디지털 네트워크의 건축을 가장 잘 보여주는 곳이다. 물품은 항구의 창고에 오래 있으면 안 된다. 시간이 돈이기 때문이다. 물품은 컨테이너 포트, 공항, 철도, 자동냉동 저장고, 창고 등을 24시간 이동하며 네트워크의 일부가 된다. 따라서 이런 네트워크에 속해 있는 건물은 흐름의 건축이 된다. 정보의 입구와 출구가 다르고 물건과 정보의 흐름 속에 건축이 놓인다는 것은 일련의 작업이 장소를 공유하지 않고 계속 이동한다는 뜻이다. 대형할인점은 로지스틱(logistic)이라는 물류와 정보의 경로로 정해지고, 사무소 건축이 정보 시스템에 의해 결정되듯이 물류와 정보의 경로가 시설의 성격을 결정한다.

그런데 이러한 정보공간과 건축의 변화를 압축하면 그 설계의 원형이 먼 데 있는 것이 아니고 명동 한복판과 같은 곳에 있다. 명동은 어디에서도 들어올 수 있고 또 어디로든지 나갈 수 있다. 이 거리를 걷는 사람은 각자 들어오는 지점과 나가는 지점이 모두 다르다. 거리에는 많은 점포와 노점상들이 있고, 사람들은 물건을 고르다가 마음에 안 들면 다른 곳으로 간다.

그저 지나가는 사람들도 많다. 어떤 가게에서 나오는 사람, 자기 목적지를 향해 걸어가는 사람, 누군가를 만나는 사람, 물건 사러 나온 사람, 우연히 어떤 물건에 관심을 갖는 사람……. 이런 사람들은 모니터 앞에 앉아서 정보를 찾는 이들과 같다. 매끄러운 화면 위로 정보가 흐르듯이 사람들은 평탄하고 매듭이 없는, 그래서 분절되지 않은 평면 위를 자유로이 움직인다. 그 움직임 속에서 수많은 사람과 물건과 정보가 교차한다. 정보가 화면 위를 흐르듯 사람들이 바닥 위를 흘러간다. 길 위에 있는 노점상이나 좌우의 상점들, 그리고 다양한 상품들과 고객을 부르는 상인의 외침은 모두 네트워크 위에 있는 노드(node: 결절점)들이다.

렘 콜하스와 브루스 마우-Bruce Mau가 만든 《S, M, L, XL》(1995)이라는 책의 편집도 이러한 정보공간, 명동 한복판의 길을 닮았다. 이 책의 목차는 small, medium, large, extra-large를 나타내는 네 개의 챕터, 즉 S, M, L, XL로 구분되어 있다. 일단 분류 방식이 근대주의 건축과 사뭇 다르다. 각 장에 속하는 건물도 연대순으로 배열되어 있지 않다. 네 종류의 크기가 분류의 전부다. 그림이 많지만 거기에는 일관성이 없다. 도면이 나왔다가 근접한 모델 사진이 나오고, 글이 나오는가 하면 곧바로 도면이 나온다. 그렇다고 그 글이 그다음의 도면을 설명하는 것도 아니다. 큰 글씨가 나오다가 갑자기 작은 글씨가 나오기도 하고, 신문 기사 같은 것이 뒤를 잇기도 한다. 건축가는 사진과 여러 정보매체를 다양하게 활용하고 있는데, 어디까지가 건축이고 신문이며 사진인지를 알 수가 없다.

그러나 이 책의 가장 큰 특징은 어디를 먼저 들춰보건 상관이 없다는 점이다. 1장과 2장이라는 표현이 아예 없으므로 1장을 읽은 다음에 2장을 읽을 수가 없다. 건물로 말하자면 입구가 없는 건물이다. 저기서 들어왔다가 이리로 나가면 되고, 저기서 들어와 반드시 여기까지 올 필요도 없다. 전체를 하나로 꿰어주는 위계나 질서도 존재하지 않는다. 보이는 것이 사전류라면 사전으로 보고, 도면류라면 도면으로 보면 된다. 이렇게 해서 책이라는 정보가 건축을 만들고 있다. 매우 크고 어디를 횡단해도 되는 건축. 사이를 메우는 모든 요소들이 공간을 만드는 도시의 건축을 말하고 있다.

의사체험, 신체의 고유 정보

정보사회의 건축에 중요한 관점이 하나 더 있다. 영상에서 보는 세계는 단지 보이는 세계일 뿐, 지금 여기의 내가 반응하는 세계가 아니라는 사실이다. 영상은 내게 말을 걸지 않으므로 나는 이곳에 숨어서 그 영상을 엿보는 것이다. 영상 통화도 실제가 아닌 의사체험(擬似體驗)의 한 방식이다. 그러나 때로는 리얼리티가 없는 영상이 실제보다 더 선명하고 실제로는 없는 것을 덧붙여 보여주는 경우도 많아졌다. 따라서 정보는 의사체험이다. 그곳에 가지 않았는데도 인터넷으로 얻은 어떤 장소의 영상에서 마치 직접 가본 것과 비슷한 체험을 얻는다.

하이데거는 "동물원에 있는 사자는 사자가 아니다"라고 말한 바 있다. 사자는 정글에 있을 때만이 진짜 사자이며, 진짜 사자와 이미지뿐인 사자는 같지 않다는 뜻이다. 프랑스의 사회학자 장 보드리야르Jean Baudrillard는 《시뮬라크르와 시뮬라시옹 Simulacres et Simulation》 (1981)에서 "원본 없는 이미지가 현실을 대신하고 있다"고 말했다. 그리고 이 이미지가 현실보다 더 현실적인 것이 되어 현실을 위협한다고 말했다. 원본 없는 복제인 가상의 존재가 현실을 만들어간다는 것이다. 마치 TV 프로 '진짜 사나이'에 나오는 스타들의 군대 체험이 실제 군인들의 생활을 보여주는 것보다 더 재미있다고 여기는 것처럼 말이다.

'진짜 사나이'의 스타 병영생활은 원본에 대한 복제다. 실제로는 존재하지 않는 대상을 마치 존재하는 것처럼 만들어놓은 인공물은 사실을 감추고 사실의 부재(不在)를 감춘다. 원본과 복제의 경계가 모호해지고 진짜가 무엇인지 분간하기 어려운 상황은 정보의 발전으로 인해 더욱 심각한 문제가 되었다. 보드리야르의 '시뮬라시옹' 이론은 난해해 보이지만 참으로 많은 것을 생각하게 해준다.

지금은 물리적으로 존재하지 않는 세계가 더 현실적인 것으로 보이는 시대다. 정보기술에 익숙해진 사람의 감각은 실재하는 것과 실재하지 않는 것을 제대로 구별하지 못한다. 이것을 이용한 대표적인 건축이 디즈니랜드다. 디즈니랜드는 우리가 가고 싶어 하는 세계를 진짜처럼 만들어 보여주는 건축이다. 입장료를 내고 들어간 일정한 구역 안의 닫힌 공간에서는 이 허구의 세계를 만끽할 수 있다. 이러한 상황에서는 실체인 건축이 의미를 잃고, 사람들은 가상의 이미지만을 소비한다.

이렇게 지각되고 인식되는 도시에 지어지는 건축을 일본의 건축가 이토 도요Ito Toyo는 '시뮬레이트된 도시의 건축(architecture in a simulated city)'이라고 불렀다. 그는 시뮬레이트된 도시에서 만나는 도시생활자의 감각을 다음과 같이 아주 잘 표현했다.

슈퍼마켓에서 판매하는 과일을 사람들이 자꾸 만지작거리면 쉽게

상한다. 그래서 슈퍼마켓 점원들은 신선함을 유지하기 위해 과일 하나하나를 랩으로 감싼 채 진열한다. 그러면 고객들은 랩으로 싼 과일에 대하여 두 가지 감각을 가지게 된다. 그들은 실제로 과일을 만지는 것이 아니라 비슷한 느낌, 곧 의사감각을 느끼는 것이다. 그런데도 랩으로 싸인 과일은 천장의 형광등 때문에 더 신선하게 보인다. 이때 랩으로 감싼 과일은 실제 과일을 시뮬레이트한 것이다. 이런 예를 통하여 그는 도시생활에서 실제 체험과 의사체험이라는 두 가지 체험 사이의 경계가 애매해지고 있다고 주장한다.

노래방에서 조용필의 노래를 똑같이 부른다고 착각하며 열심히 부르는 사람이 있다. 그는 진짜 조용필이 부르는 노래와 가짜인 자기가 기분을 내어 부르는 노래가 거의 같다고 생각한다. 이런 느낌이 없다면 그토록 많은 사람들이 노래방에서 목청껏 고함을 질러대지 않을 것이다.

백화점의 빛나는 LED 조명 아래에 진열된 물건을 보면서, 비록 사지는 못하지만 구경하는 것만으로도 왠지 내 것이 된 것 같은 착각에 빠질 때가 있다. 그뿐인가. 런던이나 로테르담에서 일어난 사건을 인터넷에서 생생한 영상으로 보고 나면 내가 마치 그곳에 있었던 것 같은 생각이 들기도 한다. 이런 도시가 '시뮬레이트된 도시'다. 바로 이런 것이 오늘날의 도시체험이다. 실제와 실제 아닌 것 사이의 경계가 분명하지 않고 오히려 실제 아닌 것이 더 신선하고 생생하게 느껴지는 경험! 이것이 오늘날의 사회에서 건축이 당면한 화두이자 과제가 되어버렸다.

우리가 지금 살고 있는 도시에는 분명히 의사체험의 건축, '시뮬레이트된 도시'의 건축이 있다. 이렇게 말하면 약간 우울해지면서 이런 현실을 외면하고 싶어질지도 모른다. 그러나 바로 그러한 측면이 현대의 건축을 새롭게 만드는 배경이 된다. 정보사회나 소비사회의 건축이라고 해서 물질로 구성된 건축의 존재가 사라지는 것은 아니다. 다만 새로운 건축으로 변화할 뿐이다.

네덜란드의 건축가 그룹 MVRDV는 데이터를 시각화하여 건축의 전제조건을 설정하고 이것을 풍경으로 바꾸는 흥미로운 방식을 제안하였다. 이를테면 고속도로변에 아파트를 지으려 할 때, 소음 때문에 불가능하다고 직관적으로 판단되는 장소에 주거로서 소음을 견딜 수 있는 범위와 그렇지 못한 범위를 데이터에 근거하여 정확히 분포시킨 다음, 견딜 수 없는 부분을 제외한 나머지 면적 전체를 계획의 대상으로 삼는다는 발상이다. 그들은 이것을 '데이터스케이프(datascape)'라고 부르는데, 번역하면 '정보풍경' 정도가 될 것이다.

네덜란드 아인트호벤 공항 바로 옆에는 그들이 설계한 'FLIGHT FORUM'(2005)이 있다. 물류창고와 사무소 등으로 이루어진 비즈니스 타운이다. 시속 50킬로미터로 완만하게 주행할 수 있는 일방향의 곡선도로 6개를 만들고 전체적으로 네트워크를 이루게 하여 곡선도로에서 직접 주차장에 들어갈 수 있도록 했다. 그랬더니 교통신호가 필요 없어지고 보행자가 안전하게 걸을 수 있는 외부공간이 생겼다. 정보와 데이터는 이렇듯 건축의 조건을 새롭게 해석하고 새로운 장소성을 발견하는 통로가 되기도 한다. 그것은 전적으로 건축가의 연구 자세에 달려 있다.

정보는 사람들의 실제 만남을 줄이는 방향으로 발달해왔다. 실제의 공간 중에서도 쓸모없어진 것이 많다. 일각에서는 건축이 점점 위축되어갈 것이라고 주장하기도 한다. 과연 그럴까? 친구를 만나려면 어떤 장소가 좋은지, 근처의 맛집은 어디인지 스마트폰으로 검색하면 찾아가기 힘든 곳까지도 자세히 알려준다. 이미 그곳에 다녀온 사람들의 체험을 공유할 수도 있다. 정보가 사회를 주도한다고 해서 건축이 사라지기는커녕, 예전에는 몰랐던 곳들로 우리를 안내하고 있지 않은가? 정보가 장소와 공간을 소멸시키는 것처럼 보이지만, 한편에서는 새로운 장소와 공간이 계속해서 만들어지고 있는 것이다.

따라서 정보가 건축을 변질시키고 사라지게 한다는 생각을 버리고 정보에 대한 이해의 폭을 넓히는 것이 새로운 건축을 만드는 길이다.

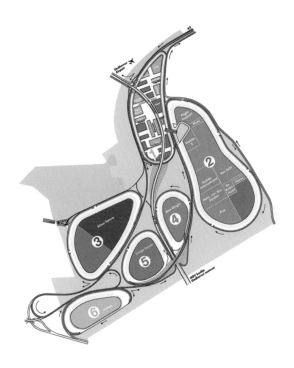

아인트호벤 공항 옆의 비즈니스 타운 'Fligt Forum' (MVRDV, 2005)

'정보'라고 하면 대부분의 사람들은 인간이 주고받는 정보만을 떠올린다. 그러나 정보는 인간뿐 아니라 동물과 식물도 만들어낸다. 숲에는 참으로 많은 정보가 있다. 사람이 파악할 수 있는 정보가 있는가 하면 곤충들만 아는 정보가 있고, 새들만 이해할 수 있는 정보도 있다. 그리고 나무와 풀과 꽃에만 고유한 정보도 있다.

우리가 사는 환경 속에는 서로 다른 독립적인 정보들이 무수히 많다. 지붕은 사람을 덮어주기 이전에 빗물을 땅으로 흘려보내기 위한 시설인데, 여기에도 무수한 정보가 내재되어 있다. 정보는 컴퓨터와 스마트폰 속에만 있는 것이 아니라 도시의 모든 사물 속에 존재한다. 중요한 건 우리의 신체가 그 정보들을 어떻게 해석하는가이다.

정보와 공간은 서로 반대되거나 대립하는 것이 아니다. 정보는 균질한 공간에서 주고받는 것이 아니라 특이한 공간과 풍경을 매개로 하는 것임을 우리는 매일매일의 일상 속에서 경험한다. 바자르라는 시장에서 얻는 정보는 바자르라는 특정한 장소와 공간이 없으면 생겨날 수 없다. 정보가 생생해질수록 그것의 모태인 공간과 건축의 역할은 더욱 중요해진다.

2

휴대전화, 편의점, 인터페이스

휴대전화와 휴대공간

'가전(家電)'은 가정용 전기제품을 줄인 말이다. 근대 이전까지 생산의 장이었던 가정이 소비의 장으로 바뀌면서 가정을 대상으로 한 전기제품이 만들어지기 시작했다. 특히 제2차 세계대전 이후 공장노동자들이 교외의 독립주택에 거주하게 되면서부터 근대적인 가전제품(domestic appliances)이 대량으로 생산되었다.

그러던 것이 점차 개인이 혼자 사용하는 '개전(個電)'으로 바뀌었다. 가정이 아닌 개인이 소비의 주요 단위로 떠오르게 된 것이다. 가전제품인 오디오는 가족 전체가 듣지만 개전제품인 오디오는 제 방에서 혼자 듣는다. 한발 더 나아가, 이제는 개인의 공간이 집이 아니라 거리에 있다고 생각하는 시대가 되었다. 그래서 나온 것이 '거리 가(街)'를 붙인 '가전(街電)'이다. 정보는 휴대전화에서 얻고 음식은 거리의 냉장고에서 얻는다. 이러한 냉장고가 바로 편의점의 냉장고이며 자동판매기다. 가전(街電)제품의 대표적 사례인 자동판매기는 입력과 출력의 관계가 아주 명확하게 일치한다. 자동판매기는 물건을 파는 기계 시대의 최종적인 디자인 제품이다.

지하철을 탄 사람들은 거의 모두 휴대전화를 보고 있다. 심지어 거리에서도 휴대전화를 보면서 걷는 사람이 부쩍 늘어났다. 휴대전화란 언제 어디서나 통화할 수 있는 전화다. 그런 점에서 '자유'라는 이미지를 지니고 있지만 그게 다가 아니다. 언제 어디서나 전화가 오면 받아야 하고 문자나 카톡이 오면 바로 답신을 보내야 하는 '구속'의 기기이기도 하다.

장소와 공간에 대해서도 비슷하게 말할 수 있다. 장소라는 것은 내가 어떤 공동체의 일원으로서 그곳에 귀속된다는 정체성을 부여해주는 것이었다. 즉, 장소는 나를 일정한 공간에 '구속'하는 것이었다. 그러나 일상생활 깊은 곳까지 속속들이 정보화가 되어 있는 오늘날에는 장소의 구속을 벗어나 언제 어디서든 누군가를 쉽게 만날 수 있고 자유로이 접속할 수 있다.

휴대전화는 어디에서나 사용할 수 있지만 공적인 장소에서는 진동 모드로 바꿔야 하고 열차 객실이나 병실에서는 통화를 하지 않는 것이 상식이다. 휴대전화는 가족을 연결해주는 기기이지만 한편으로는 가족들끼리의 대화를 빼앗는 기기이기도 하다. 장소의 구속을 벗어나 세상과 연결될 수 있지만 내키지 않을 때는 전원을 끄거나 착신을 거부하고 익명의 자유를 누리는 것도 가능하다. 이렇듯 휴대전화 하나에도 변화하는 사회관계가 오롯이 담겨 있다.

몸에 지니고 다니는 전화가 휴대전화라면, 몸에 지니고 다니는 '휴대공간'도 있을 법하다. 휴대전화는 전화기를 개인화한 것인데, 앞서 말했듯 사물과 공간이 빠르게 개인화되고 있으므로 집이라는 공간 또한 휴대공간의 성격을 갖는다. 집은 원래 가족이라는 공동체를 담는 공간이었다. 그러나 시대가 바뀌어 가족보다는 각자의 삶으로 분화하게 되면서 개인이 사용하는 휴대공간으로서의 방이 중요해졌다. '휴대'라는 행위에는 편리함뿐 아니라 사회적, 문화적 의미까지 깃들어 있어서, 만일 공공공간까지도 휴대공간으로 치환될 경우 지금의 주택과 공공공간은 크게 달라질 것이라는 예측이 가능하다. 휴대전화가 유선전화나 공중전화를 완전히 대체해버린 것처럼 말이다.

휴대전화로 통화를 하거나 음악을 들으면서 거리를 걷고 지하철을 타는 것은 정보사회에서 공(公)과 사(私)가 직접 만나는 방식이다. 이전에는 개인공간에서 도시공간에 이르려면 몇 겹의 동심원이 있어야 했다. 주거는 근린주거, 커뮤니티, 더 큰 커뮤니티, 지역 등의 물리적인 스케일에 구속되어 있었다. 그러나 이제 개인은 이런 동심원의 경계에서 해방되었다. 공동체에서 가상적인 세계로 이어지는 도시! 휴대전화라는 작은 단말기가 우리로 하여금 도시를 재정의하게 만들고 있는 것이다. 휴대전화는 공동체가 개인, 개별, 개체로 분화해나가는 마지막 지점이다.

지하철의 코인 로커(coin locker)는 이상한 수납 장치다. 사람들이 그렇게 많이 다니는 지하철역에 자신의 사적인 물건을 철판으로 된 문 하나를 사이에 두고 보관한다. 개인의 물품이 집이나 방이 아닌 거리에 직접 면하게 된다는 점에서, 코인 로커는 현대의 공간 결합방식을 집약적으로 보여준다. 러시아의 공항에 있는 'Sleepbox'[89]라는 이름의 캡슐 호텔은 사람이 들어가는 대형 코인 로커이며, 로비 한가운데

러시아 공항의 'sleepbox'는 대형 코인 로커이자 수면 자동판매기다.

에서 잠을 청하는 수면 자동판매기다. 이것은 공항뿐 아니라 철도역,
전시센터, 쇼핑센터 등에도 둘 수 있고 날씨만 괜찮다면 외부공간 어
디에도 설치할 수 있다. 당연히 자동이고 LED 무드 라이트, 터치스크
린 TV 등이 컴팩트하게 설치되어 있다.

　휴대전화가 직접적인 영향을 주었다고는 말할 수 없지만 도시 안에
는 작은 개인공간, 이른바 '개실(個室)' 공간이 많이 나타나고 있다. 이
를테면 혼술 주점과 혼밥 식당 같은 곳들이다. 혼밥 식당에서는 손님
들이 칸막이를 한 일자형 식탁에 앉아 혼자 밥을 먹는다. 자판기에

* 89. http://www.designboom.com/architecture/arch-group-sleepbox-mobile-hotel-
　　rooms

서 식권을 사고, 좌석마다 주문표와 호출 벨, 가방걸이가 있다. 자리에 앉으면 앞쪽에 음식이 나오는 구멍이 있는데 천으로 가림막을 설치해놓았다. 혹시 둘이서 왔을 때는 칸막이 벽을 접으면 된다. 음식이 조리되면 종업원이 전용 복도로 운반해 와서 손님의 얼굴도 안 보고 작은 구멍으로 넣어준다. 아직은 좀 생소한 혼밥 식당 이야기지만 현대건축의 공간 개념은 이렇게 실천되고 있다.

독일의 자동차 도시 볼프스부르그Wolfsburg의 자동차 테마파크인 아우토슈타트(Autostadt) 한가운데 있는 '아우토튀르메(Auto Türme: 자동차 탑)'는 폭스바겐 출고센터이자 박물관이다. 20층 높이의 이 무인 자동 건축물은 마치 신차 자판기와 같다. 독일에서 판매되는 폭스바겐 차량의 약 20%가 이곳에서 팔린다고 한다. 유리탑 내부에서 거대한 로봇 팔이 차량을 빼내 맨 아래쪽 인도 장소로 옮겨주면, 고객은 이런 최첨단 방식으로 자기의 차를 받는다는 사실에 감동한다. 가전(街電)제품인 자동판매기가 개전(個電)제품인 자동차를 전달해주는 방식으로 건축공간이 구성되어 있다.

편의점은 정보 단말기

편의점은 도시의 어디에나 있다. 주택가뿐 아니라 상가, 학원가, 업무지역 등 도시 전역에 두루 퍼져 있는 상업시설이다. 20세기 초반에 식료품을 얼음 위에 올려놓고 판매하던 미국의 '사우스핸드 제빙회사(Southand Ice Company)'가 점포를 늘리면서 오전 7시부터 밤 11시까지 영업한다는 뜻으로 1945년에 '7-Eleven'이라는 이름을 내건 것이 편의

폭스바겐 출고센터 '아우토튀르메'는 자동차의 탑이자 자판기이다.

점 체인의 시발점이다. 그러던 것이 이제는 연중무휴로 24시간 영업하며 '24시간 사회'를 대표하는 풍경이 되었다.

편의점은 이름 그대로 '편의(convenience)'를 판매하는 점포다. 물건이라고 해봐야 우리가 간단히 먹거나 사용하는 소소한 일상용품들이다. 너무 흔하고 규모도 작아서 '시설'이라고까지 말하기는 어렵지만, 알고 보면 편의점은 정보화된 가전(街電)제품으로서 현대건축이 배워야 할 아주 중요한 시설이다.

편의점은 적당한 거리만 두면 어디에나 생겨날 수 있다. 마치 전기기구가 벽에 플러그 인(plug-in) 되듯이 길에 플러그 인 되어 있다. 기본형은 어디나 똑같지만 그래도 주변 지역의 특성에 맞추어 나름 다양한 모습으로 나타난다. 주택가에 들어서면 슈퍼형 편의점이 되고, 오피스나 원룸 상권에 들어가면 베이커리 스타일로 바뀌며, 오피스만 밀집해 있는 곳에서는 원두커피를 파는 카페형으로 변한다. 주거지역에도 들어가고 지하철역과 대학 캠퍼스에도 들어가며 주유소, 고속도로 휴게소, 군부대, 주차타워에도 들어간다. 심지어 선박이나 트럭에 들어가 이동형 편의점이 되기도 한다.

편의점의 작은 공간은 언제나 상품으로 가득하다. 그렇다고 뒤에 큰 창고가 붙어 있는 것도 아니다. 물건을 팔고 계산할 때 이미 바코드로 다시 주문이 들어가고, 이 주문을 받은 본사에서 로지스틱을 이용하여 곧바로 배송해주기 때문이다. 편의점은 이렇게 일상, 편의, 도시 어디에나 나타나는 편재성, 간단한 입지, 균질한 내부공간, 흔하지만 꼭 필요한 물건, 24시간 영업, 그리고 정보 시스템으로 운영되는 '정보 단말기'의 성격을 띠고 있다. 이것은 현대건축의 아주 중요한 특성인데, 흔해빠진 편의점이 이 모든 특성을 다 가지고 있는 것이다.

실제로 편의점은 현대의 건축에 여러 가지를 시사해준다. 편의점의 특징을 가진 구청, 편의점의 네트워크를 응용한 동네의 커뮤니티 시설, 편의점처럼 다양한 기능이 결합되어 있는 주민자치시설 등, 편의점은 편의점으로 끝나지 않고 다른 건축물이나 시설들이 현대적인 조건을 지니도록 자극한다. 편의점처럼 운영되는 도서관도 있다. 철도역 가까운 건물의 저층에 위치한 도서관이라든지 심야에도 개관하는 도서관 등이 이런 사례에 속한다.

편의점에서는 계산하는 사이에 본사로 정보를 보낸다. 이것을 'POS 시스템(point of sale system)' 또는 '판매시점 정보관리'라고 한다. 모든 상품은 바코드로 되어 있어서 매장에서 주문을 처리할 때 관리자의 메인 컴퓨터가 이를 동시에 인식한다. 그리고 판매시점의 정보를 실시간으로 통합, 분석, 평가하는 종합적 관리 시스템이 작동하고 있다. POS 기기의 키보드에는 신문, 상품권, 교통카드 등 다양한 항목들이 있다. 심지어 남녀를 세대별로 구분하는 키가 있어서, 계산할 때마다 이 키를 눌러 상품의 선호도를 기록하게 되어 있다. 실로 대단한 정보의 단말기다.

이런 시스템은 더 크고 고급스러운 상점에도 활용된다. 렘 콜하스가 설계한 뉴욕 프라다(Prada) 사옥은 프라다만의 관리 시스템을 도입한 새로운 타입의 매장으로 꾸며져 있다. 그러나 기본적으로는 편의점의 시스템을 그대로 옮겨다놓았다. 손님이 옷을 고르거나 옷에 대한 의견을 말하면 그것이 곧바로 컴퓨터에 입력되어 이후 옷을 생산할 때 유용한 자료가 된다. 세계적 거장이 설계한 명품 매장이 '동네 편의점'의 노하우를 배우고 있는 것이다.

건축은 중계지점

'미디어'라고 하면 방송통신이 제일 먼저 떠오르지만 그것만이 전부는 아니다. 마셜 맥루언(Mashall McLuhan)이 말했듯이 매체란 인간과 세계를 맺어주는 것이다. 자동차를 타고 다니면 내가 걷지 않는데도 바퀴가 나를 실어다주니 내 다리가 확장된 것이고, 책이나 사진은 책상에 앉아 있는 나에게 지식과 풍경을 실어다주니 내 눈과 귀가 확장된 것이다. 이처럼 사람의 신체적 능력을 획기적으로 확장해주는 것이 매체, 곧 미디어다.

그런데 오늘날의 매체는 예전과 달라졌다. 그것들은 인터페이스와 같은 것이다. 인터페이스라는 개념을 가장 쉽게 이해할 수 있는 도구는 컴퓨터의 키보드다. 그것은 눈에 보이지 않는 본체와 눈에 보이는 모니터를 연결해준다. 내가 생각하거나 원하는 내용을 키보드로 입력하면 그것이 본체로 전달되고, CPU의 연산 결과가 다시 모니터에 나타나는 것이다. 건축하는 사람들은 건축이 예술이니 문화니 철학이니 하며 심각하게 정의하는 버릇이 있으나 대부분은 말의 성찬으로 끝난다. 복잡하게 얘기할 것 없다. 건축은 지금의 사용자와 현실을 잇는 인터페이스다.

최근에야 인정하게 된 사실인데, 나는 결국 유목민이다. 유식한 말로 '노마드(nomad)'다. 한곳에 있지 않고 아침부터 저녁까지 도시 안에서 계속 위치를 바꾸며 지내는 날이 많다. 나를 비롯한 도시의 생활자는 모두 자동차와 지하철을 타고 움직이는 도시 유목민들이다. 경계도 없이 계속 펼쳐지는 도시공간 속을 움직이며 시간으로 도시를 배분한다. 시간은 분, 초로 잘게 쪼개지며 끊임없이 우리의 삶에 개입한다.

이렇다 보니 도시 안의 모든 지점은 어디와 어디를 잇는 중계지점이 되었다. 그것은 장소가 아니라, 이동하고 교차하며 경험하게 되는 어떤 선(line)의 일부다. 그러다 보니 실제로는 정지해 있는 많은 것들이 속도를 가진 현상으로 인식되기에 이르렀다. 건축도 마찬가지다. 건축물은 어떤 장소에 따로 떨어진 종착점이 아니라 잠시 찾아왔다가 다른 곳으로 이동하게 될 중간 지점이다. 이렇게 하여 실체인 건축도 이동하는 현상으로 파악되기 시작하였다.

철도역에는 많은 사람이 드나든다. 열차를 타러 가는 사람, 도착하여 어딘가로 가는 사람, 마중 나간 사람, 길을 지나다가 그냥 들른 사람…… 이곳에는 실로 수많은 정보들이 개입하고 있다. 철도역은 이렇게 사람과 물건을 들어오고 나가게 하는 곳이지, 그 자체가 모든 것을 수렴하는 최종 목적지가 아니다.

이렇게 보면 철도역은 화분과 같은 것이다. 위에서 물을 주면 밑으로 물이 새는 화분처럼 철도역에는 무수한 사람과 물건 그리고 열차가 들어오고 나간다. 철도역만 그런가? 구 청사도 이와 같고 백화점도 이와 같다. 주택을 제외한 거의 모든 건축물은 이런저런 '정보'를 생산하고 받아들이는 곳이라 해도 지나친 말이 아니다. 도시도 하나의 미디어인 것이다. 그러니 공연히 힘주지 말라. 건축은 화분과 같은 것, 사람과 사람이 만나는 인터페이스다.

3
미디어가 짓는 건축

가공된 이미지

모든 건물은 시간이 지나면 낡고 변질된다. 새 주인에게 팔릴 수도 있고 철거되어 사라질 수도 있다. 건축가에게 남는 것은 준공 직후에 찍은 사진이다. 건물이 낡거나 헐려도 사진만은 첫 모습 그대로 세상에 남게 된다. 준공사진을 찍는 건축 전문 사진작가는 날이 어두워지기 전인 오후 5시쯤, 건물의 안과 밖이 모두 잘 보일 때를 기다려 실내에 불을 켜고 셔터를 누른다. 이렇게 찍은 사진이 건축잡지에 실리고, 그것을 통해 독자는 새로 지어진 건물의 존재를 알게 된다. 새 건물은 그렇게 가공된 이미지로 사람들에게 다가간다.

건축은 특정한 장소에 서는 것이고 고정된 것이어서 미술품처럼 장소를 옮겨가며 전시될 수 없다. 멀리 떨어진 사람에게는 사진이 유일한 감상 수단이다. 미국이나 스페인에 새로 지어진 건물을 직접 가서 보지 않는 이상, 내가 그 건축물에 대하여 알 수 있는 방법은 사진이라는 매체 말고는 없다. 따라서 내가 알고 있는 대부분의 건축물은 미디어 속의 건축물이다. 즉, 실제가 아닌 이미지로서의 건축물이다. 정보화 시대엔 예전보다 훨씬 정확하고 사실적인 정보가 유통될 것 같지만, 역설적이게도 정보화가 진전될수록 건축은 미디어로부터 큰 영향을 받고 거기에 의존하게 된다.

아돌프 로스는 어떤 재료를 덮고 있는 것이 그 재료와 똑같아 보이면 안 된다고 주장하였다. 그는 카메라로 건물을 찍으면 사진이 그 건물을 피복(被覆. 덮어씌움)한다고 생각했고, 그러므로 건축에서는 사진이 가장 위험하다고 말했다. 그의 말대로 사진은 건물과 공간을 가공한다. 사진 속의 건축은 실제의 그것과 다르다. 그것은 이미지가 짓는 또 다른 건축이다.

2015년에 리움(Leeum)에서 〈한국건축예찬: 땅의 깨달음〉이라는 아주 좋은 사진전이 열렸다. 한국건축의 고요하고 장엄한 공간들을 어찌나 잘 찍었던지 전시회를 둘러본 내 눈까지 시원해짐을 느낄 수 있었다. 사진작가의 시선은 일반인과는 확실히 달랐다. 이 사진들 속의 건축은 그전까지 나의 눈으로 바라보던 사찰과 궁궐이 아니었다.

불국사 대웅전 전면의 벽을 두꺼운 선처럼 보이게 하고 그 왼쪽에는 대웅전의 내부를, 오른쪽에는 마당을 동시에 보여준 사진이 있었다. 지금까지 어떤 건축가도 이런 각도에서 불국사의 공간을 포착해낸 적이 없어서 나는 내심 감탄하였다. 연지(蓮池)의 물에 불국사가 비치는 것처럼 표현된 사진도 있었으나 이것은 인위적으로 조작한 것이었다. 그러니까 이 전시회에서 보여준 것은 한국건축의 이미지가 아니었다. 사진이라는 이미지로 지어낸 또 다른 한국건축이었다.

가공된 이미지로 남은 걸작 '바르셀로나 파빌리온' (미스 반 데어 로에, 1929)

'바르셀로나 파빌리온(Barcelona Pavilion)'이라는 이름으로 널리 알려진 미스 반 데어 로에의 건축물이 있다. 1929년 바르셀로나 만국박람회 때 독일관으로 사용된 건물인데, 지어진 지 1년도 안 되어 철거되었다. 영구적인 건물이 아니라 박람회를 위해 임시로 지어진 것이었기 때문이다.[90] 이것이 얼마나 중요한 건축물이었는지를 사람들은 파빌리온이 철거된 이후에야 비로소 알게 되었다. 박람회 기간에 찍어 놓은 사진 덕분이었다.

이 건물은 흐를 듯이 이어지는 연속적인 공간이라는 근대건축의 핵심적 성과를 보여준 걸작이었다. 그러나 저 유명한 파빌리온 사진은 있는 그대로를 찍은 것이 아니었다. 천장에 반사된 빛을 조작하여 내부공간의 효과를 부풀리는 등 실제와는 다른 모습으로 수정한 것이었다. 이 건물의 공간과 형태에 구현된 근대건축의 정수는 역설적

---

* 90. 현재의 바르셀로나 파빌리온은 1986년에 미스 반 데어 로에의 탄생 100주년을 기념하여 새로 지어진 것이다. 형태와 구조가 비슷하긴 하지만 지붕과 기둥의 재질 등이 원래의 건물 과는 아무래도 같지 않다.

재축된 '바르셀로나 파빌리온' (1986) ⓒ김광현

'쉬바브 주택'의 실제 주변 풍경 (르 코르뷔지에, 1912)

풍경을 제거하여 이미지를 조작한 '쉬바브 주택'

이게도 실체가 아니라 사진이라는 조작된 이미지를 통해서 전파되었다. 이 건물의 실제 모습을 본 적이 없는 대다수의 사람들은 이미 사라져버린 파빌리온의 탁월함을 바로 이 사진을 통해서 알게 되었다.

근대건축 최대의 거장인 르 코르뷔지에는 본인의 작품 사진을 스스로 조작했다. 그의 초기작에 속하는 '쉬바브 주택(Villa Schwob,

'가르쉐 주택' 내부 사진 (르 코르뷔지에, 1927)

'사보아 주택' 옥상에서 찍은 사진 (르 코르뷔지에, 1931)

1912)'은 19세기 말 양식인 박공지붕이 많은 마을 안에 지어졌으나, 그는 주변을 모두 지우고 이 주택이 마을에 홀로 있는 것처럼 사진을 변조했다. 자기 작품의 조형적 완결성을 강조하기 위해서였다. 그는 또한 20세기의 가장 유명한 건축물인 '사보아 주택'의 구성과 입체의 순수성이 돋보이도록 기둥 사이에 길게 붙어 있는 홈통을 사진에서

지워버리기도 했다.

르 코르뷔지에의 작품집에는 매우 이상하고 우스꽝스러운 사진이 두 장 있다. 하나는 '가르쉐 주택(Villa Garches, 1927)'의 내부 사진이다. 부엌 한가운데 선풍기와 찻잔이 있고 그 옆에는 냉장고에서 금방 꺼낸 듯한 생선 한 마리가 놓여 있다. 저쪽에는 창문이 살짝 열려 있다. 조금 전까지 이 부엌에서 누군가가 일을 하고 있었다는 표시다. 식사를 준비하던 사람이 잠깐 부엌을 떠나 다른 방으로 간 것 같은 느낌을 주기 위한 사진이다. 아마도 르 코르뷔지에는 조리대 위의 사물을 이렇게 저렇게 놓으라고 지시하고 카메라의 앵글 바깥에 숨어 있었을 것이다.

다른 하나는 '사보아 주택'의 옥상정원에 올라가 넓은 면 위에 자신이 잘 쓰고 다니는 모자와 안경과 담배 케이스를 올려놓고 찍은 사진이다. 근대기술로 지어진 이 주택이 모자나 안경이나 담배 케이스 같은 근대사회의 공업생산물과 등가물임을 말하기 위해서였다.

같은 시대의 다른 건축가들과 달리 르 코르뷔지에는 건축을 바깥에서 쳐다보는 구조물로 여기지 않고 오히려 안에서 바깥세상을 내다본다고 생각했다. 전자가 화가의 시선이라면 후자는 사진가의 시선이다. 그림은 사물을 외부에서 바라본 것이지만 카메라는 기계장치를 통해 안에서 밖을 내다본다. 그래서였을까. 그가 설계한 '사보아 주택'의 공간적인 특징은 안에서 밖을 내다보는 데 있다. 길게 난 수평창은 카메라의 렌즈이고, 주택은 그 자체가 하나의 카메라였다. 사진이라는 매체를 생산하는 카메라를 그는 이렇게 새로운 건축으로 해석했다.

건축과 미디어

건축가가 자신의 건축을 알리기 위해 곧잘 쓰는 방식은 미술관에서 전시회를 여는 것이다. 어떤 갤러리에서 전시하는가, 어떤 사람들이 보러 오는가도 중요하지만 전시회의 성패를 가르는 결정적 요인은 그 전시회에서 내세울 타이틀이다. 마치 책의 제목을 잘 지어야 그 책이 잘 팔리는 것과 같다.

건축이론가 비아트리스 콜로미나Beatriz Colomina는 《사생활과 광고: 매스미디어와 근대건축 Privacy and Publicity: Modern Architecture as Mass Media》(1994)[91]이라는 책에서, 19세기 말에는 사회적인 외부공간과 사적인 공간이 분절되어 있었으나 20세기에 들어와 사진, 영화, 출판, 광고라는 근대적인 매스미디어가 물리적인 내부와 외부의 경계를 모호하게 만들었음을 보여준다. 특히 르 코르뷔지에를 중심으로 사진과 근대건축이 어떻게 공범 관계를 맺게 되었는가를 매우 치밀하게 분석해 보였다. 쉽게 말해서, 매스미디어가 건축을 재생산해주는 도구가 되었다는 것이다. 다음과 같이 요약되는 그녀의 지적은 매우 정확하다.

> "건축가들 자신의 작품은 거의 대부분 인쇄매체를 통해 알려져왔다. 이는 건축 생산 현장의 변형을 전제하는 것으로, 건축의 생산은 건설 현장만을 점유하지 않으며 점점 더 건축출판, 전시, 잡지와 같은 비물질적인 현장으로

---

* 91. 이 책은 "프라이버시와 공공성"이라는 제목으로 번역되었다. 그러나 이 번역은 잘못된 것이다. 본문처럼 "사생활와 광고"라고 해야 맞다.

옮아가고 있다. 이런 것들은 건물보다 훨씬 더 찰나적 매체라고 추측되지만, 역설적으로 더 영구적이다."[92]

근대건축에서 가장 유명한 전시회는 1932년 뉴욕현대미술관(MoMA)에서 열린 〈근대건축: 국제전 Modern Architecture: International Exhibition〉이었다. 1920년대와 30년대 건축의 사회적인 관점보다는 양식과 형태와 미학의 관점을 강조한 것이었는데, 이 전시회를 계기로 '국제주의 양식'이라는 용어가 등장했다. 전시회에는 발터 그로피우스Walter Gropius, 르 코르뷔지에, 미스 반 데어 로에, 아우트J.J.P.Oud, 프랭크 로이드 라이트 등의 작품이 사진과 모델을 중심으로 전시되었다. 전시회를 기획한 필립 존슨Philip Johnson과 헨리 러셀 히치콕Henry-Russell Hitchcock의 《국제주의 양식 The international Style》(1932)이라는 책은 20세기 전반의 건축을 총정리한 것이 되었다.

이 전시회는 6주 동안 열렸지만 이후 6년간이나 순회 전시가 이어질 정도로 근대건축에 큰 영향을 미쳤다. 사진이라는 시각 미디어, 미술관이라는 전시장 미디어, 그리고 각종 카탈로그 등의 인쇄 미디어가 실제의 건축을 대신하여 세상에 알려졌고, 건축가는 이를 통해 과거보다 훨씬 더 많은 일을 도모할 수 있게 되었다. 20세기에는 이처럼 건축가들이 전시회를 통해서 자신의 건축을 세상에 유포시켰다.

잡지 또한 사진을 실어 나름으로써 근대건축을 대중화하였다. 대도시에 살고 있는 사람에게 근대건축이 어떤 이미지, 환영, 욕망, 꿈의 대상이었는지를 보여준 가장 유명한 사진은 건축사진의 거장 줄

* 92. Beatriz Colomina, 《Privacy and Publicity: Modern Architecture as Mass Media》, MIT Press, 1994

리우스 슐만Julius Shulman이 찍은 '케이스 스터디 하우스 22번 주택(Case Study House No.22)'일 것이다. LA의 할리우드 언덕에 지어진 이 주택은 건축가 피에르 쾨니히Pierre Koenig가 설계했는데, 슐만의 사진 한 장이 건물 전체의 이미지를 결정지었다.

'케이스 스터디 하우스'는 〈아트 & 아키텍처 Arts & Architecture〉라는 잡지사에서 제2차 세계대전 이후 미국의 새로운 주거건축을 제안할 목적으로 리처드 노이트라Richard Neutra나 에로 사아리넨Eero Saarinen 등 당시의 주요 건축가들에게 설계를 의뢰하여 지은 주택을 말한다. 이름 그대로 주택 하나하나를 '사례연구(case study)'하듯 꼼꼼하게 설계하여 프로토타입(prototype)이 될 만한 저렴하고 효율적인 주택을 제시한다는 것이었다. 1945년부터 1966년까지 20년 동안 36개의 주택이 계획되었고 그중 25개가 실제로 지어졌다. 1948년에 6개의 주택이 처음으로 선을 보였는데, 직접 보러 온 사람이 무려 35만 명이나 되었다. 이 엄청난 영향력의 근원은 프로젝트가 진행되는 동안 이 잡지에 계속 실린 줄리우스 슐만의 사진이었다.

사진에 담긴 22번 주택은 환상적이다. LA의 아름다운 야경을 배경으로 유리 상자가 공중에 떠 있다. 천장은 야경과 대비되는 환한 조명을 받고 있는데, 방 안의 그림자를 보면 매우 강한 조명을 사용했음을 알 수 있다. 창가에는 역시 어두운 야경과 대비되도록 흰 옷을 입은 두 여자가 앉아 있다. 허공에 떠 있는 것처럼 보이는 이 모퉁이에서 찍은 또 다른 사진에는 검은 정장을 입은 남녀가 등장한다. 남자는 똑바로 서서 도시를 바라보고 여자의 시선은 안쪽을 향하고 있다. 건축공간의 내부와 외부가 이렇게 서로 투과하고 있다는 점을 강조하며, 대도시가 훤히 내려다보이는 이 주택이야말로 이 시대의 꿈

줄리우스 슐만이 찍은 '케이스 스터디 하우스 No.22' (피에르 쾨니히, 1948)

을 실현해주는 공간이라 말하고 있는 것이다.

왜 이런 사진을 찍고 왜 건축잡지가 이런 주택을 후원하였을까? 이 것은 어떤 하나의 주택이 그곳에 사는 사람의 꿈을 실현해준다는 식의 '행복이 가득한 집'을 말하는 것이 아니었다. 대중들이 각자 자기 생활에 맞도록 응용하고 따라할 만한 표본주택을 만들어 보여주자는 것이 이 방대한 프로젝트의 목적이었다. 그러려면 철골구조처럼 간단한 시스템에 규격화·표준화된 재료를 가지고 집을 짓되, 생활의 즐거움과 꿈이 확연히 드러나도록 건축공간을 시각화해서 보여줄 필요가 있었다.

건축을 알리는 미디어는 사진 이전에도 존재했다. 미디어로 유명해진 최초의 건축가는 누구일까? 이탈리아 후기 르네상스 시대의 대표적 건축가인 안드레아 팔라디오(1508~1580)다. 그가 쓴 《건축4서》에는 본인 작품의 상세한 도판들이 해설과 함께 실려 있었다. 16세기 베네치아를 필두로 급속하게 발전한 근세의 인쇄술 덕분에 그의 건축론이자 작품집인 《건축4서》가 영국에까지 널리 알려졌다. 영국 사람들은 팔라디오의 작품을 직접 보지 않고서도 이 책을 통해, 오늘의 표현으로는 오직 건축정보를 통해 그를 추종하게 되었다. 이처럼 아주 오래전부터 건축은 미디어를 통해 세상에 전파되었다.

건축가만큼 책을 많이 쓰려 하고 잡지에 자기의 작품을 싣고자 애쓰는 전문가는 없을 것이다. '존재'인 건축을 한다면서 '비존재'인 미디어에 목을 매고, '침묵의 건축'을 강조하면서 정작 자신은 침묵하기는 커녕 똑같은 내용을 여기저기에서 강연하고, '비움의 건축'을 예찬하면서 책과 사진과 전시회라는 미디어로 끊임없이 무언가를 '채우려' 하고 있다. 모순이다. 이런 상황이 벌어지는 건 그들이 건축과 미디어의 속성을 누구보다도 잘 알고 있기 때문이다.

브랜드 건축과 언론

소비사회에서는 모든 것이 소비의 대상이 된다. 건축 또한 예외가
아니다. 건축하는 사람들은 건축만은 소비의 대상이 되어서는 안 된
다고 말하며, 그런 건 졸부들을 위한 천박한 건축이라고 비난한다.
건축이란 더없이 고상한 것이며 고도의 정신적인 산물이라고 믿기 때
문이다. 그러나 오늘날의 건축은 브랜드의 옷, 패션의 옷을 기꺼이 입
는다. 도시공간과 건축은 소비사회의 중요한 장치이며 건축과 브랜드
는 공범 관계에 놓여 있다는 엄연한 사실을 누구도 부정할 수 없다.

도쿄 아오야마(靑山)에 있는 프라다 건물은 헤르초크&드 뫼롱이라
는 세계적인 건축가의 유명세에 힘입어 프라다의 브랜드 가치를 만들
어낸 건물이다. 루이비통(Louis Vuitton)은 본사에 건축 전문 디자인
부서를 따로 두고 있다. 국제적인 네트워크를 형성하고 있는 전 세계
200여 개의 루이비통 매장과 신설 매장의 디자인을 이곳에서 모두
관장한다.

이 건축물과 매장들은 각종 잡지나 매스미디어를 통해서 자사의
주력 상품들 못지않은 유명한 상품으로 유통된다. 패션은 수명이 짧
지만 건축은 수명이 길어서 패션업계의 브랜드를 오래 표현할 수 있
다. 공간 디자인은 브랜드 매니지먼트의 유력한 수단이 되었고, 건축
은 브랜드 매니지먼트를 견인해주는 중요한 매체로 자리매김했다. 단
순한 상업공간이나 매장의 차원을 넘어 건축공간 자체가 브랜드 메

브랜드가 된 건축. 도쿄의 프라다 건물 (헤르초크 & 드 뫼롱, 2002)

도시의 브랜드를 창출한 건축. 구겐하임 빌바오 미술관 (프랭크 게리, 1997)

시지를 전달하는 미디어가 되고 있는 것이다. 이렇게 건축은 미디어와 공생하며 미디어 속에서 소비되고 있다.

스타 건축가의 명성은 도시의 브랜드 창출에도 활용된다. 스페인의 빌바오Bilbao가 대표적인 사례다. 빌바오는 본래 철강과 조선의 도시였으나 유럽에서 이들 산업이 쇠퇴하면서 경쟁력을 잃고 쇠락의 길을 걷고 있었다. 그러나 1997년에 프랭크 게리Frank O. Gehry라는 스타 건축가가 설계한 '구겐하임 빌바오 미술관(Museo Guggenheim Bilbao)'이 등장하면서 한순간에 세계적인 관광도시, 문화도시로 변신했다. '미술품보다 더 유명한 미술관'으로 불리는 이 건축물을 보기 위해 매년 100만 명의 관광객이 빌바오로 몰려든다. 구겐하임이라는 브랜드와 프랭크 게리의 '패션 건축'이 도시의 브랜드를 재창출한 것이다.

우리나라 사람들은 다른 건축가는 몰라도 안도 다다오라는 이름은 안다. 대학도 안 나왔고 변변한 스승도 없이 홀로 독학했으며 무명의 권투선수였던 사람이 세계적인 건축가가 되었다고 하니, 그런 입지전적 스토리 때문에 더욱 좋아하는 것 같다. 그래서인지 최근 우리나라에 안도 다다오의 건축이 많이 생겨났다. 그중 한두 개 정도는 눈길이 가지만 나머지는 매우 실망스럽다. 그 지역과 풍토에 어울리지도 않거니와, 과거에 본인이 이미 설계했던 유형을 그대로 옮겨놓은 듯한 내용 없는 건축도 있다. 대체 왜 그를 한국으로 불러서 저런 건물을 짓게 했는지 의문이 생길 정도다. 한국에 지어진 안도 다다오의 건축은 대부분 그의 인지도와 지명도에 기댄 패션 건축이며 브랜드 건축이다.

신문을 읽다 보면 아주 해괴한 건축 형태를 예술성이 높은 작품으로 설명한다거나, 별 내용도 없는 특정 건축가들의 설계 스튜디오 내부를 큰 사진까지 곁들여가며 소개하는 것을 종종 보게 된다. 그러나 온 국민이 다니는 학교 건축이 왜 저렇게만 설계되어야 하는지, 모여 살며 삶을 꾸려나가는 집합주택을 이러이러하게 지어야 한다든지, 역사적 유산을 이어받은 시설로 우리의 생활을 이러저러하게 바꿔놓을 수 있었다든지, 아주 싸게 지어진 건축으로 모든 사람이 기뻐하고 그것으로 지역이 힘을 얻게 되었다든지 하는 기사는 한 번도 본 적이 없다.

이미지와 건축이 깊은 관계가 있다는 것은 사실이기도 하고 현실이기도 해서 무턱대고 질타할 수는 없다. 그러나 미디어를 다루는 언론은 건축이 나아가야 할 바를 조금 더 신중하게 진단하고 전달해줄 필요가 있다. 그것이 언론의 고유한 임무일 것이다.

건축은 마감으로 끝나지만, 풍화로 다시 마감된다.

9 / 시간의 건축과 도시

1

시간을 이어가는 건축

건축의 시간

오늘날 우리가 주택에 대하여 거는 기대는 거의 다 공간에 관한 것이다. 좋은 공간을 소유하고 싶다는 생각은 많지만 그 주택이 어떻게 계속 존속할 것인가 하는 시간의 상상력은 결핍되어 있다. 그렇지만 생활이라는 것이 무엇인가? 생활이란 어떤 공간 안에서 '계속 살아가는' 것이다. 그런데도 우리는 얼마만 한 공간을 살 수 있을까, 그 공간 안에 어떤 창을 만들면 좋을까, 어떤 의자를 놓으면 좋을까 하며 '바로 지금'이라는 짧은 시간에만 관심을 기울인다.

인간의 시간에는 두 종류가 있다. 하나는 계속 앞으로만 흘러가는 '직선시간(直線時間)'이다. 지금 이 순간에도 시간은 앞을 향해 나아가고 조금 전의 시간은 뒤로 가버린다. 다른 하나는 주기적으로 나타나는 '원환시간(圓環時間)'이다. 우리는 눈앞에 닥친 시간만을 급박하게 대하며 살지만, 생각해보면 우리가 보내고 있는 시간은 순환적이다. 봄은 작년에 이어 올해도 찾아온다. 우리가 살고 있는 장소에도 봄이 되면 어김없이 꽃이 피고 겨울이 되면 눈이 내린다. 이것은 무한히 반복되는 시간의 일부이며, 이러한 반복성이 인간의 생활에 리듬을 준다.

건축설계가 궁극적으로 시간에 관한 것임을 이해하는 데는 그리 어려운 생각이 필요치 않다. 설계 자체는 평면에 그리는 것이니 2차원적인 작업이다. 그러나 그것은 3차원적으로 지어질 공간을 만들기 위한 것이다. 그것으로 끝이 아니다. 사람은 짧은 찰나 속에서 살 수 없고 지속하는 시간 속에서만 살 수 있으므로, 건축공간은 사람이 머물고 움직이며 생활하는 긴 시간을 위해 수많은 물질로 지어진다. 건축설계는 이렇듯 물질을 통해 시간을 불러내고 이어가는 일이다.

건축에 관한 책들은 예외 없이 공간을 자세히 다룬다. 그리고 공간이 건축에서 최고의 가치를 지녔다고 역설한다. 그러나 건축은 너무나도 넓게 시간에 관계되어 있다. 이제 건축을 시간이라는 측면에서 바라보고 생각해야 하며, 그것을 통해 우리의 삶을 읽어야 한다. 여기에서는 건축과 관계되는 여러 가지 시간, 즉 '건축의 시간'에 대해 잠시 생각해보기로 한다.

"진실은 시간의 딸이다(Veritas filia temporis)."

이 오래된 격언은 그리스 신화에 등장하는 진실의 여신 베리타스Veritas가 시간의 신 크로노스Cronus의 딸이라는 데에서 비롯되었다. 진실은 어느 순간 갑자기 드러나지 않고 시간의 흐름 속에서 서서히 제

모습을 보여준다는 뜻이다. 그래서 아리스토텔레스도 레오나르도 다 빈치도 시간은 창조의 요람이라고 말했다. 이것을 "건축은 시간의 딸이다"라고 바꾸어 말할 수도 있지 있을까? 그러려면 시간이 어떻게 공간에 누적되는지를 제대로 읽고 이해할 수 있어야 한다.

집과 학교를 오가다 보면 내가 어쩌다가 이 동네에 살게 되었는지 신기하게 느껴질 때가 가끔 있다. 매일 지나치는 이 마을길은 내가 거의 30년째 밟고 다니는 길이다. 하지만 내가 이사 오기 훨씬 전부터 많은 사람들이 이 길 위를 걸어 다녔고, 내가 떠난 뒤에도 누군가가 이 길로 계속 다닐 것이다. 같은 공간인데 그 위에 사람이 지속된다. 꼭 내가 아니더라도 이 동네의 많은 사람들이 집과 길과 주변의 사물들과 함께 살아간다. 이것이 건축에 쌓인 시간을 읽는 첫 번째 단서다.

두 번째 단서는 어떤 건물과 그 주변이 변해가는 모습 속에 있다. 그 옛날 마차가 다니던 유럽 도시의 길 위를 지금은 BMW나 벤츠, 아우디가 내달린다. 길가에는 오래된 건물들도 많다. 이 집을 지은 건축가와 건설자들은 먼 훗날 이곳에 누가 입주할지 짐작할 수 있었을까? 저명한 시인이 살던 건물 바로 옆에 맥도날드나 스타벅스가 들어서 있다면, 이 동네에 살던 사람들은 저 집 옆에 이런 가게가 들어서리라고 상상이나 했을까? 집은 자기가 살아갈 현재를 위해 설계하고 짓지만, 일단 지어지고 나면 알 수 없는 미래를 향한 기나긴 시간이 그 공간에 누적되기 시작한다.

건축학과에는 서양건축사, 동양건축사. 한국건축사, 근대건축사, 현대건축사 등 역사와 관련된 다양한 과목들이 있다. 공과대학에서 오직 건축학과만이 자신의 역사, 곧 건축의 '시간'을 가르친다. 그런데 건축에는 좀 독특한 사고방식이 있다. 과거의 어떤 시기에는 완성된 건축이 존재했는데 지금은 그것을 잃어버렸다는 생각이 그것이다. 가령 18세기 신고전주의에서는 고대 로마를 이념적 이상(理想)으로 여겼고, 그때와 같은 장엄하고 숭고한 건축을 현실에 재현하고자 했다. 불변하는 진리 앞에서는 시간의 차이가 있을 리 없다고 생각했던 것이다. 1960년대와 70년대 우리나라에서 전통의 회복이 사회적 화두가 되었을 때에도 과거에는 완성된 것이 있었는데 지금은 그것을 잃어버렸으니 오늘날의 언어로 이를 다시 회복해야 한다는 주장이 있었다. 이 또한 건축의 시간에 관한 다양한 생각들 중 하나다.

건축을 내 신체로 움직이며 경험하는 시간과 관련지어 생각할 수도 있다. 전시장에 걸린 그림은 시점을 고정하고 정면에서 보는 2차원적 평면이다. 비스듬하게 서서 보거나 위아래로 시선을 바꾼다고 해서 경험이 달라지는 것은 아니다. 조각은 약간 다르긴 하다. 고대 그리스의 제우스 조각상은 두 팔을 든 채 왼쪽 발을 땅에 대고 오른쪽 뒤꿈치를 살짝 들고 서 있다. 이것을 감상하려면 제우스의 시선이 향하는 곳에 서야 하고 가슴을 향해 정면으로 바라보아야 하며 얼굴의 표정, 가슴의 근육, 등의 모습, 수염과 머리털 등을 자세히 살펴야 한다. 그러나 손으로는 만질 수 없고 오직 눈으로만 보아야 하므로, 그 주위를 움직인다고 해서 나의 몸으로 직접 체험하는 것은 아니다.

건축물은 회화나 조각과 달리 즉각적으로 알아볼 수 있고 이해도 훨씬 쉬워 보인다. 하지만 아무리 규모가 작더라도 움직이지 않고 한눈에 이해할 수 있는 건물은 세상에 없다. 문을 열고 들어가서 이 방 저 방을 둘러보아야 하고, 계단을 타고 위아래로 다녀보아야 한다. 이렇게 공간을 돌아다니며 경험해야 비로소 이해가 가능하다는 사실

하나만으로도 건축은 여느 예술과는 다른 시간적인 존재다. 건축은 공간을 만드는 일이지만 그 공간은 '가로, 세로, 높이'라는 요소만으로는 결코 이해되지 않으며, 그 안에 있는 사람의 몸과 함께 시간 속에서 경험된다.

건축을 체험한다는 것은 그 공간 안에서의 시간만을 의미하는 게 아니다. 목적지에 이르는 과정 속에 이미 다양한 경험들이 나타나며, 그 또한 건축의 시간이다. 파르테논을 경험하려면 우선 비행기를 타고 아테네에 가야 하고, 도착하고 나면 주변의 거리와 시장도 보아야 하고, 그다음엔 아고라에 들렀다가 아크로폴리스를 향해 걸어 올라가야 한다. 파르테논에 도착해도 그것으로 끝이 아니다. 파르테논을 주변의 다른 수많은 건물들과 함께 살펴보아야 한다. 더구나 체험의 대상인 파르테논은 무려 2,500년이라는 기나긴 시간 속에서 존재해왔다.

건축의 시간은 건축 안에서 끊임없이 움직이고 변화하는 수많은 현상들 속에도 있다. 똑같은 건물이라도 새벽녘의 모습과 저녁노을이 비칠 때의 모습은 전혀 다르다. 하루 사이에도 이러한데 긴 시간 동안에야 오죽할까. 땅에 고정되어 움직이지 않는 것 같지만 시간이 지남에 따라 아주 천천히, 그러나 그 어떤 것보다도 깊이 변하는 것이 건축이다. 그리고 그러한 물질적 변화가 우리에게 보여주는 것이 바로 건축의 시간이다.

건축은 음악처럼 시간 속에 존재하며 시간에 내맡겨진다. 시간의 흐름 속에서 음과 음이 결합되는 음악은 참으로 엄정한 시간의 예술이다. 건축 또한 공간에 시간을 누적시킨다는 점에서 음악과 비슷한 구석이 있다. "건축은 동결된 음악(gefrorene Musik)"이라는 말도 그래

서 나왔을 것이다. '동결된 음악'이나 '응고된 음악'이라는 표현은 시간
이 공간에 응집된다는 것을 의미한다. 이 말을 한 사람이 소설가 괴
테Johann Wolfgang Goethe인지, 비평가 슐레겔Friedrich Schlegel인지, 철학자 셸
링Friedrich Wilhelm Schelling인지에 대해서는 의견이 분분하지만 그런 건 아
무래도 좋다. 중요한 건 건축이 음악을 닮았다는 사실이다.

건축 속에서 움직이는 시간

20세기 근대화 과정은 '원환시간'을 '직선시간'으로 바꾸었다. 직선시
간에서 중요한 것은 뒤쪽이 아닌 앞쪽의 시간, 아직 오지 않은 미래
의 시간이다. 19세기 사람들이 자신의 시대를 '불완전한 과거'로 여겼
던 것과 달리 20세기 사람들은 자기가 사는 시대를 '불완전한 미래'로
간주했다. 20세기는 과거와 결별한 채 직선 위에서 빠르게 앞으로 나
아가는 것만이 가치가 있다고 여겨진 시대였다. '효율'이나 '계획' 등은
모두 이러한 시간관에서 비롯된 개념이다.

지금 우리에게 익숙한 시간감각은 근대에 생겨났다. 그 전까지는
시간을 구분할 때 '한 시'나 '두 시', 조금 더 세분할 경우 '1시 반' 정도
면 충분했지만 철도가 생기면서부터 '14시 25분 출발, 21시 19분 도착'
처럼 시간이 분 단위로 잘게 쪼개졌다. 이런 방식은 공장에도 그대로
적용되었고 학교 역시 정해진 시간표에 따라 수업을 진행하게 되었
다. 근대건축이 공간 속에 시간을 표현하고자 했던 것은 심오한 예술
적·철학적 의미에서가 아니라, 열차 시간표와 같은 촘촘한 시간 분할
방식이 사람들의 생활 깊숙이 침투해 들어왔기 때문이다.

그런데 근대건축은 아주 짧은 시간, 카메라 셔터를 누를 때와 같은 잠깐의 시간만을 중요하게 여겼다. 건축물이 완성된 그 순간은 더없이 중요해도 이후의 일에 대해서는 별다른 관심을 갖지 않았다. 순간에 대한 집착은 흰색에 대한 집착으로 이어졌다. 새하얀 기하학적 입체와 면을 구사한 르 코르뷔지에의 초기 건축을 '백색 시대'라 부를 정도로, 하얀색은 그 어떤 색보다도 보편적인 색, 완성을 상징하는 색이 되었다. 새롭게 지어지는 건축만을 중요하게 생각하는 오늘날의 많은 건축가들에게도 하얀색은 여전히 우월한 색이다. 그러나 그것은 지속되는 시간의 색이 아니다. 단지 한순간의 색일 뿐이다.

건축에 시간이라는 개념을 도입한 대표적 사례는 기디온Sigfried Giedion의 《공간·시간·건축 Space, Time and Architecture》(1941)이라는 책이었다. 그러나 그가 언급한 근대건축의 시간은 철도역 시간표처럼 현실로 나타난 시간이 아니라, 대상을 여러 시점에서 바라보는 입체파 같은 근대회화의 방식을 건축적으로 해석한 것이었다. 건축을 하나의 시점에서 바라보지 말고 움직이면서 건물의 안과 밖으로 파악해야 한다는 것인데, 시간을 이런 식으로 표현해서 그렇지 이전에도 얼마든지 시점을 바꿔가며 건물을 파악해왔으므로 그리 새로운 인식은 아니었다.

르 코르뷔지에는 '사보아 주택'의 한가운데 완만한 경사로를 넣고 밖에서 안으로 들어갈 때 공간이 어떻게 변화하는가를 보여주었다. 경사로를 천천히 올라가면 마치 연속하는 영화의 장면처럼 벽과 천장과 기둥이 변하는 모습이 나타난다고 했다. 그리고 이를 '건축적 산책로(Promenade architecturale)'라 이름 붙였다. 산책로를 걸을 때 자연의 풍경이 나타나듯, 건축공간 안을 걸으면 건축의 요소들이 달리 결합

'건축적 산책로', 르 코르뷔지에의 '사보아 주택'(1931)

된 다양한 장면들이 나타난다는 뜻이다. 공간을 만든 건축가의 입장에서는 이렇게 이야기할 수도 있겠다. 그러나 이것은 건축으로 구성된 시간일 따름이다.

건축의 시간은 그렇게 추상적으로만 나타나지 않는다. 오늘날의 시간은 시계 속에 있는 시간, 열차 시간표처럼 시스템으로 사전에 정해진 시간이 아니다. 예측할 수 없는 장소에서, 사람들이 자기의 몸을 통하여, 우발적으로 다양하게 시간을 경험하고 있다.

근대 이전의 고전적 시대에는 공간과 시간이 따로 인식되었다. 영어로는 'space and time'이었다. 그러다가 근대건축에서는 공간과 시간이 함께 인식되고 표현되었다. 영어로 표기하면 'space-time'이다. 그러나 지금은 사정이 또 달라졌다. 공간과 시간은 정보와 함께 더욱 크고 넓게 인식된다. 영어로는 'space-time-information'이다.[93] 우리가 체험하는 시간 속에 정보가 깊이 개입하고 있기 때문이다.

건물이 시간 속에서 실제로 움직인다고 생각하면 건축의 또 다른 시간을 경험할 수 있다. 물론 건물의 구조체가 움직이는 것은 아니지만 그것이 담고 있는 공간은 엄청나게 움직이며 변화한다. 도시의 번화한 거리를 위에서 내려다본다고 하자. 새벽까지는 한산했으나 아침이 되자 사람들이 분주히 움직이기 시작한다. 닫혀 있던 건물들이 문을 열고 회사로 향하는 사람들의 발길이 늘어난다. 그러다가 날이 어두워지면 조금씩 줄어들기 시작하며, 밤이 깊으면 다시 건물은 문을 닫고 도시의 길에는 사람의 종적이 거의 끊어지게 된다.

만일 이 건물이 유명한 미술관이라면 하루 방문객만 해도 수만 명에 이른다. 이들은 그 안에서 계속 움직이며 그림을 감상하고 누군가를 만나고 어디에선가 먹고 쉰다. 엘리베이터와 에스컬레이터는 계속 오르내리고 천장 위의 복잡한 설비를 통해 공기와 물과 에너지가 흐른다. 이렇게 시간에 따라 변하는 건물의 모습을 촬영하여 고속으로 재생하면 어떻게 보일까? 건물과 도시의 이러한 모습은 아침이 되면 꽃을 피우고 저녁이 되면 봉오리를 오므리는 꽃과 다를 바가 없다.

오늘의 건축은 한발 더 나아가 아예 밤낮의 구분마저 지워버린다. 시간으로 경쟁하는 '24시간 사회'[94]에서는 24시간 내내 영업하는 극장, 상점, 식당 등이 성공한 사례를 쉽게 찾아볼 수 있다. IT의 발달 덕분에 은행이나 공공서비스도 24시간 이용할 수 있게 되었다. 주위를 둘러보라. 편의점과 할인마트, 김밥천국과 맥도날드, 동대문 의류

---

* 93. Susanna Cros, 《The Metapolis Dictionary of Advanced Architecture》, Actar, 2003, p.626
  94. 레온 크라이트먼, 《24시간 사회》, 한상진 역, 민음사, 2001

상가, 맞벌이 부부를 위한 24시간 어린이집, 언제든지 열려 있는 한국인의 복합여가시설 찜질방 등 수많은 건물과 점포들이 한밤중에도 불을 환히 밝히고 있다. 24시간 사회에 대응하는 24시간의 건축! 이렇듯 건축의 시간은 '산책로'가 아닌 도시와 거리에서 구체적으로 나타나고 있다.

같은 면적의 공간을 시간대별로 잘 이용하면 또 다른 공간을 그만큼 덜 지어도 된다. 이와 달리 같은 면적의 공간을 일정한 시간만 사용하면 그만큼 사람들의 행위를 덜 다양하게 만드는 결과를 낳는다. '메트로폴리탄 건축사무소(OMA)'는 도쿄의 '츠키지 시장(築地市場)'을 계획하면서 24시간을 x좌표에 놓고 특정 시설이 주중에 차지하는 공간과 주말에 차지하는 공간을 함께 보여주었다. 그리고 공간과 시간의 곱으로 지역과 시설을 분석하는 방안을 제안하였다. 시장을 24시간 가동하는 효율적 프로그램을 만들기 위해서다.

암스테르담의 스히폴 공항(Amsterdam Airport Schiphol) 계획에서도 마찬가지다. 공항에는 이착륙하는 공간 이외에도 사무소, 식당, 쇼핑몰, 미술관, 스포츠센터, 호텔 등 다양한 공간들이 있다. 이 공간들이 시간대별로 어떻게 활용되는지 분석하고 필요한 공간을 더 창출함으로써, 24시간 동안 공항 전체가 효율적으로 사용되도록 프로그램을 부가하는 계획을 보여준 것이다.

인간의 활동과 생활은 시간 속에서 지속되는 것이어서 짧은 순간의 아름다움으로는 묘사할 수 없다. 그럼에도 근대건축은 시간을 순간의 미학으로 해석하려 했고, 공간 내부 구성의 변화만으로 이를 표현하고자 했다. '24시간 사회'는 그런 추상적 시간 대신 도시의 공간 속에서 전면적으로 펼쳐지는 생생한 시간을 우리에게 보여준다. 근대

건축은 시간을 통해 공간을 기능적, 미학적으로 해석했다. 그러나 현대건축은 구체적인 생활의 시간을 공간에 개입시킴으로써 물리적으로 동일한 공간이 얼마든지 더 크고 다양한 공간으로 바뀔 수 있음을 증명하고 있다.

풍화를 배운다

건축의 시간을 생각할 때 빼놓을 수 없는 것이 마모와 풍화다. 풍화는 자연의 힘이 건축물에 새겨지는 것이고, 마모는 사용 과정에서 건축물이 닳는 현상이다. 건축물은 물질이므로 마모와 풍화를 피해갈 수 없다. 그것은 건축 안에서 진행되는 시간을 직접적으로 표현한다. 무스타파비Mohsen Mostafavi와 레더보로David Leatherbarrow는 그들의 책《풍화: 시간 속의 건축 On Weathering: The Life of Building in Time》(1993)을 다음과 같은 구절로 시작하고 있다. 그들에 의하면, 시간에 따라 건축물이 풍화하는 것은 또 다른 마감이다.

"건축은 마감으로 끝나지만, 풍화로 다시 마감된다."

안드레아 팔라디오가 설계하여 1580년에 완성된 '키에르카티 궁(Palazzo Chiericati)'을 찍은 사진을 보라. 저 탁월한 명작도 시간이 지나면 표면이 벗겨지고 그 안에 있는 재료가 드러난다. 돌을 깎아 만든 기둥인 줄 알았는데, 껍질이 떨어지고 나니 벽돌로 쌓은 기둥이라는 사실이 드러나고 말았다. 모든 물건이 그렇듯 건축물도 시간이 지

시간 속에서 풍화한 '키에르가티 궁' (무스타파비 레더보로, 《풍화: 시간 속의 건축》, 1993)

나면 헐고 오물이 생기며 재료에 균열이 가게 마련이다.

고궁을 거닐다 보면 건물의 형태 그 자체보다는 건물이 풍화한 모습이 곁들여졌을 때 훨씬 운치가 느껴진다. 그러니까 풍화라는 것이 건물을 헐게 만드는 것이라고만 볼 수는 없다. 풍화는 '시간에 따른 건물의 생애'가 있음을 보여주는 현상이고, 건축을 마무리 짓는 자연의 힘이다.[95] 풍화가 건물을 약하게 만드는 원인이 되는 것은 사실이지만 다른 한편으로는 건물에 기억을 담아준다. 사물은 언제나 시간 속에서 변하고 있다.

어떻게 해야 풍화를 잘 담아낼 수 있을까? 단적인 예가 미륵사지 석탑이다. 백제 말기의 거대 사찰이었던 미륵사에는 세 개의 탑이 있었지만 지금은 일부가 무너진 서쪽 탑만 절터 한쪽에 남아 있다. 이 탑은 지어진 지 1,400년이나 된 것이어서 돌들이 일그러지고 깎였으며 여기저기 풍상의 자취가 완연하다. 손으로 정을 쳐서 다듬었기 때문에 형태가 자연스럽고, 돌과 돌의 틈새마다 기나긴 시간이 담겨 있다. 그러나 20년 전에 복원된 동쪽 탑은 전기톱으로 잘라 만든 까닭에 풍화가 자연스럽지 못하고, 잘못 성형한 얼굴이 나이를 먹은 것 같은 어색한 느낌을 준다. 정확한 도면에 따라 절단된 자재를 정확하게 조립했기 때문이다.

근대건축 이전에 많이 쓰이던 돌, 벽돌, 나무, 기와 같은 유기적 재료들은 느리게 풍화하면서 시간을 차곡차곡 담아냈다. 그러나 무기 재료에 의존한 근대의 건축물들은 시간의 흐름을 담지 못하고 쉽게 노후하였다. 근대건축은 청결, 건강, 완결성, 순수성 등을 강조하며

* 95. M. Mostafavi & D. Leatherbarrow, 《On Weathering》, MIT Press, 1993

느리고 아름다운 풍화의 전형, 익산 미륵사지 석탑(서탑)

현대에 복원되어 시간의 흐름을 담아내지 못한 미륵사지 동탑

빠른 설계와 시공을 통해 공업화 시대의 보편공간을 만들고자 했지만 느리게 풍화하지 못했다.

그런데도 1931년에 완성된 르 코르뷔지에의 '사보아 주택'은 언제나 새하얗다. 그의 '백색 시대'를 대표하는 워낙 유명한 주택인지라 조금만 헐거나 풍화하면 곧바로 다시 칠을 하는 것 같다. 이런 까닭에 사람들은 알게 모르게 이 주택이 지어진 지 얼마 안 되는 새 집이라고, 빗물의 흔적 따위가 있어서는 안 되는 집이라고 생각한다. 과거에도 희었고 현재에도 희며 미래에도 흰 이 주택은 변화라는 것을 모르는 불변의 건축의 대표주자가 되었다.

아일랜드의 소설가 제임스 조이스James Joyce는 1940년 숨을 거두기 2주 전에 지그프리트 기디온의 방문을 받았다. 새하얗고 단정한 근대 주택을 강조하는 기디온에게 그는 자기가 누워 있는 방의 두꺼운 벽과 작은 창을 가리키며 이렇게 말했다고 한다.

> "이 멋진 벽과 창을 좀 보라고. 더러움이 얼마나 멋진 것인지 잘 모르는 것 같구려."[96]

얼마나 멋진 말인가? 무언가가 더러워지기까지는 그만큼의 시간이 걸린다. 그러는 사이에 순수한 것을 몰아내고 다른 것을 받아들인다. 불완전함이 갖는 아름다움이다.

건축은 모형과 다르다. 어떤 건물도 준공 직후의 모양을 그대로 간직할 수 없다. 건축에서 그런 것은 불가능하다. 어떤 건축가든 공간

---

* 96. 제레미 틸,《불완전한 건축》, 이황 역, 스페이스타임, 2012, p.138

을 디자인할 수는 있다. 그러나 자신의 건축을 시간에 내맡길 줄 아는 건축가는 드물다.

건축은 빛을 받고 눈비를 맞으며 바람에 맞서야 한다. 그것은 본래의 모습이 파괴되어가는 과정이 아니라 오히려 제 모습을 갖추어가는 과정이다. 건축설계는 자연의 시간에 대항하기 위해 물질을 결합하고 조합하는 작업이지만, 풍화는 그런 물질에 흠집을 내고 형태를 흩뜨리며 공간을 느슨하게 만든다. 풍화는 형태의 참신함과 명확함을 무디게 하는 것이다. 그렇게 해서 제일 마지막에 남는 모습이 그 건축의 본래 모습이다.

서울대 건축학과가 있는 39동은 노출 콘크리트로 지어졌다. 처음에는 깨끗했지만 지어진 지 10년쯤 지나고 나니 이제는 벽면 여기저기에서 먼지가 빗물에 씻겨 내려간 흔적이 해가 갈수록 심해진다. 아름답고 단정하며 건축의 '존재감'과 '물성'을 표현한다는 노출 콘크리트 건물에 시간의 흔적이 배어들고 있는 것이다. 이 건물을 설계한 건축가는 이렇게 오물이 묻고 더러워진 모습을 찍어 잡지에 내고 싶은 마음이 있을까?

건축을 시간으로 생각한다는 것은 설계를 시작할 때부터 훗날 풍화와 함께 무디어질 형태와 공간을 생각한다는 뜻이다. 카를로 스카르파가 설계한 '베로나 국민은행(Banca Popolare di Verona, 1978)'의 동그란 창 밑에는 긴 홈이 나 있다. 창에서 흘러내릴 빗물을 받아 내리기 위한 디테일이다. 달리 표현하자면, 시간을 새겨 넣기 위한 디테일이다. 이렇게 더럽혀진 벽면은 더 이상 건축의 순수한 '존재감'과 '물성'을 나타내지 않는다. 빗물을 따라 씻겨 내려간 자취는 건축의 타자(他者)다. 그런데 빗물은 환경이고 먼지도 환경이라면, 환경과 일체

'베로나 국민은행' 창문 아래의 빗물 홈은 시간을 새겨 넣는 디테일이다.(카를로 스카르파, 1978)
ⓒ김광현

가 되겠다는 건축이 환경의 자취를 '타자'로 여기는 것은 이상하다. 풍화를 인정하는 것은 환경에 대한 또 다른 배려다.

건축에서 시간은 인간이 공간 안과 밖을 자기 몸으로 움직이면서, 건축물의 용도를 바꾸면서, 재료를 바꾸어 증축하거나 재생하면서, 길건 짧건 역사를 누적해가면서, 물질 안에 내장된 기억을 중요하게 여기면서, 풍화하고 마모되는 현상을 중요하게 여길 때 비로소 나타나고 간직된다. 시간 자체는 인간으로부터 독립되어 있지만 사람은 어떤 장소에서, 그 장소에서 보낸 시간의 흐름 속에서, 눈앞에 펼쳐진 풍경과 함께 감성으로 시간을 느낄 수 있다.

"건축은 사람의 마음속에서 감성을 불러일으키는 것이다. 그러니 건축가가 할 일은 이러한 감성을 더 정확하게 만드는 것이다."

건축가 아돌프 로스의 말이다. 이를 달리 표현하면, 건축은 시간의 흐름 속에서 장소와 풍경에 대한 감성을 불러일으키는 작업이라고 할 수 있다.

하늘 아래 그 무엇도 영원할 수 없는 것처럼, 건축 또한 변함없이 특정한 실체로 영원히 존재하는 것은 아니다. 사용 과정에서 계속 덧대어지고 변형되고 풍화하는 것이 건축이다. 사람에 빗대어 말하자면, 이렇게 해야 건축이 연명할 수 있고 살아갈 수 있다. 건축을 통하여 시간의 작용을 이해한다는 것은 이와 같은 풍화와 마모를 자연스럽게 받아들이는 태도를 배우는 것이다.

2
과거와 미래를 기다리는 집

건축은 기억의 저장고

인간의 뇌는 잠을 자면서 기억을 분류하고 정리한다. 오감을 통해 뇌로 들어온 기억은 '해마'라는 부위에 일시적으로 보관된다. 해마가 기억을 보관하는 시간은 대략 24시간이라고 하니, 중요한 기억을 이 시간 동안 머릿속에 잘 정착시켜야 한다. 어떤 장소, 어떤 기둥, 어떤 공간, 어떤 건물 등을 잘 봐두면 그곳에서의 기억을 생생히 유지하는 데 도움이 된다.

고대 그리스에 '기억술'이라는 것이 있었다. 머릿속으로 어떤 장소를 상상하고 따라가게 하면서, 건물 속의 장소와 관련지어 무언가를 기억하도록 하는 기술이다. 그만큼 건축과 장소가 기억에 깊이 관련된다는 뜻이다. 예나 지금이나 사람들은 기억하고 싶은 인물이나 사건이 있으면 동상을 세우고 기념관을 짓는다. 반대로, 더 이상 기억하고 싶지 않으면 동상을 끌어내리고 건물을 부순다. 건물이 사라지면 그 안에 누적되어 있던 수많은 기억도 함께 사라지게 된다.

사람은 시간 속에서 살고 있기 때문에 시간의 흔적을 읽을 수 있는 공간을 좋아한다. 기둥에 난 상처나 오래된 재료의 표정이 정서적 반응을 이끌어내는 건 그 때문이다. 역사적인 사건에 깃들어 있는 개인적 시간이나 사회적 시간을 공간으로 표현하여 공간에 풍부한 의미를 주기도 한다. 이렇게 해서 시간은 공간과 관계를 맺는다.

서울 행촌동의 인왕산 자락. 권율 장군이 심었다는 수령 420년짜리 은행나무 옆에 '딜쿠샤(Dilkusha)'라는 2층짜리 붉은 벽돌집이 있다. 1898년에 광업회사 직원 자격으로 한국에 왔다가 우리의 독립운동에 큰 관심을 갖고 기자로 활동한 알버트 테일러Albert Taylor가 1923년에 지은 집이다. 3.1운동을 해외에 처음으로 타전한 UPI통신 특파원이었던 그는 가족과 함께 20여 년간 이 집에 머물렀으며, 항일운동을 도왔다는 이유로 서대문형무소에 수감되었다가 미국으로 추방되었다. '딜쿠샤'는 힌디어로 '희망의 궁전, 이상향, 행복한 마음'이라는 뜻이다.

낡고 허름한 이 집은 우리 모두의 과거가 깃들어 있는 귀중한 곳이다. 그러나 지어질 당시만 해도 서울 시내가 한눈에 보이던 이곳은 해방 이후 줄곧 방치되어왔다. 지붕과 벽체가 많이 훼손된 이 집에서는 얼마 전까지 저소득층 15가구가 화장실을 공유하며 고단한 삶을 살았다. 2017년에 문화재청의 등록문화재로 지정되어 곧 복원될 예정이라고 하니 그나마 다행이다.

기억을 지워버리기는 아주 쉽다. 대한민국 근현대사가 오롯이 담겨 있는 산업유산인 경의선이 몇 년 전 지하화되면서 그 폐선 부지가 공

행촌동의 붉은 벽돌집 '딜쿠샤' ⓒ김광현

원으로 바뀌었다. 그런데 산책로와 자전거 길, 운동시설과 편의시설
을 설치한다는 명목으로 철로를 모두 제거해버렸다. 100년 이상의 시
간과 삶이 담긴 녹슨 철로를 아무런 사회적 논의도 없이 없애버린 것
이다. 이 폐선 부지에서 가장 중요한 것은 바로 그 녹슨 철로였으며,
그 위에 붉게 덧쌓인 '시간'이었는데도 말이다.

　기억은 천천히 느리게 형성될수록 더 강렬해진다. 어느 날 갑자기
급하게 도시가 생겨나고 한 사람의 손으로 모든 건물이 지어지면 얼
마나 지루할까? 해가 바뀌어도 사는 것이 늘 똑같이 느껴지고 모든
풍경이 진부하게 보일 것이다. 오늘 우리 도시의 구조물들은 언제 만
들어졌는가를 굳이 물을 필요가 없을 정도로 등장 시기가 엇비슷하
다. 건물들, 아스팔트 도로, 고가도로, 가로등, 횡단보도 등 눈에 보이
는 모든 것들이 밋밋한 것은 그것들이 만들어진 시간의 깊이가 없기

때문이다. 같은 시기에 한꺼번에 빨리 지어지니 그 속에 기억이 담길 틈이 없다. 우리나라의 거의 모든 도시가 대체로 이렇다.

건축은 기억의 저장고이다. 우리가 어떤 장소에서 무언가를 얘기하고 일하고 느끼는 것은 모두 물질과 관련되어 있다. 그리고 건축에 사용되는 수많은 물질들은 그 기억을 만들어낸 시간과 관련되어 있다. 그런데 건축 안에서 경험하는 시간은 언제나 주관적이다. 시간은 기억으로 남고, 물질로 구성된 건축물은 각자의 시간 속에서 형성된 개별적 기억을 담는다.

한편, 건축 안에서 경험하는 시간에는 누구에게나 공통되는 시간, 다수가 공유하는 시간도 포함되어 있다. 건물 속에 집단의 기억이 들어 있는 것이다. 건축가 알도 로시의 말처럼 "도시는 집단의 기억이 있는 장소다." 집을 그리라고 하면 거의 대부분 박공지붕이 있는 집을 그리는 것도 그 지붕에 공통의 기억이 있기 때문이다.

여러 사람이 커피를 함께 마실 때 각자가 각설탕을 넣는다고 가정해보자. 각설탕이 녹는 데 걸리는 물리적 시간은 모두 똑같다. 그러나 그 시간은 각자가 기억하는 시간, 즉 커피를 마시며 맛을 느끼고 주변을 둘러보며 친구들과 대화를 나누었던 시간과는 분명히 다르다. 각설탕이 녹는 시간이 객체의 시간이라면 그때 친구들과 함께 나누었던 시간은 주체의 경험적 시간이다. 앙리 베르그송Henry Bergson은 《물질과 기억 Matter and Memory》(1912)이라는 책에서 이러한 차이에 대해 논하며, 객체의 시간과 주체의 경험적 시간 사이에는 차이가 있을 수 있다고 말한 바 있다.

아직은 싸늘한 바람이 부는 어느 봄날, 연구실의 대학원생들과 함께 교내 카페의 테라스에 앉아 이런저런 이야기를 나누었다. 커피를

로사리오 경당(앙리 마티스, 1951) ©김광현

마시며 맑은 하늘을 보다가 문득 프랑스 방스Vence의 '로사리오 경당
(Chapelle du Rosaire, 1951)'에서 보았던 마티스Henry Matisse의 스테인드글
라스가 떠올라서 그 얘기를 꺼냈다. 따뜻한 커피가 노르스름한 경당
의 빛을 기억하게 만든 것이다.

  그러다가 나의 눈길은 멀리 애잔하게도 수많은 벚꽃이 떨어져 뒹구
는 곳으로 향하였다. 그 순간 이영애와 유지태가 나왔던 영화 〈봄날
은 간다〉가 떠올랐다. 제자들과 함께한 카페에서의 커피 한 잔은 이
렇게 마티스의 로사리오 경당으로, 그리고 벚꽃을 보며 기억해낸 영
화 속의 애틋한 사랑 이야기로 넘어갔다. 그러고는 다시 캠퍼스 안의
카페라는 건축적 자리로 돌아왔다. 기억은 이렇게 물질에 담겨 끊임

없이 옮겨 다닌다. 각설탕이나 벚꽃도 기억을 담는다는 점에서는 건축물과 다를 바 없으나, 건축물의 기억은 이것들보다 더 직접적이고 훨씬 오래간다.

사람에게 가장 깊은 기억은 묘지에 있다. 사람은 죽어 흙으로 돌아간다. 그렇게 돌아가 묻히는 묘지도 결국은 다양한 물질들, 살아 있는 사람의 기억과 시간, 그것을 담는 추상화된 건축과의 연관 속에 존재한다. 무덤이나 납골당은 죽은 이에게는 영면의 장소지만 남은 이에게는 고인이 나를 기다리도록 하는 장소다. 죽은 이의 과거와 남은 이의 현재를 담고, 훗날 남은 이가 죽었을 때 이루어질 재회를 기약하기 위해 사람들은 이런 장소를 만든다. 건축은 그 어떤 것도 만들어낼 수 없는 산 자와 죽은 자의 만남을 미리 체험하게 만든다.

바르셀로나에 북서쪽에 '이구아라다 묘지(Igualada Cemetery, 1994)'가 있다. 엔릭 미라예스Enric Miralles의 작품인 이 공동묘지는 건축의 시간, 물질, 자연, 풍화의 관계를 설계한 것이다. 이곳에서 시간은 장소와 공간 안을 걸음으로써 경험되고, 또한 재료의 풍화로 경험된다. 미라예스는 이렇게 말했다.

> "묘지는 무덤이 아니다. 오히려 풍경과의 관계이며, 망각과의 관계이고, 추상화된 디자인이다."

이 공동묘지는 삶과 시간과 건축의 관계를 통해서 무수한 생각과 기억을 불러일으킨다. 그런 의미에서 이곳은 "기억을 수집하는 기계"이다.

기억을 수집하는 기계. '이구아라다 묘지' (엔릭 미라예스, 1994) ⓒ김광현

미래가 기다리는 건축

이제 건축은 '어떤 목표를 향해 직선으로 흘러가는 시간'이라는 근대사회의 관념에서 벗어나야 한다. 장소가 나를 중심으로 펼쳐지듯 시간도 나를 중심으로 펼쳐진다. 지금을 기점으로 1년 또는 10년 전의 과거가 있고, 지금을 기점으로 1년 또는 10년 후의 미래가 있다. 그렇다면 1년 전이나 10년 전의 과거에서 바라보는 건축과 도시가 있고, 1년 후나 10년 후의 미래에서 바라보는 건축과 도시도 있을 것이다. 지금까지 우리는 건축이나 도시를 계획할 때 앞으로 다가올 시간만을 생각했다. 그러나 이제는 지금을 기점으로 50년 전, 100년 전의 과거로부터 지금을 기점으로 50년 후, 100년 후의 미래에 걸쳐지는

시간을 염두에 두고 계획을 세워야 한다.

'현재'라는 시간은 하나의 점이 아니다. 그것은 어떤 폭을 가지고 있으며, 현재로부터 가까운 과거와 가까운 미래로 확장되어 있다. 가까운 과거에 있었던 사건, 의식, 기억 등은 현재에 속한 것이고, 동시에 가까운 미래에 속한 것이다. '지금'이라는 일상은 가까운 과거와 가까운 미래에 양쪽으로 걸쳐진 시간이다. 따라서 지금, 현재, 일상의 경험을 소중히 여기지 않는다면 과거와 미래의 유의미한 시간은 생겨나지 않는다. 건축으로 무언가를 기념한다는 것도 이런 인식에서 나온 것이다.

미래는 시간이 지나면 저절로 다가오는 장밋빛 꿈이 아니다. 한때 '미래 도시'와 관련하여 기술에 크게 기대를 걸던 시대가 있었다. 공중에 무언가가 둥둥 떠 있고, 자동차들이 도로를 꽉 메우고, 거대한 컨베이어 벨트가 분주하게 움직이는 도시를 상상하기도 했다. 이런 그림은 사람들의 눈길을 끌기는 하지만 무언가를 실천하게 만드는 힘은 없다. 우리는 미래를 완벽하게 예상할 수 없다. 설령 그런 예상이 가능하더라도 현재를 살아가는 우리에게는 그다지 흥미로운 것이 못된다.

건축물이란 현재를 사는 사람이 짓는 것이다. 중국의 오래된 조원서(造園書)에 이런 말이 있다.

> "사람은 1,000년 후까지 남길 것을 만들 수 있다. 그러나 100년 후의 사람들이 어떠할지 알 수 있는 사람은 한 명도 없다. 때문에 지금 즐거움과 쉼을 주는 장소를 만들면 그것으로 충분하다."

그러니까 우리는 미래의 건축을 상상할 필요가 없다. 지금 짓는 건축물들이 그리 멀지 않은 미래에도 잘 사용되기를 바랄 수는 있지만, 어차피 미래의 건축은 미래에 살 사람이 짓는다. 오늘의 도시는 이전에 있던 것들이 모여 이루어진 것이다. 마찬가지로 미래의 도시는 오늘날 우리가 짓는 것들이 퇴적되어 만들어질 것이다. 오늘의 도시가 과거의 건물과 함께 있듯이, 미래의 도시 또한 오늘 만든 건축물과 함께 있게 될 것이다.

우리는 나무를 땅에 심는다. 그러나 나무를 심기만 해놓고 다 되었다고 하지는 않는다. 물도 주고 거름도 줘야 한다. 그러다가 나무가 크게 자라면 나무 밑 그늘에 앉기도 하고 모여서 이야기를 나누기도 한다. 나무 한 그루의 이러한 시간은 모두 인간이 기다리는 시간이다. 지금 자라고 있는 나무는 아직 오지 않은 미래를 지금이라는 시간 속으로 가지고 들어온 것이 아니며 그렇게 할 수도 없다. 단지 미래가 나무의 성장을 기다리고 있는 것이다.

건축 또한 오늘 속에 미래를 가지고 들어올 필요가 없다. 건축은 오늘을 어떻게 미래로 옮겨갈지, 어떻게 오늘이 미래로 이어지게 할지 물을 수 있을 뿐이다. 오늘 건축물을 짓는 것은 오늘의 조건을 미래로 옮겨가는 것이고, 이것을 기반으로 미래가 지어지게 하려는 것이다. 학교 건축을 잘 짓는 것은 교육의 미래를 잘 짓는 것이고, 공공건물을 잘 짓는 것은 미래의 지역 주민의 삶을 잘 짓는 것이다. 마치 나무를 기다리듯, 저 멀리에서 미래가 오늘의 건축을 기다리고 있다.

건축물 속에서 우리는 늘 누군가를 기다린다. 집에서는 가족이 돌아오기를, 카페에서는 친구가 오기를, 강의실에서는 선생이 들어오기를, 회의실에서는 회의할 사람이 나타나기를 기다린다. 그렇다면 이렇게 생각해보라. 집이란 본래 누군가를 기다리기 위해 지어지는 것이라고 말이다. 우리는 또한 어떤 시간을 기다린다. 식사할 시간, 수업이 시작될 시간, 졸업을 앞두고 마지막으로 공부하는 시간, 미사가 시작될 시간, 물건이 출하되는 시간, 영화가 상영되는 시간 등등. 이처럼 집에는 미래에 찾아올 사람이 있고, 찾아올 시간이 있다. 건축이란 어떤 시간에 이르기를 '기다리기' 위해 지어지는 것이다.

나는 서울대의 39동에서 학생들을 가르친다. 이 건물은 지어진 뒤 10여 년간 계속 있어왔다. 그리고 매년 새로운 학생들이 들어와 공부하고 있다. 새로 들어온 그들에게도 이 건물은 계속 이곳에 있어왔다. 이 학생들이 졸업하고 또다시 새 학생들이 들어와도 이 건물에서 계속 공부하게 된다. 이 건물은 미래에 찾아올 새 학생을 계속 기다리고 있다.

하이데거는 인간의 '거주(dwelling)'에 대해 설명하면서 인간은 땅과 하늘, 신적인 것과 인간적인 것이 하나로 포개진 세계에 존재한다고 역설했다. 그는 이렇게 말한다.

> "땅 '위'에서, 하늘 '아래'에서, 신이라는 무한자(divinities) '앞'에서, 그리고 유한자(mortals)인 인간의 공동체와 '함께'라는 네 가지 방향성, 곧 사방세계(四方世界, Geviert, fourfold)를 간직한다."

죽을 수밖에 없는 인간이 하늘 아래와 땅 위에서 신적인 것을 손꼽아 기다리며 사는 것을 '거주'라고 한다. 땅은 공간이고 하늘은 시간이다. 필멸의 존재인 인간은 제가 알지 못하는 바를 신적인 것에 맡기며 산다. 그러나 혼자 그렇게 사는 것이 아니라 물(物) 곁에 머물며 산다. 이때의 '물(物)'은 집을 뜻하고, 신적인 것을 기다리며 산다는 것은 곧 미래가 기다리는 것을 의미한다. 땅 위라는 공간과 하늘 아래라는 시간 속에서 유한한 존재인 인간은 집으로 과거의 현재와 현재의 미래를 잇는다.

'독락당(獨樂堂)'이라는 집이 있다. 조선 중기의 학자인 회재 이언적의 고택이다. 그는 사랑채를 신축하여 독락당이라 이름하고 부친의 정자를 고쳐서 '계정(溪亭)'이라 하였다. 그런데 독락당이라는 이름을 잘 생각해보니 하이데거의 '거주'와 같은 말이다. 홀로 살 수밖에 없는 존재이니 '독(獨)'이고, 공간과 시간의 제약 속에서 집인 '당(堂)'을 짓고, 희망과 즐거움을 얻기를 기다리는 것이 '낙(樂)'이니 이것이야말로 하이데거가 말한 거주의 본성이 아닌가? 사람이 거주할 수 있고 미래가 기다리는 집. 그러니까 모든 집은 본래 사람에게 독락당이다.

> "건축가는 예언자, 진정한 의미의 예언자가 되어야 한다.
> 만일 적어도 10년을 내다볼 수 없다면 그를 건축가라고
> 부르지 말라."

이 말을 한 사람은 건축가 프랭크 로이드 라이트였다. 집이 지어진 다음 적어도 10년 동안은 하자가 발생하지 않도록 잘 만들라는 뜻이 아니다. 10년이 아니라 그 이후에도 자신이 설계한 집이 계속 잘 사용되도록 하는 것은 건축가의 당연한 의무다. 만일 그런 뜻이라면 건축가가 진정한 의미의 예언자가 되어야 한다고 거창하게 말할 필요는 없다.

이언적의 '독락당' ⓒ김광현

적어도 10년을 내다보아야 한다는 것은 달리 말하면, 적어도 10년이라는 가까운 미래가 그 건물을 기다릴 수 있게 하라는 것이다. 이 집을 둘러싼 사회가 어떻게 변할지, 그 사이에 이 집을 이용할 사람들은 어떤 이들일지, 그때쯤 나무는 얼마나 자라서 주변을 아름답게 꾸밀지, 그때는 어떤 사람이 주인이 될지 생각할 수 있어야 한다는 뜻이다.

라이트는 "건축이란 과연 무엇인가?"라는 질문에 대해 이런 답을 내놓았다.

> "오늘도 존재하고 앞으로도 계속 존재할 것이다. 건축은 삶을 가장 진실하게 기록한다."[97]

'존재'니 '진실한 기록'이니 하니까 왠지 남의 이야기처럼 들리지만 이 역시 맞는 말이다. 집은 오늘 그렇게 있는 것처럼 계속 존재할 것임을 사람들은 알고 있고 믿고 있다. 내 집에 내가 한 50년 살았다면 그 집은 나를 가장 진실하게 기록한 것이고, 우리 마을 역시 우리를 가장 진실하게 기록한 것이다. 종묘는 우리나라를 가장 진실하게 기록하고 있다.

사실 라이트의 말은 그리 어려운 요구가 아니다. 생각해보라. 100년 전에 지어진 집에는 100년 전에 살던 사람이 계속 살지 않는다. 그것이 100년의 가치를 지닐 수 있는 것은 매번 바뀌며 새롭게 나타나는 사람들 때문이다. 즉, 오래된 건축물의 가치는 오늘을 사는 사람

---

* 97. Frank Lloyd Wright, 《An American Architecture》, Bramhall House. 1955

들이 살리고 이어가는 것이다. 건축물은 지금 현재 그것을 소유한 사람만의 것이 아니다. 오랜 시간 동안 그 안에서 이야기를 만들어온 입주자나 사용자 역시 또 다른 의미의 건축주이다. 그리고 지금 길에서 뛰어놀고 있는 저 작은 아이들이 이 도시의 주인이고 미래의 건축주들이다.

건물 위에 서는 건물

건축에서 시간이란 마치 앨범 속의 내 사진과 같다. 앨범을 보고 있는 지금의 나는 앨범에 없다. 있는 것은 과거에 찍어놓은 사진뿐이다. 태어난 무렵에서 시작하여 소년 시절과 청년 시절을 거쳐 지금에 이르는 이 빛바랜 사진들은 내가 성장해온 과정을 속속들이 보여준다. 자세히 보면 내 얼굴이 나이를 먹어가며 조금씩 달라지고 있을 뿐, 어느 날 완전히 달라져 있는 사진은 없다. 나이가 든 뒤에 찍은 사진에는 어렸을 때의 내 모습이 어렴풋이 겹쳐 있다. 아직 사진이 안 붙어 있는 앨범 속의 빈 페이지 또한 성장과 노화의 연속선상에 놓여 있다.

건축의 시간은 그것을 사용하는 사람과 함께 숙성해간다. 건물이라는 것은 한두 번 사용하고 버리는 것이 아니다. 증축도 하고 개축도 하면서 몇 대에 걸쳐 계속 사용된다. 대학 캠퍼스의 오래된 건물들은 그 대학의 역사를 대변하고, 한 도시의 오래된 건물들은 그 도시의 역사를 대변한다. 그러려면 건물이 어떻게 세상에 반응하며 그다음은 어떻게 될 것인지 예측하고 답할 수 있어야 한다.

요사이 건축을 둘러싼 사정이 조금씩 달라지고 있다. 건물을 새로 짓기보다는 고쳐 짓는 것을 중요하게 여기기 시작한 것이다. 건축법 용어로는 '신축(새로 짓는 것)' '개축(고쳐 짓는 것)' '증축(늘려 짓는 것)'이라고 하는데, 따지고 보면 건물은 언제나 이미 있는 주위 환경에 덧붙여지는 것이므로 모두 다 '고쳐 짓는 것'이고 '늘려 짓는 것'이다.

건물은 그대로 있는데 용도가 달라져서 도축장이 미술관으로 변하고 탄약 창고가 스튜디오로 변하면 이를 '전용(轉用)'이라고 한다. 오스트리아 빈에서는 지은 지 100년이 넘는 가스 저장고가 새로운 재활용 미니도시인 '가소메터 시티(Gasometer city)'로 바뀌었고 창고형 마트를 다리로 연결하여 새로운 병원으로 만들기도 했는데, 이런 것이 전용의 대표적 사례들이다. 건축에서는 새로운 것이 오래된 것이 되고 그것이 다시 무언가의 흔적이 되어 시간을 잇는다. 건축을 고쳐

오래된 가스 저장고에서 재활용 미니도시로 변신한 오스트리아 빈의 '가소메터 시티'

짓고 늘려 짓는 것은 공간에 관한 것이지만 동시에 시간을 설계하는 것이다.

종이가 없던 시절에는 양피지에 글을 쓰면서 예전에 썼던 글을 긁어내고 새로운 내용을 덧쓰는 경우가 많았다. 이때 앞서 쓴 글자가 완전히 지워지지 않아 새로 쓴 글자와 겹쳐지곤 했다. 그래서 양피지에는 여러 시대에 쓰인 글자들이 겹쳐서 나타난다. 이렇게 덧쓰는 것을 '팔림세스트(palimsest)'라고 하는데, 여러 학문에서 현재의 조건을 설명하는 뜻으로 많이 사용하고 있다. 역사적인 장소도 양피지에 글씨를 덧쓰는 것과 같아서 여러 시대에 걸친 옛 흔적과 새 흔적이 서로 겹치게 된다.

생각해보면 건축이야말로 '팔림세스트'의 시간을 그대로 간직할 수 있다. 오랜 시간 동안 여러 건축가들과 사용자들을 거치면서 몇 번이고 고쳐 지은 건축에는 짧은 시간에 합리적 사고만으로 만든 것에서는 나오지 않는 발상이 많이 담겨 있게 마련이다. 마치 독립된 파트들을 서로 겹쳐서 부르는 르네상스 시대의 '다성음악(polyphony)'처럼, 때로는 우발적이고 때로는 의도적인 작업들로 이루어진 건축의 시간이 개축과 증축이라는 과정에서 생겨난다.

바르셀로나에 있는 '산타 카타리나 시장(Santa Caterina Market, 2004)'의 한구석에는 이곳에 시대마다 어떤 건물이 있었고 그것이 어떻게 땅 위에 누적되어 있는지를 색깔을 달리하며 설명해놓은 도면이 있다. 그 옆에서는 지하의 유적 중 일부를 볼 수 있다. 이 시장은 중세 수도원의 기초와 후기 로마시대의 묘지 유적이 있는 대단한 역사적 유적 위에 지어진 것이다. 이곳을 설계한 엔릭 미라예스는 산타 카타리나 교회와 수도원의 옛 파사드를 그대로 남기고, 구조물이 유적을

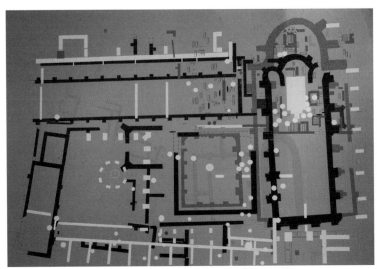

바르셀로나 '산타 카타리나 시장'은 몇 겹의 역사 위에 또 지어졌다. ⓒ김광현

크게 손상하지 않는 지점을 찾아 기둥을 세우고 그 위에 거대한 지붕을 덮었다.

독일 쾰른 중심부에는 후기 고딕 양식의 '성 콜롬바(St. Columba)' 성당이 있었다. 이 성당은 로마시대와 메로빙거(Me'rowinger) 왕조 시대로까지 거슬러 올라가는 오래된 건물이었으나 쾰른의 다른 수많은 성당과 같이 제2차 세계대전으로 크게 파괴되었다. 이 성당의 성가대 기둥 위에 후기 고딕의 성모 마리아가 얹혀 있었는데, 폐허 속에 남겨진 성모상이 있는 벽 하나가 이 도시 사람들의 희망의 상징이 되었다. 새로 설계하여 지은 쾰른 대교구 박물관은 1세기 중반에 건설된 옛 교회의 유적과 1949~50년에 고트프리트 뵘이 세운 '폐허의 성모 마리아' 경당을 품고 그 위에 지어졌다.

리투아니아의 수도 빌뉴스에 있는 '빌뉴스 대성당(Vilnius Cathedral)'

쾰른의 콜룸바 박물관 안에 남겨진 성모 경당 ⓒ김광현

지하에는 건물의 역사가 유적으로 남아 있다. 이 건물의 역사는 곧 이 나라의 역사다. 13세기에 리투아니아를 통일했던 민다우가스 Mindaugas 왕은 뒤쪽에 있는 언덕에 성채를 세우고 이교도의 성지 위에 지금보다 훨씬 작은 성당을 세웠다. 얼마 안돼서 이곳은 다시 이교도의 예배 장소로 사용되었다. 13세기 말에는 성채의 문에 높은 망루가 세워졌다. 그 후 1387년에 현재의 1/3 크기의 성당을 다시 지었고 14세기에는 망루의 유적 위로 2층과 3층에 바로크, 그 위에는 신고전주의 양식으로 둥근 탑을 세웠다. 그러다가 15세기에 르네상스 양식으로 바뀌었고 1610년에는 바로크 양식으로 바뀌었으며 1750년에도 바뀌었다. 그러나 1769년에 폭풍으로 붕괴되었고, 1801년에 현재의 신고전주의 양식으로 완전히 다시 만들어졌다.

그런데 20세기 들어 소련이 이 나라를 지배하면서 대성당을 자동차 수리공장으로 바꾸었다. 피지배자에게 수치심을 주기 위한 악의적인 시설 전용이다. 성당 정면 위에 있던 리투아니아의 주보성인(主保聖人) 카시미르St. Casimir 상을 비롯한 세 개의 조각상도 철거되었다. 이후 많은 사람들이 소련 당국에 이 성당의 보존을 간청하여 미술관으로 사용할 수 있었다.

그리고 1988년. 거대한 격변이 발트해Valtic Sea를 휘감았다. 200만 명이 손에 손을 잡아 만들어낸 장장 675킬로미터의 인간 사슬이 리투아니아, 라트비아 그리고 에스토니아로 이어졌다. '발틱 3국'이 소련에서 독립하는 계기가 된 '발틱 사슬'인데, 그 시작점이 빌뉴스 대성당이었다. 결국 세 나라는 1990년에 독립을 이뤄냈고 리투아니아는 2014년에 빌뉴스 대성당을 재건하였다. 이 대성당 옆의 광장은 이탈리아나 프랑스에 비하면 훨씬 작지만, 독립된 나라를 대표하는 자유로운 시민의 광장이다.

이것은 우리와 그다지 가깝지 않은 리투아니아라는 나라에 관한 이야기다. 그러나 나는 건축사학자 코스토프가 했던 말의 진정한 의미를 빌뉴스 대성당의 지하 유적을 보면서 비로소 이해했다.

> "건물은 건물 위에 서는 것이다(Buildings are based on buildings)."

건축의 역사에 나타난 명작은 대부분 증축하거나 개축한 것들이었다. 고딕 건축의 시작이라는 '생 드니 성당(Basilica of St. Denis)'은 1140년경에 개축되었고, 프랑스 베즐레Vézelay에 있는 '생트 마리 마들렌 대성당(La basilique Sainte-Marie-Madeleine)'도 여러 번 고쳐 지은 다음

리투아니아 '빌뉴스 대성당'. 이 건물의 역사는 곧 이 나라의 역사다. ⓒ김광현

1160년에 제대 뒷부분을 고딕 양식으로 바꾼 것이다. 이처럼 기존 건축을 고쳐가는 작업 속에 '시간'이라는 요소가 자연스레 깃들게 된다.

도시 전체가 '팔림세스트'와 같은 방식으로 이루어지는 경우도 많다. 특히 크로아티아의 도시 스플리트Split는 건물이 오랜 시간에 걸쳐 변형되면서 도시를 새롭게 직조하는 과정을 이해하는 데 아주 적절한 사례다. 스플리트는 본래 도시가 아니라 로마의 디오클레티아누스Diocletianus 황제가 은퇴 후에 살 궁전이었다. 서기 300년 무렵에 지어진 이 화려한 궁은 군사상 필요한 카스트룸(castrum: 요새)이었으므로 정사각형에 가까웠다. 바다 쪽으로는 180미터, 깊이는 215미터였으며 대부분의 요새도시가 그러했듯이 남북 도로인 카르도(cardo)와 동서 도로인 데쿠마누스(decumanus)가 교차하면서 궁 안을 네 부분으로 나누었다.

그랬던 곳이 이제는 3,000여 명이 사는 도시의 중심부로 바뀌었다. 궁의 벽이 주거의 벽으로 쓰이는가 하면, 움푹 들어가게 만든 벽감(壁龕)을 방으로 사용하기도 한다. 구조물의 본래 기능을 말해주는 수많은 단편들이 새로운 용도로 바뀌어 사용되고 있다. 지금은 전면을 매립하여 넓은 도로와 산책로가 생겼지만 처음에는 바다에 접하고 있어서 배가 이 궁에 직접 닿을 수 있었다.

당시 로마제국에 속한 달마시아Dalmatia 지방(지금의 크로아티아)의 수도는 내륙으로 6킬로미터 정도 들어가 있었다. 그런데 614년에 슬라브 족과 아시아 유목민족인 아바르인Avar이 수도를 침략하여 시민들이 이 궁전으로 피난을 오게 되었고, 그때부터 중세도시 스플리트의 역사가 시작되었다. 황제의 호화로운 궁전과 웅장한 건물들은 중세 기독교 사회의 시민들에게 필요한 공공시설과 주택으로 바뀌었다. 신

1,700년에 걸쳐 변형되어온 중세도시 스플리트의 오래된 평면 ©김광현

전은 세례당이 되고 황제의 묘는 대성당이 되었으며, 황제의 저택은 일반 시민의 아파트가 되었고 연극의 무대였던 광장은 카페테라스가 되었다.

　4세기의 도면과 현재 스플리트 중심부의 도면을 비교하면 길고 긴 역사 안에서 구조물이 어떻게 변형되어왔는지를 한눈에 볼 수 있다. 옛것과 새것이 계속 교환되고, 새로운 용도에 따라 잘게 썰리고 분해되어 전체가 하나로 묶이고, 절대권력자의 궁전이 서민들의 생활의 본거지로 바뀌어간 과정을 상상해보라. 바다에 면했던 벽 아래는 활기에 찬 테라스로 변했고, 아치의 열주랑을 통해 바다 풍경을 만끽하던 2층은 창을 끼운 살림집으로 바뀌며 적당한 증축을 거듭하였다. 노인이 살아온 인생의 모든 자취가 얼굴의 주름에 남아 있듯이, 스플리트의 오래된 평면 속에는 변형을 거듭한 도시의 역사가 고스란히 배어 있다.

　그리하여 새삼 깨닫는다. 건축이라는 구조물은 하나의 목적으로만 사용되지 않는다는 것을. 구조물의 목적에 대해서는 정말로 다양한 해석이 가능하다. 상품을 전시하건 빨래를 널건, 아니면 옷이나 음식을 팔건, 스플리트의 오래된 구조물은 사람들의 온갖 일상생활을 다 받아들인다. 이 사실을 이해하면 도시가 건축의 시간으로 이루어진다는 것도 자연히 알게 된다. 사람의 몸을 MRI로 스캔하듯이 도시 안에 있는 건물이 축조되는 과정과 사람들이 살아간 이야기를 스캔할 수 있다면, 우리가 사는 도시는 그야말로 건축의 시간이 끝없이 연속된 것임을 확인하게 될 것이다. 도시의 건물 사이를 걷는 일은 일상의 시간여행이다.

3
도시 속의 시간

도시의 여러 시간

이런 이야기가 있다. 어느 해인가 로마에 쥐와 모기가 창궐했는데 아무리 조사를 해보아도 원인을 알 수 없었다. 그러다가 가장 확실한 사실 하나를 발견했다. 아우구스투스^{Augustus} 시대에 만들어진 하수도를 2,000년 동안 한 번도 청소하지 않았다는 것이었다. 사람들은 눈에 보이는 것은 정성을 다해 보관하고 관리하면서도, 도시의 구조물에 대해서는 2,000년 동안 청소하는 것을 잊어버리고 살 정도로 무심하다는 뜻이다.

그런데 반대로 생각하면 이 하수도가 2,000년 동안 작동하고 있었고 도시의 시간 속에서 함께하고 있었다는 이야기가 된다. 놀랍지 않은가? 도시의 시설과 구조물은 이런 시간의 감각을 가지고 있다. 다리와 도로가 그렇고 건물이 그렇다. 2,000년까지는 아니더라도 10년,

50년, 100년 또는 그 이상의 시간 동안 도시에 사는 사람들 곁에 있는 것이 도시의 구조물이다. 그런데도 사람들은 그것들이 원래부터 그렇게 있어온 것으로 여기고 그다지 큰 관심을 두지 않는다.

도시에 누적되는 시간을 가장 크게 만드는 것은 건축물이다. 건축물들은 긴 시간 동안 사람의 생활 속에서 이리저리 변형되면서 도시라는 옷감을 짜 나간다. 옛날에는 서울에 작고 낮은 건물들이 이어져 있었으나 지금은 거대한 건축물들과 무수한 작은 구조물들이 아주 넓게 퍼져 도시를 이루고 있다. 옛날에는 목조가 주를 이루었으나 이제는 철근 콘크리트나 철골조가 많고, 예전에는 흙이나 나무가 많이 보였지만 이제는 공업제품과 합성수지가 많이 보인다. 도시를 구성하는 기반시설이 길과 개천에서 도로와 철도로 바뀌었고, 옛날에는 없던 공장과 정보통신시설도 많이 들어서 있다.

'History of Seoul Korea 1970-'이라는 웹사이트에는 개발 붐이 일어나기 시작하던 1970년대의 서울 사진이 약 180장 실려 있다. 1974년에 찍은 여의도 시범아파트 사진에는 63빌딩도 없고 원효대교도 보이지 않는다. 온통 모래밭인 곳에 아파트만 달랑 서 있는데, 서울에서 처음으로 지은 이 12층짜리 아파트는 사람들의 이목을 끌기에 충분했다. 흥인지문 앞에는 동대문터미널이 있었다. 그 자리에는 호텔이 지어졌고 멀리 보이던 이대병원은 이전했고 동대문 교회는 철거되었으나, 지금도 이 장소는 그때의 모습을 여전히 간직하고 있다. 어디 이것뿐인가? 청계천, 원효로, 반포 등 서울 곳곳을 찍은 오래전 사진들은 지금 낯설게 보이지만, 그래도 그 자리에는 성격만 바뀌었을 뿐인 건물, 길, 지형이 여전히 남아 이전의 시간을 드러내고 있다.

우리는 이미 지어져 있던 과거의 건물과 함께 살고 있다. 제법 먼 과거, 조금 먼 과거, 그리고 얼마 전의 과거가 우리와 공존한다. 서울시 가이드맵 중 하나인 〈경복궁 서측 걷기〉라는 팸플릿을 보면 '통인동 이상 가옥' '통인시장' '해공 신익희 가옥' '체부동 홍문종 가옥' 등을 굵은 글자로 적어놓았다. 모두 건물들이다. 인왕산 수성동 계곡을 향해 가면 윤동주가 6개월 살았다는 하숙집 터도 보인다. 골목 한 귀퉁이에 이상한 기둥 두 개가 친일파 윤덕영의 아방궁이었던 '벽수산장'의 잔재로 남아서 부끄러운 역사를 알려주기도 한다. '정동길'이라고도 부르는 덕수궁 돌담길은 대한문, 19세기 말의 외국 공관, 배재학당, 이화학당, 정동교회, 대한민국 최초의 호텔인 '손탁호텔(Sontag Hotel)' 등이 있었거나 지금도 있는 곳이다. 마을과 길이 고스란히 역사의 현장이 되어 있다.

'윤동주 하숙집 터'라는 표시만으로도 역사의 흔적은 남는다. ⓒ김광현

인왕산 수성동 계곡 ©김광현

그러나 역사의 시간을 함부로 지워버리는 일도 참 많다. 서울 서촌 끝자락의 수성동(水聲洞) 계곡은 '물소리가 유명한 계곡'이라는 뜻인데, 겸재 정선의 진경산수화에 그려져 있었고 추사 김정희의 시에도 나올 정도로 빼어난 경관을 자랑하던 곳이다. 그러나 1971년 이 계곡에 옥인아파트 9개 동이 들어서면서 계곡의 암반부가 복개도로와 콘크리트로 덮였고, 돌다리도 시멘트가 덧발라진 채 변형되어버렸다. 수성동 계곡을 복원하려고 사유지를 다시 매입하는 데 1,005억 원이 들었고 공사비 55억 원까지 총 1,060억 원이 들어갔다고 하니, 도시에서 시간을 지우기는 쉽지만 한 번 잃어버린 시간을 회복한다는 것은 너무나도 어렵고 값비싼 일이다.

도시의 시간은 건축의 시간이다. 시계탑에서, 간판에서, 안내문에서, 건물의 벽면에서, 나무와 사람들의 몸짓에서, 무심하게 지나쳐버리는 가장 가까운 현실의 장소 안에서 시간이 감지되고 누적된다. 도시학자 케빈 린치Kevin Lynch는 '보스톤의 시간(Boston Time)'이라는 글에 이런 구절들을 실어놓았다.

"건물이 해체되고 있다. 주변 건물의 벽은 이 건물의 영향을 받은 흔적을 남기고 있다. 간판이 미래를 선언하고 있다."

"태양의 위치, 사람들이 많이 모여 있는 상태, 군중의 몸짓, 소음의 정도, 상점의 폐점 등으로 시간을 알 수 있다."

"나무는 계절의 시계다. 특히 봄과 가을에는 정확한 시간을 보여준다."

"클럽은 심야 영업을 알리고 있다. 성인영화 상영관은 당신에게 나이를 묻고 있다."[98]

도시에서 시간이란 미리 계획될 수 있는 것이 아니다.

시간으로 읽는 도시

이제까지 우리는 건축과 마찬가지로 도시를 공간적으로만 보아왔다. 그러나 도시는 변화하는 것이고 그런 의미에서 분명히 시간적인 존재다. 더욱이 도시는 건축과 달라서 결코 한 번에 만들어질 수 없으며, 긴 시간을 두고 수많은 것들이 누적되어 만들어진다. 그런데도 우리는 도시의 공간만을 우선으로 생각하였다. 건축공간, 도시공간, 공공공간, 녹지공간 등 도시계획과 도시설계의 거의 대부분이 공간에 관한 것이다.

시계에서 시간을 눈에 보이도록 해주는 것이 초침이듯이, 도시에도

* 98. Kevin Lynch, 〈Boston Time〉, 《What Time Is This Place?》, MIT Press, 1972

눈으로 느끼고 몸으로 체험하는 시간이 존재한다. 도시 안에는 하루라는 단위로 체험하는 시간이 있고 한 시간 단위로 체험하는 시간이 있다. '대중교통 앱'을 통해 실시간으로 운행 정보를 알려주는 버스 정류장에서는 분 단위로 도시를 경험한다.

1년 안에 지어진 것 또는 1년마다 반복되는 것, 한 달마다 나타나는 것 아니면 한 달 있다가 사라지는 것, 하루 만에 지어진 것 아니면 하루만 있다가 치워버릴 것들이 도시를 가득 채우고 있다. 점멸하는 전광판처럼 문자 그대로 순간을 그리고 사라지는 것들도 도시 안에서 공존한다. 노점상들은 시간이 되면 나타났다 사라지지만 키오스크처럼 임시 설치물로 서 있는 경우도 있다. 이제 상점이 언제 문을 열고 닫는지를 가지고도 도시를 논할 수 있어야 한다. 몇 년에 한 번씩 내·외장을 바꾸는 가게들이 있는가 하면 어떤 건물은 50년 정도를 바라보고 지어진다. 문제는 이 도시가 1시간에 가치를 두는가, 100년에 더 많은 가치를 두는가 하는 것이다.

도시에는 정말로 수많은 시간이 얽혀 있다. 서울의 한강과 남산은 어떤 시간을 담고 있는가? 경기도 일대가 지질학적으로 선캄브리아대(Precambrian Eon)에 해당한다고 하니, 약 45억 6천만 년 전에서 5억 4천만 년 전에 이르는 상상하기도 어려운 시간대에 만들어졌다. 남산 위를 걷고 한강변을 산책하는 것은 그렇게 까마득한 시간과 마주하는 것이다.

서울의 주요 구조물들도 모두 다른 시기에 지어졌다. 경복궁은 1395년에 만들어졌고, 남산 터널은 1970년에 뚫렸으며, 여의도의 63빌딩은 1985년에 지어졌다. 지하철 1호선은 1974년에 개통되었다. 서초구 서래마을은 한남동에 있던 서울 프랑스학교가 1985년에 이리로 옮겨오면서 학교를 중심으로 형성된 프랑스인 마을이다. 어떤 것은 아득한 옛날에, 어떤 것은 600년 전에, 또 어떤 것은 40년 전에 생겨났고, 그 사이에 무수히 많은 크고 작은 집들과 길들이 복잡하게 얽히면서 오늘의 이 도시가 만들어졌다. 도시의 시간은 끝이 없다.

지리학에 '시간지리학(time geography)'이라는 갈래가 있다. 사건의 배치나 관계를 지도라는 평면 위에 나타냄으로써 사람의 생활을 기술하는 학문이다. 개인의 활동을 '활동 경로(activity path)'라는 궤적으로 표시하고 특정한 활동이 일어나는 장소를 '정류점(station)'이라는 이름으로 표시한다. 도시의 시간과 장소를 이런 방식으로 파악하기도 하는데, 소비자가 쇼핑센터를 이용할 때 어떤 장소에서 어떤 경로로 어떤 시간에 찾아가는지를 분석하는 식이다. 작은 도시에 사는 한 사람의 활동을 그릴 수도 있고 여러 사람의 경로를 그릴 수도 있다.

얼마 전 지하철에서 "시간을 산다. 다산에 산다"라는 광고를 보았다. 남양주 다산 신도시에서 별내선을 타면 잠실까지 30분대라는 것이다. 예전과 달리 이제는 시간을 기준으로 장소를 설명하는 도시가 생겨나고 있다.

'시간 거리 지도(time distance map)' 역시 같은 맥락에서 만들어졌다. 보통 지도는 한 지점에서 다른 지점까지의 거리를 일정한 축척으로 나타내지만 '시간 거리 지도'는 한 지점에서 다른 지점으로 이동하는 데 걸리는 시간을 나타낸다. 서울에서 부산까지 가는 시간은 서울에서 청주로 가는 시간보다 짧으므로, 공간적으로는 부산이 훨씬 멀지만 시간적으로는 오히려 더 가까운 거리다. 이렇게 거리가 시간으로 치환되는 도시에서 우리가 살아가고 있다.

4
지속가능한 사회의 건축

'큰 기술' 건축의 기회

건축을 '지속가능한 환경(sustainable environment)'이라는 측면에서
바라본다는 것은 건축에 대한 근대적 관념의 변화를 의미한다. 지금
까지 건축은 아름다운 것, 예술, 정신적인 것, 사상, 위대한 건축가의
작품 등으로 여겨졌다. 그러나 이제는 이렇게 주장하는 것을 부끄럽
게 여겨야 할 시대가 되었다. 지속가능한 환경이라는 관점에서 보면
건축물이라는 그릇은 아름다운 그릇이 아니다. 더러워진 물과 공기
를 배출하면서 외부환경에 적지 않은 영향을 미치는 그릇이다.

에너지 문제만 해도 그렇다. 물건을 생산하고 사람과 물자를 운반
하는 데 사용되는 것을 제외하면 거의 대부분의 에너지가 건축물이
라는 그릇 안에서 소비된다. 건축물은 전체 에너지 소비량의 1/4을
차지하며 가정에서 소비하는 에너지는 1/2이 냉난방에, 1/3이 급탕에

674

사용된다. 생활의 쾌적함과 편리함을 위해 대량의 에너지와 물을 소비하고 대량의 쓰레기를 배출하는 말단기기이자 환경을 오염시키는 주범이 바로 건축이라는 말이다. 지속가능한 건축을 만들자는 것은 이러한 사실에 기초하여 이 사회를 다시 바라보자는 것이다.

건축물을 30~40년 정도 사용하다가 부수고 다시 짓는 것은 지구 온난화의 주된 원인이 된다. 이제는 새 건물을 계속 짓기보다는 지금 쓰고 있는 건물을 유지하고 관리하는 일이 더욱 중요한 시대가 되었다. 기존 건축물을 재활용하거나 용도를 전용하는 것은 해도 그만이고 안 해도 그만인 선택의 문제가 아니다. 건축이 완전히 바뀌어야 한다는 강력한 사회적 요구이며, 현대건축이 직면한 심각한 과제이다.

지속가능한 사회의 키워드는 '시간'이다. 이것은 먼 미래를 말하는 것이 아니며, 근대건축이 중요하게 여긴 미학적 시간도 아니다. 현실의 구체적 생활이 전개되는 환경으로서의 시간이다.

지속가능성에 대해 말할 때 종종 인용되는 유명한 문장이 있다. "환경은 조상에게서 물려받은 유산이 아니라 미래에 살게 될 아이들에게서 빌린 것"이라는 레스터 브라운Lester Brown의 경구가 그것이다. 이것은 "대지를 잘 돌보라. 우리는 대지를 조상들로부터 물려받은 것이 아니다. 우리의 아이들로부터 잠시 빌린 것이다"라는 인디언 격언에서 따온 말이다.

이 오래된 격언은 지속가능한 사회를 위해 건축이 무엇을 해야 하는가를 잘 나타내는 말이기도 하다. 환경이 내 것이 아니라는 말은 건축가가 집을 지을 때 가까운 미래에 초점을 두어야 한다는 의미가 되기 때문이다. 이러한 자각은 환경문제를 미래로 이어지는 '시간'의 관점에서 바라보게 하고, 성장시대에 만들어졌던 도시 인프라와 건축물의 스토크를 재생하게 하며, 역사적인 도시와 건축의 보전 방안을 느린 속도로 다시 생각하게 만든다.

20세기는 확대와 성장의 시대였다. 이때는 하드웨어가 최고의 자산이었다. 반면 21세기는 적절한 소프트웨어와 노하우로 사회를 운용해나가는 '과정'을 중요하게 여긴다. 이것이 지속가능한 사회의 참된 의미이다. 그런데 우리는 이 말을 잘못 이해하고 있다. '지속가능한 사회'란 멈추지 않고 계속 지속할 수 있는 사회라는 뜻이 아니다. '지속가능'의 주어는 환경이다. 즉, 지속가능한 사회는 '환경이 지속될 수 있게 해주는 사회'를 말한다. 마찬가지로 '지속가능한 건축'은 앞으로도 계속 사용할 수 있는 건축이라는 뜻이 아니라 '환경이 지속될 수 있게 해주는 건축'을 말한다.

지속가능한 사회는 환경을 쉽게 바꾸지 않는 사회다. 달리 말하면, 성장을 빌미로 불변의 가치를 쉽게 내놓지 않는 사회다. 자연의 가치, 땅의 가치, 바람과 흙과 물의 흐름에 관련된 가치, 공동체의 가치, 역사적인 기억 속에 잠재하는 사회의 가치 등을 내버리지 않고 우리가 살아가는 공간 속에 적절히 구현하는 사회! 건축의 입장에서는 아주 반가운 일이다. 원래 부분적·지엽적·요소적 기술이 아니었던 건축이 다시 수많은 기술을 통합하는 '큰 기술'이 될 수 있는 절호의 기회이기 때문이다.

지속가능한 사회는 건축하는 방식, 사고, 영역, 가치 등 많은 것을 변화시키는 계기가 되었다. 오늘의 사회는 무겁고 두껍고 길고 큰 '중후장대(重厚長大)'보다 가볍고 얇고 짧고 작은 '경박단소(輕薄短小)'에 더 큰 가치를 둔다. 무겁고 엄숙한 것보다는 가볍지만 친숙한 것을 더 선호한다. 20세기에는 석탄이나 석유 같은 고갈형 화석에너지를 소비하였으나 이제는 태양열, 지열, 수소 같은 순환형 천연에너지를 사용하는 쪽으로 바뀌고 있다. 21세기는 신제품을 만들거나 건물을 신축하면서 기존의 것들을 대량으로 폐기하는 소비형 사회가 아니라, 물건이든 건물이든 이미 있는 것을 버리지 않고 계속 이용하며 보전하는 개수형 사회다. 물건 하나를 바꾸는 것보다는 아예 패키지를 교체하는 것이 능률적이라고 여기던 '하이테크(hightech) 사회'가 가고, 인간의 지혜를 사용하여 수리하고 보수하는 '로우테크(lowtech) 사회'가 다가오고 있다.

이렇게 되자 지역을 중시하는 건축이 가치가 있는 것임을 새삼 깨닫게 되었다. 효율 중심의 고속사회에서 벗어나 느린 삶을 살아가는 것이 더 인간적이라는 사실도 알게 되었다. 사회의 질서관념도 바뀌었다. 예전에는 위아래가 분명하고 중앙이 주변을 관장하는 권력형 수직사회가 도시와 건축을 만들어왔지만, 이제는 수평적인 관계 속에서의 연대와 협력을 더 중요시한다.

얼마 전까지만 해도 우리나라에서는 하천을 복개하거나, 녹지를 없애고 아스팔트와 콘크리트로 땅을 덮어버리거나, 막대한 에너지를 소비하며 열기를 배출하는 고층건물을 대대적으로 건설하는 방식의 도시정책을 당연하게 여겼다. 토지를 지나치게 사유화하고 개발이익을 우선시한 탓에 공공공간이 빈약해졌고, 건축이나 토목이나 조경 같은 도시개발 분야를 지나치게 전문화하는 바람에 공공공간과 녹지의 네트워크가 제대로 형성되지 못했다. 그리고 무수한 건축자산과 자연자산을 방치해두고 있었다. 이렇게 해서는 우리에게 지속가능한 환경은 없다.

인구를 비롯하여 많은 것이 축소되고 있는 현실도 건축을 달리 생각해야 하는 중요한 요인이다. 예전 같으면 아파트는 짓자마자 팔렸지만 이제는 아파트 신축 자체가 대폭 줄어들었다. 출생률이 감소하면서 대도시를 포함한 대부분의 지역에서 인구가 줄어들어 고령화와 함께 심각한 고민거리가 되고 있다.

지금까지 건축설계는 그 자체로 완결적인 작업이라고 여겨졌다. 건물이 어떻게 사용될지 예측해서 설계에 충분히 반영해야 한다고 말은 그럴싸하게 하지만, 실제로는 대부분 짧은 시간 안에 설계가 이루어졌다. 주택의 경우 사람들이 최소한 수십 년을 살게 되는데, 그런 집을 설계하기 위해 어느 정도의 시간이 필요한지는 별로 생각하지 않는 것 같다. 건축설계를 마치면 그것으로 건축가의 작업은 완료된다고 여겼기 때문이다.

그러나 생명체가 태어나서 성장하고 죽듯이 건축도 기획, 설계, 건설, 이용 및 유지, 재생, 폐기라는 과정을 거친다. 지속가능한 도시를 만들려면 에너지만 순환형을 사용할 것이 아니라 운용, 개수, 증축, 전용이라는 건축물의 순환에도 눈을 돌려야 한다. 건축설계는 독립적이고 완결적인 작업이 아니며, 그 앞뒤에는 건축의 한살이(一生)를 구성하는 또 다른 단계들이 존재하고 있다. 설계는 그 순환과정의 일부만을 담당한다.

지구환경의 일부인 건축

친환경 건축설계는 건축을 더욱 환경에 가깝도록 설계하자는 것이다. 친환경 건축양식이 따로 있는 것이 아니라, 다양한 기술을 통해 환경을 잘 해석하고 통합하는 건축물을 만들도록 설계하는 것을 말한다. 그러나 이러한 과제를 최신 설비기술만으로 해결하려 해서는 안 된다. 친환경 건축을 말할 때 종종 한옥을 예로 드는데, 한옥에는 에어컨도 없고 지열도 없으며 태양집열판을 두지도 않았다. 그렇다고 한옥의 건축기술이 부족하다거나 뒤떨어졌다고 얘기하지는 않는다.

지속가능한 사회가 되려면 건축물을 대하는 관점이 달라져야 한다. 주변과 동떨어진 어떤 장소에 크고 화려한 건물을 짓는 것은 지속가능한 건축이 아니다. 건물은 지구환경의 일부다. 싱크대에서 내버리는 물도 지구환경의 일부이고, 창을 통해 스며드는 햇빛도 지구환경의 일부다. 창문을 열면 들어오는 상쾌한 공기와 시원한 바람은 저 멀리에서 내 집까지 찾아온 지구의 숨결이다. 예전 같으면 아주 거창한 표어처럼 들렸겠지만 이제 환경은 당장 해결해야 할 현실의 문제가 되었다. 공기도 물도 건축의 일부이니 건축과 도시와 지역을 따로 떼어 생각할 수 없다.

지속가능한 건축은 단지 물리적 환경을 적절하게 만드는 것만을 뜻하지 않는다. 탁월한 친환경 건축을 설계하는 세계적인 건축가 리처드 로저스Richard George Rogers는 BBC 방송 특강을 묶어낸《작은 행성을 위한 도시들 Cities for a small planet》(1997)이라는 저서에서 지속가능한 건축을 다음과 같이 여섯 가지로 설명하였다.

1) 우리가 끊임없이 접촉하는 일상적 환경
2) 점차 제거되는 공공공간을 풍성하게 하는 것
3) 건축물 사용자들의 개별 요구를 충족하는 것
4) 기존 건물의 변화

5) 구조 시스템

6) 에너지 절감 건축

그러니까, '친환경 건축'이라고 할 때 사람들이 제일 먼저 떠올리는 에너지 절감은 지속가능한 건축의 유일한 조건이 아니라 여섯 가지 조건들 중 하나다. 그만큼 건축은 도시에 대하여 해야 할 일이 많은 분야가 되고 있다.

다른 분야와 달리 건축에서는 기술 자체가 성숙하지 못했다고 해서 그 건축물의 가치가 아예 없다고 보지 않는다. 몇몇 최첨단 건물을 제외한 대부분의 건물들은 평범한 기술, 예전에 이미 구사된 기술, 또는 오랜 시간을 두고 성숙해온 기술로 지어진다. 창에 차양만 잘 써도 많은 문제가 해결되고, 창 앞에 나무만 잘 심어도 따가운 햇살을 막을 수 있다. 에너지 절감을 위해 새로운 기술을 개발하는 것도 물론 필요하지만, 지금까지 바람이나 햇빛을 조절해온 익숙한 기술을 잘 구사하는 것만으로도 친환경 건축이 얼마든지 가능하다.

사람이 사용하는 도구에는 두 가지 종류가 있다. 하나는 정해진 용도로만 써야 하는, 이를테면 망치 같은 도구다. 망치는 못을 박을 때만 써야 한다. 다른 하나는 그릇처럼 여러 가지 용도로 사용할 수 있는 도구다. 친환경 건축도 마찬가지다. 설비기술 위주로만 친환경을 다루지 말고 건축을 하나의 그릇으로 바라보면, 친환경 건축은 의외로 하이테크가 아닌 로우테크와 많이 관련되어 있다. 친환경 건축이라고 해서 에너지 절감에만 초점을 맞출 일이 아니라 이러한 자투리, 틈새, 간격을 다시 유용하게 사용할 수 있는 방안을 다양하게 고민하고 찾아내야 한다.

18세기의 친환경 건축을 보여주는 스페인 '아 코루냐'의 유리 파사드

환경을 생각하는 건축은 최근에 새로 생겨난 개념이 아니다. 지혜로운 건축은 언제나 환경을 연속하여 생각해왔다. 스페인 북부 가르시아 지방에 있는 '아 코루냐A Coruña'는 스페인에서 가장 다습하고 녹지가 풍부한 지역이다. 이 도시는 오래전부터 해운항로의 요충지였으며 발달한 항구 도시였다. 이 항구를 따라 길게 뻗은 길이 관광지로 유명한 '라 마리나 길(Avenida de la Marina)'이다. 이 길을 따라 5, 6층의 건물 파사드가 유리와 흰색 창틀로 통일되어 있다. 말하자면 건물 구조체 바깥에 설치한 이중외피다. 이것은 이 지역의 온난다습한 외기에 맞추어 여름에는 통풍을 좋게 하고 겨울에는 햇볕을 받아들이기 위한 것이었다. 여기에 이런 건물이 세워지기 시작한 것이 18세기 말이었으니, 이때도 친환경 건축설계가 엄연히 존재했던 것이다.

이렇게 만들어진 벽면 전체는 거대한 반사판이 되어 항구를 밝게 비추는 효과도 있다. 강한 바닷바람을 직접 받는 장소여서 목재 창틀은 상하기 쉬우므로 이러한 유리 파사드를 만들게 되었는데, 그렇다고 모두 일률적이지도 않다. 어떤 건물의 파사드는 근대적으로, 어떤 건물은 르네상스적으로 보인다. 이 건물들은 지역의 기후에 직접 대응하고 있으면서, 에너지만 절감하는 게 아니라 도시의 정체성을 만들고 도시의 얼굴이 되기까지 한다. 마을의 모든 집이 같은 방식의 창을 사용한 것은 이러한 의미들을 모두 염두에 두었기 때문이다. 건물로 시작하여 환경을 연속하게 만드는 작업이란 이를 두고 하는 말이다.

'축소'와 지역을 설계하는 건축

지속가능한 사회에서는 다양한 영역에서 '축소'라는 현상이 나타난다. 20세기에는 성장을 위해 건물이 지어졌으며 건축은 이러한 '성장'을 설계했다. 제품이나 원료를 수송하기 위해, 그리고 노동자들을 거주지에서 직장으로 이동시키기 위해 다양한 도시 인프라를 발달시켜왔다. 그러나 지금은 물류나 교통에 국한되어 있던 도시 인프라의 역할을 예전과 다른 측면에서 생각하게 되었다.

그렇다고 철도가 사라질까? 그렇지 않다. 다만 철도역과 역 사이를 더욱 가깝게 함으로써 철로와 도보로 이동이 가능한 도시로 재편될 가능성이 커진다. 철도역이 늘어나면서 철도가 도시의 기본적 교통수단으로 떠오를 것이다. 그러면 역과 역 사이를 자전거로 쉽게 오가게 되고, 자동차 위주로 도로를 만들어 땅을 분할하던 기존의 도시 설계 방법도 바뀌게 될 것이다. 이것은 '성장'을 설계하던 20세기와는 확연히 다른 21세기 건축의 한 단면이다. 건축의 양이 축소된 것처럼 보이지만 정확히 말하면 '축소를 설계하는 것'이다.

지역의 건축이 중요해지는 것도 축소를 설계하는 배경이 된다. 도심은 거주에 적합하지 않다고 여겨져왔지만 이제는 생각이 바뀌기 시작하였다. 노후화된 사무소 건물을 개수하여 주택으로 용도를 바꾼다든지, 학생 수가 줄어서 여유가 생긴 학교시설을 다른 용도로 전용하는 사례들이 점점 늘어날 것이다. 비워진 땅과 집이 녹지로 바뀌고 녹지로 바뀐 땅은 다시 농지로 바뀌어 도시농업이 강조될 것이다. 성장의 시대에는 건축이나 토목, 도시계획 등이 각각 무엇을 계획의 대상으로 삼는지가 명확하였으나, 축소의 시대에는 그러한 영역 분할이 더 이상 통용되지 않을 것이다.

대도시는 모든 것을 획일적으로만 만들었지만 이제는 거꾸로 작은 동네를 살리자는 인식이 확산되고 있다. 이동이 빨라지고 시간의 여유가 생기면 사람들은 새로운 장소를 찾게 된다. 가기 싫은 곳은 가지 않게 되고, 가고 싶은 곳을 찾아 나서게 된다. 주 5일 근무제가 확산되면서 많은 사람들이 공동체와 자연의 가치를 되찾는 일에 관심을 갖기 시작했고, 느리게 사는 생활을 추구하기 시작했다. 매력적인 장소나 지역적인 장소에 인파가 몰리는 것은 새로운 장소에서 새로운 접촉을 할 기회를 최대한으로 이용하려는 사람들의 욕구 때문이다.

건축의 지역성에는 기후와 풍토에 대응하는 것이 당연히 포함되지만 그게 전부는 아니다. 그 땅에서 오랜 시간을 거치며 살아온 이들의 삶이 공간에 겹을 이루며 축적될 때 비로소 지역성이 표현되는 것이다. 건축의 지역성이란 이렇게 쌓여온 시간의 산물이다. 그러나 그 또한 전부는 아니다. 과거의 유산이나 자원의 보존뿐 아니라, 미래를 향해 시간을 어떻게 쌓아나갈 것인가에 대한 고민도 그에 못지않게 중요하다. 고유한 지역성이나 역사성이 희박해진 우리의 건축과 도시에 다시금 시간을 불어넣으려면, 지금 있는 흔한 주택들을 이 도시의 시간적인 삶의 일부로 여기고, 이곳에서의 기억을 시간의 흔적으로 이어가고 축적하여야 한다.

사람도 수명이 있고 나무도 수명이 있다. 물리적인 형상을 가진 것은 모두 수명이 있다. 100년 된 집이 한 채 있다고 하자. 그 가치는 100년 된 물리적 구조물에만 있는 것이 아니다. 이 집은 그동안 변하고 바뀐 수많은 부분이 모두 합쳐진 것이다. 건물을 개수하거나 폐기한다는 것은 자원의 순환적 사용인 동시에, 그 물질에 담긴 역사적 문맥을 소중히 여긴다는 의미도 있다.

그러므로 '장수명(長壽命) 주택'이라고 해서 건물의 물리적 측면만을 생각하면 안 된다. 구조적으로만 보면 얼마든지 더 견딜 수 있더라도 지역의 변화나 땅값 하락 등으로 인해 경제적 가치가 사라지면 그 건물은 계속 사용할 수가 없다. 마찬가지로, 물리적 가치나 경제적 가치가 충분하더라도 사람들이 잘 가지 않게 된다든지 딱히 분명한 용도가 없으면 건물의 사회적인 가치가 사라진다. 건물의 수명에는 물리적인 수명, 경제적인 수명, 사회적인 수명이 있으며 셋 중 하나라도 문제가 생기면 수명이 긴 건물이 될 수 없는 것이다.

카를로 스카르파가 설계한 베로나의 '카스텔베키오 미술관(Castelvecchio Museum, 1964)'은 '재생'하여 만든 것으로 유명한데, 신축 건물이라면 결코 담을 수 없는 분위기와 구조물을 만들어냈다. 재생 건물이 대부분 그렇지만 건축가가 손을 댈 수 있는 여지는 20~30퍼센트밖에 안 된다. 그런데도 재생을 통해 낡은 건물을 아주 강력한 건물로 뒤바꿔놓을 수 있다. 건물의 물리적 수명뿐 아니라 경제적이고 사

건축의 재생, 베로나 '카스텔베키오 미술관' (카를로 스카르파, 1964) ⓒ김광현

회적인 수명까지도 더욱 격조 높게 끌어올린 스카르파처럼 말이다.

　오래된 건물의 일부가 작은 도시의 공동체 시설로 바뀐 예는 많다. 독일의 지방도시인 비텐Witten에 바로크 양식으로 화려하게 건설된 대저택이 있었다. 제2차 세계대전 때 큰 피해를 받아 방치되어 있던 것을 2004년에 콘서트홀, 리허설홀, 영화실, 전시관 등을 갖춘 '비텐 문화센터(Witten Kulturzentrum)'로 바꾸었다. 석조건축 안쪽에 음향을 위한 유리 내벽을 설치하는 식으로 옛것과 오늘이 함께 있는 콘서트홀이 설계되었다.

현대적 콘서트홀로 변신한 바로크 건축, '비텐 문화센터'(2004)

건물만이 아니다. 토목구조물도 이점을 살리면 도시환경을 크게 바꾸어놓는다. 파리의 '비아둑 데자르(Viaduc des Arts)'는 1859년에 만들어진 철도고가교인데, 지금도 큰길을 따라 1.4킬로미터가 남아 있다. 계속 방치되어 있다가 1988년에 고가교와 67개의 볼트(둥근 지붕)를 유효하게 사용할 목적으로 현상 설계를 냈는데, 당선안은 교각 아래에 상업시설을 만든 것이었다. 원 구조물의 천장이 아주 높아서 바닥을 새로 끼워 넣을 수 있었고, 지하공간도 이용이 가능하여 바닥 면적이 총 3층으로 늘어났다. 내부공간이 아주 밝고 지하공간도 충분히 자연 채광이 되면서 도시의 아름다운 상가로 변신하게 되었다.

재활용 건축의 교과서가 된 런던의 테이트모던 미술관은 100년 이상 된 산업유산인 건축을 재활용한 것이다. 서울의 당인리 발전소와 비슷한 위치에 있던 화력발전소를 고쳐서 만들었는데, 역할이 사라지고 폐허처럼 남게 된 화력발전소는 주변 지역을 크게 낙후시켰다. 런던 시는 설계안 공모를 통해 이 화력발전소를 미술이 살아 숨 쉬는

재활용 건축의 교과서, 런던의 '테이트모던 미술관'(헤르초크 & 드 뫼롱, 2000) ⓒ김광현

현대미술관으로 바꾸었고, 이 미술관과 건너편의 '세인트 폴 대성당
(St.Paul's Cathedral)'을 잇는 '밀레니엄 다리(Millennium Bridge)'를 현대적
인 감각으로 새로 건설하였다. 산업유산이 지역의 공간적인 자산을
다시 고침으로써 런던 사우스뱅크South Bank 지역이 다시 살아났고, 지
금은 세계적으로 손꼽히는 문화의 중심지가 되어 있다.

나에게 건축을 가르쳐준 이는
어떤 유명한 건축가나 건축학자가 아니었다.
나는 건축을 건축에서 배웠다.

10 / 건축은 모든 사람을 가르친다

1
모든 이의 공동의 노력

건축이 가르치는 바는 참 많다. 건축에는 문화, 공학, 예술, 산업, 기술, 환경, 경제, 생활, 여가, 전통, 공동체, 법과 제도, 공공성 등 여러 문제가 얽혀 있다. 어떤 공학도 이렇게 광범위하게 국민의 삶에 관여하고 있지 못하다. 이 정도라면 건축은 우리의 삶 그 자체라고 할 만하다. 그러니 건축을 배우는 일이 어떻게 건축가나 건축기술자라는 특정 직업에만 국한될 수 있겠으며, 건축을 어떻게 예술이라는 차원으로만 판단할 수 있겠는가?

고대 로마시대에 건설된 '퐁 뒤 가르(Pont du Gard)'라는 수도교(水道橋)는 프랑스 남부 위제Uzes에 있는 수원지에서 50킬로미터 떨어진 님므Nimes까지 물을 흘려보내는 수로를 얹은 다리다. 오늘날의 상수도관에 해당하는 이 수로는 지형을 따라 구불구불 꺾어지는데, 1킬로미터마다 평균 34센티미터씩 높이가 낮아지도록 돌을 깔고 쌓았다. 경사도가 1/3,000이다. 50킬로미터를 다 달려도 수로의 낙차는 불과 12.6

미터에 지나지 않는다. 이 엄청난 수로가 가르^{Gard} 강을 건너갈 수 있도록 해주는 다리가 바로 퐁 뒤 가르이다.

50미터 높이의 3단 아치로 구성된 이 다리의 길이는 아래가 142미터, 중간이 242미터, 위가 275미터다. 넓기도 하고 좁기도 한 아치들이 강폭을 가로지르며 장대하게 서 있다. 3단 중 맨 위는 물을 보내는 도관과 같은 것이며, 물이 지나가는 사이에 햇빛을 받아 더워지지 않게 뚜껑을 덮었다. 그런가 하면 물이 공기에 접하도록 구멍도 뚫어 놓았다. 하루에 약 4만 리터의 물이 이 수로를 통과하여 도시로 흘러갔다. 그 물은 음용수로도 쓰였고, 목욕이나 세탁에도 쓰였으며, 광장의 시민들에게 즐거움을 주는 분수에 사용되기도 했을 것이다.

이 거대한 수도교를 본 적이 있는가? 만일 사진으로 보았거나 실제로 가보았다면 그로부터 무엇을 배웠는가? 18세기의 위대한 사상가 루소$^{Jean\ Jacques\ Rousseau}$는 퐁 뒤 가르를 처음 본 느낌을 이렇게 술회했다고 한다.

> "이 단순하고 고귀한 구조물을 보는 순간 나는 커다란 충격에 휩싸였다. [⋯] 이 '다리'는 수로일 뿐이지 않은가? 어떤 힘이 이 거대한 돌들을 저 먼 채석장에서 운반해 왔는지, 또 무엇이 여기 살지도 않는 수천 명의 손을 여기로 데려왔는지 의아해할 것이다. [⋯] 나는 이 거대한 구조물의 3층을 여기저기 돌아다녀보았다. 그러나 이 구조물에 대한 존경심 때문에 감히 발로 밟기가 힘들었다. 이 거대한 아치에서 울려 돌아오는 나의 발자국 소리는 이 다리를 건설한 사람들의 우렁찬 목소리처럼 들렸다. 나는 벌레

처럼 이 거대함 속에서 길을 잃었다. 그리고 한없이 작아졌다. 그러나 무언가 알 수 없는 것이 나의 영혼을 고양시켜주는 듯하였다. 그리고 나 자신에게 말했다. 왜 나는 로마인으로 태어나지 않았던가?"

루소는 다리를 다리로만 볼 수 없는 엄청난 외경심에 휩싸였다. 거대함, 단순함, 고귀함, 노동의 수고와 가늠할 수 없는 가치, 구조물에 대한 존경심, 구조물이 주는 정신적 고양 그리고 이 수도교를 만든 로마제국의 위대한 문화……. 이 구조물은 그저 쌓아 올린 돌덩어리가 아니다. 이것을 단지 멋지고 거대한 다리로만 받아들이면 아무것도 아는 것이 아니며, 나와 아무런 관계가 없는 유물이 되고 만다. 이런 구조물을 전문적으로 세심하게 공부하라는 얘기가 아니다. 하나의 구조물에 담긴 역사와 정신을 얼마나 깊이 이해하고자 하는지, 그것에 어떻게 다가가고자 하는지가 중요하다는 것이다.

이 수도교는 도시란 무엇이고 시민이란 무엇인가를 새삼 생각하게 한다. 구조, 노동, 측량, 기하학, 기술이 무엇인지를 말해주고, 구조물이 자연, 강, 하늘, 지형에 대해 어떻게 나타나는지도 알려준다. 또한 구조물이 이루는 풍경에 대해서도 이야기한다. 하나의 구조물이 이렇게 많은 것을 우리에게 한꺼번에 가르쳐준다. 건축과 같은 구조물이란 바로 이런 것이다.

건축은 물질이 사람 사는 세상의 근간이며 물질을 바로 보는 것이야말로 환경을 생각하는 지름길임을 가르친다. 건축은 구축 또는 짓기를 통해 삶의 근거가 되는 것을 가르친다. 건축은 자연환경을 보전하고 유지하는 올바른 태도를 가르치며, 전통적 기술과 현대의 첨단기술

'퐁 뒤 가르' 수도교 (1세기) ©김광현

에 바탕을 둔 지혜로운 산업의 형태도 가르친다. 어디 이것뿐인가? 인간의 공통된 가치가 풍토, 역사, 문화 안에서 어떻게 구현되는지, 모든 이의 공동의 노력으로 어떻게 미래를 만들어낼 것인지도 가르쳐준다. 2,000년 전의 수도교가 18세기의 루소에게 그러했던 것처럼.

모든 것을 이어서 보는 것

혹시 유로(Euro) 지폐를 자세히 들여다본 적이 있는가? 이 종이돈의 앞면에는 건축물이, 뒷면에는 다리가 등장한다. 5유로에서 500유로에 이르는 6종의 지폐에는 고대 로마에서 고딕, 르네상스, 바로크를 거쳐 현대에 이르는 건축의 양식이 나타나 있다.

화폐에는 대개 그 나라의 위대한 인물이 등장하는데 왜 유로화에는 사람이 아닌 건물이 그려져 있을까? 유럽연합(EU)이 단일 국가가 아니기 때문이다. 만일 특정 국가의 위인을 넣으려 했다면 회원국들 사이에 상당한 분쟁이 일어나서 결국엔 아무도 그려 넣지 못했을 것

유로화 앞면엔 건축물의 창이, 뒷면엔 다리가 그려져 있다. ©김광현

694

이다. 그러나 건축물은 어디에 있건 상관없이 모두의 유산이요, 문화이다. 유로화에 건축물이 등장한다는 것은 그것이 국가와 민족과 인종을 뛰어넘는 인류 공통의 가치라는 의미가 아니겠는가?

유로화에는 건축물 전체가 아니라 창만 그려져 있다. 이것은 건축양식의 역사를 가르치기 위함이 아니라, 어떤 시대에 어떤 모양으로집을 짓더라도 인간에게는 늘 창이 있다는 뜻을 담고 있다. 창이란열리는 것이고, 보는 것이고, 바깥세상과 나를 이어주는 것이며, 더넓은 세상과 더 나은 내일을 향하게 하는 것이다. 유로화의 창은 유럽연합 회원국과 시민들이 다 함께 미래를 바라보며 나아가자는 강렬한 메시지인 셈이다.

우리가 건축을 배우는 이유는 단지 편리한 집을 짓는 방법이나 편안하게 잘 살 수 있는 방법을 익히기 위해서가 아니다. 건축을 통하여 세상을 바라보기 위해서다. 건축에서 이것은 창의 고유한 기능이다. 즉, 건축은 창을 가진 구조물인 동시에 그 자체가 하나의 창이기도 하다.

건축은 내 눈에 보이는 모든 것, 내 몸 주변에 있는 모든 것으로 이어져 있다. 나는 아침에 일어날 때도 집 안에 있고 밤에 잠을 잘 때도 집 안에 있다. 내가 다니는 거의 대부분의 공간은 건축으로 둘러싸여 있다. 태어날 때도 건축 안에서 태어났고 죽는 순간 역시 그러할 것이다. 건축은 나와 떨어져 있는 어떤 대상물이 아니라 내 생활그 자체다. 이것을 가리켜 '세계'라고 한다.

한나 아렌트는 사람들 사이에서 사람들의 관계를 물리적으로 이어주는 것이 '세계의 사물'이라고 했다. 벽이나 집은 세계를 만들며, 그안에 있는 의자나 테이블 또한 세계를 만든다. 하물며 수많은 물질을 모아 만든 건물이야말로 그가 말하는 '세계의 사물' 중에서 가장 중요한 사물임에 틀림없다. 세상 속에 있는 모든 것이 건축과 관계가 있다. 괜히 건축을 고상하게 말하려고 이런 주장을 한다고 여기지 않기 바란다. 정말로 건축은 세상의 모든 것들과 관계가 있다.

건축에는 기술이 관여한다. 작은 건물일지라도 그 안에는 수많은 기술이 집중되어 있다. 예술도 당연히 관여한다. 그뿐인가? 역사가 건물에 담기고 그것으로 역사가 표현된다. 철학은 어떤가? 그리스 신전과 도시가 곧 철학의 산실 아니었던가? 오늘날의 편의점도 엄연히 오늘의 철학을 보여준다. 말할 나위 없이 정치와 제도도 건축으로 확인되고 증명된다. 환경은 군이 설명할 필요도 없다. 건축은 환경 그 자체이기 때문이다. 이렇듯 아무리 작은 건축물이라도 그것을 통해 보면 굉장히 넓은 세계가 시야에 펼쳐진다. 수많은 사람의 수많은 경험과 지식과 시간을 담고 있는 건축은 그 자체가 세상을 바라보는 하나의 창이다.

다리도 마찬가지다. 다리는 끊어진 곳을 이어주고, 사람을 오가게 하고, 사람들끼리 소통하고 화합하게 만들어준다. 유로화 뒷면에 그려진 다리들은 이런 의미를 담고 있다. 인간의 역사에서 다리가 해왔던 역할처럼, 유럽연합이 유럽을 하나로 연결해야 한다고 말하고 있는 것이다. 유로화는 건축물과 구조물이 한 지역에 자긍심을 선사하는 동시에 여러 지역을 통합해주는 것임을 창과 다리를 통해 보여주고 있다.

건축설계를 하다 보면 인생을 살아가는 데 아주 중요한 것을 배우게 된다. 땅이건 콘크리트건, 방이건 마당이건, 단독주택이건 아파트건, 설계라는 것은 결국 주어진 조건들을 어떻게 모두에게 가장 좋게 만들 것인가라는 문제로 귀결된다. 어떤 공간에 계단 하나를 놓더라도 사람들의 흐름에 맞아야 하고, 이 흐름이 옆방이나 옆집에 방해가 되지 말아야 하며, 계단 옆에 앉아 있는 사람들이 편안하게 밖을 내다볼 수 있어야 한다. 수많은 것을 궁리하고 다른 이의 생각을 이끌어내고 서로의 생각을 조율하는 것. 매번 벽에 부딪치고 좌절하는 듯이 보이지만 결국은 내 것과 우리 것을 만들어가는 긴 몰두의 과정. 이것이 건축설계다.

건축가가 사용하는 트레이싱 페이퍼는 반투명이다. 절반은 투명하고 절반은 불투명하다. 예전의 것을 절반쯤 받아들이되, 나머지 절반은 다시 새롭게 고치라는 것이다. 건축만큼 질문을 수없이 하는 배움도 없을 것이다. 말하고, 쓰고, 그림으로 만들고, 각종 매체로 설득하고, 이론을 만들고, 기술을 도입하고, 법을 따르고, 인간을 생각하는 것이 건축이다. 신체에서 시작하여 인간의 감정까지를 이해하고 예측하고 다루는 인간 본연의 실천이다.

이런 여러 조건들을 하나로 묶어내는 것이 그리 쉬운 일은 아니지만, 건축설계의 묘미와 보람은 바로 여기에 있다. 서로 상반될 것 같은 요소들이 화합을 이루어가는 과정을 지켜보는 것이야말로 건축의 진정한 기쁨이다. "성당을 세 개 지으면 천국 간다"는 말이 있는데, 꼭 성당이 아니더라도 모든 것을 이어서 보며 좋은 설계를 하는 건축가는 모두 천국에 갈 수 있다. 아마도 이런 이유 때문에, 건축가이자 대통령이었던 토머스 제퍼슨이 "건축은 나의 기쁨(Architecture is my delight)"이라고 했을 것이다.

2

늘 새로운 원시적인 것

근대건축가 발터 그로피우스는 "건축은 교육"이라고 여러 번 말한 바 있다. 이 말을 처음으로 접했을 때 나는 당연히 학교에서 배우는 '건축 교육'을 말하는 줄 알았다. 그런데 세월이 많이 지나 생각해보니 그것이 아니었다. "건축은 교육"이라는 말은 사회를 이루는 모든 사람이 건축을 통하여 삶의 진정성을 배운다는 뜻임을 새로이 깨달았다.[99] 건축은 사람을 가르친다.

우리나라 대부분의 대학이 건축학과를 두고 있다. 교수는 건축을 가르치고 학생은 건축을 배운다. 그러면 건축을 가르치는 교수는 건축을 어디에서 배웠을까? 그들도 나도 건축을 대학에서 배웠다. 그런데 내가 정말 대학에서 건축을 배운 것일까 생각해보면 고개를 가로 젓게 된다. 나에게 건축을 가르쳐준 이는 어떤 유명한 건축가나 건축

* 99. 김광현, 《건축 이전의 건축, 공동성》, 공간서가, 2014, p.430

학자가 아니었다. 나는 건축을 건축에서 배웠다.

사람은 존재의 본성에서 모두 건축가라고 이 책의 앞에서 말했다. 이것은 건축을 아름답게 설명하기 위한 미사여구가 아니다. 그렇게 되면 건물은 함께 짓는 것이고 마을과 도시는 모두가 함께 만드는 것이라는 나의 주장이 의미를 잃게 된다. 학교에서 건축을 배운 적이 없더라도 모든 사람은 이미 건축을 알고 있고, 건축을 보고 느끼며 지금 여기에 살고 있다. 깊이가 있건 없건, 폭이 넓건 좁건 사람은 건축으로부터 건축을 배운다.

1,000년 넘게 이어져온 인디언 마을인 뉴멕시코New Mexico의 '타오스 푸에블로Taos Pueblo'에는 이들이 오랫동안 살아온 흙집이 있다. 햇볕에 말린 벽돌을 쌓아 벽을 만들고, 그 위에 나무 보를 얹고 잔가지와 흙을 덮어 지붕을 만든다. 튀어나온 보 끝이 벽에 떨어뜨리는 그림자는 너무나도 아름답다. 이 그림자가 이 집의 유일한 장식인 것은 집이 너무나도 단순하고 소박하기 때문이다. 네모난 집들이 모여서 계단 모양으로 쌓이고 그것들이 마을을 만든다. 마을 중앙의 광장 건너편에는 푸에블로의 거룩한 산이 보이고, 거기에서 흘러내리는 개천이 광장 한복판을 가로지른다.

이 흙집은 우리 것이 아니며 내가 지금 살겠다고 마음먹은 집도 아니다. 그러나 흙을 빚어 쌓아 올린 집 안에 들어서면 누구나 부드럽고 따뜻한 감정을 느끼게 된다. 나도 이곳에서 살 수 있을 것 같다는 동질감과 함께 어렸을 때의 기억이 떠오르고, 더 나아가 인류 공통의 태고의 기억을 더듬어볼 수도 있다. 누가 이런 감정을 느끼라고 시켰는가? 누가 이런 기억을 떠올리라고 가르쳤는가? 이런 감정과 기억이 대체 무엇이기에 지역으로나 시대적으로 아무런 상관이 없는 나에게,

집에는 인간 공통의 감성과 기억이 담긴다. 뉴멕시코 '타오스 푸에블로'

또는 모든 사람에게 이토록 깊은 울림을 주는 것인가?

집이 사람에게 원하는 것은 흙집처럼 단순하고 깊은 조형물 안에서 느끼는 것과 같은 원초적인 느낌에 깊이 물드는 것이다. 건축은 사람에게 인간 공통의 감성과 기억을 전해준다. 아니, 오직 건축만이 사람에게 인간 공통의 감성과 기억을 전해준다. 흔히 "건축을 보며 배운다"고 말하지만, 엄밀하게 말하면 건축이 우리를 가르쳐주는 것이지 우리가 건축을 배우는 것이 아니다.

건축은 무엇으로 사람을 가르치는가? 우리는 먼 곳에 있는 건축과 도시를 보러 떠난다. 목적지에 도착해보면 건축물이라는 것이 땅에 뿌리를 박고 있는 것임을 실감한다. 그 건물이 혼자 있지 않고 주변의 나무와 풀과 바람과 길과 수많은 물체와 이웃하는 사람들과 함께 있음도 알게 된다. 그들이 그 건물을 어떻게 인식하고 있으며 어떻게 사용하고 있는지를 머리가 아닌 몸으로 배운다.

이 흙집은 사실 진부하다. 그러나 그 진부함 속에는 시간이 흘러도 변하지 않는 가치가 깃들어 있음을 부정할 수 없다. 단지 형태가 아름다워서, 마을의 공간이 극적이어서, 만드는 방식이 독특해서 생겨난 가치가 아니라는 사실도 안다. 대도시 한가운데 자리 잡은 초현대적 건축물의 스마트한 형태와 다채로운 공간과 매끈한 재료에는 없는 무언가를 이 흙집이 지니고 있음도 안다. 진부한 것 안에도 소중한 가치가 들어 있음을 철학자도 말하고 유명한 교수도 말하며 종교지도자가 설교로도 말한다. 그러나 건축만큼 그것을 생생하게 보여주고 가르쳐주는 스승은 세상에 없다.

많은 건축이 그렇듯이 타오스 푸에블로의 흙집은 과거에서 흘러온 현재를 가르쳐준다. 사실 어떤 건축도 과거가 필요 없다. 모든 건축은 오늘 지어지고 다가오는 미래를 위해 지어진다. 그렇지만 지어지는 바로 그 순간부터 과거의 것이 되어 시간의 흐름 속에 놓인다. 지붕 위의 잡초, 마루에 덮인 먼지, 덧대고 이은 재료, 수많은 이들이 밟고 지나간 바닥 등을 통하여 건축은 흘러가는 시간의 가치를 인간에게 가르쳐준다.

훌륭한 건축이란 그것을 만든 사람과 시대가 생각했던 바를 넘어서 미래의 세대에게 새롭게 발견되는 그 무엇을 담고 있는 건축을 말한다. 여행 가서 보는 건축물은 그 시대의 사람들이 그들의 목적을 위해 지은 것이지만, 미래 세대인 우리 또한 새롭게 발견하는 바가 있는 건물이다. 그 건축물을 기획한 사람, 재정을 담당한 사람, 건설노동자로 일한 사람이 모두 죽고 시대가 훌쩍 지나갔어도 그냥 그대로 그 자리에 서 있으면 썩 훌륭하지는 못한 건물이고, 그들의 의도를 넘어서 우리에게 전해지는 새로움이 있으면 훌륭한 건축물이다.

좋은 건물에서 새롭게 배운 것이 우리 시대의 건물로 이어지고 또 그렇게 다음 세대로 이어진다. 다른 공학 분야에서는 부단히 과거를 부정함으로써 새로운 도구나 기계를 만들지만 건축은 그렇지 않다. 건축사학자 코스토프가 "건물은 건물 위에서 성립한다. 어떤 건물이 세워질 때 그 건물이 놓이게 될 천 년의 역사라는 풍경을 무시할 수 없다"고 말했듯이, 언제나 과거의 건물을 새롭게 해석하고 발견함으로써 오늘의 새 건물이 지어지는 법이다. 늘 읽고 들었으되 제대로 알지 못했던 구약성서 코헬렛Qoheleth의 말씀을 건축을 통하여 조금이나마 이해할 수 있게 된다.

> "있던 것은 다시 있을 것이고 이루어진 것은 다시 이루어질 것이니 태양 아래 새로운 것이란 없다."

지속하는 모두의 가치

문래동을 답사하며 우연히 눈에 띈 건물이 있었다. 길가에 있는 이 건물은 작아도 너무 작다. 입구까지는 여러 단의 계단을 올라가게 되어 있는데, 현관이랄 것이 따로 없고 안에서 문을 열면 계단과 직접 이어진다. 그래서 나오자마자 비를 맞지 않게 문 위로 캐노피(canopy)를 두었다. 이 집의 입구가 옆집 골목보다 높은 이유는 아래쪽에 가게를 만들어야 했기 때문이다. 계단의 반은 이웃한 옆집들이 있는 골목으로 이어진다. 계단이 시작하는 곳의 좁은 공간에는 바로 옆의 다른 가게에서 탁자와 의자 두 개를 놓아두었다.

계단의 높이와 의자 높이가 같았더라면 의자를 하나만 놓고 한 사람은 계단에 앉았을 것이지만 그렇지 못하여, 의자의 한쪽 다리를 짧게 잘라서 계단에 얹었다. 그 위에는 차양이 쳐져 있다. 이 좁은 연결부에는 이러저러한 사정들이 서로 얽혀 있고 계단, 벽, 의자, 골목이라는 여러 조건이 이리저리 충돌하고 있다. 그러나 이런 충돌은 각자의 요구를 만족하면서도 서로를 배려해주었기 때문에 생긴 결과다. 이 작은 연결부를 굳이 '공공공간'이라고 부른다면, 이웃끼리 서로 나누고 배려하는 방법을 모르고서는 결코 이런 공공공간을 만들어낼 수 없다.

공간을 이렇게 협소하게 만든 건물들 자체는 감상의 대상이 아니며 감탄의 대상도 아니다. 그러나 이들이 공간을 나눠 쓰는 방식만은 눈여겨봐야 하고 배워야 한다. 공공공간이라는 것이 무엇이며 어떻게 만들어지는지는 교수나 건축가가 가르치는 것이 아니라 이런 건물이 가르쳐준다. 애초에 국가나 지자체에서 공공공간을 잘 만들어주면 제일 좋겠지만, 이렇게 스스로 공공공간을 만들 줄 아는 사람들이 도시에 많이 있음을 알게 되고 배우게 되면 사람들에게 정말로 유익한 더 좋은 공공공간이 많이 만들어질 수 있다. 이것이 도시계획자건 시민이건 모두가 건축이 가르치는 바를 배워야 하는 이유다.

지나가다가 우연히 본 이름 없는 건물도 이런 지혜를 가르쳐주는데 이 세상의 유명한 건축물과 도시공간은 얼마나 많은 것들을 보여주고 가르쳐줄지 생각해보라. 건축은 모든 사람이 가져야 할 지속적인 가치를 우리에게 가르쳐준다. 또한 크고 작은 사물들이 우리의 삶에 어떻게 관여하고 있는지를 가르쳐준다. 건축물 안에 있는 하나의

건축은 공동체를 말한다. ⓒ김광현

다리 잘린 의자가 배려를 나타낸다. ⓒ김광현

사물은 방을 거쳐, 건물을 거쳐, 그리고 다시 저 밖에 있는 다른 건물들을 거쳐 세계와 두루 관계를 맺고 있다. 이런 사실을 통해서 건축은 크고 작은 환경의 의미를 가르치고, 지속가능한 사회가 어떻게 가능한지를 가르친다.

그런데도 우리나라는 건축을 오직 전문가들만의 전유물이라고 여기는지, 초등학교에서부터 대학에 올 때까지 신기할 정도로 건축을 가르치지 않는다. 초등학교 6년 교과서를 다 살펴보아도 건축에 대해 단 한 페이지도 할애하고 있지 않다. 건축이 무엇인지, 건축을 통해 무엇을 배워야 할지, 건축은 우리를 어떻게 묶어주고 풀어주는지, 건축을 통해 우리가 사는 지역이 어떤 고유성을 가져야 하는지를 하나도 안 가르친다.

우리나라 학생들이 초등학교에 들어가 처음 배우는 〈슬기로운 생활〉 1학년 1학기 교과서는 첫 페이지를 건축과 도시 그림으로 시작한다. 초등학교 교과서 전체를 통틀어 건물과 도시를 그린 유일한 단원이다. 그러나 이 단원의 목적은 교통 표지판을 가르치는 것이다. 건물이 아스팔트 도로와 자동차로 완전히 에워싸여 있는 그림이 연습문제로 나온다. 사람이 살아가는 길을 가르치기는커녕 첫 단원부터 교통 표지판을 잘 외워서 무사히 학교에 다니자고 가르치는 교과서라면 '슬기로운 생활'이 아니라 '위험한 생활'이 더 적절한 제목일 것이다. "마음이 착한 아이는 마을의 길에서 자란다"라는 서양 속담이 있는데, 이 교과서 그림대로라면 마음이 착한 아이는 마을의 아스팔트 길에서 자란다.

우리는 왜 시대에 따라 지속하는 가치를 건물의 창을 통하여 가르칠 줄 모를까? 건물의 창, 건물의 마당, 건물의 바닥, 건물의 벽, 건물

초등학교 〈슬기로운 생활〉 1학년 1학기 첫 페이지

의 지붕, 광장, 길, 장소, 거실 등은 건축물을 이루는 각 부분의 이름
이지만 그 하나하나가 사람에게 실로 많은 것을 가르친다. 건축은 집
을 짓는 일이지만, 건축 안에는 사회에 공간과 장소를 주고 사회의 구
성원을 묶어내며 사회를 만들어가는 놀라운 힘이 있다. 왜 우리의 학
교는 건축의 이러한 힘을 학생들에게 가르치지 않는 것일까?

건축을 배우는 것은 크고 작은 사물과 건물의 집합을 배우는 것이
다. 건축은 벽돌, 콘크리트, 나무, 창문, 지붕, 계단, 앞마당, 길, 나무와
같은 수많은 사물의 집합을 통해 그 지역의 문화가 어떻게 표현되는
지 가르쳐준다. 건축을 통해서 세상을 보면 개인들이 사회를 만들어
가는 방식, 개인의 분화와 집합, 공동체의 모습을 모두 알 수 있다. 건
물의 구성과 배열이 마을과 지역의 삶을 보여주기 때문에 이화동 마
을을 통해 1950년대에 지어진 최초의 연립형 타운하우스인 국민주택
단지 아파트를 알 수 있고, 1970년대 봉제공장 단지와 미싱공의 주거
지 풍경을 알 수 있으며, 오늘날의 집과 골목이 마을을 어떻게 바꾸
어가는지를 배울 수 있다.

이러한 힘을 통하여 건축은 사람을 가르친다. 인간의 진정한 삶이 무엇인지를 한 사람 한 사람에게 구체적으로 가르친다. 건축은 절대로 대학에서 다 가르칠 수 없다. 나 또한 내가 지금 알고 있는 건축을 학교에서 모두 배우지는 않았다. 도시에서, 골목에서, 오래된 집과 마을에서, 여행하며 우연히 머물게 된 어떤 호텔에서, 그리고 다른 사람이 지은 불후의 명작에서 나는 건축을 배웠다. 어떻게 짓는가만이 아니라 어떻게 건축을 존중하고 가꾸는가, 건축을 설계하고 짓는 이들의 노력이 얼마나 귀한 것이며 사람들의 삶을 얼마나 풍부하게 해주는가를, 학교가 아닌 곳에서 건축이 내게 가르쳐주었다.

　건축은 모든 사람을 가르친다.

김광현 교수의 건축 수업
건축이 우리에게 가르쳐주는 것들

초판 1쇄 발행 2018년 2월 28일
    6쇄 발행 2023년 3월 3일

지은이 김광현

펴낸이 고영은 박미숙
펴낸곳 뜨인돌출판(주) | 출판등록 1994.10.11.(제406-251002011000185호)
주소 10881 경기도 파주시 회동길 337-9
홈페이지 www.ddstone.com | 블로그 blog.naver.com/ddstone1994
페이스북 www.facebook.com/ddstone1994 | 인스타그램 @ddstone_books
대표전화 02-337-5252 | 팩스 031-947-5868

ISBN 978-89-5807-677-3 03610